高等学校经济管理类主干课程教材

会计信息系统

用友U8+V15.0版

——以稀土永磁电机企业为案例

主　编 ⊙ 罗　翔　谢林海　常　媛
副主编 ⊙ 刘建胜　周俊卿　梁欣仪

中南大学出版社
www.csupress.com.cn
·长 沙·

前言

FOREWORD

党的二十大报告强调，要加快建设数字中国，加快发展数字经济。《中华人民共和国国民经济和社会发展第十四个五年规划和2035年远景目标纲要》(简称“十四五”规划)将“加快数字化发展，建设数字中国”作为独立篇章，在顶层设计中明确了数字化转型的战略定位。《“十四五”数字经济发展规划》也强调要引导企业强化数字化思维，全面系统推动企业研发设计、生产加工、经营管理、销售服务等业务数字化转型。财政部印发的《会计信息化发展规划(2021—2025年)》提出了“以技术和管理创新为动力，鼓励社会各方在符合相关法律、法规和制度的前提下，利用新一代信息技术开展各种会计信息化应用探索，促进会计信息化工作创新发展”的基本原则。因此，无论是从国家宏观层面，还是从会计行业以及企业需求层面，加快会计信息化建设都刻不容缓。

会计信息化是会计发展的坚强保障，我们应该积极探索信息技术在会计领域的应用模式和规律，共同推进以大数据、人工智能、移动互联网、云计算、区块链、物联网为代表的新一代信息技术在会计工作当中的应用水平不断提升，以会计信息化助推数字中国建设和新质生产力发展，助力中国式现代化建设。会计信息系统是一门将新一代信息技术与会计工作交叉融合的核心课程，学好该课程可为会计人员在实践中深度运用新一代信息技术服务于企业管理与经营决策夯实扎实的学识基础。为此，我们以江西理工大学推动会计学国家级一流本科专业建设点为契机，以用友新道开发的会计信息系统软件U8⁺V15.0为蓝本，兼顾下列原则编写了本书：

第一，先进与实用相结合。与大多数会计信息系统教材以用友新道U8⁺V8.72或U8⁺V10.1版本的管理软件作为软件蓝本不同，本书选用了最前沿的U8⁺V15.0版本为软件蓝本，使本书内容更贴近于现代信息技术手段和企业现实应用，力求做到先进与实用的统一。

第二，理论与实践相结合。虽然本书的编写突出强调实践性，设计了一套与实际接轨的案例资料，详细介绍了所有模块的业务流程与操作方法，但也十分注重理论性，在每一部分内容中，均介绍了基本原理，力求做到理论与实践的统一。

第三，全面与系统相结合。本书内容不仅包括财务链相关模块，而且充分考虑到企业业财融合程度的不断提升，着重强调了供应链，将财务链与供应链融合在一起，系统地设计了各章节的内容，力求做到全面与系统的统一。

第四，科研反哺教学。本书第一主编承担的国家社会科学基金项目“我国稀土产业链延伸的路径选择与支持政策研究”(20CGL002)研究成果的基本观点之一是，稀土作为支撑战略性新兴产业发展以及国防科技工业建设的关键材料，对于维护国家安全和实现“双碳”目标具有不可替代的保障作用。我国虽然具有得天独厚的稀土资源优势，但在科技含量和经济附加值最高的应用领域发展十分落后，稀土永磁电机是对国民经济影响大、未来发展潜力大的稀土高端应用产业，急需大力发展。因此，本书将稀土永磁电机企业作为案例公司，旨在增强读者对稀土等战略性关键矿产资源以及发展高精尖产业的重要性的认识，力求做到科研反哺教学。

本书共十三章，第一章为会计信息系统概述，该章系统阐述了会计信息系统的概念与特征、发展历程与趋势以及实施环境，并详细介绍了用友新道 U8⁺V15.0 管理软件的安装过程。第二章至第十一章分别介绍了系统管理、企业应用平台与基础设置、总账管理、固定资产管理、薪资管理、供应链管理初始化、采购管理、销售管理、库存管理、存货核算等模块的基本功能、业务流程和操作方法。第十二章为期末处理，介绍了企业期末业务的处理流程和操作方法。第十三章为报表管理，以最新的财务报表格式为指引，介绍了财务报表编制的方法。

本书系江西理工大学会计学国家级一流本科专业建设、江西省高等学校教学改革研究重点项目“‘大智移云区’时代会计学专业开设‘大数据+智能会计类’课程的创新探索与实践”(JXJG-21-7-5)、江西省学位与研究生教育教学改革研究项目“‘大智移云区’时代 MPAcc 课程体系重构的创新探索与实践研究”(JXYJG-2022-125)、江西理工大学本科教学质量与教学改革工程项目“会计信息系统教材建设”(XZG-21-05-39)等阶段性成果。

本书由江西理工大学的罗翔、谢林海、常媛担任主编，江西理工大学的刘建胜、周俊卿、梁欣仪担任副主编。本书在编写过程中，借鉴和参考了一些专家学者的相关成果，也得到了江西理工大学经济管理学院 21 级会计 2 班何璇、陈玉婷、代佳乐、曾敏慧、王文杰、黄业竣、朱娟奇等学生的大力支持，在此一并深表谢意。同时，感谢用友集团新道科技股份有限公司为本书提供了软件蓝本。需要特别说明的是，书中案例涉及的企业基本信息、银行账户信息、票据信息、员工信息等资料均为编者自行虚拟设计。

本书既可作为高等学校会计学及相关专业会计信息系统课程的教学用书，也可作为会计从业人员的业务学习用书。当然，限于作者的水平，书中可能还存在一些不足之处，恳请广大读者给予批评指正和提出宝贵意见，以便将来加以修正和改进，电子邮箱：sclx1019@163.com。

编 者

2024 年 3 月

目录

CONTENTS

第一章　会计信息系统概述 1

第一节　会计信息系统的概念与特征 1

一、会计信息系统的概念 1

二、会计信息系统的特征 2

第二节　会计信息系统的发展历程与趋势 3

一、会计信息系统的发展历程 3

二、会计信息系统的发展趋势 4

第三节　会计信息系统的实施环境 5

一、会计信息系统的硬件环境 6

二、会计信息系统的软件环境 6

三、会计信息系统的网络环境 8

四、会计信息系统的工作规范 8

第四节　用友新道 U8 管理软件的安装过程 10

一、安装前工作 10

二、安装 SQL Server 数据库 11

三、安装用友新道 U8 管理软件 18

思考题 24

第二章　系统管理 25

第一节　系统管理概述 25

一、系统管理功能概述 25

二、系统管理登录 26

第二节　案例背景资料 28

第三节　账套管理 29

一、增加操作员 …… 29
二、建立账套 …… 32
三、修改账套 …… 37
四、账套备份 …… 37
五、账套恢复 …… 39
第三节 权限管理 …… 40
思考题 …… 43

第三章 企业应用平台与基础设置 …… 44

第一节 企业应用平台概述 …… 44
一、企业应用平台功能概述 …… 44
二、企业应用平台的登录 …… 44
第二节 基本信息设置 …… 45
一、编码方案 …… 45
二、数据精度 …… 45
三、系统启用 …… 46
第三节 基础档案设置 …… 47
一、机构人员设置 …… 47
二、客商信息设置 …… 52
三、存货信息设置 …… 60
四、财务信息设置 …… 65
五、收付结算设置 …… 79
六、单据设置 …… 83
第四节 数据权限设置 …… 85
一、数据权限控制设置 …… 85
二、数据权限分配 …… 86
思考题 …… 87

第四章 总账管理 …… 88

第一节 总账管理概述 …… 88
一、总账管理系统功能概述 …… 88
二、总账管理系统与其他系统的主要关系 …… 88
第二节 总账管理系统初始化设置 …… 89
一、业务控制参数设置 …… 89
二、输入期初余额 …… 92

第三节 总账管理系统日常业务处理 97
一、凭证处理 97
二、审核凭证 102
三、出纳签字 104
四、主管签字 106
五、记账 108
思考题 109

第五章 固定资产管理 110

第一节 固定资产管理系统概述 110
一、固定资产管理系统功能概述 110
二、固定资产管理系统与其他系统的主要关系 111
第二节 固定资产管理系统初始化设置 112
一、建立核算单位 112
二、参数设置 115
三、基础信息设置 116
第三节 固定资产日常业务处理 125
一、固定资产增加 125
二、批量制单 126
三、固定资产变动 127
四、固定资产折旧 128
五、固定资产减少 131
思考题 133

第六章 薪资管理 134

第一节 薪资管理系统概述 134
一、薪资管理系统功能概述 134
二、薪资管理系统与其他系统的主要关系 135
第二节 薪资管理系统初始化设置 135
一、建立核算单位 135
二、工资类别设置与管理 137
三、基础设置 137
第三节 薪资管理日常业务处理 157
一、工资变动 157
二、工资分摊 160

四、交易性金融资产期末计量 …… 291
五、结转本月未交增值税 …… 292
六、计提城建税、教育费附加和地方教育附加 …… 293
七、确认汇兑损益 …… 295
八、结转费用化研发支出 …… 297
九、结转期间损益 …… 299
十、计提并结转所得税费用 …… 301
第三节　出纳管理 …… 302
一、银行对账期初输入 …… 303
二、录入银行对账单 …… 304
三、银行对账 …… 306
四、核对银行存款余额调节表 …… 307
第四节　月末结账 …… 308
一、供应链各系统月末结账 …… 308
二、财务会计各系统月末结账 …… 311
思考题 …… 317

第十三章　报表管理 …… 318

第一节　报表管理系统概述 …… 318
一、报表管理系统功能概述 …… 318
二、报表管理系统与其他系统的主要关系 …… 319
第二节　自定义货币资金表 …… 320
一、设计表样 …… 320
二、定义公式 …… 325
三、报表取数 …… 326
第三节　编制财务报表 …… 327
一、编制资产负债表 …… 327
二、编制利润表 …… 329
思考题 …… 330

参考文献 …… 331

第一章

会计信息系统概述

会计作为一个以提供财务信息为主的管理信息系统，在企业经营管理过程中发挥着至关重要的作用。随着计算机的产生以及大数据、人工智能(如 ChatGPT)、移动互联网、云计算、区块链、物联网等新一代信息技术在会计工作中的不断渗透，会计信息处理从手工账目处理发展到计算机智能处理，实现了会计操作技术、信息处理技术、信息呈现方式的重大变革。

第一节　会计信息系统的概念与特征

一、会计信息系统的概念

1. 信息

信息是反映客观世界中各种事物特征和变化的知识，是数据加工的结果，影响着人们的决策行为。数据被加工处理成信息，以便管理者、决策者能够更好地进行管理和决策。信息以文字、数字、图形等形式反映客观事物的性质、形式、结构和特征等方面，帮助人们了解客观事物的本质。

2. 系统

系统是指为实现一定目标由一系列彼此关联、相互作用的要素组成的具有一定功能的有机整体，它通常具有以下特性：一是整体性，即一个系统由两个或两个以上的要素组成；二是目标性，即系统的产生和发展具有明确的目标性，目标性决定了系统要素的组成和结构；三是关联性，即系统中各要素间存在着密切的联系，正是要素间的关联性使系统成为有机的整体；四是层次性，即一个系统由若干部分组成，称为子系统，每个子系统又可分成更小的子系统，因此系统是可分的，其各部分有机结合具有结构上的层次性。

3. 信息系统

信息系统是以收集、处理和提供信息为目标的系统，该系统可以收集、输入、处理数据，存储、管理、控制信息，向信息使用者报告信息，使其达到预期的目标。信息系统一般都具有输入输出数据、传输数据、存储数据和加工处理数据等功能。在实际设计中，信息系统总要通过一定的技术手段来实现，其中以计算机为主要技术手段而实现的信息系统称为电子数据处理系统，即计算机信息系统。以计算机为工具进行处理的信息系统，往往是一个由多个相互联系的人工处理和计算机处理过程组成的人机系统。通常，计算机信息系统会根据某项业务的需要，对输入的大量数据进行加工处理，代替烦琐、重复的人工劳动，同时给使用者提供及时、准确的决策信息。

4. 会计信息系统

传统的会计信息系统是面向价值信息的信息系统，是从对其企业中的价值运动进行反映和监督的角度提出信息需求的信息系统。因此，早期学者普遍将会计信息系统定义为利用信息技术对会计信息进行采集、存储和处理，完成会计核算任务，并能提供为会计管理、分析、决策使用的辅助信息的系统。随着新一代信息技术与会计工作不断融合，会计信息系统也在不断地更新迭代，其内涵也发生了一定的变化。在大数据时代，会计信息系统不仅是从反映和监督两个基本职能的角度而提出信息需求的信息系统，更重要的是将大数据、人工智能（如 ChatGPT）、移动互联网、云计算、区块链、物联网等新一代信息技术深入渗透到会计工作中，利用数电发票、财务云、中台技术、数据治理技术、商业智能、数据挖掘、机器人流程自动化（RPA）等技术服务于企业决策，从而帮助企业提升经营能力、洞察商机并预测未来发展前景。

二、会计信息系统的特征

会计信息系统主要具备以下五个特征。

1. 人机结合

在利用会计信息系统工作方式时，会计人员填制电子会计凭证并审核后，会执行“记账”功能，再由计算机根据程序和指令在极短的时间内自动完成会计数据的分类、汇总、计算、传递及报告等工作。

2. 会计核算自动化和集中化

在会计信息系统工作中，试算平衡、登记账簿等以往依靠人工完成的工作，都由计算机自动完成，大大减轻了会计人员的工作负担，提高了工作效率。计算机网络在会计信息系统中的广泛应用，使得企业能将分散的数据统一汇总到会计软件中进行集中处理，既加快了数据汇总的速度，又增强了企业集中管控的能力。

3. 数据处理及时准确

利用会计信息系统处理会计数据，可以在较短的时间内完成会计数据的分类、汇总、计算、传递和报告等工作，使会计处理流程更为简便，核算结果更为及时准确。此外，在利用会计信息系统工作方式下，会计软件运用适当的处理程序和逻辑控制，能够避免手工会计处理容易出现的一些错误。

4. 内部控制多样化

在利用会计信息系统工作方式下，与会计工作相关的内部控制制度也将发生明显的变化：内部控制由传统的纯粹人工控制发展成为人工与计算机相结合的控制，内部控制的手

段更加多样、内容更加丰富、范围更加广泛、要求更加严格、实施更加有效。

5. 决策依据实时化和精准化

新一代的会计信息系统逐渐与大数据、人工智能(如ChatGPT)、移动互联网、云计算、区块链、物联网等新一代信息技术深度融合，为企业管理决策提供实时化、精准化、可视化、全面化、多元化的信息，为企业提升价值创造了良好的信息环境。

第二节　会计信息系统的发展历程与趋势

一、会计信息系统的发展历程

计算机在企业管理中的应用和发展与计算机技术、数据库技术、网络通信技术和管理科学的发展密切相关。早在1954年10月，美国通用电气公司第一次使用UNIAC-1型计算机计算职工薪酬时，计算机便开始进入会计数据处理领域，进而引发了会计信息处理的重大变革。同时，计算机在会计领域中的应用对传统的会计功能和理论体系提出了一系列新的挑战，并逐步建立起新的会计思想和理论体系，从而进一步推动计算机环境下会计信息系统的发展和完善。近70年来，伴随着技术的飞速发展，大数据、人工智能(如ChatGPT)、移动互联网、云计算、区块链、物联网等新一代信息技术的广泛应用，以及全球经济一体化进程的不断加快，计算机在会计中的应用逐步普及和深入。会计工作经历了从手工会计到会计电算化再到网络会计的发展过程，会计数据处理的工具也从算盘发展到计算机单机和计算机网络，会计凭证、会计账簿和财务报告从传统的纸介质形式向电子形式转变。可以说，会计信息系统的产生与发展实际上是伴随着计算机的产生与大数据、人工智能(如ChatGPT)、移动互联网、云计算、区块链、物联网等新一代信息技术在会计工作中应用的不断渗透而发展的，且大致经历了以下三个阶段。

1. 会计数据处理系统运用阶段(电子数据处理阶段)

在这一阶段，运用会计信息系统的主要目标是利用计算机模仿手工操作，实现那些数据量大、计算重复次数多的专项会计业务核算工作的自动化，如工资计算、账务处理、固定资产核算、编制报表等，并体现在岗位级应用层次上。计算机操作系统主要采用磁盘操作系统(DOS)、Windows 95/98，数据库采用小型数据库。

2. 会计管理系统运用阶段(综合业务处理阶段)

在这一阶段，运用会计信息系统的主要目标是综合处理发生在企业各业务环境中的各种会计信息，并为企业内外部各级管理部门提供有关的管理和决策辅助信息。在这一阶段，系统的功能从全面会计核算发展到会计管理，应用层次从财务部门(部门级)到企业内部的各个部门(企业级)，直到客户、供应商和政府机构等相关的企业外部实体；操作系统从Windows 95/98发展到Windows NT/XP；网络体系结构从文件/服务器(F/S)结构、客户/服务器(C/S)结构发展到浏览/服务器(B/S)结构；数据库从小型数据库发展到大型数据库。

3. 会计决策支持系统运用阶段(决策分析阶段)

决策支持系统是综合利用各种数据、信息、模型以及人工智能技术来辅助管理者进行决策的一种人机交互的计算机系统。伴随大数据、人工智能、移动互联网、云计算、区块链、物联网等新一代信息技术在会计工作中应用的不断渗透，企业业务与财务工作不断融合，对会计信息系统的功能提出了更高的要求，会计信息系统可以更为动态地、实时地、快速地、准确地获取和处理会计信息，财务信息无纸化、财务与企业内外部业务协同化、财务人员工作方式网络化已成为现实，企业可以通过会计信息系统提供的实时且精确的会计信息更好地服务于企业的各项决策。

二、会计信息系统的发展趋势

当今时代，以大数据、人工智能(如 ChatGPT)、移动互联网、云计算、区块链、物联网等为代表的新一代信息技术迅猛发展，对各行各业产生了巨大的影响。会计行业同样面临前所未有的挑战。会计的工作方式在变革、职能在扩大，基础会计工作被替代的问题，引起了会计从业人员的高度关注。会计行业未来的发展趋势是信息化、自动化、数字化和智能化，未来需要的会计人才是智能会计、数智财务、大数据智能审计等方向的人才。这就要求未来的会计信息系统能够顺应会计行业、会计职业、会计人员素质的变化而发展。

金蝶中国执行副总裁、研发平台总经理赵燕锡在“2023 年影响中国会计行业的十大信息技术评选结果发布会”上指出，下一代的财务应该是基于 AI 云原生的。ChatGPT 等新技术对于财务数字化的影响具有革命性，且主要包括以下三个方面：

1. 新技术让体验更友好

例如，未来搜索框将取代目前软件所用的菜单、单据、报表，用户可通过 ChatGPT 使用自然语言的方式来与系统交互，进而获得流畅并彰显个性的应用体验，未来人机交互模式将产生革命性的变化。

2. 新技术让交易更高效

财务交易中涉及诸多会计事务性工作，此前，企业可以通过标准化、自动化提升效率。近年来大力发展财务共享产品，核心目标便是致力于提升财务事务性工作的自动化。如今，可以将 ChatGPT 等新技术引入授信等工作中，提升非结构化信息的处理效率，推动财务管理进入新阶段。

3. 新技术让决策更科学

财务系统作为大数据中心，汇集企业中大量高价值数据，而 ChatGPT 擅长财务分析类工作，ChatGPT 等新技术的融合，改变了人机交互模式，便于企业决策者更好地使用财务软件中管理会计、财务分析等功能，同时，企业结合新的 AI 技术，预训练大模型，可全面实现数据驱动的决策机制，让决策更科学。

当前，经济社会已经全面开启数字化转型之路，《中华人民共和国国民经济和社会发展第十四个五年规划和 2035 年远景目标纲要》第五篇提出“加快数字化发展，建设数字中国”，迎接数字时代，激活数据要素潜能，推进网络强国建设，加快建设数字经济、数字社会、数字政府，以数字化转型整体驱动生产方式、生活方式和治理方式变革。《会计改革与发展“十四五”规划纲要》在总体目标中提出，以数字化技术为支撑，以推动会计审计工作数字化转型为抓手，健全完善各种数据标准和安全使用规范，形成对内提升单位管理水平

和风险管控能力、对外服务财政管理和宏观经济治理的会计职能拓展新格局。在时代背景下，充分利用快速发展的信息技术促进会计工作的转型，进而推动会计行业的发展，数字化与会计工作的深度融合必将成为当今及未来相当一段时期的主要趋势。

2017—2024 年影响会计从业人员的十大信息技术如表 1-1 所示。该表也阐明了数字化与会计工作正在深度融合，未来的会计信息系统也必将加快数字化发展，更好地服务于企业的各项决策，着眼于企业的价值创造、投资管理、证券分析等。

表 1-1　2017—2024 年影响会计从业人员的十大信息技术

排名	2017 年	2018 年	2019 年	2020 年	2021 年	2022 年	2023 年	2024 年
1	大数据	财务云	财务云	财务云	财务云	财务云	数电发票	会计大数据分析与处理技术
2	电子发票	电子发票	电子发票	电子发票	电子发票	会计大数据分析与处理技术	会计大数据分析与处理技术	数电发票
3	云计算	移动支付	移动支付	会计大数据技术	会计大数据分析与处理技术	流程自动化	财务云	流程自动化
4	数据挖掘	电子档案	数据挖掘	电子档案	电子会计档案	中台技术	流程自动化	财务云
5	移动支付	在线审计	数字签名	流程自动化	流程自动化	电子会计档案	电子会计档案	中台技术
6	机器学习	数据挖掘	电子档案	新一代 ERP	新一代 ERP	电子发票	中台技术	电子会计档案
7	移动互联	数字签名	在线审计	区块链技术	移动支付	在线审计与远程审计	新一代 ERP	数据治理
8	图像识别	财务专家系统	区块链发票	移动支付	数据中台	新一代 ERP	数据治理技术	新一代 ERP
9	区块链	移动互联网	移动互联网	数据挖掘	数据挖掘	在线与远程办公	商业智能	数据挖掘
10	数据安全技术	身份认证	财务专家系统	在线审计	智能流程自动化	商业智能	数据挖掘	商业智能

资料来源：公开资料整理而得。

第三节　会计信息系统的实施环境

会计信息系统是在计算机和网络环境下采用现代信息处理技术，对会计信息进行采集、存储、处理和传输，完成会计核算、监督、管理和辅助决策的系统。它是一个人机结合的系统，不仅需要计算机硬件、软件和网络环境的支持，也需要人员操作，同时受到信息化工作环境下的会计工作规范约束。因此，会计信息系统的实施环境主要包括硬件环境、软件环境、网络环境、会计人员及会计规范等。

三、会计信息系统的网络环境

会计信息系统的网络环境主要由服务器、客户机和网络连接设备组成。

1. 服务器

服务器是网络环境中的高性能计算机，它侦听网络上的其他计算机（客户机）提交的服务请求，并提供相应的服务，控制客户端计算机对网络资源的访问，并能存储、处理网络上大部分的会计数据和信息。服务器的性能必须适应会计信息系统软件的运行要求，其硬件配置一般高于普通客户机。

2. 客户机

客户机又称为用户工作站，是连接到服务器的计算机，能够享受服务器提供的各种资源和服务。会计人员通过客户机使用会计信息系统软件，因此客户机的性能也必须适应会计信息系统软件的运行要求。

3. 网络连接设备

网络连接设备是把网络中的通信线路连接起来的各种设备的总称，这些设备包括中继器、交换机和路由器等。

四、会计信息系统的工作规范

1. 会计信息系统软件和服务的规范

会计信息系统软件和服务的规范主要包括：会计信息系统软件应当保障企业按照国家统一会计准则制度开展会计核算，不得有违背国家统一会计准则制度的功能设计；会计信息系统软件的界面应当使用中文并且提供对中文处理的支持，可以同时提供外国或者少数民族文字界面对照和处理支持；会计信息系统软件应当提供符合国家统一会计准则制度的会计科目分类和编码功能；会计信息系统软件应当提供符合国家统一会计准则制度的会计凭证、账簿和报表的显示和打印功能；会计信息系统软件应当提供不可逆的记账功能，确保对同类已记账凭证的连续编号，不得提供对已记账凭证的删除和插入功能，不得提供对已记账凭证日期、金额、科目和操作员的修改功能；鼓励软件供应商在会计信息系统软件中集成可扩展商业报告语言（XBRL）功能，便于企业生成符合国家统一标准的 XBRL 财务报告；会计信息系统软件应当具有符合国家统一标准的数据接口，满足外部会计监督需要；会计信息系统软件应当具有会计资料归档功能，提供导出会计档案的接口，在会计档案存储格式、元数据采集、真实性与完整性保障方面，符合国家有关电子文件归档与电子档案管理的要求；会计信息系统软件应当记录生成用户操作日志，确保日志的安全和完整；以远程访问、云计算等方式提供会计信息系统软件的供应商，应当在技术上保证客户会计资料的安全、完整；客户以远程访问、云计算等方式使用会计信息系统软件生成的电子会计资料归客户所有；以远程访问、云计算等方式提供会计信息系统软件的供应商，应当做好本厂商不能维持服务情况下，保障企业电子会计资料安全以及企业会计工作持续进行的预案；软件供应商应当努力提高会计信息系统软件相关服务质量，按照合同约定及时解决用户使用过程中出现的故障问题；鼓励软件供应商采用呼叫中心、在线客服等方式为

用户提供实时技术支持；软件供应商应当就如何通过会计信息系统软件开展会计监督工作，提供专门教程和相关资料。

2. 企业会计信息化的工作规范

企业会计信息化的工作规范主要包括会计信息化建设工作规范和会计资料管理工作规范两个方面。

（1）会计信息化建设工作规范。会计信息化建设工作规范主要包括：企业应当充分重视会计信息化工作，加强组织领导和人才培养，不断推进会计信息化在本企业的应用；企业开展会计信息化工作，应当根据发展目标和实际需要，合理确定建设内容，避免投资浪费；企业开展会计信息化工作，应当注重信息系统与经营环境的契合；大型企业、企业集团开展会计信息化工作，应当注重整体规划，统一技术标准、编码规则和系统参数，实现各系统的有机整合，消除信息孤岛；企业配备会计信息系统软件，应当根据自身技术力量以及业务需求，考虑软件功能、安全性、稳定性、响应速度、可扩展性等要求，合理选择购买、定制开发购买与开发相结合等会计信息系统软件配备方式；企业通过委托外部单位开发、购买等方式配备会计信息系统软件，应当在有关合同中约定操作培训、软件升级、故障解决等服务事项，以及软件供应商对企业信息安全的责任；企业应当促进会计信息系统与业务信息系统的一体化，通过业务的处理直接驱动会计记账，减少人工操作，提高业务数据与会计数据的一致性，实现企业内部信息资源共享；企业应当根据实际情况，开展本企业信息系统与银行、供应商、客户等外部单位信息系统的互联，实现外部交易信息的集中自动处理；企业进行会计信息系统前端系统的建设和改造，应当安排负责会计信息化工作的专门机构或者岗位参与，充分考虑会计信息系统的数据需求；企业应当遵循企业内部控制规范体系要求，加强对会计信息系统规划设计、开发、运行、维护全过程的控制；处于会计核算信息化阶段的企业，应当结合自身情况，逐步实现资金管理、资产管理、预算控制、成本管理等财务管理信息化；处于财务管理信息化阶段的企业，应当结合自身情况，逐步实现财务分析、全面预算管理、风险控制、绩效考核等决策支持信息化。

（2）会计资料管理工作规范。会计资料管理工作规范主要包括对于信息系统自动生成且具有明晰审核规则的会计凭证，可以将审核规则嵌入会计信息系统软件，由计算机自动审核。未经自动审核的会计凭证，应当先经人工审核再进行后续处理；分公司、子公司数量多、分布广的大型企业、企业集团应当探索利用信息技术促进会计工作的集中处理，逐步建立财务共享服务中心；企业会计信息系统数据服务器的部署应当符合国家有关规定；企业会计资料中对经济业务事项的描述应当使用中文，可以同时使用外国或者少数民族文字对照；企业应当建立电子会计资料备份管理制度，确保会计资料的安全、完整和会计信息系统的持续、稳定运行；企业不得在非涉密信息系统中存储、处理和传输涉及国家秘密、关系国家经济信息安全的电子会计资料；未经有关主管部门批准，不得将会计凭证携带、寄运或者传输至境外；企业内部生成的会计凭证、账簿和辅助性会计资料，如果同时满足所记载的事项属于本企业重复发生的日常业务、由企业信息系统自动生成且可查询和输出、企业对相关数据建立了电子备份制度及完善的索引体系等这些条件，可以不输出纸质资料；企业获得的需要外部单位或者个人证明的原始凭证和其他会计资料，如果同时满足会计资料附有可靠的电子签名且电子签名经符合《中华人民共和国电子签名法》的第三方认证、所记载的事项属于本企业重复发生的日常业务、可及时在企业信息系统中查询和输出、企业对相关数据建立了电子备份制度及完善的索引体系等这些条件，可以不输出纸质资料；企业会计资料的归档管理，遵循国家有关会计档案管理的规定。

第四节　用友新道 U8 管理软件的安装过程

本教材以用友 U8⁺V15.0 软件为蓝本，该软件在系统功能上是 U8⁺V13.0 的升级版本，紧紧围绕企业经营管理热点，提供了财税一体化、新收入准则、多工厂计划协同、多组织购销业务协同，以及新零售、新电商等多项新应用，包括企业门户、财务会计、管理会计、电商管理、供应链管理、生产制造、人力资源管理、决策支持、集团应用、企业应用集成、移动应用等应用产品。

一、安装前工作

(1)更改用户账户控制设置。选择【开始】→【Windows 系统】→【控制面板】→【用户账户】，单击【用户账户】，选择【更改用户账户控制设置】，然后设为最低，如图 1-1、图 1-2 所示。

图 1-1　【用户账户】窗口

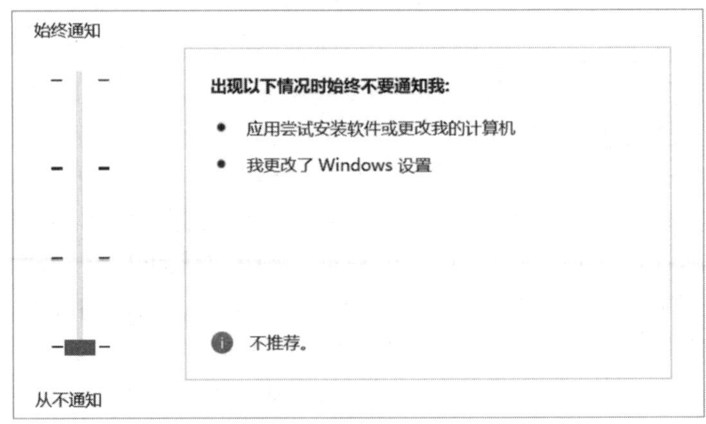

图 1-2　【更改用户账户控制设置】窗口

(2)更改计算机名称。选择【控制面板】→【系统和安全】→【系统】，在相关设置里选择【重命名这台电脑】。或者选择桌面【此电脑】，单击鼠标右键，选择【属性】→【更改设置】，将计算机名称改为自己名字的首字母(便于记忆)。需要特别注意的是，计算机名称中不能含有字母和数字以外的特殊字符。

(3)安装互联网信息服务(Internet Information Services，IIS)。选择【开始】→【Windows 系统】→【控制面板】→【程序】→【程序和功能】→【启用或关闭 Windows 功能】，选择【Internet Information Services】(必须勾选此项)、【Internet Information Services 可承载的 Web 核心】，如图 1-3、图 1-4 所示。

(4)安装 NET Framework。参照上一步骤，选择【开始】→【Windows 系统】→【控制面板】→【程序】→【程序和功能】→【启用或关闭 Windows 功能】，选择【. NET Framework 3.5(包括. NET 2.0 和 3.0)】【. NET Framework 4.6 高级服务】，如图 1-5 所示。

(5)关闭 360 安全卫士等杀毒软件。在安装过程中，需要关闭 360 安全卫士等杀毒软件。

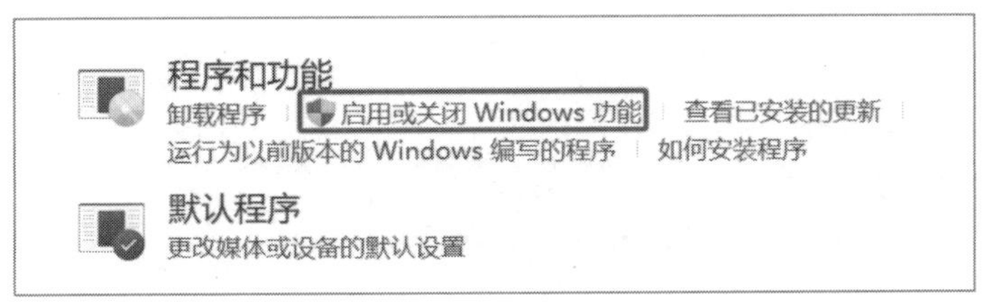

图 1-3　【程序和功能】窗口

图 1-4　【启用或关闭 Windows 功能】窗口 1

图 1-5　【启用或关闭 Windows 功能】窗口 2

二、安装 SQL Server 数据库

(1)打开 SQL Server 数据库安装包，单击【setup】，鼠标右键选择【以管理员身份运行】，如图 1-6 所示。

图 1-6 【SQL Server 安装界面】窗口

(2)选择【安装】右边的【全新安装或向现有安装添加功能】，如图 1-7 所示。

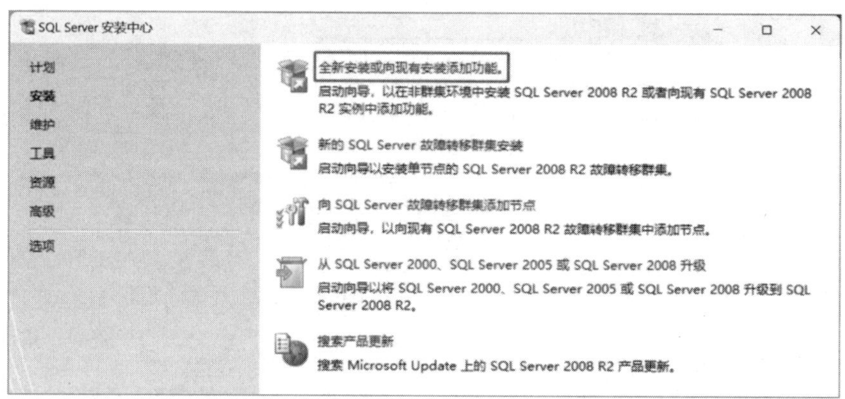

图 1-7 【SQL Server 安装中心】窗口

(3)在【产品密钥】对话框，直接单击【下一步】，如图 1-8 所示。

(4)在【许可条款】对话框，选择【我接受许可条款】，如图 1-9 所示。

(5)在【安装程序支持文件】对话框，单击【安装】，如图 1-10 所示。

(6)在【安装程序支持规则】对话框，单击【下一步】，如图 1-11 所示。

(7)在【设置角色】对话框，选择【SQL Server 功能安装】，选择完成后单击【下一步】，如图 1-12 所示。

(8)在【功能选择】对话框，勾选【数据库引擎服务】【SQL Server 复制】【管理工具—基本】【管理工具—完整】【SQL 数据端连接 SDK】五个选项，勾选完成后单击【下一步】，如图 1-13 所示。

(9)在【实例配置】对话框，选择【默认实例】，选择完成后单击【下一步】，如图 1-14 所示。

(10)在【服务器配置】对话框，在【SQL Server Database Engine】处选择账户名为【NT AUTHORITY\SYSTEM】，选择完成后单击【下一步】，如图 1-15 所示。

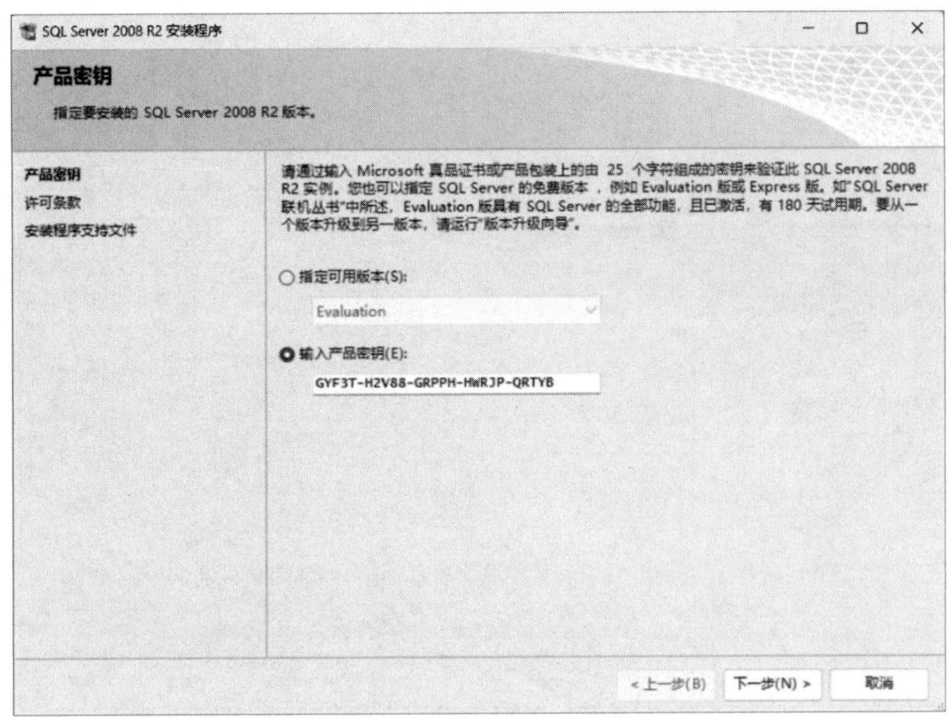

图 1-8　【输入 SQL Server 产品密钥】窗口

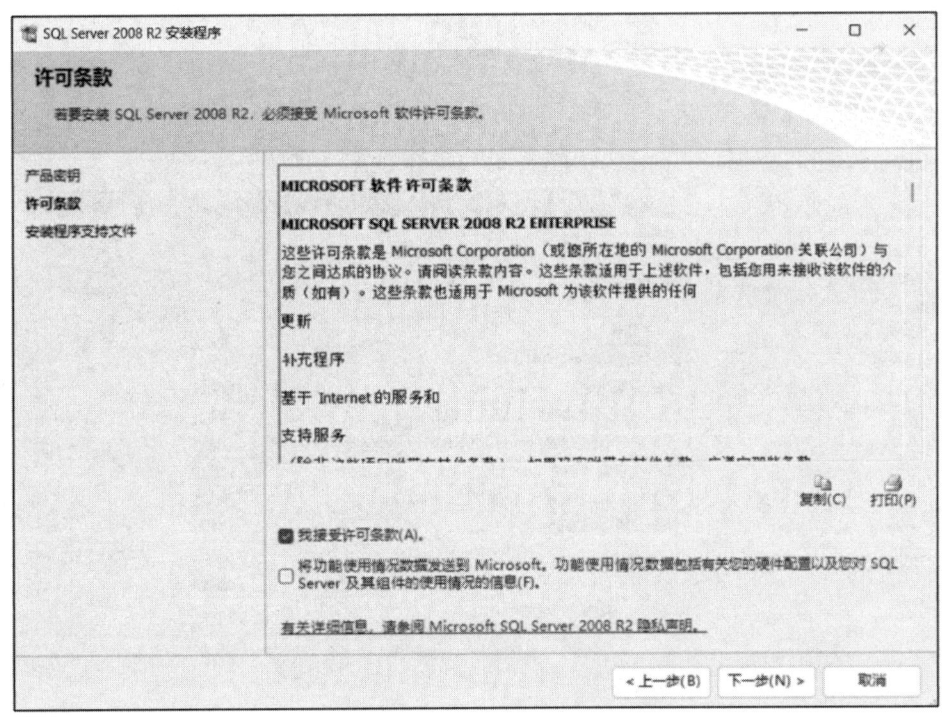

图 1-9　【SQL Server 许可条款】窗口

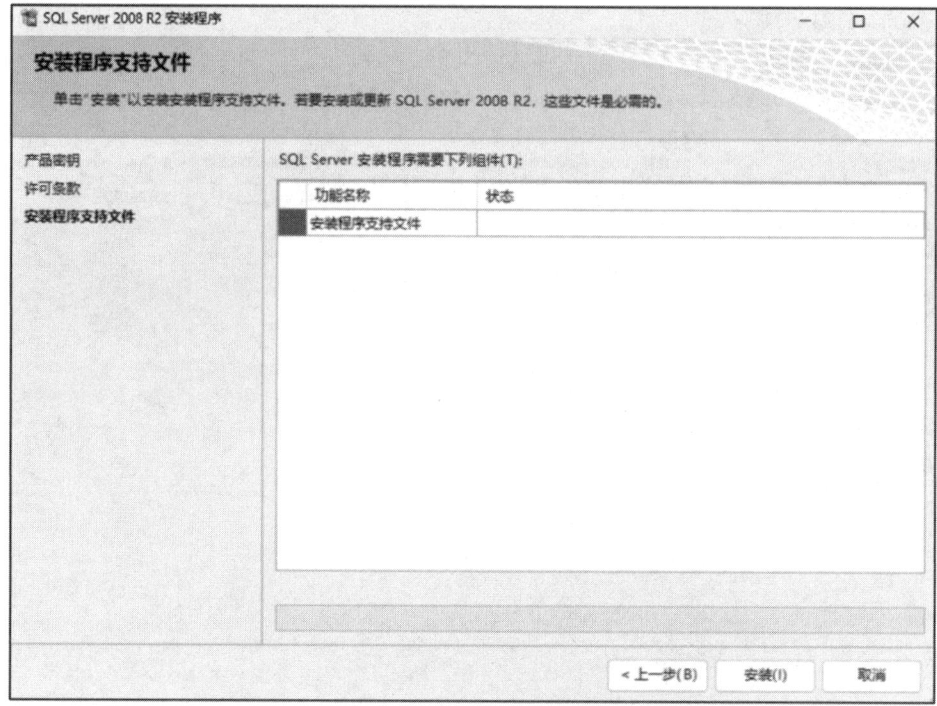

图 1-10 【SQL Server 安装程序支持文件】窗口

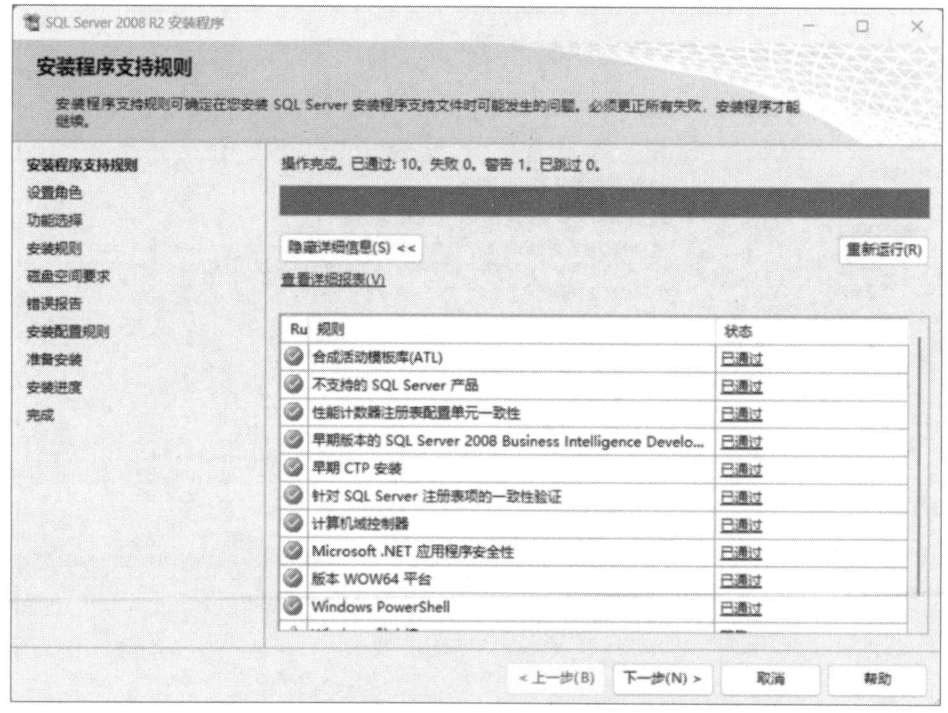

图 1-11 【SQL Server 安装程序支持规则】窗口

SQL Server 2008 R2 安装程序
设置角色
单击"SQL Server 功能安装"选项以逐个选择要安装的功能组件，或单击某个功能角色以安装特定配置。
安装程序支持规则
设置角色
功能选择
安装规则
磁盘空间要求
错误报告
安装配置规则
准备安装
安装进度
完成
SQL Server 功能安装(S)
安装 SQL Server 数据库引擎服务、Analysis Services、Reporting Services、Integration Services 和其他功能。
SQL Server PowerPivot for SharePoint(P)
在新的或现有的 SharePoint 2010 服务器上安装 PowerPivot for SharePoint 以支持场中的 PowerPivot 数据访问。要使用"新建服务器"选项，必须安装 SharePoint 但不要进行配置。
将 PowerPivot for SharePoint 添加到:
新建服务器
具有默认值的所有功能(D)
使用服务帐户的默认值安装所有功能。
< 上一步(B)
下一步(N) >
取消
帮助

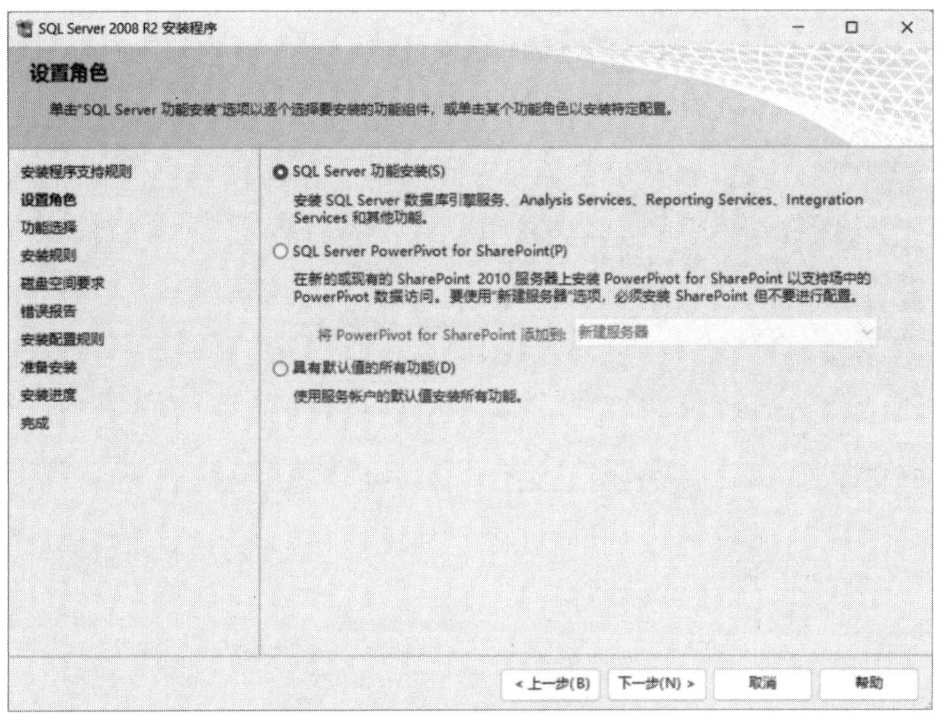

图 1-12 【SQL Server 设置角色】窗口

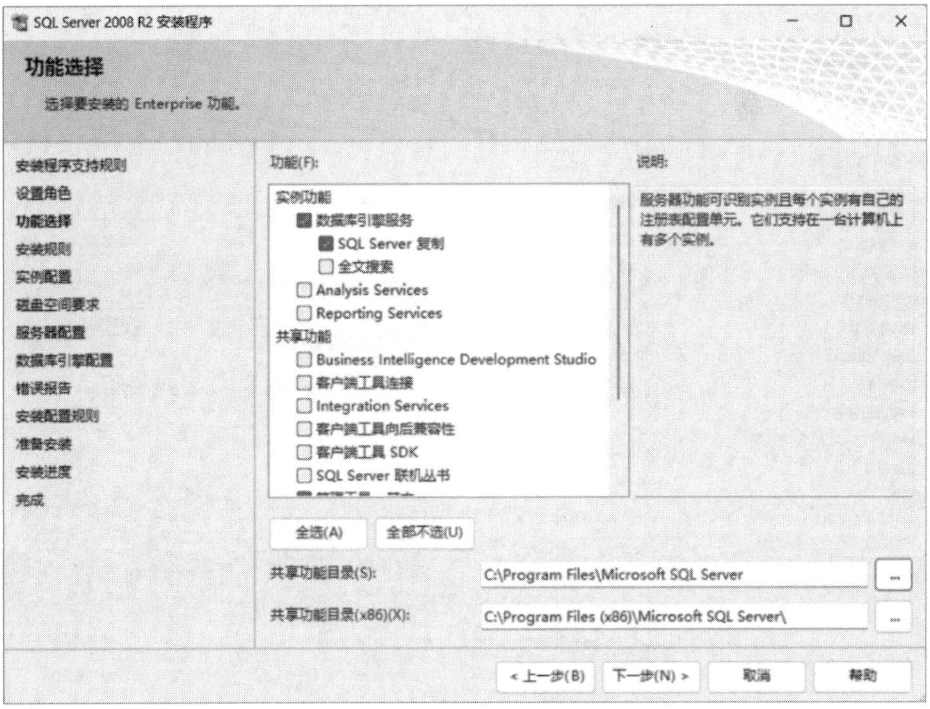

SQL Server 2008 R2 安装程序
功能选择
选择要安装的 Enterprise 功能。
安装程序支持规则
设置角色
功能选择
安装规则
实例配置
磁盘空间要求
服务器配置
数据库引擎配置
错误报告
安装配置规则
准备安装
安装进度
完成
功能(F):
实例功能
数据库引擎服务
SQL Server 复制
全文搜索
Analysis Services
Reporting Services
共享功能
Business Intelligence Development Studio
客户端工具连接
Integration Services
客户端工具向后兼容性
客户端工具 SDK
SQL Server 联机丛书
说明:
服务器功能可识别实例且每个实例有自己的注册表配置单元。它们支持在一台计算机上有多个实例。
全选(A)
全部不选(U)
共享功能目录(S):
C:\Program Files\Microsoft SQL Server
共享功能目录(x86)(X):
C:\Program Files (x86)\Microsoft SQL Server\
< 上一步(B)
下一步(N) >
取消
帮助

图 1-13 【SQL Server 功能选择】窗口

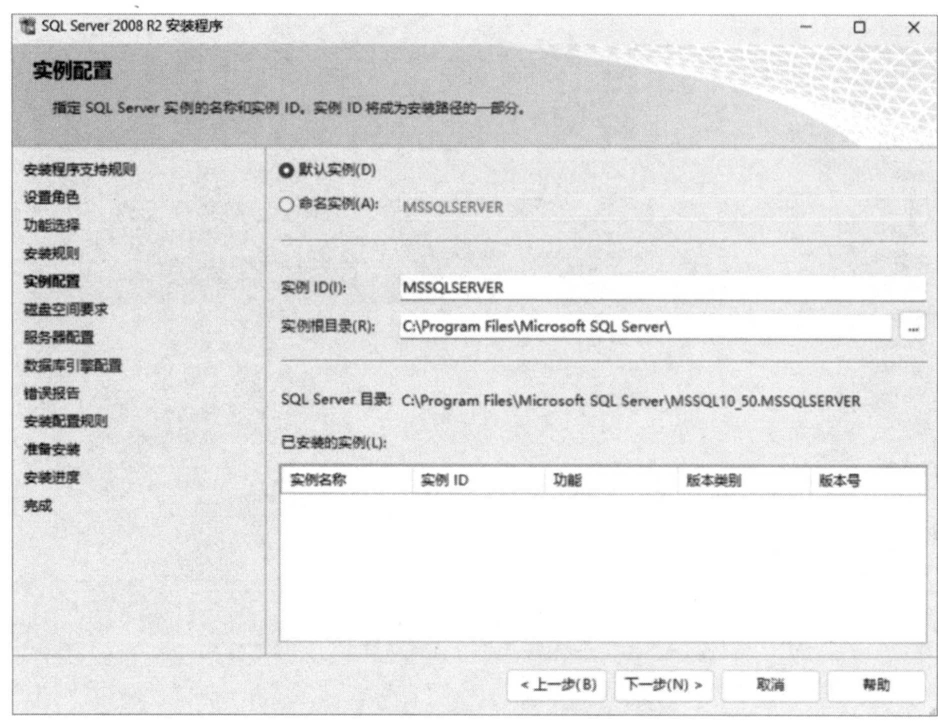

图 1-14 【SQL Server 实例配置】窗口

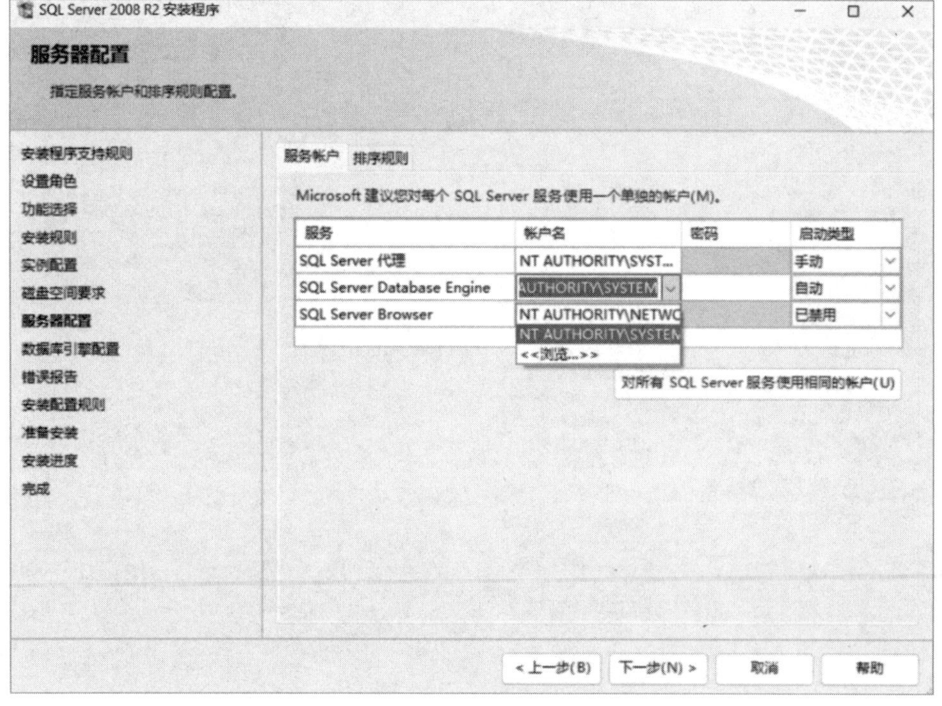

图 1-15 【SQL Server 服务器配置】窗口

(11)在【数据库引擎配置】对话框，在【身份验证模式】处选择【混合模式】，为了便于记忆，建议将密码设置为“1”。同时，指定 SQL Server 管理员，单击【添加当前用户】，等待用户添加完成后单击【下一步】，如图 1-16 所示。

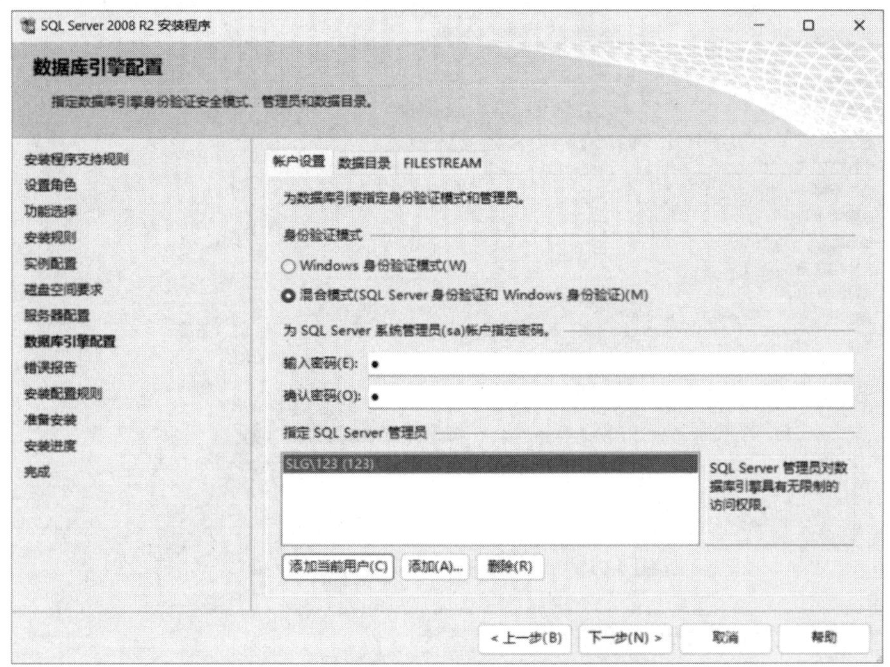

图 1-16　【SQL Server 数据库引擎配置】窗口

(12)在【准备安装】对话框，单击【安装】，如图 1-17 所示。等待安装完成，跳转至【完成】界面，如图 1-18 所示。

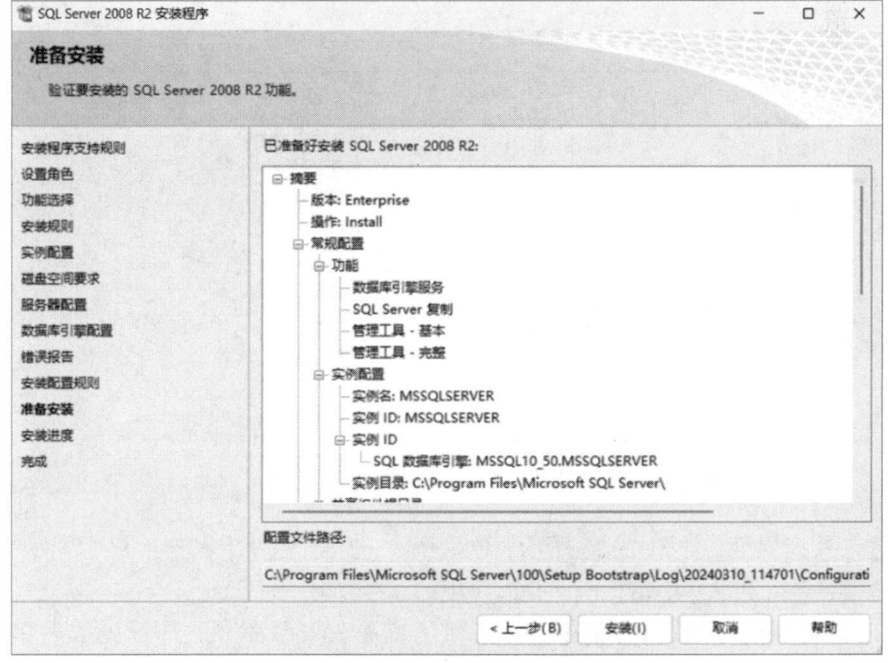

图 1-17　【SQL Server 准备安装】窗口

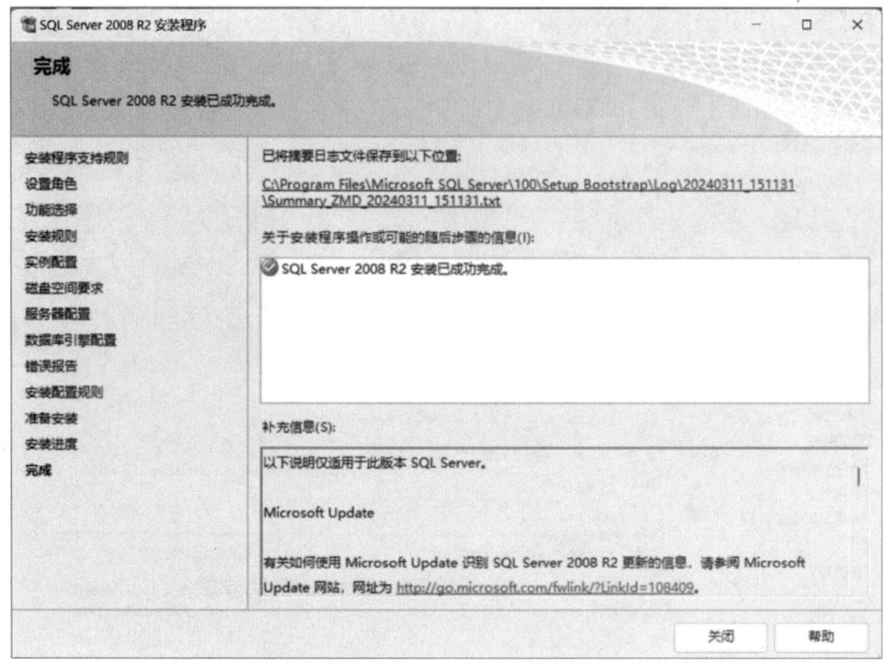

图 1-18 【SQL Server 安装完成】窗口

三、安装用友新道 U8 管理软件

(1)打开用友新道 U8 数据库安装包，单击【setup】，单击鼠标右键选择【以管理员身份运行】，如图 1-19 所示。

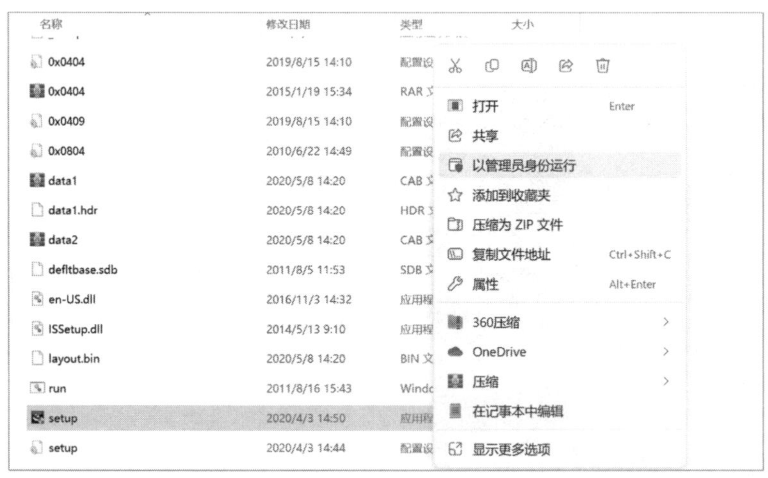

图 1-19 【运行用友新道 U8】窗口

(2)进入欢迎界面，如图 1-20 所示，单击【下一步】。进入【客户信息】界面，在【客户信息】对话框，保持默认，单击【下一步】，如图 1-21 所示。

(3)在【选择目的地位置】对话框，保持默认或更改安装路径，选择完成后单击【下一步】，如图 1-22 所示。

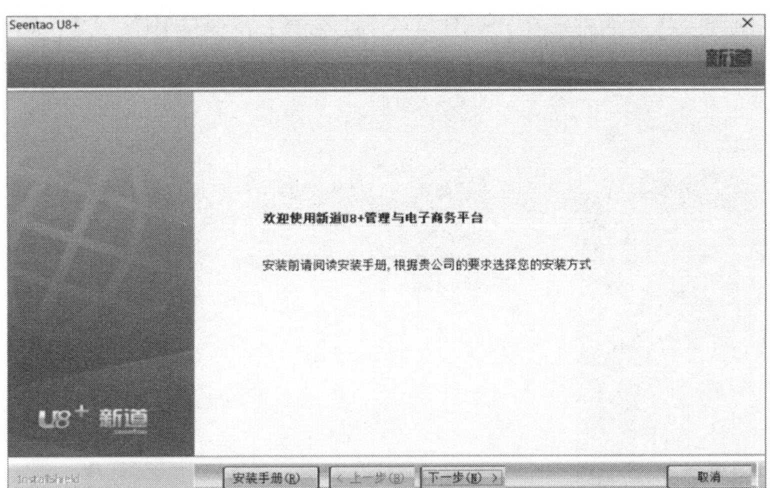

图 1-20 【用友新道 U8 欢迎界面】窗口

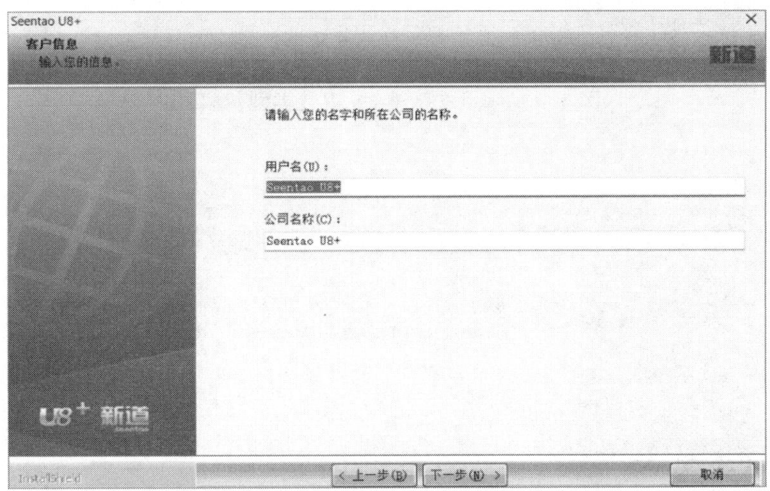

图 1-21 【用友新道 U8 客户信息】窗口

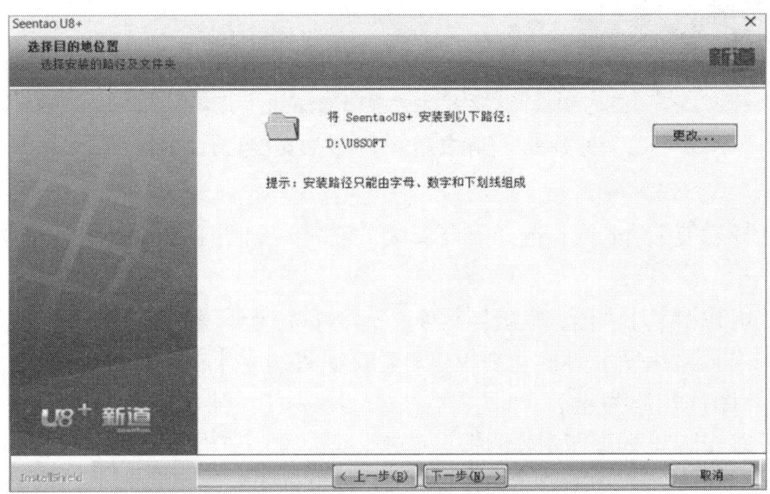

图 1-22 【用友新道 U8 选择安装路径】窗口

（4）在【安装类型】对话框，在【应用模式】处选择【经典应用模式】，如图 1-23 所示，单击【下一步】，在【安装类型】处选择【自定义】，如图 1-24 所示，单击【下一步】。

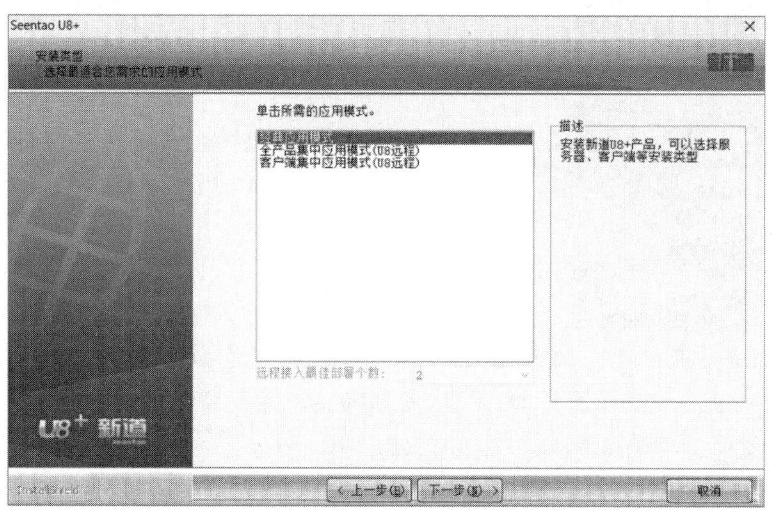

图 1-23 【用友新道 U8 安装类型】窗口 1

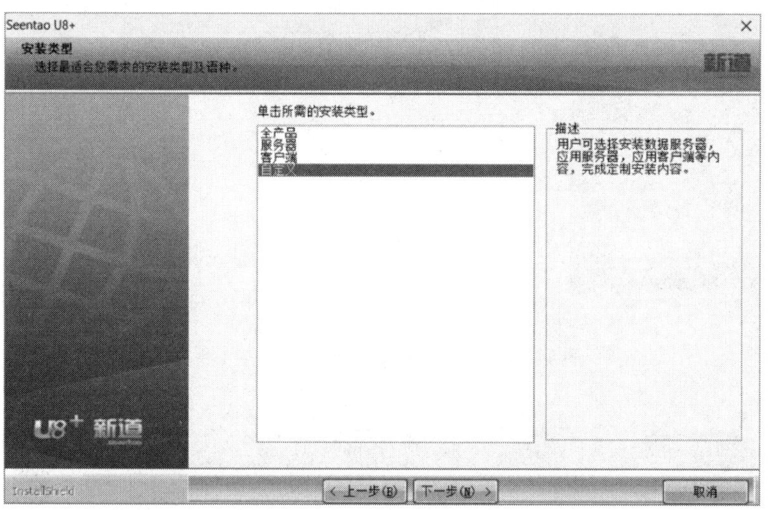

图 1-24 【用友新道 U8 安装类型】窗口 2

（5）在【选择功能】对话框，选择需要安装的功能，如图 1-25、图 1-26、图 1-27 所示，选择完成后单击【下一步】。

（6）在【环境检测】对话框，单击【检测】，进入【系统环境检查】窗口，如图 1-28 所示，单击【确定】。若非图片显示界面，则单击【安装缺省组件】或在标红组件的文件地址处进行操作，直到与图片相同为止。

（7）在【可以安装该程序了】对话框，单击【安装】。安装完成后，选择【是，立即重新启动计算机。】，如图 1-29 所示，单击【完成】，重启计算机。

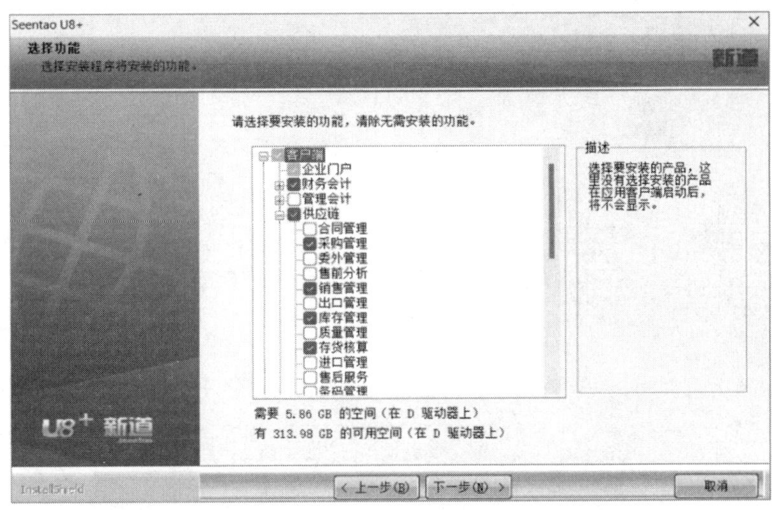

图 1–25 【用友新道 U8 功能选择】窗口 1

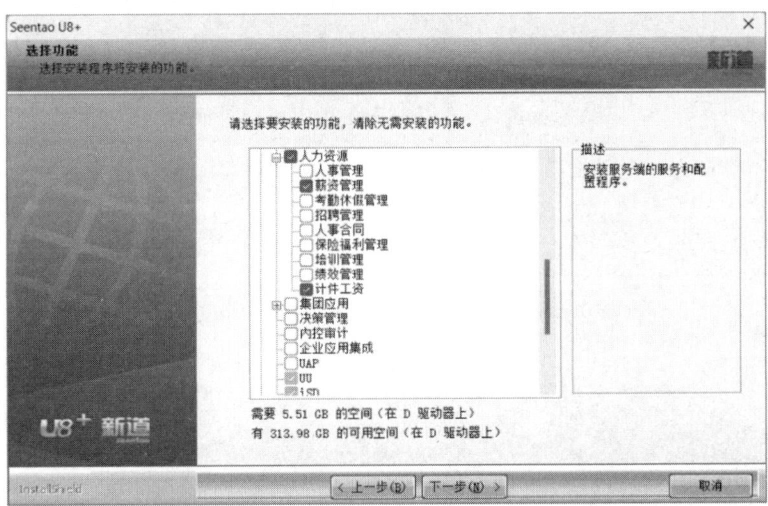

图 1–26 【用友新道 U8 功能选择】窗口 2

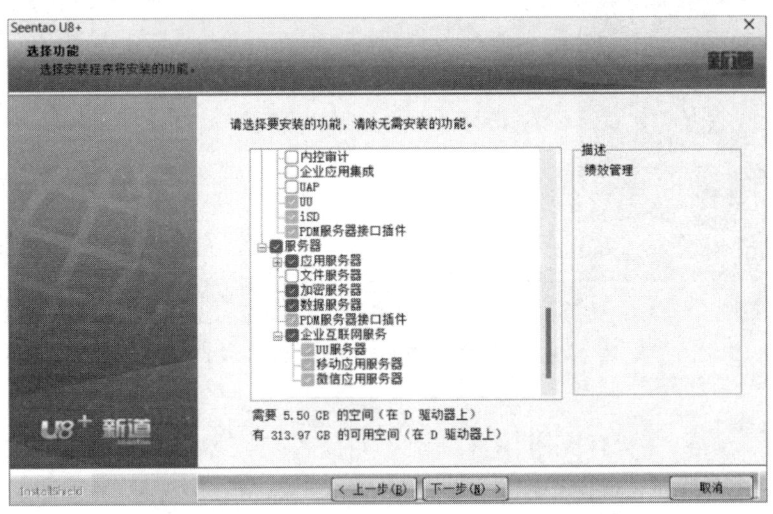

图 1–27 【用友新道 U8 功能选择】窗口 3

图 1-28 【用友新道 U8 系统环境检查】窗口

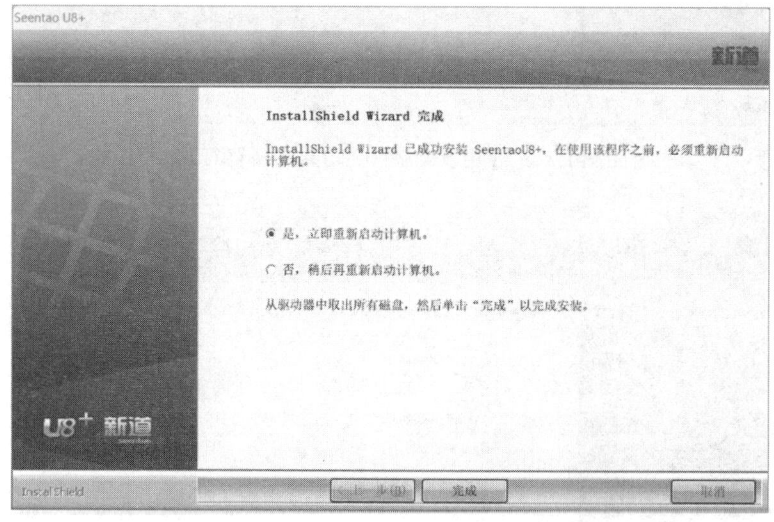

图 1-29 【用友新道 U8 初步安装完成】窗口

(8)选择【开始】→【所有应用】→【新道 U8^{+}】→【应用服务器配置】→【数据源配置】，单击左上角【增加】按钮，在【数据源】处输入“default”，在【数据库服务器】处输入重命名

后的电脑名称，【密码】处输入“1”或安装数据库时自定义的密码(图 1-30)，单击【测试连接】，应显示【连接串测试成功】(图 1-31)，未显示则说明数据库没有连接上，注意检查数据库名和密码，连接成功(图 1-32)。

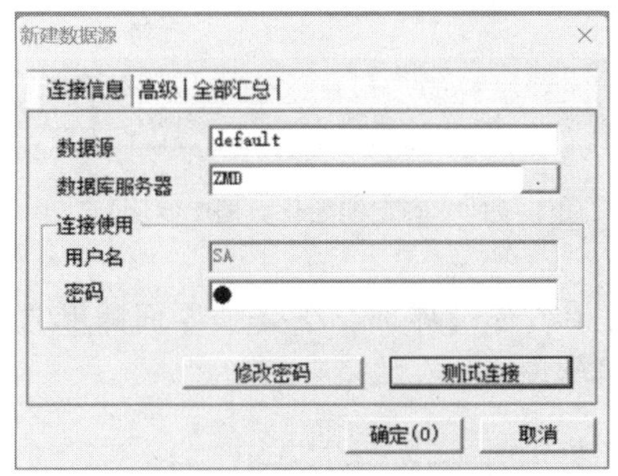

图 1-30　【新建数据源】窗口

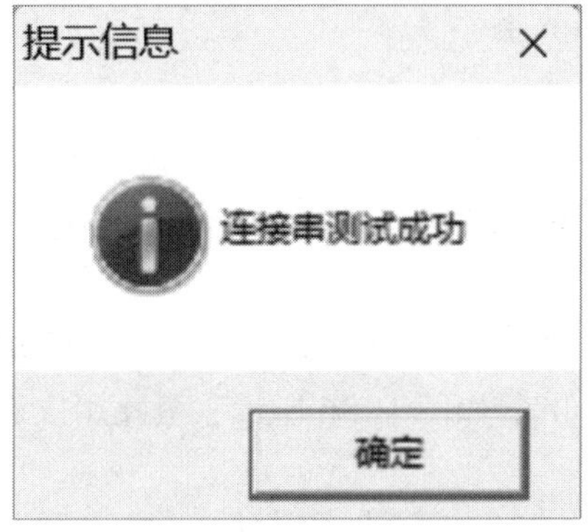

图 1-31　【连接测试成功】窗口

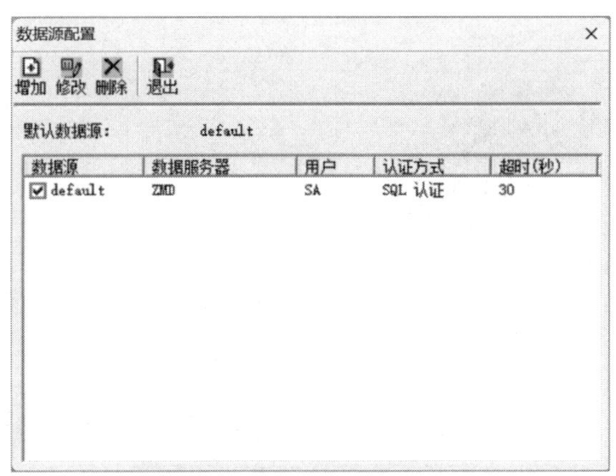

图 1-32　【数据源配置】窗口

(9)选择【开始】→【所有应用】→【新道 U8⁺】→【系统管理】，进入【系统管理】界面，单击左上角【系统】，选择【初始化数据库】，如图 1-33 所示。然后，系统出现【初始化数据库实例】窗口，在该窗口中【口令】处输入“1”(安装数据库时自定义的密码)，如图 1-34 所示，单击【确定】，系统弹出“确定初始化数据库实例吗?”，如图 1-35 所示，单击【是】，等待数据库初始化。

图 1-33　【系统管理】窗口

图 1-34 【初始化数据库实例】窗口

图 1-35 【确定初始化数据库实例】窗口

(10)数据库初始化完成后，系统弹出新道 U8⁺登录界面，在登录界面账套选择“default”，如图 1-36 所示，至此用友新道 U8 管理软件成功安装完毕。

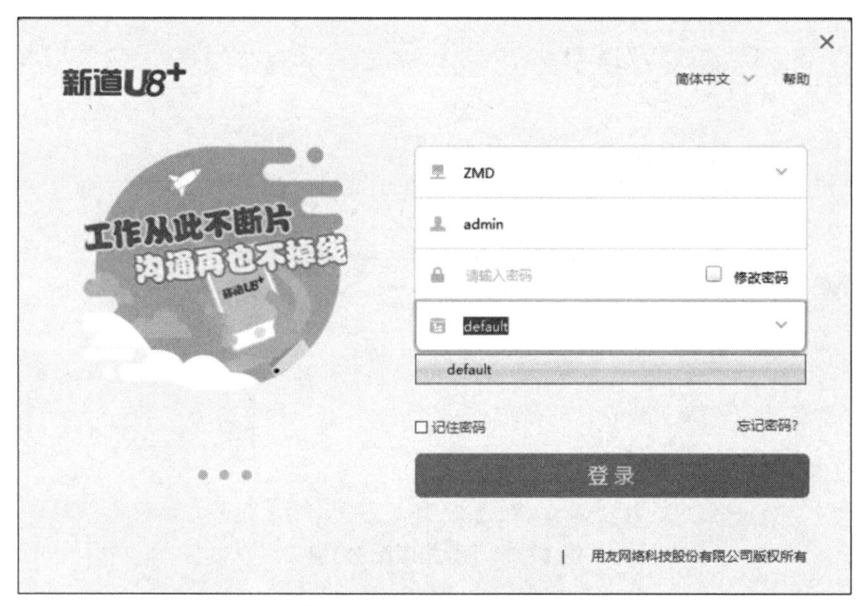

图 1-36 新道 U8⁺登录界面

思考题

1. 什么是会计信息系统？会计信息系统有哪些基本特征？

2. 新一代信息技术使会计信息系统发生了什么变革？会计信息系统的发展趋势可能是什么？

3. 会计信息系统的实施环境包括哪些内容？

4. 与手工会计核算程序相比，利用会计信息系统完成会计核算工作有哪些优点？

5. 数字化发展环境下，未来会计信息系统软件的设计目标与功能结构可能会朝着什么方向发展？

第二章 系统管理

会计信息系统可划分为若干个子系统，每个子系统又由若干个功能模块组成，各个功能模块之间相互关联，共享数据，协同实现业财一体化管理。为实现业财一体化的管理要求，各个功能模块应具备公用的基础信息，拥有相同的账套，实现操作员和操作权限的集中管理。因此，用友新道 U8 系统设立了一个独立的系统管理模块，由系统管理和公共基础设置部分为各个子系统提供统一的环境，对整个系列产品的公共任务进行统一的操作管理和数据维护。

第一节　系统管理概述

系统管理作为用友新道 U8 系统的一个公共管理平台，可以对整个系统的公共任务进行统一管理，如建立账套、用户管理、权限分配等，其他所有子系统的独立运行都必须以此为前提。

一、系统管理功能概述

系统管理模块是对用友新道 U8 系统的各个产品进行统一的操作管理和数据维护，其主要功能主要体现在以下几个方面。

1. 账套管理

账套是一组相互关联的数据，每一个独立核算的企业都有一套完整的账簿体系，这一套完整的账簿体系建立在用友新道 U8 系统中被称为一个账套。账套管理主要包括核算账套的建立、修改、备份、恢复和删除。

2. 年度账管理

年度账与账是两个不同的概念。一个账套包含企业所有的数据，将企业数据按年度进行划分，则称为年度账。年度账包含的是企业一个会计年度的数据。年度账管理主要包括年度账的建立、清空、引入、输出和年度数据结转。

3. 权限管理

为确保系统及数据的安全与保密，系统管理设置了操作员及其权限的集中管理功能，通过操作员及其权限的管理，不仅可以避免与业务无关的人员进入系统，而且可以对各个子系统的业务处理进行协调，保证各负其责。权限管理主要包括操作员管理和操作员权限管理两部分。

4. 系统安全管理

对企业而言，系统的安全运行、数据的安全存储是系统运行管理的重要保障。为此，系统管理设置了强有力的安全保障机制，如设置对整个运行过程的监控机制、清除系统运行过程的异常任务、设备系统的自动备份计划等。

二、系统管理登录

用户安装好用友新道 U8 系统后，首先需要在系统管理模块建立本单位的核算账套。

为了加强系统的总体控制，系统增设了一个系统管理员(admin)，用于管理系统中的所有账套。系统允许以系统管理员和账套主管两种身份注册进入系统管理模块。以系统管理员身份注册进入系统，可以实现对整个系统的管理和维护，包括账套管理、年度账管理、权限管理、系统安全管理等工作，但系统管理员只能进入系统管理模块，不能进入具体的账套中。以账套主管身份注册进入系统，可以实现对所主管的账套进行修改和管理，也可以为其主管账套设置操作员权限。

在初次运行用友新道 U8 系统时，由于尚未建立账套，只能以系统默认的系统管理员身份注册进入系统，此时并没有为系统管理员设置登录密码，即密码为空。为确保系统安全，应及时为系统管理员设置登录密码，但日常教学中一般不设置密码。

【实验资料】 以系统管理员的身份注册进入系统管理模块。

【实验过程】

(1) 单击【开始】按钮，依次指向【程序】【新道 U8⁺】命令，然后单击【系统管理】选项，进入【系统管理】窗口，如图 2-1 所示。

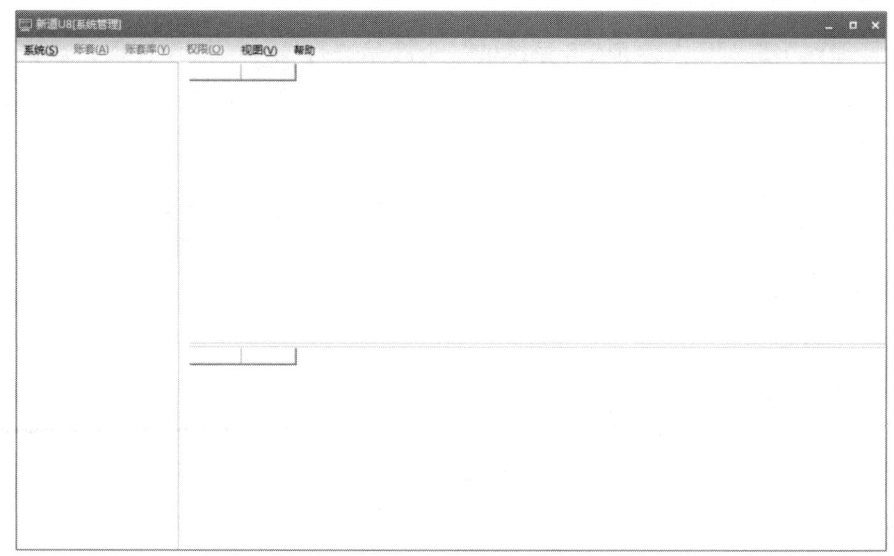

图 2-1 【系统管理】窗口

(2)在【系统管理】窗口中，单击【系统】菜单中的【注册】子菜单，打开【登录】对话框，如图 2-2 所示。

图 2-2　【登录】对话框 1

(3)选择服务器。在客户端登录，则选择服务端的服务器；服务端或单机用户则选择本地服务器。

(4)输入操作员系统管理员(admin)的名称和密码。在【操作员】文本框中输入"admin"，密码默认为空，如图 2-3 所示。

图 2-3　【登录】对话框 2

(5)单击【登录】按钮。

第二节 案例背景资料

本教材以江西飞祥稀土永磁电机有限公司(简称“飞祥电机”)为案例公司，该公司是一家专门从事建筑类电机、家具电器类电机、汽车产业类电机等产品生产及销售的制造企业。

(1)企业基本情况。

公司法人代表：黄业竣

公司开户银行：赣州农商银行章贡支行

基本存款账户：4024280000135450912

公司纳税登记号：913607026215300012

公司地址：江西省赣州市章贡区章江路212号

电话：0797-45123698

邮箱：jxfxxtycdjyxgs@163.com

(2)科目设置要求。应付账款科目下设暂估应付账款、一般应付账款两个二级科目，其中一般应付账款设置为受控于应付款系统、暂估应付账款设置为不受控于应付款系统。

(3)辅助核算要求。

日记账：库存现金、银行存款、其他货币资金/存出投资款。

银行账：银行存款。

客户往来：应收票据、应收账款。

供应商往来：应付票据、应付账款/一般应付账款、应付账款/暂估应付账款。

个人往来：其他应收款/职工个人往来。

项目核算：交易性金融资产/公允价值变动。

项目(数量)核算：交易性金融资产/成本。

(4)会计凭证的基本规定。录入或生成“记账凭证”均由指定的会计人员操作，含有库存现金和银行存款科目的记账凭证均需出纳签字。采用收付转记账凭证，采用单一凭证格式。对已记账凭证的修改，只采用“红字冲销法”。为保证财务与业务数据的一致性，能在业务系统生成的记账凭证不得在总账系统直接录入。根据原始单据生成记账凭证时，除特殊规定外不采用合并制单。出库单与入库单原始凭证以软件系统生成的为准；除指定业务外，在业务发生当日，收到发票并支付款项的业务使用现付功能处理，开出发票同时收到款项的业务使用现结功能处理。

(5)货币资金业务的处理。公司采用的结算方式包括现金、支票、商业汇票、电汇、托收承付、委托收款等。收、付款业务由财务部门根据有关凭证进行处理。

(6)薪酬业务的处理。由公司承担并缴纳的职工基本养老保险、职工基本医疗保险、失业保险、住房公积金分别按20%、9%、1.5%、12%的比例计算，工伤保险、生育保险分别按1%、1%的比例计算；职工个人承担的职工基本养老保险、职工基本医疗保险、失业保险、住房公积金分别按8%、2%、0.5%、12%的比例计算。按工资总额的2%计提工会经费。各类社会保险费当月计提，次月缴纳。按照国家有关规定，公司代扣代缴个人所得税，其费用扣除标准为5000元/月；工资分摊制单合并科目相同、辅助项相同的分录。

(7)固定资产业务的处理。公司固定资产包括房屋及建筑物、生产设备、运输工具和管理设备，均为在用状态；采用平均年限法(一)按月计提折旧；同期多次增加固定资产时，不采用合并制单。

(8)销售业务的处理。对客户销售商品时产生的费用由销售管理子系统处理。

(9)存货业务的处理。公司存货主要有原材料、周转材料以及产成品，按存货分类进行存放及项目核算。各类存货按照实际成本核算，采用永续盘存制；发出存货成本采用“全月平均法”按仓库进行核算，普通采购业务入库存货对方科目全部使用“在途物资”科目。同一批出库或入库业务生成一张凭证；采购、销售必有订单，订单号为合同号，到货必有到货单，发货必有发货单，存货按业务发生日期逐笔记账并制单，暂估业务除外。

存货核算制单时普通业务不允许勾选“已结算采购入库单自动选择全部结算单上单据(包括入库单、发票、付款单)，非本月采购入库按蓝字报销单制单”选项。

(10)税费的处理。公司为增值税一般纳税人，增值税税率为13%，按月缴纳，按当期应交增值税7%计算城市维护建设税、3%计算教育费附加和2%计算地方教育附加；企业所得税采用资产负债表债务法，企业所得税的计税依据为应纳税所得额，税率为25%，按月预计，按季预缴，全年汇算清缴。交纳税费按银行开具的原始凭证编制记账凭证。

(11)财产清查的处理。公司每年年末对存货和固定资产进行清查，根据盘点结果编制“盘点表”，并与账面数据进行比较，由相关管理员审核后进行处理。

(12)坏账损失的处理。除应收账款外，其他的应收款项不计提坏账准备。每年年末，按应收账款余额百分比法计提坏账准备，提取比例为0.5%(月末视同年末)。

(13)利润分配的处理。根据公司章程，年末时公司税后利润按以下顺序及规定分配：①弥补亏损；②按10%提取法定盈余公积；③按30%向投资者分配利润。

(14)损益类账户的结转。每月末将各损益类账户余额转入本年利润账户，结转时按收入和支出分别生成记账凭证。

第三节　账套管理

每个企业可以为每一个独立核算的单位建立一个账套，即每一个单位都有一套完整的账簿体系，单位的一套完整的账簿体系就是账套。对账套的管理内容包括建立账套、修改账套、备份账套和恢复账套。

一、增加操作员

在建立账套之前，先介绍如何增加操作员，以便在建立账套的过程中选择账套主管。

用友新道U8系统中系统管理员拥有该系统的全部操作权限。系统管理员可以根据财务管理要求设置系统所需要的操作员，并可根据需要对已有操作员进行修改、删除、注销等处理。在增加操作员时，必须明确操作员的以下特征信息。

(1)操作员编码，用来标识操作员的编号。操作员编码是区别不同操作员的编码，在同一系统中，不同账套的操作员编码必须唯一，不允许重复。

(2)操作员姓名，即设置操作员的姓名全称。一般情况下，操作员姓名应输入真实姓名，以便于对操作员的操作行为和其他事项进行管理。

(3)操作员所属部门，即操作员所在部门的名称。

(4)操作员口令，即为操作员设置系统登录口令。初始化时由系统管理员(admin)赋予操作员口令。在登录系统后，可以由操作员自行修改。实际工作中，从系统安全角度考虑，不允许操作员口令设置为空。

操作员的设置分为两个层次：角色和用户。角色可以理解为岗位的名称，如财务总监、销售总管、财务主管等；用户可以理解为具体的操作人员，如黄业竣、何璇等。

对于公司管理而言，职员之间的岗位变动时常发生。操作员岗位变动后，需要重新为其分配不同的操作权限，这样操作比较烦琐。用友新道 U8 系统设置了“角色”这一功能，可以通过预先给角色设置好权限，之后在设置用户时，指定用户归属的角色，此时该用户便自动继承了相应角色的权限。当用户岗位发生变动时只需要调整其角色即可，不必再单独为其重新设置权限。当然，也可以独立为用户赋予权限，用户也可以不属于任何角色。

【实验资料】根据表 2-1 设置操作员信息。

表 2-1 操作员信息

编码	姓名	用户类型	认证方式	口令	所属部门	角色	工作岗位
A01	黄业竣	普通用户	用户+口令(传统)	无	总经理办公室	账套主管	总经理
F01	何璇	普通用户	用户+口令(传统)	无	财务部	普通员工	财务经理
F02	陈玉婷	普通用户	用户+口令(传统)	无	财务部	普通员工	会计
F03	朱娟奇	普通用户	用户+口令(传统)	无	财务部	普通员工	出纳
X01	代佳乐	普通用户	用户+口令(传统)	无	销售部	普通员工	销售员
G01	曾敏慧	普通用户	用户+口令(传统)	无	采购部	普通员工	采购员
C01	王文杰	普通用户	用户+口令(传统)	无	仓管部	普通员工	库管员

【实验过程】

(1)以系统管理员身份注册进入【系统管理】窗口，单击【权限】菜单下的【用户】子菜单，打开【用户管理】窗口。

(2)在【用户管理】窗口中，单击工具栏里的【增加】按钮，进入【操作员详细情况】窗口。根据实验资料输入黄业竣的相关信息，如图 2-4 所示。单击【增加】按钮，保存该操作员，并按此方法继续增加其他操作员。所有角色信息录入完毕后，如图 2-5 所示，单击【退出】按钮结束本次用户管理操作。

【实验提示】

①在【用户管理】窗口中可以进行用户的增加、删除和修改等工作。

②增加用户时，用户编码不能为空，也不能输入非法字符，且最多不能超过 10 位。

③若要对已存在用户进行修改，可选中要修改的用户，单击工具栏里的【修改】按钮，进入【操作员详细情况】对话框，对当前所选用户信息进行修改，但用户编码不可修改。

④若要删除已有用户，可选中要删除的用户，单击工具栏中的【删除】按钮，弹出【确

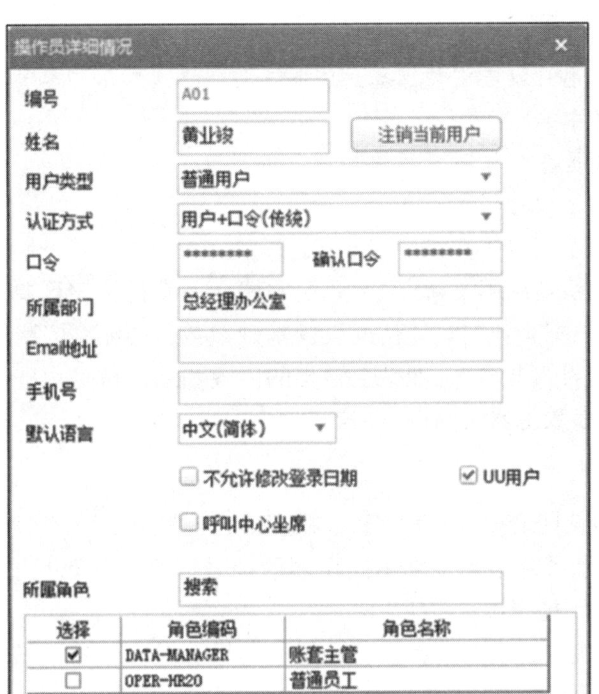

图 2-4 【操作员详细情况】窗口

用户管理

打印 预览 输出 增加 批量 修改 删除 转授 刷新 定位 帮助

搜索　隐藏已注销用户　打印/输出所属角色

用户编码	用户全名	部门	Email地址	手机号	用户类型	认证方式	状态
A01	黄业竣	总经理办公室			普通用户	用户+口令(传统)	启用
admin	admin				管理员用户	用户+口令(传统)	启用
C01	王文杰	仓管部			普通用户	用户+口令(传统)	启用
demo	demo				普通用户	用户+口令(传统)	启用
F01	何璇	财务部			普通用户	用户+口令(传统)	启用
F02	陈玉婷	财务部			普通用户	用户+口令(传统)	启用
F03	朱娟奇	财务部			普通用户	用户+口令(传统)	启用
G01	管敏慧	采购部			普通用户	用户+口令(传统)	启用
SYSTEM	SYSTEM				普通用户	用户+口令(传统)	启用
UFSOFT	UFSOFT				普通用户	用户+口令(传统)	启用
X01	代佳乐	销售部			普通用户	用户+口令(传统)	启用

图 2-5 【用户管理】窗口

认删除用户】提示对话框，单击【是】按钮删除所选用户。但若用户已经指定为某一角色的成员或被启用后，则该用户不能被删除。对于已经离开财务管理岗位且已经启用的用户，可单击工具栏中的【修改】按钮，进入【操作员详细情况】界面，单击【注销当前用户】按钮，即可取消其登录系统的权限。

⑤在新增用户时可以对该用户设置一个主要所属角色，也可以对该用户选择多个所属角色。

⑥若修改了该用户所属角色，该用户对应的权限也会随之改变。

⑦一个角色可以拥有多个用户，一个用户也可以分属于多个不同的角色。

⑧若角色已经在用户设置中被选择过，系统则会将这些用户名称自动显示在角色设置中所属用户名称列表中。

⑨只有系统管理员才有权限对用户和角色进行设置。

二、建立账套

建立账套实际上就是在用友新道 U8 系统中建立一套符合核算要求的账簿体系。用友新道 U8 系统只要求根据企业的具体情况设置基础参数，系统将按照这些基础参数自动建立一套“账”，而系统的数据输入、处理、输出的内容和形式就是由账套参数决定的。用友新道 U8 系统的账套参数主要包括以下内容：

1. 账套信息

账套信息主要包括账套号、账套名称、账套语言、账套路径、启用会计期等内容。

（1）账套号通常是系统用来区别不同账套的编号。每个账套只能用一个账套号表示，且不同账套的账套号不能重复。

（2）账套名称反映账套的基本特性，即与账套号有对应关系的核算单位名称，一般可以输入核算单位的全称。

（3）账套路径是新建账套所要存放在计算机系统中的位置，通常系统核算数据都存储在计算机系统某一指定目录下的数据库文件中。

（4）启用会计期是指新建账套被启用的会计核算期，一般指定为某一月份。启用会计期应在第一次初始设置时设定，而且一旦设定将不能更改。规定启用会计期的目的主要是明确账务处理的起始点，以保证核算数据的完整性和连续性。设置启用会计期时，同时设置会计日历，确认当前会计年度以及会计月份的起始日期和结账日期。如果不选择启用会计期，则系统自动默认以当前计算机系统时间为启用日期。

【实验资料】根据表 2-2 建立江西飞祥稀土永磁电机有限公司的账套。

表 2-2　建账向导

建账向导	参数设置
账套信息	账套号：666；账套名称：江西飞祥稀土永磁电机有限公司；启用会计期：2024 年 1 月
单位信息	单位名称：江西飞祥稀土永磁电机有限公司；单位简称：飞祥电机 单位地址：江西省赣州市章贡区章江路 212 号；法人代表：黄业竣 联系电话/传真：0797-45123698；电子邮件：jxfxxtycdjyxgs@ 163. com 税号：913607026215300012
核算类型	本币代码：RMB；本币名称：人民币；企业类型：工业；行业性质：2007 年新会计准则科目 账套主管：黄业竣
基础信息	对存货、客户、供应商进行分类，有外币核算业务

【实验过程】

（1）以系统管理员身份登录【系统管理】后，单击【账套】菜单下的【建立】子菜单，打开

【创建账套—建账方式】对话框，如图 2-6 所示。

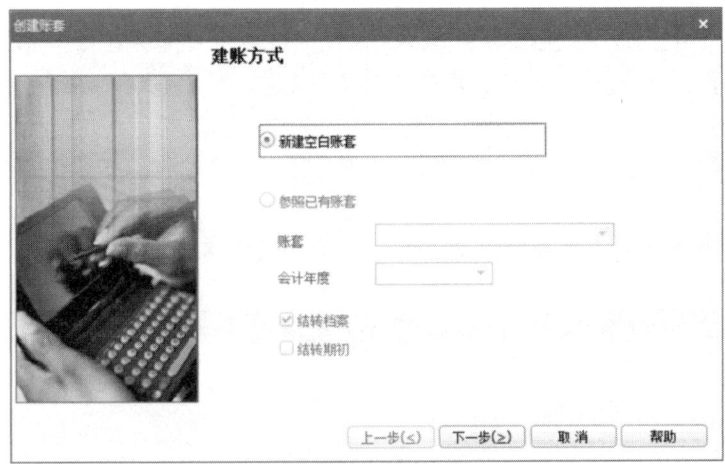

图 2-6 【创建账套—账套信息】窗口

【实验提示】

①如果【账套】栏存在若干账套，当前创建账套与已存账套包含相同的基础档案和某些期初数据，则可以选择【参照已有账套】方式建账。

②只有系统管理员才有权限新建账套。

(2)选择“新建空白账套”后单击【下一步】，打开【创建账套—账套信息】界面。输入账套信息，结果如图 2-7 所示。

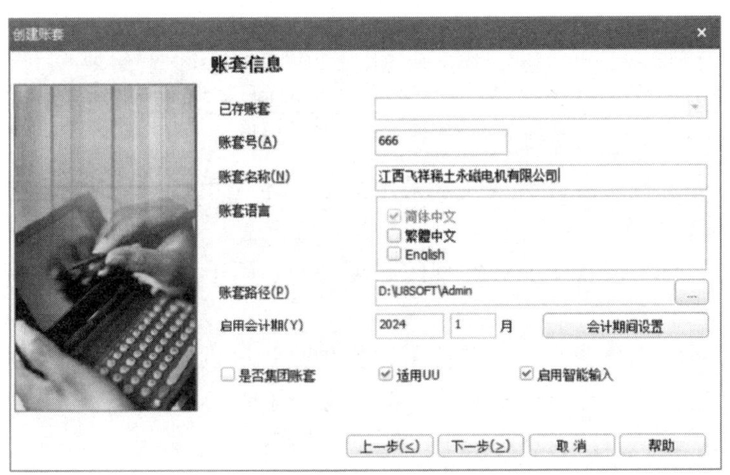

图 2-7 【创建账套—账套信息】窗口

【实验提示】

①已存账套：系统将现有的账套以下拉列表框的形式在此栏目中表示出来，用户只能参照，不能输入或修改。

②新建账套号不能与已存账套号重复。

2. 核算单位基本信息

核算单位基本信息主要包括单位的名称、代码、简称、域名、地址、法人代表、邮政编码、电话、传真、电子邮件、税号等。其中，单位名称和简称是系统必要信息，必须输入。

【实验资料】 根据表 2-2 输入核算单位基本信息。

【实验过程】

(1) 在【创建账套—账套信息】窗口中，单击【下一步】按钮，打开【创建账套—单位信息】窗口。

(2) 根据实验资料输入本单位基本信息，结果如图 2-8 所示。

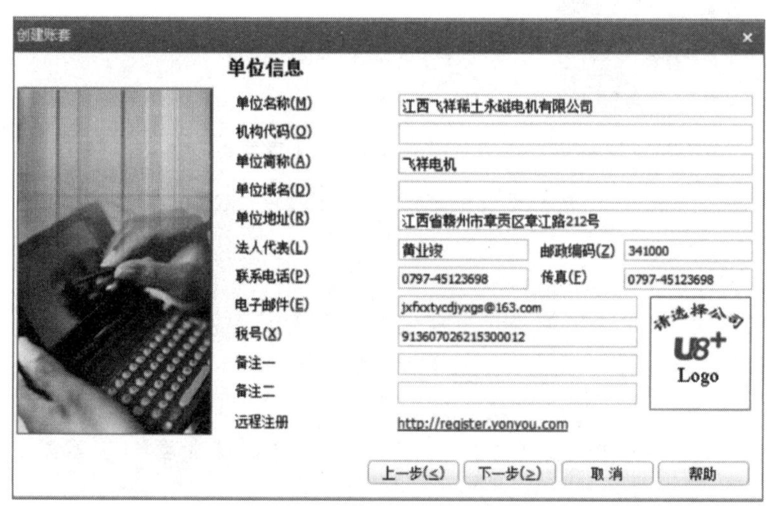

图 2-8 【创建账套—单位信息】窗口

3. 账套核算类型

账套核算类型包括本币代码、本币名称、企业类型、行业性质、科目预置语言、账套主管、是否按行业性质预置科目等。

本币是核算单位按照会计法规要求采用的记账本位币名称，通常系统默认以人民币(RMB)作为记账本位币。

企业类型是区分不同企业业务类型的必要信息，用于明确核算单位特定经济业务的类型。

行业性质是系统用来明确核算单位采用何种会计制度的重要信息。选择不同的行业性质，执行不同的会计核算。通常系统会将工业、商业、交通运输、金融等现行行业会计制度规定的一级会计科目预设在系统中，供用户选择使用。

账套主管是系统指定的本账套的负责人，一般是核算单位的会计主管。设置账套主管是为了便于对该账套的管理，明确会计核算人员的职责和权利。

【实验资料】 根据表 2-2 输入账套核算类型相关信息。

【实验过程】

(1) 在【创建账套—单位信息】窗口中，单击【下一步】按钮，打开【创建账套—核算类型】窗口。

(2)根据实验资料输入或选择核算类型中的有关内容，结果如图2-9所示。

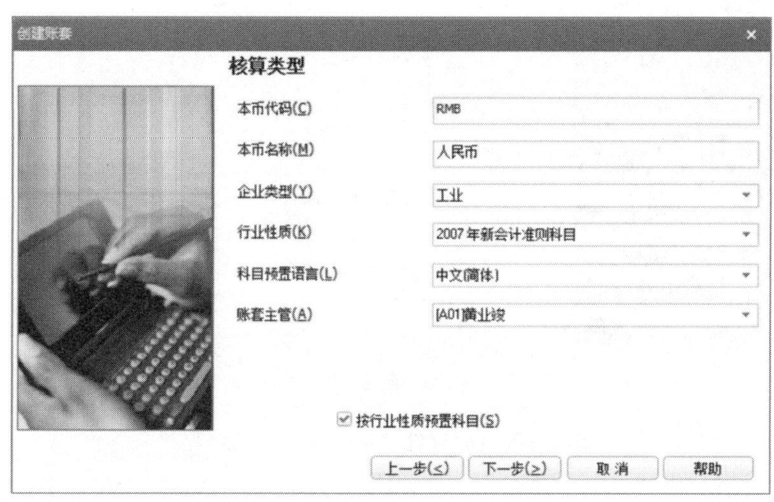

图2-9 【创建账套—核算类型】窗口

【实验提示】

①本币代码和名称：用来输入新建账套所用的记账本位币的代码和名称，“人民币”的代码为RMB。

②企业类型和行业性质：用户必须从下拉列表框中选择输入。

③账套主管：用来输入新建账套的账套主管姓名，必须从下拉列表框中选择输入。

④是否按行业性质预置科目：如果用户希望预置所属行业的标准一级科目，则在该选项前打钩。

4. 账套基础信息

账套基础信息包括存货是否分类、客户是否分类、供应商是否分类、有无外币核算业务。

【实验资料】根据表2-2选择账套基础信息。

【实验过程】

(1)在【创建账套—核算类型】窗口中，单击【下一步】按钮，打开【创建账套—基础信息】窗口。

(2)根据实验资料选择账套基础信息的有关内容，结果如图2-10所示。

【实验提示】

①存货是否分类：如果单位的存货较多，且类别繁多，则可以在【存货是否分类】选项前打钩，后续在企业应用平台进行基础档案设置时，必须先设置存货分类，然后才能设置存货档案。如果单位的存货较少且类别单一，也可以选择不进行存货分类。

②客户是否分类：如果单位的客户较多，且希望进行分类管理，则可以在【客户是否分类】选项前打钩，后续在企业应用平台进行基础档案设置时，必须先设置客户分类，然后才能设置客户档案。如果单位的客户较少，也可以选择不进行客户分类。

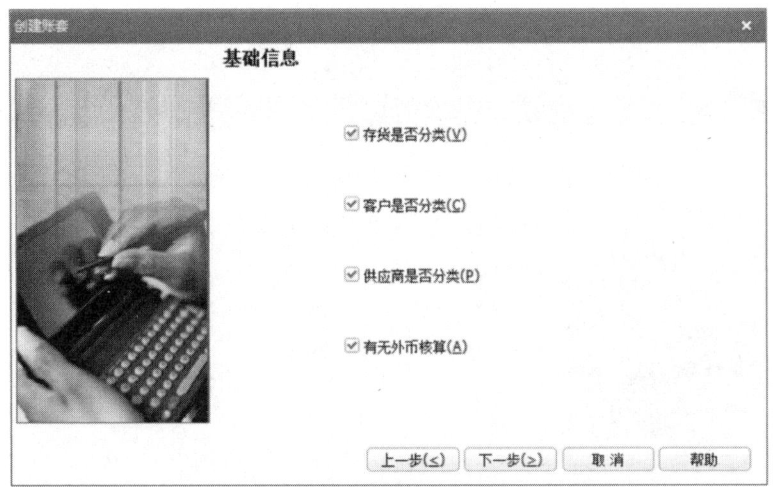

图 2-10 【创建账套—基础信息】窗口

③供应商是否分类：如果单位的供应商较多，且希望进行分类管理，则可以在【供应商是否分类】选项前打钩，后续在企业应用平台进行基础档案设置时，必须先设置供应商分类，然后才能设置供应商档案。如果单位的供应商较少，也可以选择不进行供应商分类。

(3)单击【下一步】按钮，打开【创建账套—开始】窗口，如图 2-11 所示，单击【完成】，系统提示“可以创建账套了吗?”，单击【是】，系统开始建账。

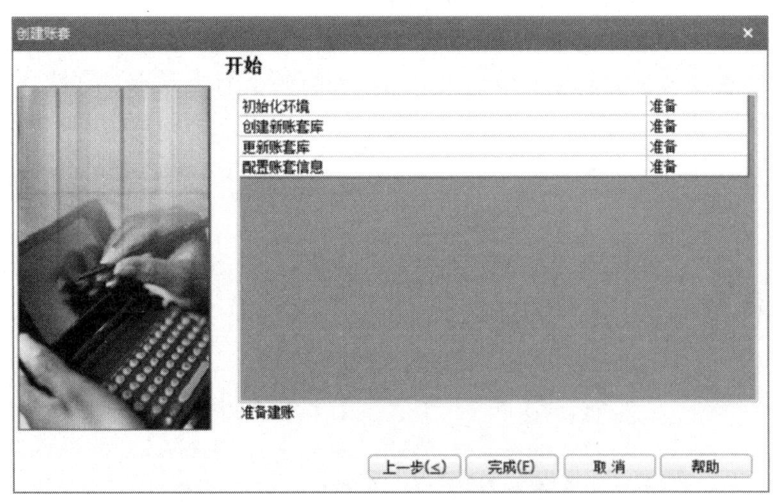

图 2-11 【创建账套—开始】窗口

(4)建账结束后，系统会自动弹出【编码方案】【数据精度】对话框，都单击【取消】，暂时不进行调整。

(5)系统弹出【创建账套】对话框，如图 2-12 所示，提示建账成功，并询问是否需要“现在进行系统启用的设置?”，单击【否】，系统弹出【请进入企业应用平台进行业务操作!】对话框，单击【确定】，关闭对话框并返回【创建账套—开始】窗口，如图 2-13 所示。

单击【退出】按钮，完成全部建账工作。

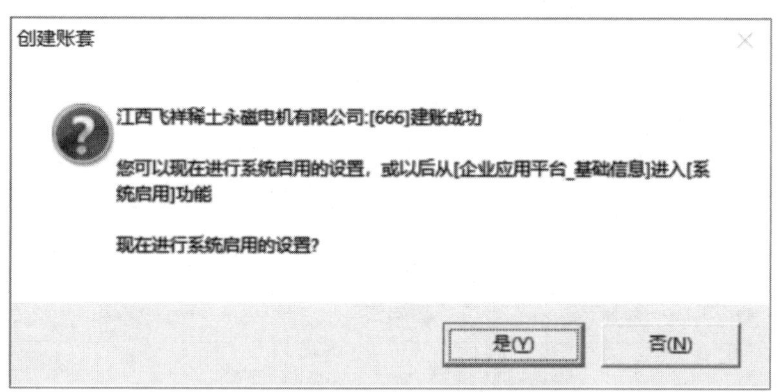

图 2-12 【创建账套—系统启用】窗口

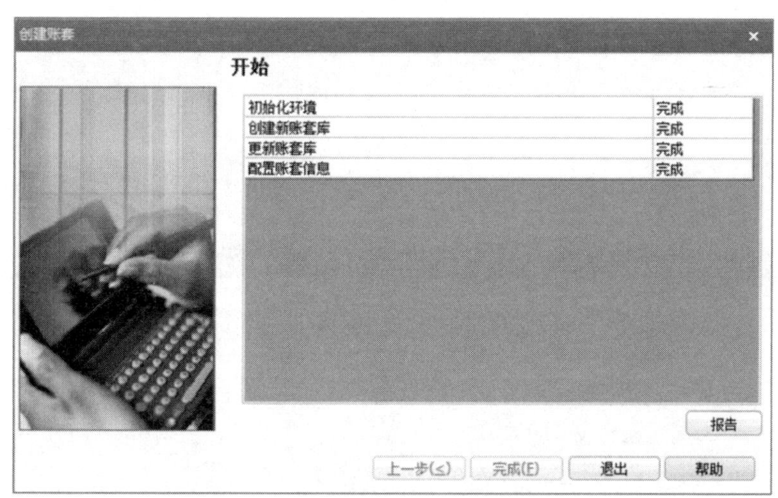

图 2-13 【创建账套—完成】窗口

三、修改账套

当账套创建完毕后，若需要修改相关参数，或者需要查看账套信息，此时可以通过账套的修改功能来实现。在用友新道 U8 系统中，只有账套主管才具有修改账套的权限。在修改过程中，系统会自动列示建账过程中所设置的账套信息、单位信息、核算信息和基础信息等，账套主管可以根据需要，对允许修改的信息进行调整。

四、账套备份

由于计算机系统在运行过程中随时可能会受到人为、硬件、软件或计算机病毒等因素的影响，难以避免会造成账套数据被破坏。为此，用友新道 U8 系统设置了数据备份功能模块。账套的备份就是将用友新道 U8 系统产生的数据备份到硬盘、光盘或其他存储介质上，以便长期且持续地保存账套数据。账套数据备份是保护数据的主要手段，企业必须严格根据会计制度的要求进行会计数据的备份工作，数据备份工作要做到经常化，每天均需要进行备份。

【**实验资料**】根据表 2-3 设置自动备份计划。

表 2-3　自动备份计划

项目	取值	项目	取值
计划编号	2024-666	开始时间	23：00：00
计划名称	666 账套自动备份	有效触发	2
备份类型	账套备份	保留份数	6
发生频率	每周	备份路径	D：\666 账套自动备份
发生天数	1 天	账套	666 江西飞祥稀土永磁电机有限公司

【**实验过程**】

(1)在 D 盘中新建“666 账套自动备份”文件夹。

(2)由系统管理员登录【系统管理】，登录成功后选择【系统】菜单下的【设置备份计划】功能，打开【备份计划设置】窗口，单击工具栏的【增加】按钮，打开【备份计划详细情况】窗口。

(3)根据实验资料录入备份计划，结果如图 2-14 所示，单击【增加】后关闭窗口。

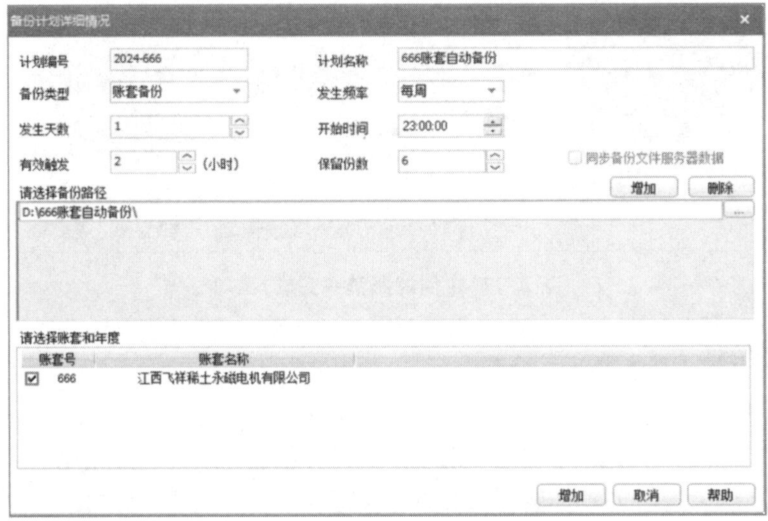

图 2-14　【备份计划详细情况】窗口

【**实验提示**】

①计划编号：编号长度一般不超过 12 个字符。

②计划名称：名称最多不得超过 40 个字符。

③备份类型：系统管理员可以进行账套备份、账套库备份和账套库增量备份。账套主管和有管理权限的用户只能进行后两种备份。

④发生天数：系统根据发生频率，确认执行备份计划的确切时间。

⑤开始时间：指在指定发生频率中的发生天数内的何时开始进行备份。

⑥有效触发：指以备份开始时间为准，在有效触发小时的范围内，系统反复重写备份，直到备份成功。

⑦自动备份可以对多个账套或账套库同时自动输出，且可以进行定时设置。

【实验资料】手动将账套数据输出至“D：\666 账套手工备份\666 备份\”。

【实验过程】

(1)在 D 盘中新建“666 账套手工备份”文件夹，再在该文件夹下新建“666 备份”文件夹。

(2)由系统管理员登录【系统管理】，登录成功后选择【账套】菜单下的【输出】功能，打开【账套输出】窗口。

(3)选择需要备份的 666 账套，在【输出文件位置】选择“D：\666 账套手工备份\666 备份\”，如图 2-15 所示。点击【确认】按钮，系统进行账套数据输出。输出完成后系统弹出【输出成功】提示框，单击【确定】按钮返回。关闭【账套输出】窗口。

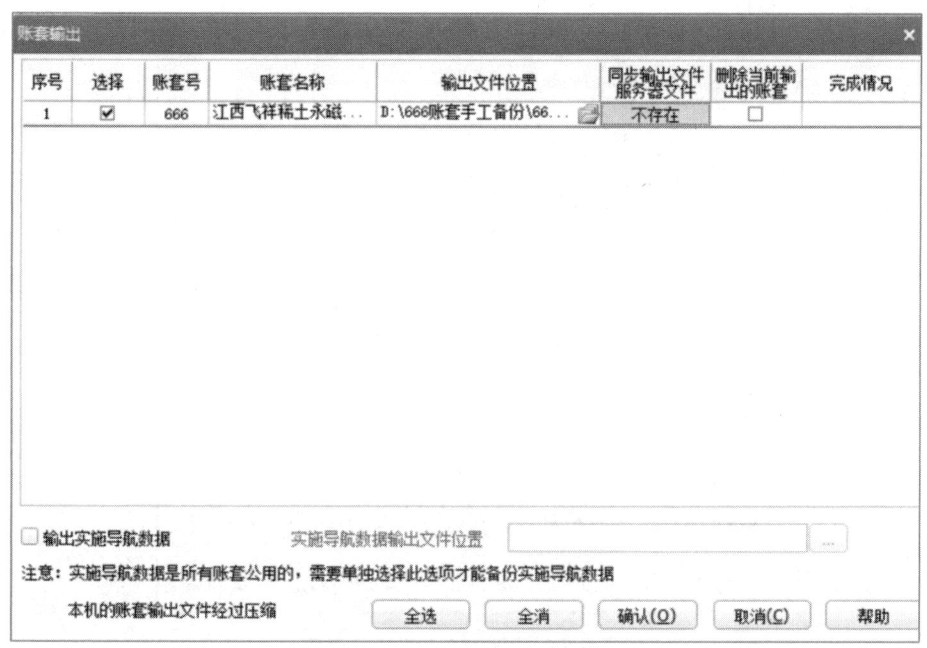

图 2-15 【账套输出】窗口

五、账套恢复

账套恢复是指将系统外的某账套数据引入本系统中，即将备份到光盘、硬盘或其他存储介质中的备份数据恢复到硬盘上指定的目录中。这项功能又为保证数据的安全提供了另一种工具，也为集团公司的财务管理提供了便捷。一旦安装企业财务管理软件系统的计算机出现故障或遭受病毒的侵袭而使得系统数据破坏或丢失，就可以利用账套的恢复功能来恢复系统数据；同时，集团公司可以将子公司的账套数据定期引入总公司系统中，以便于进行有关账套数据的分析和合并工作。一般情况下，集团公司可以预先在建立账套时就进行统一安排，让各子公司的账套号不一样，以避免在引入数据时因账套号相同而造成数据相覆盖的后果。

【实验资料】 将“D：\666 账套手工备份\666 备份\”的账套数据恢复到系统默认路径。

【实验过程】

(1)由系统管理员登录【系统管理】，登录成功后选择【账套】菜单下的【引入】功能，打开【账套引入】窗口。

(2)选择所要引入的账套数据备份文件，如图 2-16 所示。单击【确定】按钮，系统弹出【系统管理】提示框，如图 2-17 所示。单击【确定】按钮，采用默认存储路径。单击【确定】按钮，返回【账套引入】窗口，如图 2-18 所示，单击【确认】按钮，系统进行账套数据引入。运行一段时间后，系统提示【引入成功!】，单击【确定】按钮，关闭【账套引入】窗口。

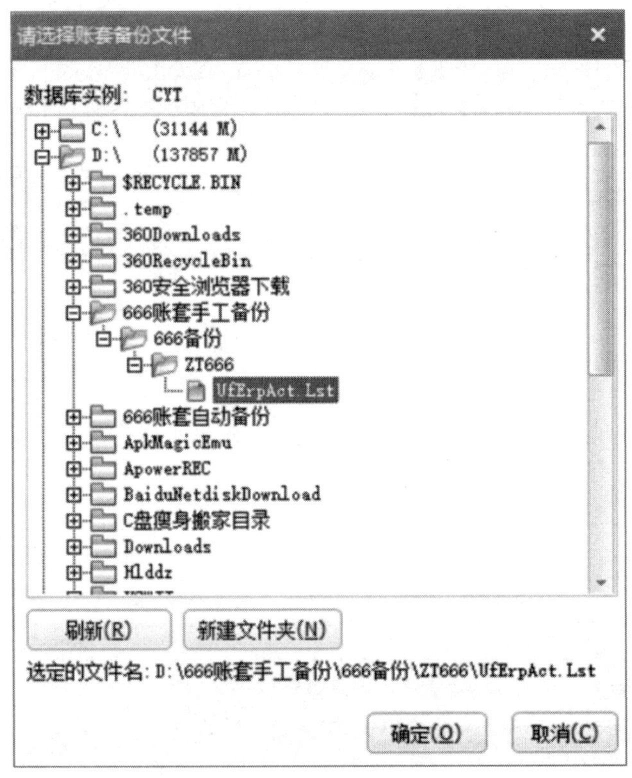

图 2-16 【账套备份文件】窗口

第三节 权限管理

会计信息系统必须按照内部控制制度的要求，对财务管理人员进行严格的岗位分工，严禁越权操作行为的发生。因此，用友新道 U8 系统对操作员的操作权限进行了限制，由系统赋予相关操作人员相应的权利。

操作员的操作权限划分可以实现三个层次的权限管理。第一，功能级权限管理，该权限将提供划分更为细致的功能级权限管理功能，包括功能权限查看和分配。第二，数据级权限管理，该权限可以通过字段级权限控制和记录级的权限控制两个方面进行权限控制。第三，金额级权限管理，该权限主要实现对具体处理的数量级划分，对于一些敏感数据可以进行集中控制。其中，功能级权限管理需在系统管理模块中进行设置，而数据级权限管理和金额级权限管理则需在企业应用平台的权限管理模块或在总账设置模块中进行设置。

本节所指操作员权限设置是指在系统管理模块中进行的功能级权限设置。

图 2-17 【系统管理】提示框

图 2-18 【账套引入】窗口

【**实验资料**】根据表 2-4 设置操作员权限分工。

表 2-4 操作员权限分工

编码	姓名	隶属部门	职务	操作分工
A01	黄业竣	总经理办公室	总经理	账套主管
F01	何璇	财务部	财务经理	记账凭证的审核、查询、对账、总账结账、编制 UFO 报表

续表 2-4

编码	姓名	隶属部门	职务	操作分工
F02	陈玉婷	财务部	会计	总账(填制、查询凭证、账表、期末处理、记账)、应收款和应付款管理(不含收付款单录入、选择收款和选择付款权限、销售定金转出和票据管理)、固定资产、薪资管理、存货核算的所有权限
F03	朱娟奇	财务部	出纳	总账的出纳签字及出纳的所有权限;应收款管理和应付款管理的收付款单录入、选择收款和选择付款权限、票据管理权限;应收款管理的销售定金转出、应收冲应付权限
X01	代佳乐	销售部	销售员	销售管理的所有权限
G01	曾敏慧	采购部	采购员	采购管理的所有权限
C01	王文杰	仓管部	库管员	公共单据、库存管理的所有权限

【实验过程】

(1)以系统管理员身份登录【系统管理】后,在【系统管理】窗口,选择【权限】菜单下的【权限】功能,打开【操作员权限】窗口,如图 2-19 所示。

图 2-19 【操作员权限】窗口

(2)选择操作员【F01】,点击工具栏的【修改】按钮,点击"⊞"展开功能目录树,点击"☑"表示选中某项详细功能,根据实验资料给何璇(F01)授权,点击工具栏的【保存】按钮,保存授权结果,如图 2-20 所示。

(3)依据上述方法并根据实验资料对其他操作员进行授权。

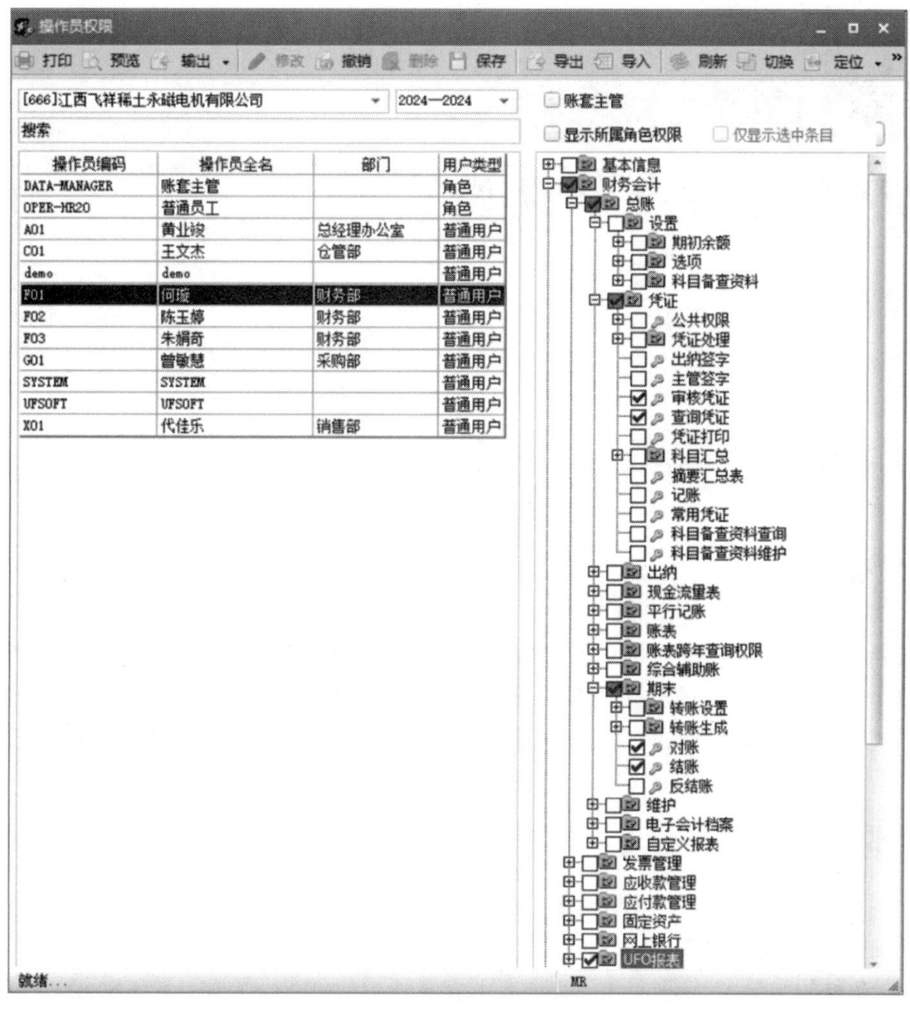

图 2-20 何璇权限设置结果

思考题

1. 系统管理模块的主要功能有哪些？
2. 系统管理员和账套主管的操作权限有何差异？
3. 在会计信息系统环境下，企业应如何做好财务分工？
4. 哪些账套信息是可以修改的？
5. 分别阐述通常在什么情况下需要进行存货分类、客户分类和供应商分类。

第三章 企业应用平台与基础设置

第一节 企业应用平台概述

一、企业应用平台功能概述

用友新道 U8 系统中的企业应用平台(简称“U8 企业应用平台”或“企业应用平台”)是一款致力于满足企业全面信息化需求的软件平台。它通过提供一套完整的供应链管理、财务管理、人力资源管理等模块，帮助企业实现业务流程的协同管理。U8 企业应用平台旨在提高企业的运营效率，降低成本，促进业财深度融合，提升企业价值。

二、企业应用平台的登录

U8 企业应用平台集中了用友新道 U8 应用系统的所有功能，为各个子系统提供了一个公共的交流平台，成为用友新道 U8 系统的控制台和工作中心。

【实验资料】2024 年 1 月 1 日，以账套主管黄业竣(A01)的身份登录 U8 企业应用平台。

【实验过程】

2024 年 1 月 1 日，以黄业竣(A01)的身份登录 U8 企业应用平台。在【操作员】处输入“A01”，【账套】选择“[666]江西飞祥稀土永磁电机有限公司”，将【操作日期】改为“2024－01－01”，如图 3-1 所示。单击【登录】按钮，进入企业应用平台。

图 3-1 U8 企业应用平台登录窗口

第二节　基本信息设置

U8 企业应用平台中的基本信息设置包括编码方案、精度数据和系统启用。这些内容既可以于账套创建完成后在系统管理模块进行，也可以在 U8 企业应用平台基础设置中实现。

一、编码方案

编码方案是指设置编码的级次长度方案。为了便于识别和统计数据，用友新道 U8 系统将重要核算信息进行编码。编码级次和编码长度的设置取决于核算单位经济业务的复杂程度、分级核算管理的要求以及软件系统所固有的数据结构要求。

会计科目编码通常采用群码方案，这是一种分段组合编码，每一段有固定的位数。会计科目编码规则是指会计科目编码共分为几段，每段有几位。总账科目至最底层明细科目的段数称为级次，每级科目的编码位数称为级长。会计科目编码总级长为各级编码级长之和。在设置会计科目编码方案时，一级科目、二级科目、三级科目的级长应按照财政部会计制度的编码要求进行设置，即一级 4 位、二级 2 位、三级 2 位，其他各级科目编码级长可根据单位实际情况设置。

【实验资料】设置编码方案。科目编码次级：4-2-2-2-2；客户分类编码次级：2-2-2；供应商分类编码次级：2-2-2；存货分类编码次级：2-2-2；部门编码次级：2-2-2；收发类别编码次级：2-2。

【实验过程】

在 U8 企业应用平台，依次单击【基础设置】→【基本信息】→【编码方案】，打开【编码方案】窗口。根据资料对相关编码次级进行调整，其他项默认，结果如图 3-2 所示。单击【确定】，再单击【取消】。

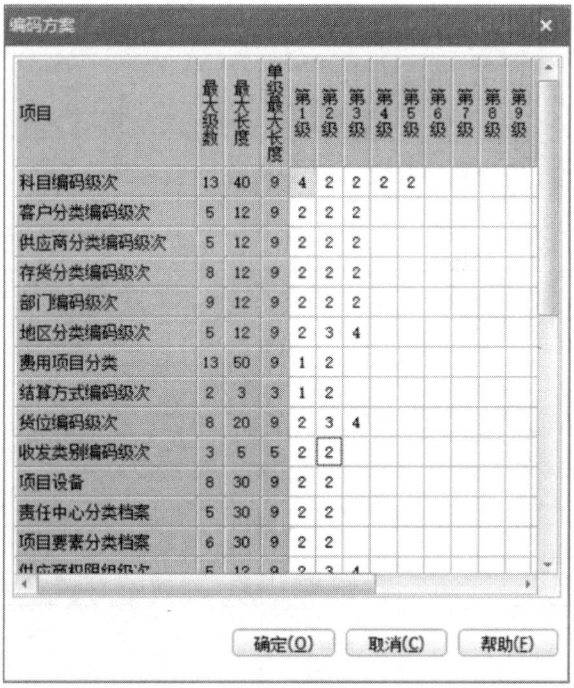

编码方案

项目	最大级数	最大长度	单级最大长度	第1级	第2级	第3级	第4级	第5级	第6级	第7级	第8级	第9级
科目编码级次	13	40	9	4	2	2	2	2				
客户分类编码级次	5	12	9	2	2	2						
供应商分类编码级次	5	12	9	2	2	2						
存货分类编码级次	8	12	9	2	2	2						
部门编码级次	9	12	9	2	2	2						
地区分类编码级次	5	12	9	2	3	4						
费用项目分类	13	50	9	1	2							
结算方式编码级次	2	3	3	1	2							
货位编码级次	8	20	9	2	3	4						
收发类别编码级次	3	5	5	2	2							
项目设备	8	30	9	2	2							
责任中心分类档案	5	30	9	2	2							
项目要素分类档案	6	30	9	2	2							

确定(O)　取消(C)　帮助(F)

图 3-2 【编码方案】窗口

二、数据精度

数据精度是指定义数据的保留小数位数。在会计核算过程中经常需要对核算数据进行小数保留位数取舍处理，定义数据精度的目的在于保证数据处理的一贯性。

【实验资料】设置数据精度，除存货单价小数位数设为 4 位外，存货数量、件数、换算率等小数位数均采用系统默认的 2 位。

【实验过程】

在 U8 企业应用平台，依次单击【基础设置】→【基本信息】→【数据精度】，打开【数据精度】窗口。系统弹出【数据精度】对话框，将【存货单价小数位】的数据精度设为“4”，其他项默认，结果如图 3-3 所示。

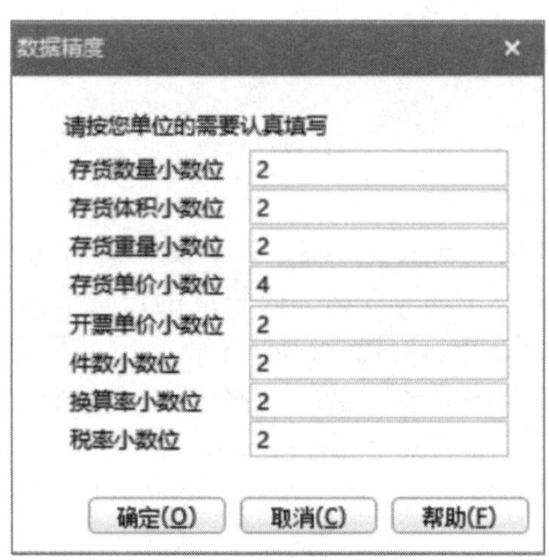

图 3-3 【数据精度】对话框

三、系统启用

系统启用主要用于核算单位选择使用的子系统或功能模块。

【实验资料】 根据表 3-1 启用相应的子系统。

表 3-1 子系统启用信息

系统编码	系统名称	启用会计期间	启用自然日期	启用人
GL	总账	2024-01	2024-01-01	黄业竣
AR	应收款管理	2024-01	2024-01-01	黄业竣
AP	应付款管理	2024-01	2024-01-01	黄业竣
FA	固定资产	2024-01	2024-01-01	黄业竣
SA	销售管理	2024-01	2024-01-01	黄业竣
PU	采购管理	2024-01	2024-01-01	黄业竣
ST	库存管理	2024-01	2024-01-01	黄业竣
IA	存货核算	2024-01	2024-01-01	黄业竣
WA	薪资管理	2024-01	2024-01-01	黄业竣

【实验过程】

在 U8 企业应用平台，依次单击【基础设置】→【基本信息】→【系统启用】，打开【系统启用】窗口。根据实验资料在左侧依次勾选需要启用的系统编码，日期均选择“2024-01-01”，结果如图 3-4 所示。单击【退出】按钮，退出该窗口。

系统启用

全启　刷新　帮助　退出

[666]江西飞祥稀土永磁电机有限公司账套启用会计期间2024年1月

系统编码	系统名称	启用会计期间	启用自然日期	启用人
☑SA	销售管理	2024-01	2024-01-01	黄业竣
☑PU	采购管理	2024-01	2024-01-01	黄业竣
☑ST	库存管理	2024-01	2024-01-01	黄业竣
☐KC	条码管理			
☑IA	存货核算	2024-01	2024-01-01	黄业竣
☐OM	委外管理			
☐QM	质量管理			
☐EX	出口管理			
☐IM	进口管理			
☐SR	售后服务			
☐BO	物料清单			
☐MP	主生产计划			
☐CJ	车间条码			
☐MQ	需求规划			
☐MO	生产订单			
☐CP	产能管理			
☐FC	车间管理			

系统启用

全启　刷新　帮助　退出

[666]江西飞祥稀土永磁电机有限公司账套启用会计期间2024年1月

系统编码	系统名称	启用会计期间	启用自然日期	启用人
☑GL	总账	2024-01	2024-01-01	黄业竣
☑AR	应收款管理	2024-01	2024-01-01	黄业竣
☐TI	发票管理			
☑AP	应付款管理	2024-01	2024-01-01	黄业竣
☑FA	固定资产	2024-01	2024-01-01	黄业竣
☐NE	网上报销			
☐NB	网上银行			
☐SC	出纳管理			
☐CA	成本管理			
☐PE	利润考核			
☐PM	项目成本			
☐FM	资金管理			
☐BM	预算管理			
☐FB	费用预算			
☐CC	系统配置			
☐MK	营销管理			
☐CS	服务管理			

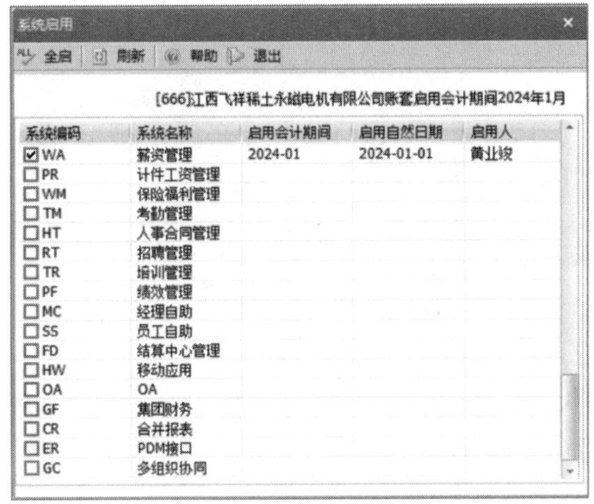

系统启用

全启　刷新　帮助　退出

[666]江西飞祥稀土永磁电机有限公司账套启用会计期间2024年1月

系统编码	系统名称	启用会计期间	启用自然日期	启用人
☑WA	薪资管理	2024-01	2024-01-01	黄业竣
☐PR	计件工资管理			
☐WM	保险福利管理			
☐TM	考勤管理			
☐HT	人事合同管理			
☐RT	招聘管理			
☐TR	培训管理			
☐PF	绩效管理			
☐MC	经理自助			
☐SS	员工自助			
☐FD	结算中心管理			
☐HW	移动应用			
☐OA	OA			
☐GF	集团财务			
☐CR	合并报表			
☐ER	PDM接口			
☐GC	多组织协同			

图 3-4　【系统启用】窗口

第三节　基础档案设置

基础档案设置是按照信息系统管理的需要，对企业的员工、供应商、客户等相关信息进行整理和加工，并录入 U8 企业应用平台的过程，主要包括机构人员设置、客商信息设置、存货信息设置、财务信息设置、收付结算信息设置、单据信息设置等。

一、机构人员设置

1. 设置部门档案

部门档案是设计会计科目中要进行部门核算时的部门名称以及个人往来核算中的职员所属部门的名称及其相关信息，这些部门并不一定是实际中的部门机构。

部门档案需要按照已经定义好的部门编码级次要求，输入部门编码及相关信息。部门档案最多可分为5级，编码总长度最多为12位。部门档案包含部门编码、部门名称、负责人、分管领导、部门属性等信息。

【实验资料】根据表3-2设置部门档案。

表3-2　部门档案

部门编码	部门名称	部门编码	部门名称
01	总经理办公室	07	销售部
02	行政人事部	08	仓管部
03	财务部	09	生产部
04	质量管理部	0901	一车间
05	研发部	0902	二车间
06	采购部	0903	三车间

【实验过程】

(1)2024年1月1日，以黄业竣(A01)的身份登录U8企业应用平台。

(2)在U8企业应用平台，依次单击【基础设置】→【基础档案】→【机构人员】→【机构】→【部门档案】菜单，打开【部门档案】窗口。单击工具栏【增加】按钮，【部门编码】处输入“01”，【部门名称】处输入“总经理办公室”，输入完毕后单击工具栏里的【保存】按钮，完成第一个部门档案的增加。

(3)单击【增加】按钮，根据实验资料继续增加其他的部门档案，结果如图3-5所示。

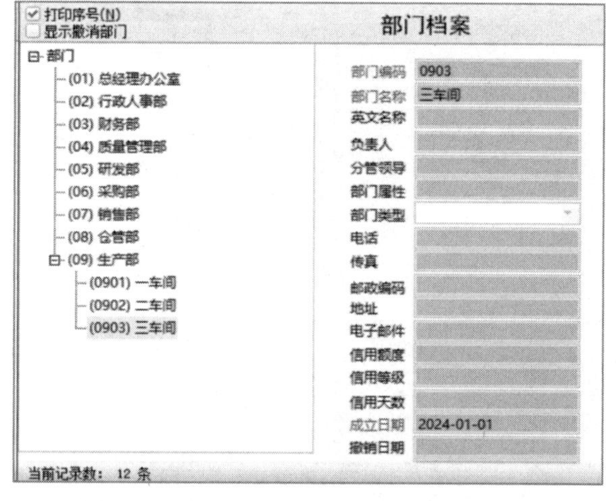

图3-5　【部门档案】窗口

【实验提示】

①标题为蓝色的信息项目为必填项，后续很多基础档案设置都是如此。

②部门编码：需要符合编码方案的要求，必须输入，且必须唯一。

③部门名称：必须输入，且必须唯一。

④负责人、电话、地址、备注都可以为空。

⑤部门类型：采购部、销售部、生产部等部门分类属性，可以为空。

⑥部门负责人资料需要在职员档案设置后，再返回部门档案中，通过修改功能来补充设置。

⑦部门档案资料一旦被使用将不能修改或删除。

2. 设置人员类别

设置人员类别的目的在于对企业的人员类别进行分类设置和管理，以满足企业精细化管理的需求。U8企业应用平台预置了正式工、合同工和实习生3类顶级人员类别，这些顶级人员类别可以修改，但不允许增加和删除。用户可以根据企业管理的需求自定义扩充人员子类别，但不能增加新的顶级类别。

【实验资料】根据表 3-3 设置正式工人员类别。

表 3-3　正式工人员类别

档案编码	档案名称	档案编码	档案名称
1011	企业管理人员	1014	销售人员
1012	研发人员	1015	车间管理人员
1013	采购人员	1016	生产人员

【实验过程】

(1)在 U8 企业应用平台，依次单击【基础设置】→【基础档案】→【机构人员】→【人员】→【人员类别】，打开【人员类别】窗口，单击左侧【正式工】，单击工具栏里的【增加】按钮，弹出【增加档案项】窗口。

(2)在【档案编码】处输入“1011”，【档案名称】处输入“企业管理人员”，单击【确定】按钮，根据实验资料继续输入剩余的人员类别档案。全部输入完毕后，单击关闭【增加档案项】窗口，返回【人员类别】窗口，如图 3-6 所示。

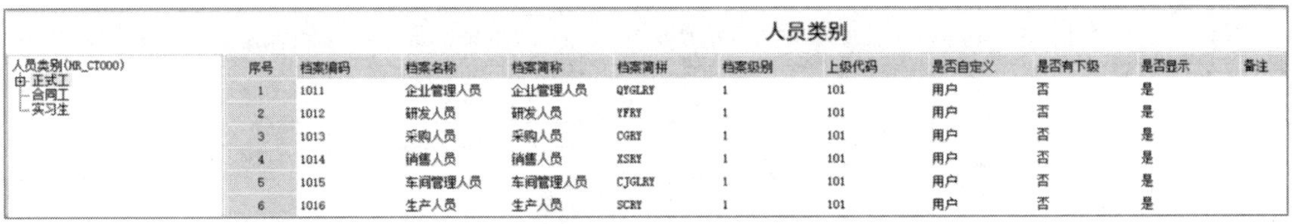

人员类别

人员类别(HR_CT000)
正式工
合同工
实习生

序号	档案编码	档案名称	档案简称	档案简拼	档案级别	上级代码	是否自定义	是否有下级	是否显示	备注
1	1011	企业管理人员	企业管理人员	QYGLRY	1	101	用户	否	是	
2	1012	研发人员	研发人员	YFRY	1	101	用户	否	是	
3	1013	采购人员	采购人员	CGRY	1	101	用户	否	是	
4	1014	销售人员	销售人员	XSRY	1	101	用户	否	是	
5	1015	车间管理人员	车间管理人员	CJGLRY	1	101	用户	否	是	
6	1016	生产人员	生产人员	SCRY	1	101	用户	否	是	

图 3-6　【人员类别】窗口

【实验提示】

①档案编码：人员类别编码不能为空，不能重复，统计档案编码长度相同。

②档案名称：人员类别名称不能为空，不能重复。

③当某类别已有人员引用时，该类别不允许再增加下级子类别。

④新增或修改人员类别信息时，只能选择末级的人员类别。

3. 设置人员档案

人员档案主要用于记录本单位职员个人的信息资料，包括职员编号、名称、所属部门及职员属性等。设置职员档案有利于进行个人往来核算和管理等操作。

【实验资料】根据表 3-4 设置人员档案。

表 3-4　人员档案

人员编码	姓名	性别	雇佣状态	人员类别	行政部门	是否业务员	是否操作员
A01	黄业竣	男	在职	企业管理人员	总经理办公室	是	是
A02	吴冠宏	男	在职	企业管理人员	行政人事部	是	

续表 3-4

人员编码	姓名	性别	雇佣状态	人员类别	行政部门	是否业务员	是否操作员
A03	曾琦	女	在职	企业管理人员	行政人事部	是	
A04	付奕琪	女	在职	企业管理人员	行政人事部	是	
A05	滕慧	女	在职	企业管理人员	行政人事部	是	
A06	万苗青	女	在职	企业管理人员	行政人事部	是	
F01	何璇	女	在职	企业管理人员	财务部	是	是
F02	陈玉婷	女	在职	企业管理人员	财务部	是	是
F03	朱娟奇	女	在职	企业管理人员	财务部	是	是
Q01	钟玉琼	女	在职	企业管理人员	质量管理部	是	
Q02	阮盛宇	女	在职	企业管理人员	质量管理部	是	
Q03	张敏	女	在职	企业管理人员	质量管理部	是	
R01	罗睿	女	在职	研发人员	研发部	是	
R02	李嘉慧	女	在职	研发人员	研发部	是	
R03	胡茜茜	女	在职	研发人员	研发部	是	
G01	曾敏慧	女	在职	采购人员	采购部	是	是
G02	张俊微	女	在职	采购人员	采购部	是	
X01	代佳乐	男	在职	销售人员	销售部	是	是
X02	张芷滢	女	在职	销售人员	销售部	是	
C01	王文杰	男	在职	企业管理人员	仓管部	是	是
S11	李梓萱	女	在职	车间管理人员	一车间	是	
S12	徐凯枫	男	在职	生产人员	一车间	是	
S13	谢朝翔	男	在职	生产人员	一车间	是	
S21	张娅楠	女	在职	车间管理人员	二车间	是	
S22	李治智	男	在职	生产人员	二车间	是	
S23	谢恩民	男	在职	生产人员	二车间	是	
S31	宋利刚	男	在职	车间管理人员	三车间	是	
S32	王耀	男	在职	生产人员	三车间	是	
S33	赵婧宇	女	在职	生产人员	三车间	是	

【实验过程】

(1)在 U8 企业应用平台，依次单击【基础设置】→【基础档案】→【机构人员】→【人员】→【人员档案】，打开【人员列表】窗口。

(2)单击工具栏里的【增加】按钮，弹出人员档案录入界面，根据实验资料，录入黄业竣的档案信息，结果如图 3-7 所示，单击【保存】按钮，若该人员已在系统管理中设置为操

作员，则系统弹出提示框【人员信息已改，是否同步修改操作员的相关信息?】，单击【是】按钮，系统保存该人员信息。

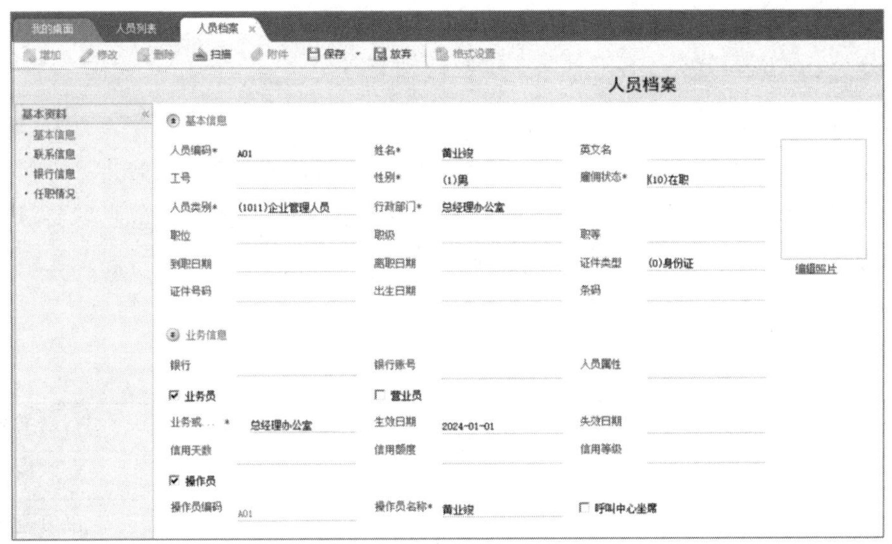

图 3-7 【人员档案录入】窗口

(3)根据实验资料继续录入剩余人员的档案信息，录入完毕，退出该界面，返回【人员列表】窗口，结果如图 3-8 所示。

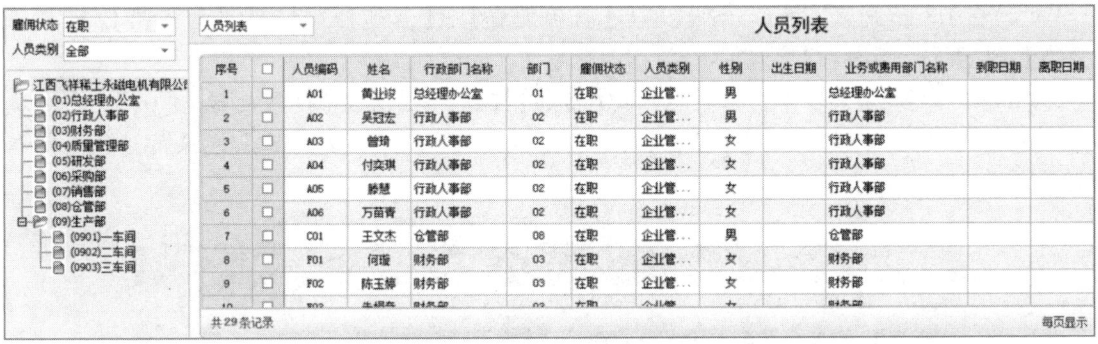

雇佣状态 在职
人员类别 全部

江西飞祥稀土永磁电机有限公司
(01)总经理办公室
(02)行政人事部
(03)财务部
(04)质量管理部
(05)研发部
(06)采购部
(07)销售部
(08)仓管部
(09)生产部
(0901)一车间
(0902)二车间
(0903)三车间

人员列表

序号	☐	人员编码	姓名	行政部门名称	部门	雇佣状态	人员类别	性别	出生日期	业务或费用部门名称	到职日期	离职日期
1	☐	A01	黄业俊	总经理办公室	01	在职	企业管...	男		总经理办公室		
2	☐	A02	吴冠宏	行政人事部	02	在职	企业管...	男		行政人事部		
3	☐	A03	曾琦	行政人事部	02	在职	企业管...	女		行政人事部		
4	☐	A04	付奕琪	行政人事部	02	在职	企业管...	女		行政人事部		
5	☐	A05	滕慧	行政人事部	02	在职	企业管...	女		行政人事部		
6	☐	A06	万苗青	行政人事部	02	在职	企业管...	女		行政人事部		
7	☐	C01	王文杰	仓管部	08	在职	企业管...	男		仓管部		
8	☐	F01	何璇	财务部	03	在职	企业管...	女		财务部		
9	☐	F02	陈玉婷	财务部	03	在职	企业管...	女		财务部		

共 29 条记录　　每页显示

图 3-8 【人员列表】窗口

【实验提示】

①人员编码和姓名：必须输入，且必须唯一。

②行政部门：输入该人员所属部门的名称或编码，只能选定末级部门。

③是否操作员：指是否为系统操作员。

④是否业务员：指是否出差办理业务，能否进行业务报销，能否从单位借款，能否通过个人往来辅助核算进行管理。

⑤人员档案资料一旦被使用将不能被修改或删除。

二、客商信息设置

客商信息设置是对与本单位有业务往来核算的客户和供应商进行分类并设置其基本信息，以便于对往来单位数据进行统计分析。客商信息设置所涉及的内容主要包括地区分类、客户分类、供应商分类、客户档案、供应商档案等。

1. 设置地区分类

在用友新道 U8 系统中，采购管理、销售管理、库存管理、应收款管理、应付款管理等子系统中，都会使用到客商档案，而客商档案涉及所属地区信息。若企业需要对供应商或客户按照地区进行分类统计，则需要设置地区分类体系。

【实验资料】根据表 3-5 设置地区分类。

表 3-5　地区分类

分类编码	分类名称	分类编码	分类名称
01	华东地区	05	东北地区
02	华南地区	06	西南地区
03	华中地区	07	西北地区
04	华北地区		

【实验过程】

(1)2024 年 1 月 1 日，以黄业竣(A01)的身份登录 U8 企业应用平台。

(2)在 U8 企业应用平台，依次单击【基础设置】→【基础档案】→【客商信息】→【地区分类】，打开【地区分类】窗口。

(3)根据实验资料，单击工具栏中的【增加】按钮，在【分类编码】处输入“01”，在分类名称处输入“华东地区”，单击【保存】按钮，保存该地区分类。继续添加剩余的地区分类信息，结果如图 3-9 所示。

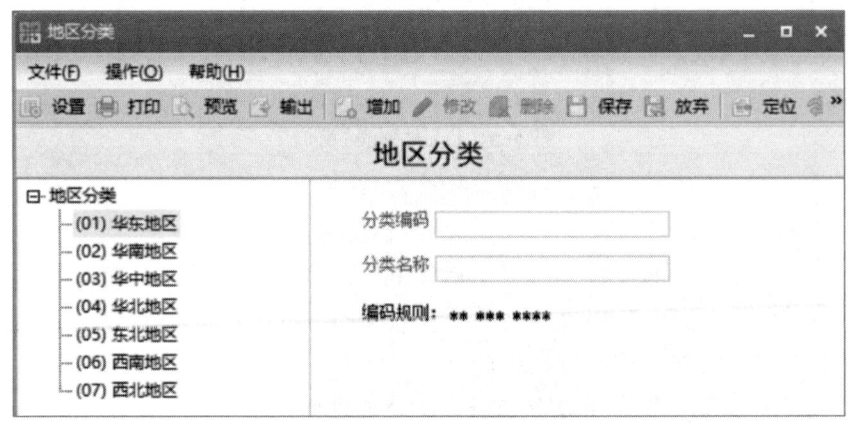

图 3-9　【地区分类】窗口

【实验提示】

①地区分类编码和名称都必须唯一，且禁止使用“&”“-”和空格等字符，如“A-B”为错误名称。

②有下级分类码的地区分类前会出现“+”符号，双击该分类码时，会出现或取消下级分类码。

③新增地区分类的分类编码必须与“编码规则”中设定的编码次级结构相符。如编码规则为＊＊＊＊，则“001”是一个错误的地区分类编码。

④地区分类必须逐级增加，除了一级地区分类之外，新增的地区分类的分类编码必须有上级分类编码。

2. 设置客户分类

当企业往来客户较多时，对客户进行分类，便于对客户往来数据进行分析。客户分类可以按行业、地区等进行划分。建立客户分类后，可以将客户设置在最末级的客户分类之下。客户分类信息包括分类编码和分类名称两部分。

【实验资料】根据表 3-6 设置客户分类。

表 3-6　客户分类

分类编码	分类名称
01	VIP 客户
02	一般客户
03	短期客户

【实验过程】

(1)在 U8 企业应用平台，依次单击【基础设置】→【基础档案】→【客商信息】→【客户分类】，打开【客户分类】窗口。

(2)根据实验资料，单击工具栏中的【增加】按钮，在【分类编码】处输入“01”，在分类名称处输入“VIP 客户”，单击【保存】按钮，保存该客户分类。继续添加剩余的客户分类信息，结果如图 3-10 所示。

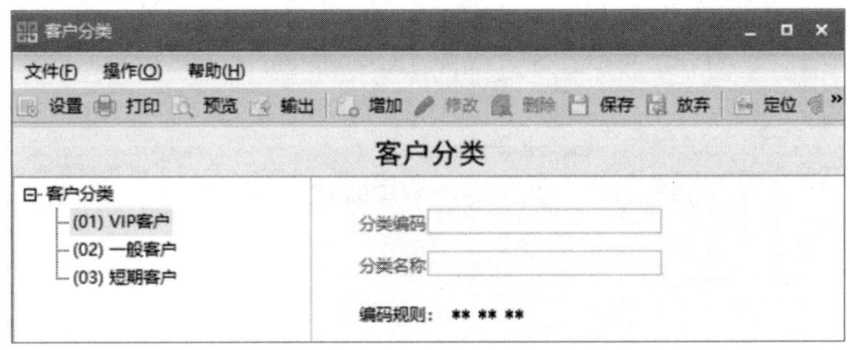

图 3-10 【客户分类】窗口

【实验提示】

①客户分类编码需要遵循编码规则，先设置上级，再设置下级，且必须唯一。

②客户分类名称可以是汉字或英文字母，但不能为空和重复。

③已被引用的客户分类或非末级分类不能被删除。

④在建账时若设置为客户不分类，则不能对客户分类进行设置。

3. 设置客户档案

建立客户档案可以对客户的数据进行分类、汇总和查询，以便于加强往来管理。使用客户档案管理往来客户时，应首先收集整理与本单位有业务往来关系的客户的基本信息，以便在客户档案设置时准确输入信息。客户档案所需基本信息主要包括客户编码、客户名称、客户简称、所属分类等。

【实验资料】根据表 3-7 设置客户档案。

表 3-7 客户档案

客户编码、名称、简称	所属地区	所属分类	地址、电话、税号	开户银行、卡号
编码：101 名称：江西力尔门业有限公司 简称：江西力尔	01	01	地址：江西省南昌市新建区绿创中心 9999 号 电话：0791-89880711 税号：913601223432712600	中国农业银行南昌支行 103421001106503210
编码：102 名称：长沙化固自动门有限公司 简称：长沙化固	03	02	地址：湖南省长沙市岳麓区咸嘉湖西路 6666 号 电话：0731-25304166 税号：914301041441652083	中国银行长沙支行 1045510050229374201
编码：103 名称：深圳蓝天智能设备有限公司 简称：深圳蓝天	02	01	地址：深圳市福田区沙头街道 2001 号 电话：0755-81910024 税号：914403000798032298	中国工商银行深圳支行 1025840115890642105
编码：201 名称：上海远资通风设备有限公司 简称：上海远资	01	02	地址：上海市静安区白莲泾路 6005 号 电话：021-68854723 税号：913100007495884920	中国建设银行静安支行 1052900710094512079
编码：202 名称：福建佳强通风设备有限公司 简称：福建佳强	01	03	地址：福建省泉州区惠安县工业区 1005 号 电话：028-88480123 税号：91350521946534300608	中国工商银行泉州友谊支行 1023970229175598423

续表 3-7

客户编码、名称、简称	所属地区	所属分类	地址、电话、税号	开户银行、卡号
编码：301 名称：浙江尚意厨房电器设备有限公司 简称：浙江尚意	01	01	地址：浙江省绍兴市北海街道 6001 号 电话：0575-65002433 税号：9133060278245564741	中国农业银行绍兴城北支行 1033370500789962543
编码：302 名称：广东华戴厨房设备有限公司 简称：广东华戴	02	02	地址：广东省广州市天河区中山大道 4002 号 电话：020-66532784 税号：914401012454995603	中国银行广州支行 1045810040956213009
编码：401 名称：西安利华空调股份有限公司 简称：西安利华	07	02	地址：陕西省西安市碑林区测绘路 3210 号 电话：029-85536471 税号：916101035567241562	中国建设银行西安高新自贸区支行 1057910005551003926
编码：402 名称：四川长虹空调有限公司 简称：四川长虹	06	01	地址：四川省绵阳市经开区三江大道 1020 号 电话：0816-55432687 税号：915107006823699775	中国工商银行绵阳城北支行 1026590002231029623
编码：501 名称：赣州光华电动汽车有限公司 简称：赣州光华	01	01	地址：江西省赣州市经开区松山下路 1005 号 电话：0797-65489213 税号：913607030742567466	赣州农商银行开发区科技支行 3134280500074005635
编码：502 名称：云南驰爱电动汽车有限公司 简称：云南驰爱	06	02	地址：云南省昆明市五华区春晖路 5003 号 电话：031-77800056 税号：915301025367795580	中国农业银行昆明五华支行 1037310019395421010
编码：601 名称：安徽联隆汽车设备有限公司 简称：安徽联隆	01	02	地址：安徽省合肥市蜀山区岳西路 9202 号 电话：0551-77693584 税号：913401042234507658	中国工商银行合肥黄山路支行 1023610021769043010
编码：602 名称：江苏现能汽车有限公司 简称：江苏现能	01	03	地址：江苏省无锡市惠山区盛岸西路 5900 号 电话：0510-88235521 税号：913202004510256603	交通银行无锡盛岸支行 3013020020386105234
编码：603 名称：江西华驰汽车有限公司 简称：江西华驰	01	01	地址：江西省南昌市西湖区里洲新村 1009 号 电话：0791-88405721 税号：916360100784144650	中国招商银行南昌支行 30842102201400659223

【实验过程】

(1)在U8企业应用平台，依次单击【基础设置】→【基础档案】→【客商信息】→【客户档案】，打开【客户档案】窗口。

(2)单击工具栏里的【增加】按钮，根据实验资料，在【基本】页的【客户编码】栏输入“101”，【客户名称】栏输入“江西力尔门业有限公司”，【税号】栏输入“913601223432712600”，如图3-11所示。

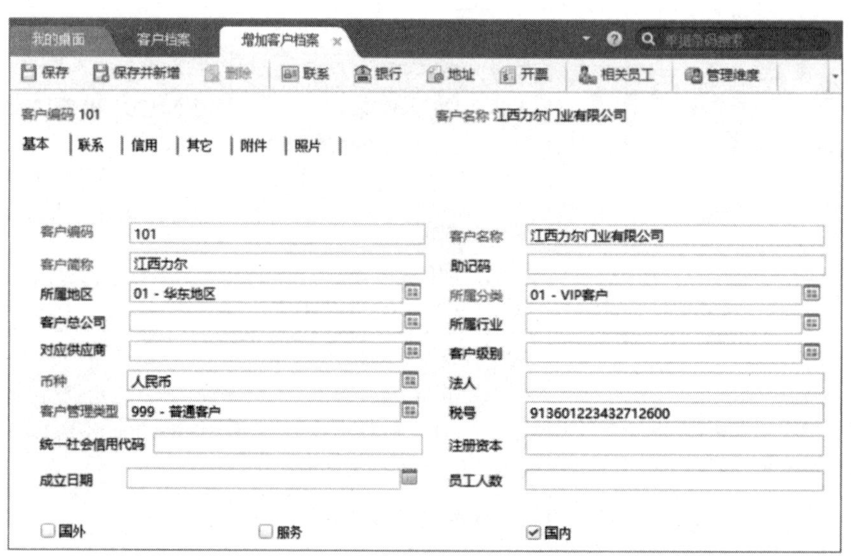

图3-11 客户档案录入界面

(3)单击【联系】页，在【地址】栏输入“江西省南昌市新建区绿创中心9999号”，【电话】栏输入“0791-89880711”。

(4)单击工具栏的【银行】按钮，弹出【客户银行档案】窗口，单击工具栏的【增加】按钮，【所属银行】选择“中国农业银行”，【开户银行】输入“中国农业银行南昌支行”，【银行账号】栏输入“1034210011106503210”，【默认值】选择“是”。单击【保存】按钮，退出该窗口返回客户档案录入界面。

(5)根据实验资料，单击【增加并新增】按钮，继续添加剩余的客户档案。录入完毕后关闭录入界面，返回【客户档案】窗口，结果如图3-12所示。

【实验提示】

①客户编码：客户编码必须唯一，客户编码可以用数字或字符表示。

②客户名称：可以是汉字或英文字母，主要用于销售发票的打印，即打印出来的销售发票的销售客户栏目显示的内容为销售客户的客户名称。

③客户简称：可以是汉字或英文字母，主要用于业务单据和账表的屏幕显示，例如，屏幕显示的销售发货单的客户栏目中显示的内容为客户简称。

④所属分类：单击【浏览】按钮选择客户所属分类，或者直接输入分类编码。

⑤所属地区：可输入客户所属地区的代码，输入系统中已存在代码时，自动转换成地区名称，显示在该栏目的右编辑框内。也可以用参照输入法，即在输入所属地区码时单击

打印序号(N)

客户档案

客户分类
(01) VIP客户
(02) 一般客户
(03) 短期客户

序号	客户编码	客户名称	客户简称	地区名称	发展日期	电话
1	101	江西力尔门业有限公司	江西力尔	华东地区	2024-01-01	0791-89...
2	102	长沙化国自动门有限...	长沙化国	华中地区	2024-01-01	0731-25...
3	103	深圳蓝天智能设备有...	深圳蓝天	华南地区	2024-01-01	0755-81...
4	201	上海远资通风设备有...	上海远资	华东地区	2024-01-01	021-688...
5	202	福建佳强通风设备有...	福建佳强	华东地区	2024-01-01	028-884...
6	301	浙江尚意厨房电器设...	浙江尚意	华东地区	2024-01-01	0575-65...
7	302	广东华戴厨房设备有...	广东华戴	华南地区	2024-01-01	020-665...
8	401	西安利华空调股份有...	西安利华	西北地区	2024-01-01	029-855...
9	402	四川长虹空调有限公司	四川长虹	西南地区	2024-01-01	0816-55...
10	501	赣州光华电动汽车有...	赣州光华	华东地区	2024-01-01	0797-65...
11	502	云南驰爱电动汽车有...	云南驰爱	西南地区	2024-01-01	031-778...
12	601	安徽联隆汽车设备有...	安徽联隆	华东地区	2024-01-01	0551-77...
13	602	江苏现能汽车有限公司	江苏现能	华东地区	2024-01-01	0510-88...
14	603	江西华驰汽车有限公司	江西华驰	华东地区	2024-01-01	0791-88...

图 3-12　【客户档案】窗口

【浏览】按钮显示所有地区供选择，双击选定行，或当光标位于选定行时用鼠标单击【确认】按钮即可。

⑥所属行业：输入客户所归属的行业，可输入汉字。

⑦客户总公司：选择总公司名称或本身的名称输入，必须参照选择输入。

⑧税号：输入客户的工商登记税号，用于销售发票的税号栏内容的屏幕显示和打印输出。

⑨客户级别：指客户的等级分类，参照客户级别档案输入。

⑩所属银行：指开户银行对应的总行，参照银行档案输入。

4. 设置供应商分类

当企业往来供应商较多时，对供应商进行分类，便于对供应商往来数据进行分析。供应商分类可以按行业、地区等进行划分。建立供应商分类后，可以将供应商设置在最末级的供应商分类之下。供应商分类信息包括分类编码和分类名称两部分。

【实验资料】根据表 3-8 设置供应商分类。

表 3-8　供应商分类

分类编码	分类名称
01	战略合作供应商
02	一般供应商

【实验过程】

(1) 在 U8 企业应用平台，依次单击【基础设置】→【基础档案】→【客商信息】→【供应商分类】，打开【供应商分类】窗口。

(2) 根据实验资料，参照增加客户分类的方法添加供应商分类，结果如图 3-13 所示。

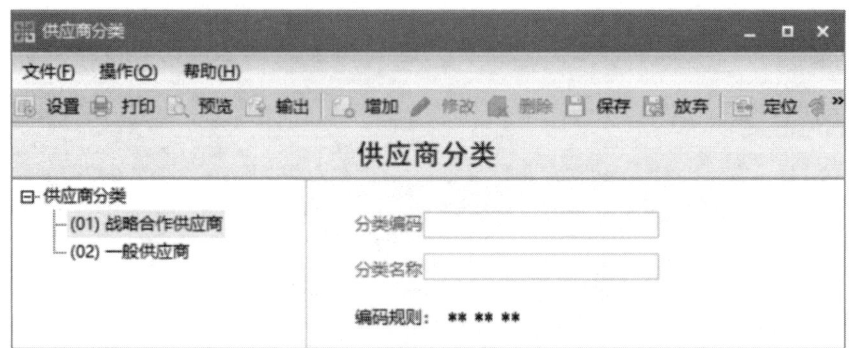

图 3-13 【供应商分类】窗口

【实验提示】供应商分类的设置要求与前文所介绍的客户分类一致。

5. 设置供应商档案

建立供应商档案可以对供应商的数据进行分类、汇总和查询，以便于加强往来管理。使用供应商档案管理往来供应商时，应首先收集整理与本单位有业务往来关系的供应商的基本信息，以便在供应商档案设置时将信息准确输入。供应商档案所需基本信息主要包括供应商编码、供应商名称、供应商简称、所属分类等。

【实验资料】根据表 3-9 设置供应商档案。

表 3-9 供应商档案

供应商编码、名称、简称	所属地区	所属分类	地址、电话、税号	开户银行、卡号
编码：101 名称：赣州华友稀土新材料有限公司 简称：赣州华友	01	01	地址：江西省赣州经济技术开发区金岭西路北侧彩蝶路 102 号 电话：0797-7328847 税号：913607006984663023	赣州农商银行开发区科技支行 313428050007901325O
编码：102 名称：赣州新科稀土新材料有限公司 简称：赣州新科	01	01	地址：江西省赣州市章贡区章江南大道 188 号 电话：0797-8498392 税号：911408007011965544	赣州银行滨江支行 3134280284139943023
编码：103 名称：芜湖克星材料科技有限公司 简称：芜湖克星	01	02	地址：安徽省自由贸易试验区芜湖片区九华北路 300 号 电话：0553-5820238 税号：914402007408704964	中国银行安徽经济开发区支行 1043610031150513241
编码：104 名称：江苏速为金属材料有限公司 简称：江苏速为	01	02	地址：江苏省南京市长江路 452 号 电话：0519-3721369 税号：91320000100019985R	中国工商银行南京长江路支行 1023010005832214751

续表 3-9

供应商编码、名称、简称	所属地区	所属分类	地址、电话、税号	开户银行、卡号
编码：105 名称：广州金强板材科技有限公司 简称：广州金强	02	01	地址：广州经济技术开发区永和经济区斗塘路 1200 号 电话：020-32811879 税号：91440116728198642M	中国建设银行广州经济开发区支行 1055810170150631254
编码：106 名称：赣州吉马玻璃制品有限公司 简称：赣州吉马	01	01	地址：江西省赣州市赣州经济技术开发区迎宾大道 622 号 电话：0797-58300807 税号：91360700158312225X	中国建设银行赣州振兴支行 1054280002122810410
编码：107 名称：浙江万通电驱动系统有限公司 简称：浙江万通	01	02	地址：浙江临海两水开发区聚景路 568 号 电话：0576-85322088 税号：913300002552164723	中国工商银行台州经济开发区支行 1023450011226134125
编码：108 名称：上海丰瑞材料科技有限公司 简称：上海丰瑞	01	02	地址：中国上海市黄浦区中山南路 124 号 电话：021-58767282 税号：91310000132212607B	中国农业银行上海中山南路支行 1032900280504513261
编码：109 名称：贵州惠扬电器制造有限公司 简称：贵州惠扬	06	02	地址：贵州省贵安新区贵安综合保税区电商科创园 638 号 电话：010-62301907 税号：91520000214426156B	中国农业银行贵阳保税区支行 1037010201086450771
编码：110 名称：赣州尔康包装材料有限公司 简称：赣州尔康	01	01	地址：江西省赣州市章贡区长征大道 319 号 电话：0797-19938560 税号：913607007055082625	中国银行赣州长征大道支行 1044280701265611320
编码：111 名称：赣州远邦物流有限公司 简称：赣州远邦	01	01	地址：江西省赣州市章贡区沙河镇云山路 450 号 电话：0797-52345612 税号：91360702237815429M	赣州农商银行沙河支行 3134280500079014589

【实验过程】

(1)在 U8 企业应用平台，依次单击【基础设置】→【基础档案】→【客商信息】→【供应商档案】，打开【供应商档案】窗口。

(2)单击工具栏里的【增加】按钮，根据实验资料，在【基本】页的【供应商编码】栏输入“101”，【供应商名称】栏输入“赣州华友稀土新材料有限公司”，【税号】栏输入“913607006984663023”，【开户银行】输入“赣州农商银行开发区科技支行”，【银行账号】栏输入“3134280500079013250”，如图 3-14 所示。

(3)单击【联系】页，在【地址】栏输入“江西省赣州经济技术开发区金岭西路北侧彩蝶路 102 号”，【电话】栏输入“0797-7328847”。

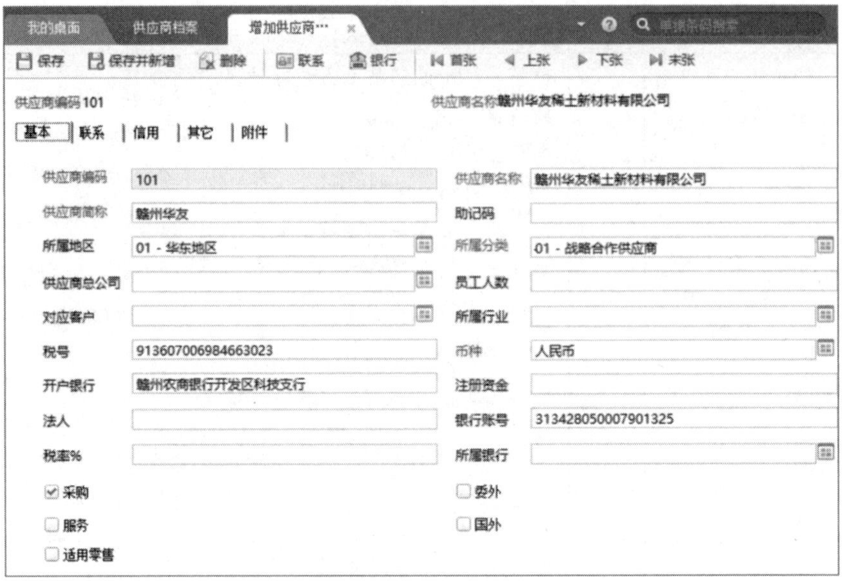
我的桌面
供应商档案
增加供应商…
保存
保存并新增
删除
联系
银行
首张
上张
下张
末张
供应商编码 101
供应商名称 赣州华友稀土新材料有限公司
基本 联系 信用 其它 附件
供应商编码 101
供应商名称 赣州华友稀土新材料有限公司
供应商简称 赣州华友
助记码
所属地区 01 - 华东地区
所属分类 01 - 战略合作供应商
供应商总公司
员工人数
对应客户
所属行业
税号 913607006984663023
币种 人民币
开户银行 赣州农商银行开发区科技支行
注册资金
法人
银行账号 313428050007901325
税率%
所属银行
采购
委外
服务
国外
适用零售

图 3-14　供应商档案录入界面

(4) 根据实验资料，单击【保存并新增】按钮，继续添加剩余的供应商档案。录入完毕后关闭录入界面，返回【供应商档案】窗口，结果如图 3-15 所示。

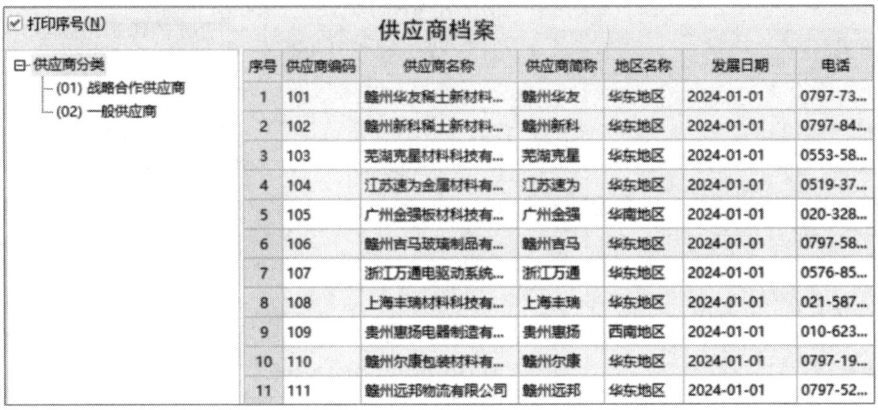
打印序号(N)
供应商档案
供应商分类
(01) 战略合作供应商
(02) 一般供应商

序号	供应商编码	供应商名称	供应商简称	地区名称	发展日期	电话
1	101	赣州华友稀土新材料...	赣州华友	华东地区	2024-01-01	0797-73...
2	102	赣州新科稀土新材料...	赣州新科	华东地区	2024-01-01	0797-84...
3	103	芜湖亮星材料科技有...	芜湖亮星	华东地区	2024-01-01	0553-58...
4	104	江苏速为金属材料有...	江苏速为	华东地区	2024-01-01	0519-37...
5	105	广州金强板材科技有...	广州金强	华南地区	2024-01-01	020-328...
6	106	赣州吉马玻璃制品有...	赣州吉马	华东地区	2024-01-01	0797-58...
7	107	浙江万通电驱动系统...	浙江万通	华东地区	2024-01-01	0576-85...
8	108	上海丰瑞材料科技有...	上海丰瑞	华东地区	2024-01-01	021-587...
9	109	贵州惠扬电器制造有...	贵州惠扬	西南地区	2024-01-01	010-623...
10	110	赣州尔康包装材料有...	赣州尔康	华东地区	2024-01-01	0797-19...
11	111	赣州远邦物流有限公司	赣州远邦	华东地区	2024-01-01	0797-52...

图 3-15　【供应商档案】窗口

【实验提示】供应商档案的设置要求与前文所介绍的客户档案基本一致。

三、存货信息设置

1. 设置存货分类

如果企业的存货较多时，可以对存货按性质、用途、产地、仓库等进行分类，以便于核算和管理。

【实验资料】根据表 3-10 设置存货分类。

表 3-10　存货分类

一级分类		二级分类	
编码	名称	编码	名称
01	原料及辅料		
02	周转材料	0201	包装物
		0202	低值易耗品
03	产成品	0301	建筑类电机
		0302	家居电器类电机
		0303	汽车产业类电机
09	应税劳务		

【实验过程】

(1)2024 年 1 月 1 日，以黄业竣(A01)的身份登录 U8 企业应用平台。

(2)在 U8 企业应用平台，依次单击【基础设置】→【基础档案】→【存货】→【存货分类】，打开【存货分类】窗口。

(3)单击工具栏里的【增加】按钮，根据实验资料，在【分类编码】栏输入“01”，【分类名称】栏输入“原料及辅料”，单击【保存】按钮，保存该存货分类。单击【增加】按钮，继续添加剩余存货分类信息，如图 3-16 所示。

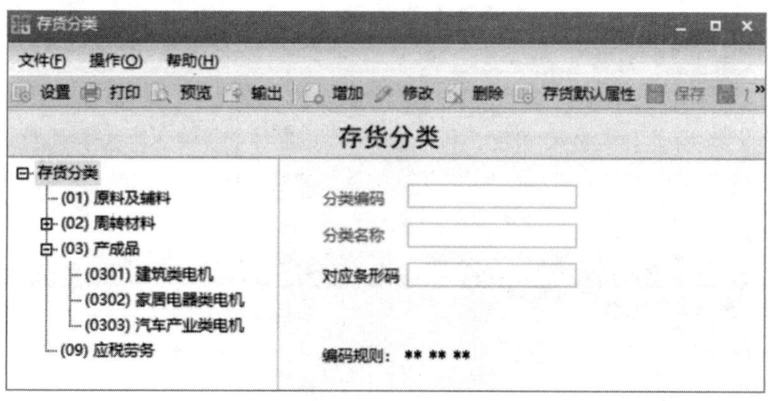

图 3-16　【存货分类】窗口

【实验提示】存货分类的设置要求与前文所介绍的地区分类、客户分类、供应商分类一致。

2. 设置计量单位

为存货设置计量单位，便于对存货的核算与管理。计量单位的设置可根据企业对存货管理的具体要求而定。每一存货的计量单位可以设置一个计量单位，也可设置多个计量单位。

在U8企业应用平台中设置计量单位时应首先设置计量单位组，然后再进行计量单位的设置。计量单位组的设置分为三种应用方案：一是固定换算率，二是浮动换算率，三是无换算率。当设置为固定换算率时，可以设置两个以上(不包含两个)的计量单位，且每一个辅助计量单位对主计量单位的换算率不能为空，此时需要将该计量单位组中的主计量单位显示在存货卡片界面上。当设置为浮动换算率时，计量单位可以设置为一个或两个，此时需要将该计量单位组中的主计量单位、辅计量单位显示在存货卡片界面上。当设置为无换算率时，此时可以设置多个计量单位，并显示在存货卡片界面上。系统只允许建立一个无换算率计量单位组，但可建立多个固定换算率计量单位组和浮动换算率计量单位组。

【实验资料】根据表3-11设置计量单位。

表3-11　计量单位

计量单位组			计量单位	
编码	名称	类别	编码	名称
01	基本计量单位	无换算率	0101	千克
			0102	个
			0103	台
			0104	套
			0105	千米
			0106	次

【实验过程】

(1)在U8企业应用平台，依次单击【基础设置】→【基础档案】→【存货】→【计量单位】，打开【计量单位】窗口。

(2)单击工具栏里的【分组】按钮，打开【计量单位组】窗口，单击工具栏里的【增加】按钮，在【计量单位组编码】栏输入“01”，【计量单位组名称】栏输入“基本计量单位”，【计量单位组类别】栏选择“无换算率”，如图3-17所示，单击【保存】按钮，保存该计量单位组。

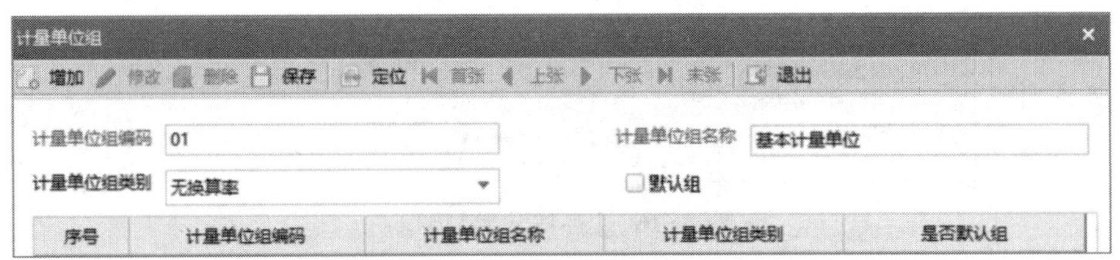

图3-17　【计量单位组】窗口

(3)退出【计量单位组】窗口，返回【计量单位】窗口，单击工具栏里的【单位】按钮，打开【计量单位】窗口，根据实验资料，单击工具栏里的【增加】按钮，【计量单位编码】栏输入“0101”，【计量单位名称】栏输入“千克”，单击【保存】按钮，结果如图3-18所示。

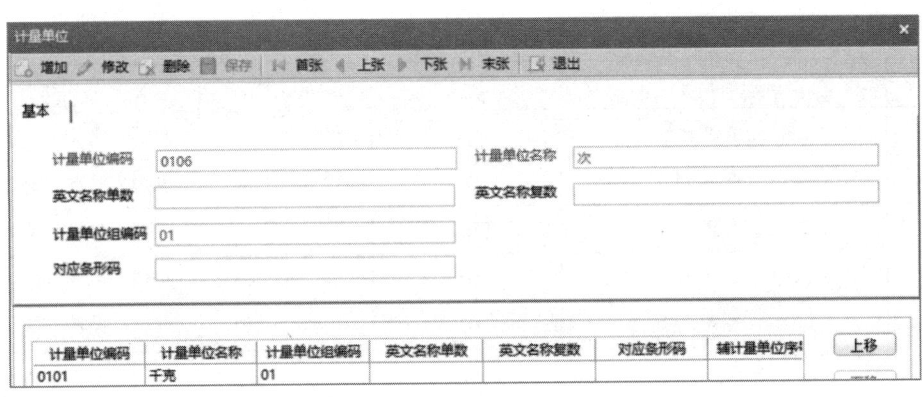

图 3-18 【计量单位】窗口

(4) 继续添加剩余计量单位，结果如图 3-19 所示。

图 3-19 【计量单位】窗口

【实验提示】

①计量单位组编码和计量单位编码需根据编码方案中定义的编码规则进行编码输入，不能为空，使用后不允许修改，编码中可输入除特殊字符外的所有字符。

②计量单位组名称和计量单位名称可以输入除特殊字符以外的其他所有字符内容。

③已经有数据的存货不允许修改计量单位组。

④计量单位的修改规则是唯一计量单位或者有两个计量单位的计量单位组，可改成有两个以上计量单位的计量单位组，但不能改回来。但是修改时若检查该计量单位组已经被设为浮动换算率的存货使用，则该计量单位组中就不能增加两个以上的计量单位。

⑤已经有两个以上计量单位的单位组可以随意新增计量单位信息。

⑥已经使用过的计量单位组别不能修改其已经存在的计量单位信息。

3. 设置存货档案

设置存货档案主要便于进行供应链管理和存货成本核算。存货档案所需基本信息主要包括存货编码、存货名称、存货分类、计量单位组、主计量单位、存货属性等。

【实验资料】根据表 3-12 设置存货档案。

表 3-12　存货档案

存货编码	存货名称	存货分类编码	单位	税率	存货属性
0101	稀土永磁材料	01	千克	13	内销、采购、生产耗用
0102	铁芯	01	个	13	内销、采购、生产耗用
0103	线圈	01	个	13	内销、采购、生产耗用
0104	轴承	01	个	13	内销、采购、生产耗用
0105	塑料	01	千克	13	内销、采购、生产耗用
0106	绝缘材料	01	千克	13	内销、采购、生产耗用
020101	自动库门用电机包装箱	0201	个	13	内销、采购、生产耗用
020102	建筑通风设备用电机包装箱	0201	个	13	内销、采购、生产耗用
020103	厨房电器设备用电机包装箱	0201	个	13	内销、采购、生产耗用
020104	空调压缩机用电机包装箱	0201	个	13	内销、采购、生产耗用
020105	纯电动汽车电驱系统包装箱	0201	个	13	内销、采购、生产耗用
020106	燃油车启动机包装箱	0201	个	13	内销、采购、生产耗用
020107	燃油车发电机包装箱	0201	个	13	内销、采购、生产耗用
020108	汽车空调用电机包装箱	0201	个	13	内销、采购、生产耗用
030101	自动库门用电机	0301	台	13	内销、外购、自制
030102	建筑通风设备用电机	0301	台	13	内销、外购、自制
030201	厨房电器设备用电机	0302	台	13	内销、外购、自制
030202	空调压缩机用电机	0302	台	13	内销、外购、自制
030301	纯电动汽车电驱系统	0303	套	13	内销、外购、自制
030302	燃油车启动机	0303	台	13	内销、外购、自制
030303	燃油车发电机	0303	台	13	内销、外购、自制
030304	汽车空调用电机	0303	台	13	内销、外购、自制
09001	运输费	09	千米	9	内销、采购、应税劳务
09002	代销手续费	09	次	6	内销、采购、应税劳务

【实验过程】

(1)在 U8 企业应用平台，依次单击【基础设置】→【基础档案】→【存货】→【存货档案】，打开【存货档案】窗口。

(2)单击工具栏里的【增加】按钮，打开【增加存货档案】窗口。根据实验资料，输入“稀土永磁材料”的存货档案，如图 3-20 所示，单击【保存并新增】按钮，保存该存货档案并添加剩余存货档案。

(3)将所有的存货档案添加完毕后，关闭【增加存货档案】窗口，返回【存货档案】窗口，结果如图 3-21 所示。

图 3-20　存货档案录入界面

打印序号(N)

存货档案

- 存货分类
  - (01) 原料及辅料
  - (02) 周转材料
    - (0201) 包装物
    - (0202) 低值易耗品
  - (03) 产成品
    - (0301) 建筑类电机
    - (0302) 家居电器类电机
    - (0303) 汽车产业类电机
  - (09) 应税劳务

序号	选择	存货编码	存货名称	规格型号	存货代码	ABC分类	启用日期	计量单位组名称	主计量单位名称	特征选配
1	□	0101	稀土永磁材料				2024-01-01	基本计量单位	千克	□
2	□	0102	铁芯				2024-01-01	基本计量单位	个	□
3	□	0103	线圈				2024-01-01	基本计量单位	个	□
4	□	0104	轴承				2024-01-01	基本计量单位	个	□
5	□	0105	塑料				2024-01-01	基本计量单位	千克	□
6	□	0106	绝缘材料				2024-01-01	基本计量单位	千克	□
7	□	020101	自动库门用电机...				2024-01-01	基本计量单位	个	□
8	□	020102	建筑通风设备用...				2024-01-01	基本计量单位	个	□
9	□	020103	厨房电器设备用...				2024-01-01	基本计量单位	个	□
10	□	020104	空调压缩机用电...				2024-01-01	基本计量单位	个	□
11	□	020105	纯电动汽车电驱...				2024-01-01	基本计量单位	个	□
12	□	020106	燃油车启动机包...				2024-01-01	基本计量单位	个	□
13	□	020107	燃油车发电机包...				2024-01-01	基本计量单位	个	□
14	□	020108	汽车空调用电机...				2024-01-01	基本计量单位	个	□
15	□	030101	自动库门用电机				2024-01-01	基本计量单位	台	□
16	□	030102	建筑通风设备用...				2024-01-01	基本计量单位	台	□
17	□	030201	厨房电器设备用...				2024-01-01	基本计量单位	台	□
18	□	030202	空调压缩机用电...				2024-01-01	基本计量单位	台	□
19	□	030301	纯电动汽车电驱...				2024-01-01	基本计量单位	套	□
20	□	030302	燃油车启动机				2024-01-01	基本计量单位	台	□
21	□	030303	燃油车发电机				2024-01-01	基本计量单位	台	□
22	□	030304	汽车空调用电机				2024-01-01	基本计量单位	台	□

总记录数: 24 条(共 1 页)　页大小 1000　当前页 1　提交　首页　前一页　下一页　末页

图 3-21　【存货档案】窗口

四、财务信息设置

1. 指定会计科目

指定会计科目是指定出纳的专管科目。系统中只有指定科目后，才能执行出纳签字、查看库存现金和银行存款日记账，从而实现库存现金和银行存款管理的保密性。

【实验资料】指定“1001 库存现金”为现金科目、“1002 银行存款”为银行科目。

【实验过程】

(1)2024 年 1 月 1 日，以黄业竣(A01)的身份登录 U8 企业应用平台。

(2)在 U8 企业应用平台，依次单击【基础设置】→【基础档案】→【财务】→【会计科目】，打开【会计科目】窗口。

(3)单击工具栏的【指定科目】按钮，打开【指定科目】对话框。单击“ > ”将“1001 库存现金”添加到已选科目区，如图 3-22 所示。根据上述方法，将“1002 银行存款”添加到已选科目区。

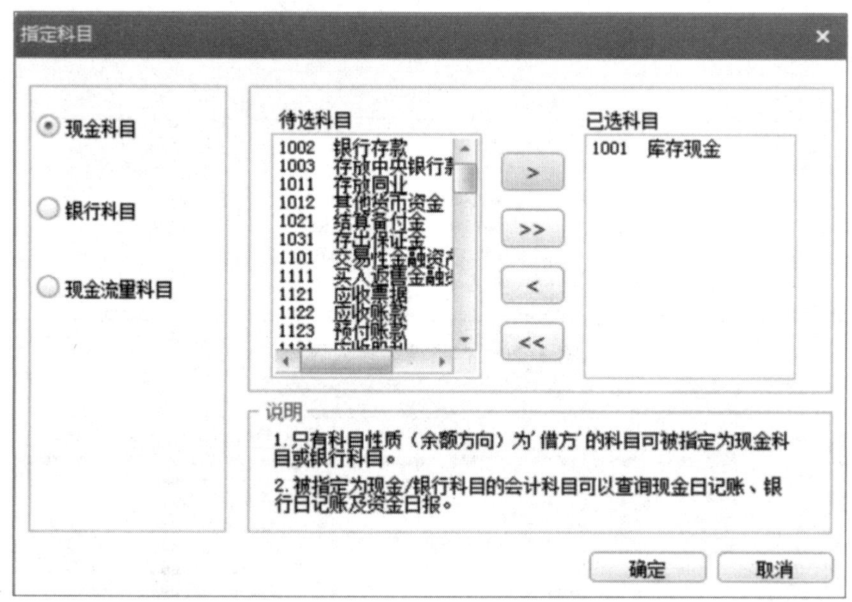

图 3-22 【指定科目】窗口

2. 增加会计科目

如果用户所使用的会计科目基本上与会计制度规定的一级会计科目一致，则可在建立账套时选择按行业性质预置科目。这样在会计科目初始设置时只需对不同的会计科目进行修改，对缺少的会计科目进行增加处理即可。当所使用的会计科目与会计制度规定的会计科目相差较多时，则可以在系统初始设置时不选择按行业性质预置科目。

【实验资料】根据表 3-13 增加会计科目。

表 3-13 会计科目

科目编码	科目名称	辅助账类型
100201	赣州农商银行	日记账，银行账
10020101	章贡支行	日记账，银行账
100202	中国农业银行	日记账，银行账
10020201	章贡支行	日记账，银行账

续表 3-13

科目编码	科目名称	辅助账类型
1002020101	人民币	日记账，银行账
1002020102	美元	日记账，银行账
101201	存出投资款	
101202	银行汇票	
101203	银行本票	
101204	信用卡	
101205	信用证保证金	
101206	外埠存款	
110101	成本	数量核算【股(份)】、项目核算
110102	公允价值变动	项目核算
112201	一般应收账款	客户往来，应收款管理系统受控
112202	资产处置应收款	客户往来，应收款管理系统不受控
122101	职工个人往来	个人往来
141101	包装物	
141102	低值易耗品	
14110201	在用	
14110202	在库	
14110203	摊销	
150101	成本	数量核算(份)、项目核算
150102	利息调整	项目核算
150103	应计利息	项目核算
150301	成本	数量核算【股(份)】
150302	公允价值变动	
152101	成本	
152102	公允价值变动	
170101	专利权	
170102	非专利技术	
170103	土地使用权	
170201	专利权	
170202	非专利技术	
170203	土地使用权	
190101	待处理流动资产损溢	
190102	待处理固定资产损溢	
200101	赣州农商银行章贡支行	
220201	一般应付账款	供应商往来，应付款管理系统受控
220202	暂估应付账款	供应商往来，应付款管理系统不受控

续表 3-13

科目编码	科目名称	辅助账类型
220301	一般预收账款	客户往来，应收款管理系统受控
220302	销售定金	客户往来，应收款管理系统不受控
221101	工资	
221102	社会保险费	
22110201	基本医疗保险费	
22110202	工伤保险费	
22110203	生育保险费	
221103	设定提存计划	
22110301	基本养老保险费	
22110302	失业保险费	
221104	住房公积金	
221105	工会经费	
221106	职工教育经费	
221107	职工福利费	
221108	非货币性福利	
221109	带薪缺勤	
222101	应交增值税	
22210101	进项税额(注：借方)	
22210103	已交税金(注：借方)	
22210105	转出未缴增值税(注：借方)	
22210106	销项税额	
22210108	进项税额转出	
22210109	转出多交增值税	
222102	未缴增值税	
222103	预交增值税	
222104	待抵扣进项税额	
222105	待认证进项税额	
222106	待转销项税额	
222107	简易计税	
222108	转让金融商品应交增值税	
222121	应交消费税	
222122	应交企业所得税	
222123	应交个人所得税	
222124	应交城市维护建设税	
222125	应交教育费附加	
222126	应交地方教育附加	

续表 3-13

科目编码	科目名称	辅助账类型
222127	应交房产税	
222128	应交城镇土地使用税	
222129	应交车船税	
222130	应交土地增值税	
224101	代扣职工三险一金	
22410101	代扣医疗保险	
22410102	代扣养老保险	
22410103	代扣失业保险	
22410104	代扣住房公积金	
400201	资本溢价	
400202	其他资本公积	
4003	其他综合收益	
410101	法定盈余公积	
410102	任意盈余公积	
410401	提取法定盈余公积	
410402	提取任意盈余公积	
410403	应付现金股利或利润	
410404	盈余公积补亏	
410409	未分配利润	
500101	直接材料	项目核算
500102	直接人工	项目核算
500103	制造费用	项目核算
500199	共同产品	
510101	折旧费	部门核算
510102	职工薪酬	部门核算
510103	水电费	部门核算
510104	劳保费	部门核算
510105	办公费	部门核算
530101	费用化支出	
530102	资本化支出	
605101	出售原材料收入	
605102	出售包装物收入	
630101	盘盈利得	
630102	捐赠利得	
630103	罚款收入	
660101	折旧费	部门核算

续表 3-13

科目编码	科目名称	辅助账类型
660102	职工薪酬	部门核算
660103	水电费	部门核算
660104	差旅费	部门核算
660105	办公费	部门核算
660106	业务招待费	部门核算
660107	工会经费	部门核算
660108	运输费	
660109	保险费	
660110	广告宣传费	
660111	委托代销手续费	
660201	折旧费	部门核算
660202	职工薪酬	部门核算
660203	水电费	部门核算
660204	差旅费	部门核算
660205	办公费	部门核算
660206	业务招待费	部门核算
660207	工会经费	部门核算
660208	修理费	
660209	无形资产摊销	
660210	存货盘点	
660211	研发费用	
660301	利息支出	
660302	汇兑损益	
660303	手续费及工本费	
660304	现金折扣	
660305	票据贴现	
660306	利息收入	
6702	信用减值损失(注：支出)	
671101	盘亏损失	
671102	公益性捐赠支出	
671103	罚款支出	
671104	处置非流动资产损失	
671105	非常损失	
680101	当期所得税费用	
680102	递延所得税费用	

【实验过程】

在【会计科目】窗口，单击【增加】按钮，进入【新增会计科目】窗口。根据实验资料，在【科目编码】处输入“100201”，在【科目名称】处输入“赣州农商银行”，如图 3-23 所示，单击【确定】按钮，该科目添加成功。单击【增加】按钮，根据实验资料继续添加剩余会计科目。

图 3-23　【新增会计科目】窗口

【实验提示】

①会计科目必须遵循会计科目编码规则，且必须逐级增加。

②增加明细科目时，系统默认其类型与上级科目保持一致。

③已经使用过的会计科目不能再增加下级科目。

④会计科目删除后不能被自动恢复，但可通过增加功能来完成。

⑤已有数据的会计科目，应先将该会计科目及其下级会计科目余额清零后方可删除，但非末级会计科目不能删除。

⑥被封存的会计科目在制单时不可以使用。

⑦被指定为现金科目和银行科目的会计科目要删除时，必须先取消指定科目。

⑧辅助核算必须设在末级会计科目上，但为了便于查询或出账，可在其上级和末级同时设置相同的辅助核算。

3. 修改会计科目

如果要对已经设置完成的会计科目的名称、编码及辅助核算等内容进行修改，应在未使用之前通过修改功能来完成。

【实验资料】将“应收票据”的辅助核算修改为“客户往来”，并受控于“应收系统”；将“应付票据”和“预付账款”的辅助核算修改为“供应商往来”，并受控于“应付系统”。将

“持有至到期投资”的科目名称修改为“债权投资”，“可供出售金融资产”的科目名称修改为“其他权益工具投资”，“营业税金及附加”的科目名称修改为“税金及附加”。将“债权投资”和“其他权益工具投资”的辅助核算都修改为项目核算。

【实验过程】

在【会计科目】窗口，单击需要修改的“应收票据”科目，再单击工具栏的【修改】按钮，进入【会计科目_修改】窗口。单击窗口右下角的【修改】按钮，勾选【客户往来】辅助核算，如图3-24所示，单击【确定】按钮。根据实验资料继续修改其他会计科目。

图3-24 【会计科目_修改】窗口

【实验提示】

①已经使用过的末级会计科目不能再修改科目编码。

②非末级会计科目的编码不能修改或删除。

③已有数据的会计科目，应先将该会计科目及其下级会计科目余额清零后方可修改。

4. 设置凭证类别

许多单位为了便于管理和登账，一般对记账凭证进行分类编制。U8企业应用平台提供的凭证类别设置方案有5种选择：一是(通用)记账凭证；二是收款凭证、付款凭证、转账凭证；三是现金凭证、银行凭证、转账凭证；四是现金收款凭证、现金付款凭证、银行收款凭证、银行付款凭证、转账凭证；五是自定义凭证类别。

在多类凭证应用方案中，为确保凭证类别的正确使用，必须为凭证使用会计科目进行必要的使用限制设置。系统提供了7种限制类型供选择：一是借方必有，意味着制单时此类凭证借方至少有一个限制科目有发生额；二是借方必无，意味着制单时此类凭证借方不能有一个限制科目有发生额；三是贷方必有，意味着制单时此类凭证贷方至少有一个限制

科目有发生额；四是贷方必无，意味着制单时此类凭证贷方不能有一个限制科目有发生额；五是凭证必有，意味着制单时此类凭证无论借方还是贷方至少有一个限制科目有发生额；六是凭证必无，意味着制单时此类凭证无论借方还是贷方不可有一个限制科目有发生额；七是无限制，意味着制单时此类凭证可使用所有合法的科目。

【实验资料】根据表 3-14 设置凭证类别。

表 3-14　凭证类别

类别字	类别名称	限制类型	限制科目
收	收款凭证	借方必有	1001，1002
付	付款凭证	贷方必有	1001，1002
转	转账凭证	凭证必无	1001，1002

【实验过程】

(1)在 U8 企业应用平台，依次单击【基础设置】→【基础档案】→【财务】→【凭证类别】，打开【凭证类别预置】窗口，选择第二种分类方式，如图 3-25 所示。

(2)单击【确定】按钮，打开【凭证类别】窗口，单击【修改】按钮，根据实验资料选择各类凭证的【限制类型】，输入【限制科目】，如图 3-26 所示。

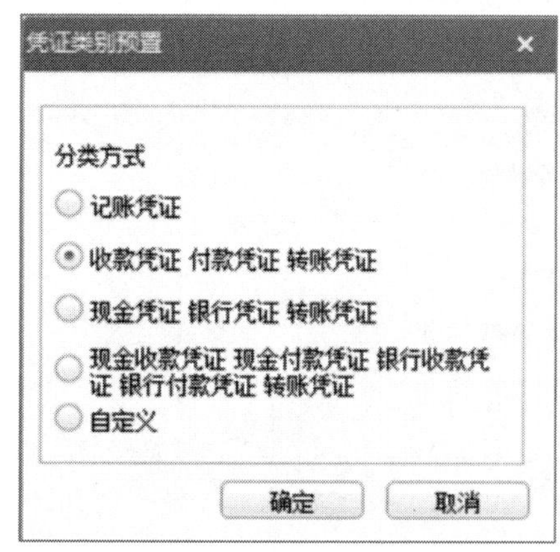

图 3-25　【凭证类别预置】窗口

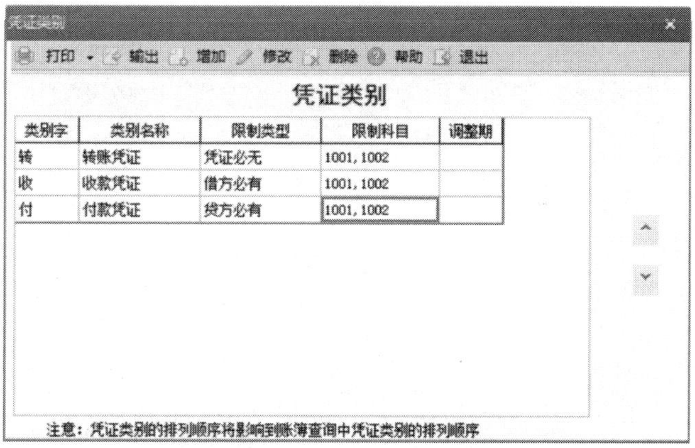

凭证类别

打印　输出　增加　修改　删除　帮助　退出

凭证类别

类别字	类别名称	限制类型	限制科目	调整期
转	转账凭证	凭证必无	1001, 1002	
收	收款凭证	借方必有	1001, 1002	
付	付款凭证	贷方必有	1001, 1002	

注意：凭证类别的排列顺序将影响到账簿查询中凭证类别的排列顺序

图 3-26　【凭证类别】窗口

【实验提示】

①已使用的凭证类别不能删除，也不能修改类别字。

②若限制类型选择“无限制”外的其他类型，则至少要输入一个限制科目。若限制类型选择“无限制”，则可使用任意合法的会计科目。

③表格右侧的上下箭头按钮可以调整凭证类别的前后顺序，其决定明细账中凭证的排列顺序。

5. 设置外币核算

汇率管理是专为外币核算服务的。企业如果存在外币业务或外币汇率发生变动等，需通过外币汇率功能进行定义。在填制凭证时所用的汇率应先在此进行定义，以便制单时调用，减少输入汇率的次数和差错；当汇率变化时，应预先在此进行调整，否则，制单时不能正确输入汇率；当使用固定汇率（即使用月初或年初汇率）作为记账汇率时，每月在填制凭证前，应预先在此输入该月的记账汇率，否则在填制该月外币凭证时，将会出现汇率为零的错误；当使用变动汇率（即使用当日汇率）作为记账汇率时，在填制当天的凭证前，应预先在此输入当天的记账汇率。

【实验资料】定义外币币符为 USD、币名为美元、汇率小数位为 4 位，采用浮动汇率，假定 2024 年 1 月 1 日的记账汇率为 7.0978，其他默认。同时，将“1002020102 银行存款/中国农业银行/章贡支行/美元”设置为美元外币核算。

【实验过程】

(1)在 U8 企业应用平台，依次单击【基础设置】→【基础档案】→【财务】→【外币设置】，打开【外币设置】窗口。选择【浮动汇率】，在【币符】处输入“USD”，在【币名】处输入“美元”，单击【确认】按钮，在 2024 年 1 月 1 日的【记账汇率】处输入“7.0978”，结果如图 3-27 所示。

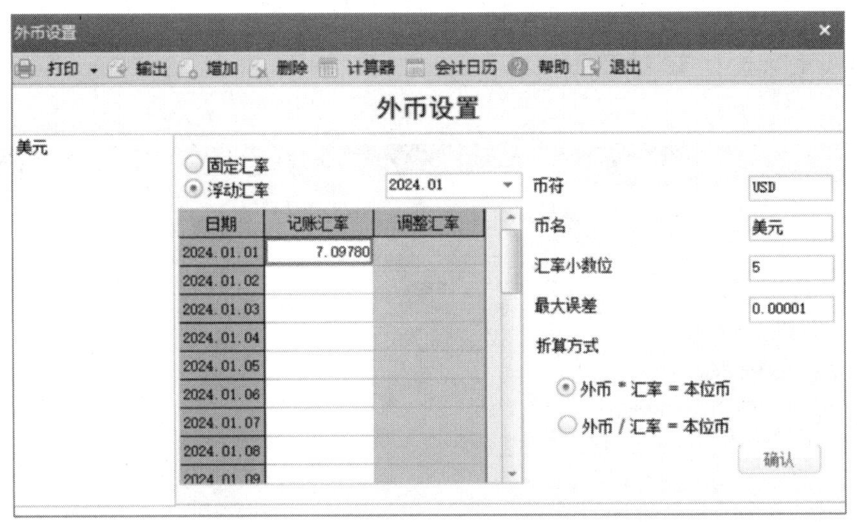

图 3-27 【外币设置】窗口

(2)在 U8 企业应用平台，依次单击【基础设置】→【基础档案】→【财务】→【会计科目】，打开【会计科目】窗口。双击“1002020102 银行存款/中国农业银行/章贡支行/美元”科目，单击窗口右下角的【修改】按钮，勾选【币种核算】，【币种】选择“美元 USD”，如图 3-28 所示，单击【确定】按钮。

【实验提示】

①“外币 * 汇率 = 本位币”的折算方式是指间接汇率。

②“外币/汇率 = 本位币”的折算方式是指直接汇率。

③制单时使用固定汇率还是浮动汇率，需在总账系统选项的凭证选项卡中进行设置。

图 3-28 【会计科目_修改】窗口

6. 设置项目目录

在实际业务中，企业经常需要核算某些项目，如产品成本、对外投资成本等。传统方法按具体的项目开设账户进行核算，必然增加了明细科目的级次，给会计核算和管理带来了较大的工作量和难度。在会计信息系统中，借助于计算机处理数据的特点，可以通过增加项目核算管理功能模块弥补传统方法的固有缺陷。

项目核算是辅助核算中的一项重要功能，通过该功能对成本费用和收入等科目进行项目核算，为这些成本费用和收入情况的管理提供快速方便的辅助手段。所谓项目，可以是一个专门的经营项目内容。一个单位项目核算的种类可能多种多样，比如，产品成本、在建工程、对外投资、技术改造等。企业可以将具有相同特性的一类项目定义成一个项目大类，一个项目大类可以核算多个项目。为了便于管理，企业还可以对这些项目进行分级管理。用户可以根据需要随时设置项目大类、项目目录及分类维护。项目档案设置的内容主要有项目大类、项目核算科目、项目分类、项目栏目结构及项目目录。

【实验资料】根据表 3-15、表 3-16 设置“生产成本核算”项目目录和“金融资产”项目目录。

【实验过程】

(1)在 U8 企业应用平台，依次单击【基础设置】→【基础档案】→【财务】→【项目大类】，打开【项目大类】窗口。单击【增加】按钮，打开【项目大类定义_增加】窗口，在【新项目大类名称】处输入“生产成本核算”，如图 3-29 所示，单击【下一步】到【定义项目级次】界面，再单击【下一步】到【定义项目栏目】界面，单击【完成】按钮，项目大类添加完毕。

表 3-15 “生产成本核算”项目目录

项目大类	生产成本核算(注：普通项目)		
核算科目	5001 生产成本、500101 直接材料、500102 直接人工、500103 制造费用		
项目分类	1 建筑类电机	2 家居电器类电机	3 汽车产业类电机
	01001 自动库门用电机	02001 厨房电器设备用电机	03001 纯电动汽车电驱系统
	01002 建筑通风设备用电机	02002 空调压缩机用电机	03002 燃油车启动机
	01003 建筑类电机共用	02003 家居电器类电机共用	03003 燃油车发电机
			03004 汽车空调用电机
			03005 汽车产业类电机共用

表 3-16 “金融资产”项目目录

项目大类	金融资产(注：普通项目)	
核算科目	1101 交易性金融资产、110101 成本、110102 公允价值变动	
	1501 债权投资、150101 成本、150102 利息调整、150103 应计利息	
	1503 其他权益工具投资、150301 成本、150302 公允价值变动	
项目分类	1 股票	2 债券
	11 中国稀土	21 瑞鹄转债
	12 江西铜业	22 蓝帆转债

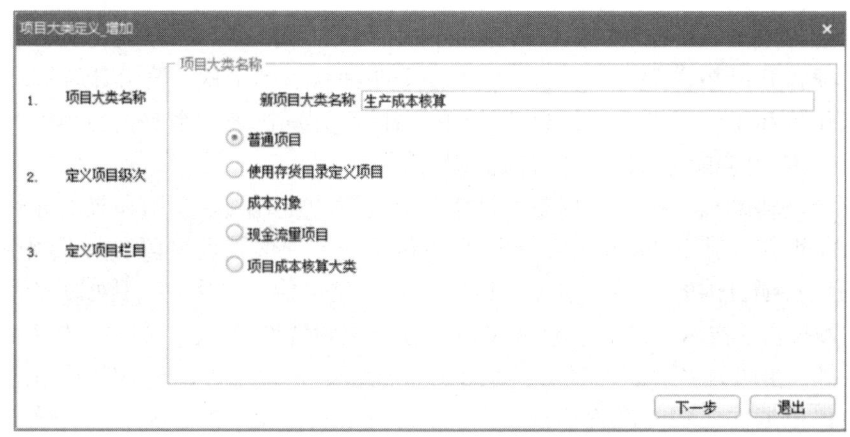

图 3-29 【项目大类定义_增加】窗口

【实验提示】

①项目大类的名称是该类项目的总称，而不是会计科目名称。

②如果使用存货核算系统，在定义“存货核算”项目大类时，可以使用存货系统中已定义好的存货目录作为项目目录。

③系统允许在同一单位中同时进行多个项目大类的项目核算。

(2)在【项目大类】窗口中，在【项目大类】下拉框中选择“生产成本核算”大类，单击

“>”按钮将【待选科目】区的“5001 生产成本”“500101 直接材料”“500102 直接人工”“500103 制造费用”移动到【已选科目】区，如图 3-30 所示。

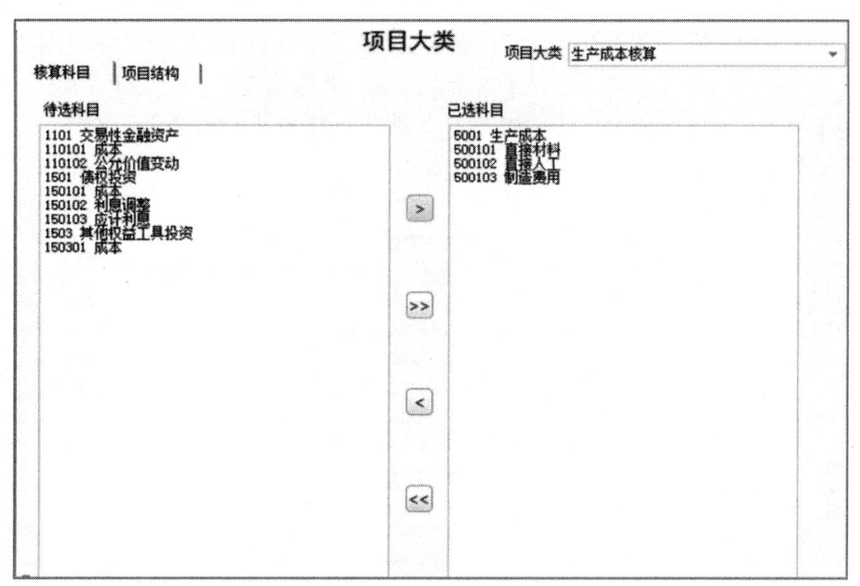

图 3-30 【项目大类】窗口

【实验提示】必须将需要进行项目核算的会计科目设置为项目核算后，该会计科目才会出现在待选科目中。

(3)在 U8 企业应用平台，依次单击【基础设置】→【基础档案】→【财务】→【项目分类】，打开【项目分类】窗口。在【项目大类】下拉框中选择“生产成本核算”大类。单击【增加】按钮，根据实验资料，在【分类编码】处输入“1”，在【分类名称】处输入“建筑类电机”，单击【保存】按钮，继续添加剩余的项目分类，结果如图 3-31 所示。

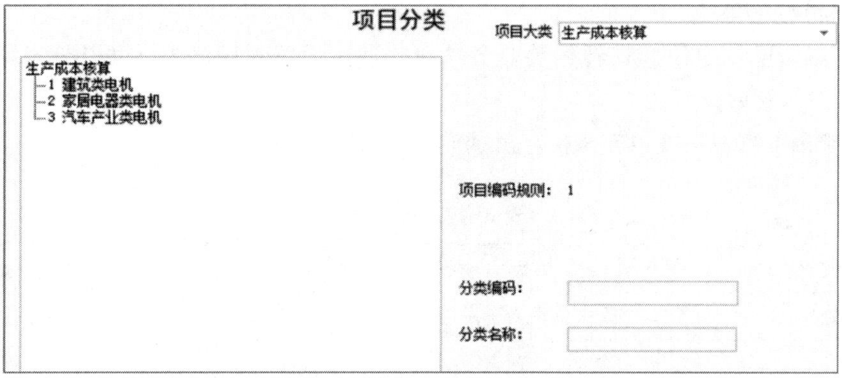

图 3-31 【项目分类】窗口

【实验提示】

①若某项目分类下已定义项目，则不能删除，也不能定义下级分类，必须先删除项目

再删除该项目分类或定义下级分类。

②不能删除非末级项目分类。

(4)在U8企业应用平台，依次单击【基础设置】→【基础档案】→【财务】→【项目目录】，弹出【查询条件-项目目录】对话框，在【项目大类】处选择“生产成本核算”，单击【确定】按钮，打开【项目目录】窗口。单击【增加】按钮，根据实验资料，在【项目编号】处输入“01001”，在【项目名称】处输入“自动库门用电机”，在【所属分类码】处选择“1”，单击【增加】按钮，继续添加剩余的项目档案，结果如图3-32所示。

项目档案　项目大类 生产成本核算

生产成本核算
- 1 建筑类电机
- 2 家居电器类电机
- 3 汽车产业类电机

序号		项目编号	项目名称	是否结算	所属分类码	所属分类名称
1	□	01001	自动库门用电机		1	建筑类电机
2	□	01002	建筑通风设备用电机		1	建筑类电机
3	□	01003	建筑类电机共用		1	建筑类电机
4	□	02001	厨房电器设备用电机		2	家居电器类电机
5	□	02002	空调压缩机用电机		2	家居电器类电机
6	□	02003	家居电器类电机共用		2	家居电器类电机
7	□	03001	纯电动汽车电驱系统		3	汽车产业类电机
8	□	03002	燃油车启动机		3	汽车产业类电机
9	□	03003	燃油车发电机		3	汽车产业类电机
10	□	03004	汽车空调用电机		3	汽车产业类电机
11	□	03005	汽车产业类电机共用		3	汽车产业类电机

图3-32　【项目档案】窗口

【实验提示】

①结算后的项目将不能再使用。

②系统中提供的“维护”功能主要用于输入各个项目的名称及定义的其他数据，因此平时若项目目录有变动应及时通过本功能进行调整。

③在每年年初应将已结算或不用的项目删除。

(5)参照上述方法，完成“金融资产”项目大类的设置。

7. 设置常用摘要

摘要可以帮助用户快速查看相关业务信息。通过设置常用摘要，可以节省填制凭证的时间，提高工作效率。

【实验资料】根据表3-17设置常用摘要。

表3-17　常用摘要

摘要编码	摘要内容	相关科目编码	相关科目名称
01	提取备用金	1001	库存现金
02	支付工资	221101	应付职工薪酬/工资
03	支付税金		

【实验过程】

在U8企业应用平台，依次单击【基础设置】→【基础档案】→【其他】→【常用摘要】，打开【常用摘要】窗口，单击【增加】按钮，根据实验资料添加常用摘要，结果如图 3-33 所示。

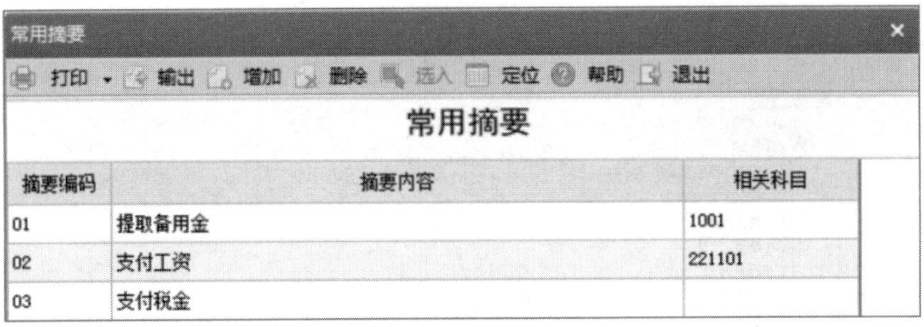

常用摘要

打印 输出 增加 删除 选入 定位 帮助 退出

常用摘要

摘要编码	摘要内容	相关科目
01	提取备用金	1001
02	支付工资	221101
03	支付税金	

图 3-33 【常用摘要】窗口

五、收付结算设置

1. 设置结算方式

结算方式是用来建立和管理用户在经营活动中所涉及的与银行之间的货币结算方式，与财务结算方式一致，如现金、支票、商业汇票、银行汇票等。结算方式设置的主要内容包括结算方式编码、结算方式名称、是否票据管理等。

【实验资料】根据表 3-18 设置结算方式。

表 3-18 结算方式

结算方式编码	结算方式名称	是否票据管理	是否零售
1	现金	否	否
2	支票	是	否
201	现金支票	是	否
202	转账支票	是	否
3	商业汇票	是	否
4	电汇	否	否
5	委托收款	否	否
6	托收承付	否	否
7	其他	否	否

【实验过程】

(1)2024 年 1 月 1 日，以黄业竣(A01)自身份登录 U8 企业应用平台。

(2)在 U8 企业应用平台，依次单击【基础设置】→【基础档案】→【收付结算】→【结算方式】，打开【结算方式】窗口，单击【增加】按钮，根据实验资料添加结算方式并保存，结果如图 3-34 所示。

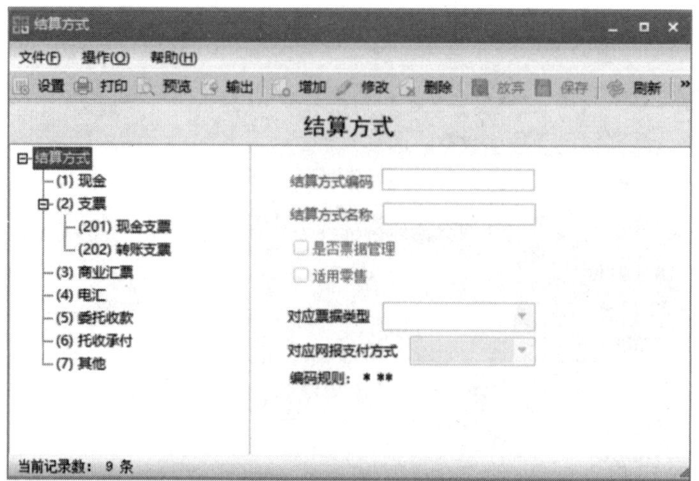

图 3-34 【结算方式】窗口

2. 设置付款条件

付款条件是指企业与客户、供应商之间的交易涉及现金折扣时的付款期限及优惠率等相关信息。

【实验资料】根据表 3-19 设置付款条件。

表 3-19 付款条件

付款条件编码	付款条件名称	信用天数	优惠天数 1	优惠率 1	优惠天数 2	优惠率 2
01	2/15，1/25，n/30	30	15	2	25	1

【实验过程】

在 U8 企业应用平台，依次单击【基础设置】→【基础档案】→【收付结算】→【付款条件】，打开【付款条件】窗口，单击【增加】按钮，根据实验资料输入付款条件并保存，结果如图 3-35 所示。

图 3-35 【付款条件】窗口

3. 设置银行档案

银行档案用于管理企业与银行之间的相关信息，主要包括银行编码、银行名称等。在银行档案中，用户可以添加、修改或删除银行信息，并设置与各个银行账户相关的结算参数。

【实验资料】根据表 3-20 增加赣州农商银行档案，并将“04 中国农业银行”的企业账户、个人账户均设置为定长“19”。

表 3-20　银行档案

银行编码	银行名称	企业账号长度	个人账号长度
05	赣州农商银行	19	19

【实验过程】

(1)在 U8 企业应用平台，依次单击【基础设置】→【基础档案】→【收付结算】→【银行档案】，打开【银行档案】窗口，单击【增加】按钮，根据实验资料输入赣州农商银行的档案信息并保存，结果如图 3-36 所示。

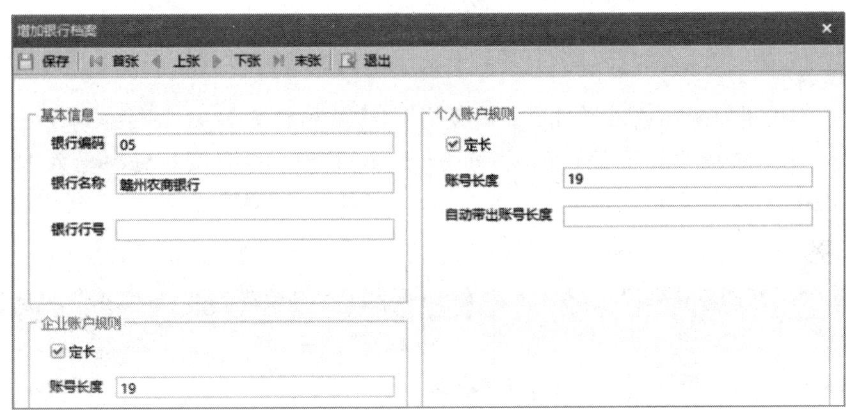

图 3-36　【增加银行档案】窗口

(2)在【银行档案】窗口，单击编码为“04”的中国农业银行，再单击【修改】按钮，将【企业账户规则】【个人账户规则】中的【账号长度】改为定长“19”，单击【保存】按钮，结果如图 3-37 所示。

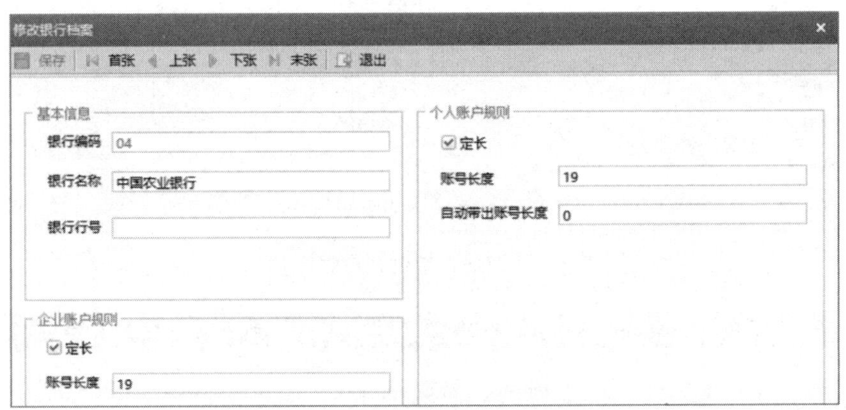

图 3-37　【修改银行档案】窗口

4. 设置本单位开户银行

本单位开户银行是指企业在银行开设账户的所在银行。在基础设置中，需要录入本单位开户银行信息，以便进行后续的账务处理和资金管理。在录入本单位开户银行信息时，需要提供银行名称、账号、开户行等基本信息。这些信息需要与企业在银行开设的账户信息一致，以便保证财务数据的准确性和一致性。

【实验资料】根据表 3-21 增加本单位开户银行。

表 3-21　本单位开户银行

编码	银行账号	开户银行	币种	所属银行
01	4024280000135450912	赣州农商银行章贡支行	人民币	05
02	1037010201086458563	中国农业银行章贡支行	人民币	04
03	1037010201086458524	中国农业银行章贡支行	美元	04

【实验过程】

在 U8 企业应用平台，依次单击【基础设置】→【基础档案】→【收付结算】→【本单位开户银行】，打开【本单位开户银行】窗口，单击【增加】按钮，根据实验资料输入“赣州农商银行章贡支行”的信息并保存，如图 3-38 所示。继续添加剩余的开户银行信息，结果如图 3-39 所示。

增加本单位开户银行

保存　首张　上张　下张　末张　退出

编码 01　账户名称 江西飞祥稀...

基本

编码 01　银行账号 4024280000135450912

账户名称 江西飞祥稀土永磁电机有限公司　开户日期

币种 人民币　暂封　归集账号　建行账号属性

主账号　主账号省市代码

集团下属账号 否　总公司名称

总公司账号　付款单位名称 江西飞祥稀土永磁电机有限　企业默认支付账号

开户银行 赣州农商银行章贡支行　所属银行编码 05 - 赣州农商银行

客户编号　机构号

联行号　开户银行地址

省/自治区　市/县

签约标志 检查收付款账号　只检查付款账号　交易代码

图 3-38　【增加本单位开户银行】窗口

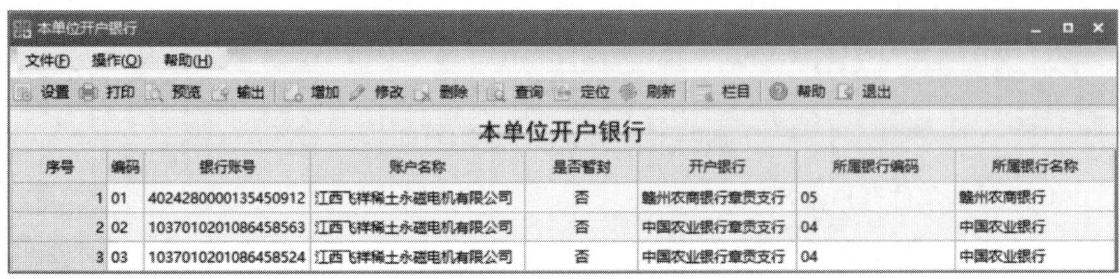

本单位开户银行

文件(F)　操作(O)　帮助(H)

设置　打印　预览　输出　增加　修改　删除　查询　定位　刷新　栏目　帮助　退出

本单位开户银行

序号	编码	银行账号	账户名称	是否暂封	开户银行	所属银行编码	所属银行名称
1	01	4024280000135450912	江西飞祥稀土永磁电机有限公司	否	赣州农商银行章贡支行	05	赣州农商银行
2	02	1037010201086458563	江西飞祥稀土永磁电机有限公司	否	中国农业银行章贡支行	04	中国农业银行
3	03	1037010201086458524	江西飞祥稀土永磁电机有限公司	否	中国农业银行章贡支行	04	中国农业银行

图 3-39　【本单位开户银行】窗口

六、单据设置

1. 设置单据格式

单据格式是指单据的外观和显示方式，包括单据的标题、表头、表体、表尾等部分。

【实验资料】

(1)在应收收款单表头增加【订单号】项目。

(2)在销售订单表头增加【必有定金】【定金比例】【定金原币金额】【定金本币金额】【定金累计实收原币金额】【定金累计实收本币金额】项目。

(3)在委托代销结算单表头增加【发票号】项目。

(4)在销售费用支出单表头增加【费用供货商名称】【单据流向】项目。

(5)修改销售订单、发货单、销售专用发票表头的【汇率】项目，取消勾选【禁止编辑】。

(6)在销售订单、发货单、退货单、销售专用发票、委托代销发货单、委托代销结算单表体增加【销售单位】和【件数】项目。

(7)在产成品入库单、其他入库单、销售出库单、其他出库单、调拨单表体增加【库存单位】和【件数】项目。

(8)在材料出库单表体增加【项目】【项目编码】【项目大类编码】【项目大类名称】项目。

【实验过程】

(1)2024 年 1 月 1 日，以黄业竣(A01)的身份登录 U8 企业应用平台。

(2)在 U8 企业应用平台，依次单击【基础设置】→【单据设置】→【单据格式设置】菜单，打开【单据格式设置】窗口。根据实验资料，在应收款管理中找到【应收收款单显示模版】，如图 3-40 所示。

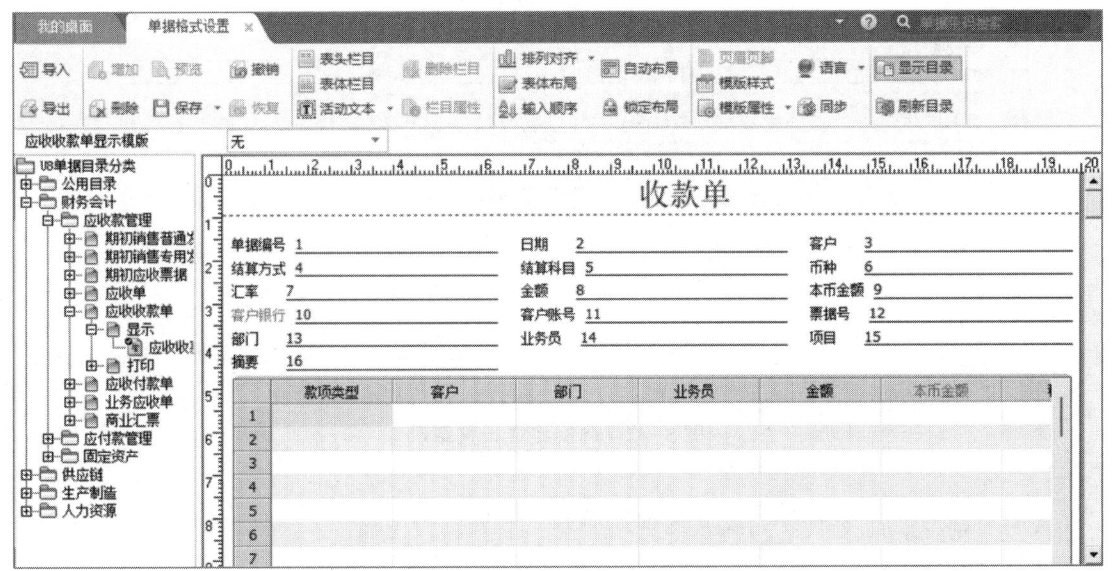

图 3-40　【应收收款单显示模版】窗口

(3)单击工具栏里的【表头栏目】，打开【表头】窗口，在【项目名称】列表中勾选【47 订单号】项，如图 3-41 所示。单击【确定】按钮，结果如图 3-42 所示。

图 3-41 【表头】窗口

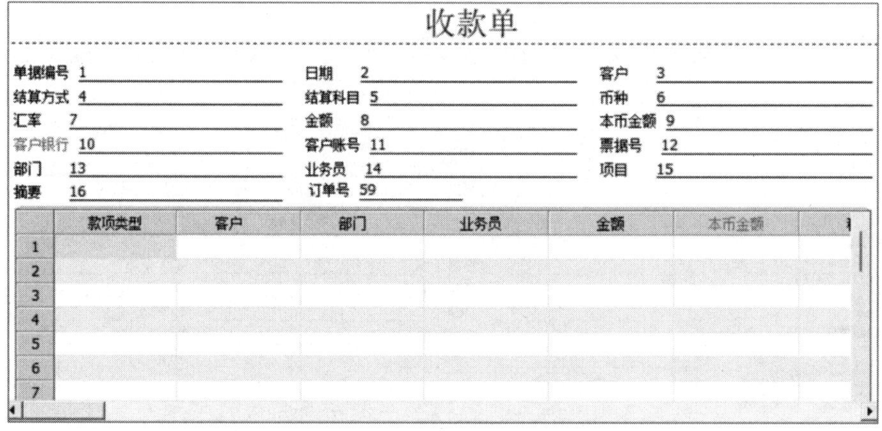

图 3-42 单据格式设置结果

(4)参照以上步骤继续完成其他单据的格式设置。

2. 设置单据编号

单据编号是每一张单据的唯一标识。通过单据编号，可以快速查找和识别单据，并保证单据的唯一性。单据编号通常由系统自动生成，也可以根据企业的实际需求进行自定义

设置。在自定义设置中，可以根据单据的类型、日期、流水号等信息进行编号，以便更好地管理单据。

【实验资料】将销售专用发票、销售普通发票、采购专用发票、采购普通发票的编码方式设置为【完全手工编号】。将销售发货单、委托结算单、委托发货单、销售订单、采购到货单、采购订单、其他入库单、其他出库单、销售出库单、调拨单、产成品入库单、材料出库单、采购入库单的编号方式设置为【手工改动，重号时自动重取】。

【实验过程】

(1)在U8企业应用平台，依次单击【基础设置】→【单据设置】→【单据编号设置】菜单，打开【单据编号设置】窗口。

(2)根据实验资料，在销售管理中找到【销售专用发票】，单击“ ”(编辑)按钮，勾选【完全手工编号】，如图3-43所示。单击“ ”(保存)按钮，完成对该单据的设置。按照以上操作流程对剩余单据编号进行设置。

图3-43　【单据编号设置】窗口

第四节　数据权限设置

数据权限是功能级权限的明细权限，必须在功能级权限分配完成后才能进行。数据权限设置主要包括数据权限控制设置和数据权限分配。

一、数据权限控制设置

数据权限控制是用于限制用户对数据的访问和操作权限的一种功能。通过数据权限控制，可以确保数据的安全性和保密性，同时也可以规范和限制用户对数据的操作行为。

【实验资料】取消对【仓库】【工资权限】【科目】这三个业务对象的【记录级】权限控制，仅保留【用户】的【记录级】权限控制。取消所有【字段级】权限控制。

【实验过程】

(1)2024 年 1 月 1 日，以黄业竣(A01)的身份登录 U8 企业应用平台。

(2)在 U8 企业应用平台，依次双击【系统服务】→【权限】→【数据权限控制设置】菜单，打开【数据权限控制设置】窗口。

(3)取消勾选【仓库】【工资权限】和【科目】这三个业务对象的【是否控制】项，如图 3-44 所示。

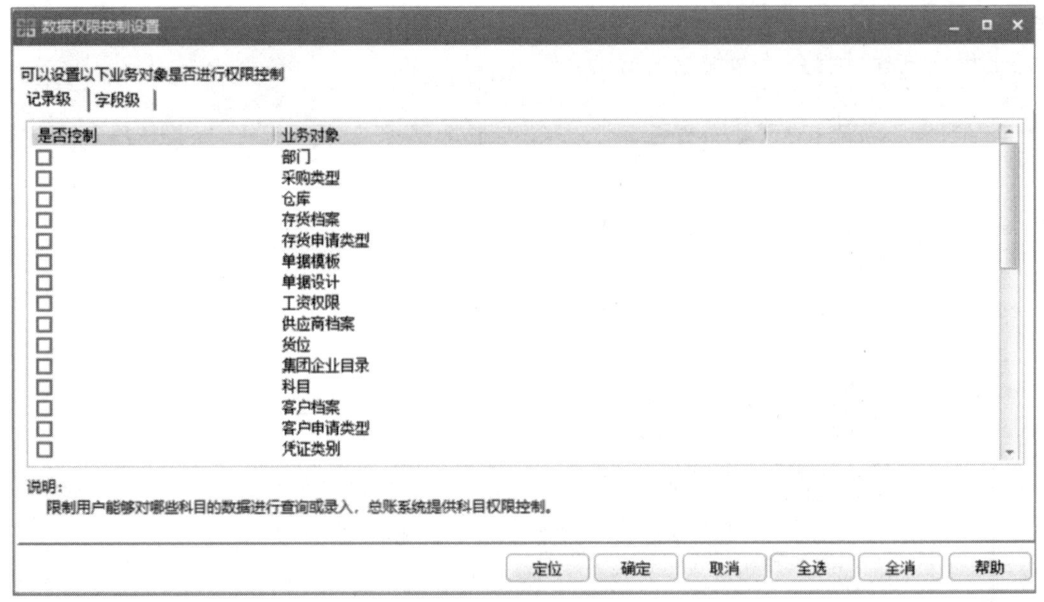

图 3-44 【数据权限控制设置】窗口

(4)在【字段级】页，单击窗口右下角的【全消】按钮，再单击【确定】按钮完成设置。

二、数据权限分配

数据权限分配用于对不同用户或角色进行数据访问权限的控制。通过合理分配数据权限，可以确保不同用户只能访问和操作其所需的特定数据。

【实验资料】为何璇(F01)授权，使其有权对陈玉婷所填制的单据进行查询、删除、审核、弃审及撤销。为陈玉婷(F02)、朱娟奇(F03)授予“主管”权限，使其拥有所有操作员的全部记录级数据权限。

【实验过程】

(1)在 U8 企业应用平台，依次双击【系统服务】→【权限】→【数据权限分配】菜单，打开【权限浏览】窗口。

(2)在【用户】中单击选中“何璇”，单击工具栏里的【授权】按钮，打开【记录权限设

置】窗口。单击“>”按钮，将陈玉婷由【禁用】区移到【可用】区，如图3-45所示，单击【保存】按钮，系统弹出【保存成功】信息提示框，关闭该窗口。

(3)按照上述操作为陈玉婷和朱娟奇授权。

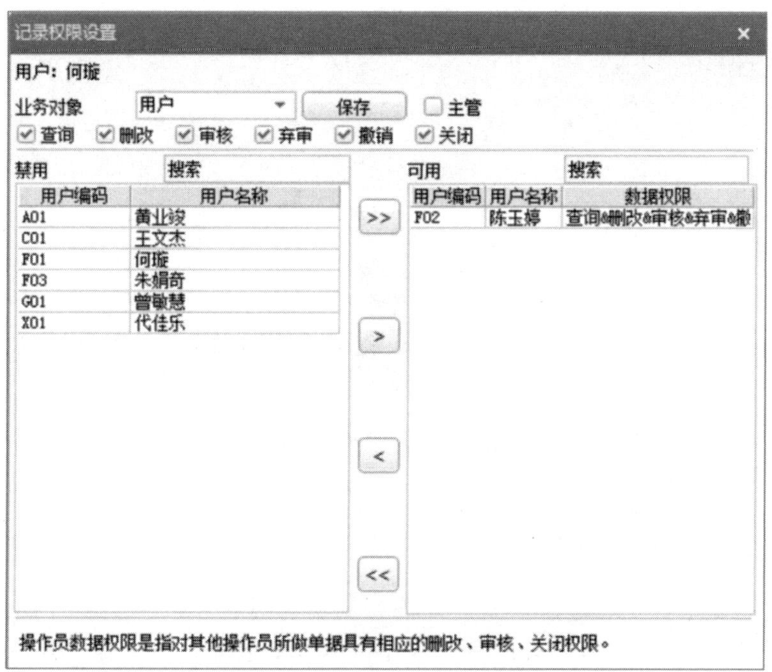

图3-45 【记录权限设置】窗口

思考题

1. 系统启用的途径有哪两种?
2. 基础设置的内容主要包括哪些?
3. 在进行会计科目体系设计时，应遵循哪些基本原则?
4. 存货计量单位有哪几种设置方案?
5. 为什么要设置辅助核算? 有哪几种辅助核算方式? 什么情况下适合使用辅助核算? 举例说明一般情况下哪些科目需要设置哪些辅助核算。

第四章 总账管理

第一节 总账管理概述

总账管理系统，是用友新道 U8 系统中的中枢系统，既可独立运行，也可与固定资产管理、薪资管理等其他子系统协同使用。

一、总账管理系统功能概述

总账管理系统几乎可以囊括整个会计核算的所有过程。以手工会计模式下的记账凭证账务处理程序为例，其会计核算的一般程序包括以下七个基本步骤：第一步是根据原始凭证编制汇总原始凭证；第二步是根据审核无误的原始凭证或者汇总原始凭证，编制记账凭证；第三步是根据收、付款凭证逐日逐笔登记特种日记账；第四步是根据原始凭证、汇总原始凭证和记账凭证编制有关的明细分类账；第五步是根据记账凭证逐笔登记总分类账；第六步是月末将特种日记账的余额及各种明细账的余额合计数分别与总账中有关账户的余额核对是否相符；第七步是月末根据经核对无误的总账和有关明细账的记录，编制会计报表。上述步骤中，除了第一步和第七步，其他所有步骤都可以在总账系统独立完成。总账管理系统生成的数据可直接为 UFO 报表等子系统提供实时数据，实现财务信息与业务信息的高度融合，为企业评价经营业绩、做出经营决策提供实时的财务信息。

在用友新道 U8 总账管理子系统中，主要功能包括设置系统参数、录入期初余额、填制与审核记账凭证、出纳管理、记账、账簿的查询与输出、对账、结账等。

二、总账管理系统与其他系统的主要关系

薪资管理系统完成工资计算与分摊，自动生成凭证传递到总账管理系统；固定资产系统完成增加、减少的卡片输入和折旧处理，自动生成凭证传递到总账管理系统；应收款管理系统接收销售管理系统的发票，自动生成凭证传递到总账管理系统；应付款管理系统接收采购管理系统的发票，自动生成凭证传递到总账管理系统；存货核算系统接收库存管理子系统已审核的出、入库单，自动生成凭证传递到总账管理系统。以上系统生成的凭证在总账管理系统中完成审核、记账。此外，总账管理系统向 UFO 报表等子系统提供相关数据，自动生成相关报表。

第二节　总账管理系统初始化设置

一、业务控制参数设置

1. 制单控制

(1)制单序时控制：若选择此项，在制单时凭证编号必须按日期顺序排列，如1月1日编至第25号凭证，则1月2日只能从第26号凭证开始编制。如果有特殊需要可以不选择制单序时控制。

(2)支票控制：若选择此项，在制单时使用银行科目编制凭证时，系统针对票据管理的结算方式进行登记。如果输入支票号在支票登记簿中已存，系统提供登记支票报销的功能；否则，系统提供登记支票登记簿的功能。

(3)赤字控制：若选择此项，在制单时，当“资金及往来科目”或“全部科目”的最新余额出现负数时，系统将予以提示。赤字控制分为提示、严格两种方式，可根据企业内部管理的实际需求进行选择。

(4)可以使用应收受控科目：若科目为应收款管理系统的受控科目，为了防止重复制单，只允许应收款管理系统使用此科目进行制单，总账管理系统是不能使用此科目制单的。如果需要在总账管理系统中也能使用这些科目填制凭证，则应选择此项。如果总账和其他业务系统使用了受控科目，引起应收款管理系统与总账管理系统对账不平，需要加强内部管理控制。

(5)可以使用应付受控科目：若科目为应付款管理系统的受控科目，为了防止重复制单，只允许应付款管理系统使用此科目进行制单，总账管理系统是不能使用此科目制单的。如果需要在总账管理系统中也能使用这些科目填制凭证，则应选择此项。如果总账和其他业务系统使用了受控科目，引起应付款管理系统与总账管理系统对账不平，需要加强内部管理控制。

(6)可以使用存货受控科目：若科目为存货核算系统的受控科目，为了防止重复制单，只允许存货核算系统使用此科目进行制单，总账管理系统是不能使用此科目制单的。如果需要在总账管理系统中也能使用这些科目填制凭证，则应选择此项。如果总账和其他业务系统使用了受控科目，引起存货核算系统与总账管理系统对账不平，应加强内部管理控制。

2. 凭证控制

(1)现金流量科目必录现金流量项目：选择此项后，在填制凭证时如果使用现金流量科目则必须输入现金流量项目及金额。

(2)自动填补凭证断号：如果选择凭证编号方式为系统编号，则在新增凭证时，系统按凭证类别自动查询本月的第一个断号默认为本次新增凭证的凭证号。如无断号则为新号，与原编号规则一致。

(3)批量审核凭证进行合法性校验：批量审核凭证时针对凭证进行二次审核，提高凭证输入的正确率，合法性校验与保存凭证时的合法性校验相同。

(4)凭证录入时结算方式及票据号必录。

(5)同步删除业务系统凭证：选中此项后，外部系统删除凭证时相应地将总账凭证同步删除。否则，将总账凭证作废。

3. 凭证编号方式

在填制凭证时，多数企业一般要求按照凭证类别按月自动编制凭证编号，此时应选择系统编号。但有的企业要求在制单时手工输入凭证编号，此时应选择手工编号。

4. 现金流量参照科目

现金流量参照科目设置内容包括现金流量科目、对方科目和自动显示三个内容。其中，若选择现金流量科目，系统只参照凭证中的现金流量科目；若选择对方科目，系统只显示凭证中的非现金流量科目；若选择自动显示，系统依据前两个选项将现金流量科目或对方科目自动显示在指定现金流量项目界面中，否则需要手工参照选择。

5. 权限设置

(1)制单权限控制到科目：要在系统管理的"功能权限"中设置科目权限，再选择此项，权限设置有效。若选择此项，在制单时操作员只能使用具有相应制单权限的科目制单。

(2)制单权限控制到凭证类别：要在系统管理的"功能权限"中设置凭证类别权限，再选择此项，权限设置有效。若选择此项，在制单时只显示此操作员有权限的凭证类别，同时在凭证类别参照中按人员的权限过滤出有权限的凭证类别。

(3)操作员进行金额权限控制：若选择此项，可以对不同级别的人员进行金额大小的控制，例如财务主管可以对10万元以上的经济业务制单，一般财务人员只能对5万元以下的经济业务制单，这样可以减少由不必要的责任事故带来的经济损失。在进行金额权限控制时，转账凭证不受金额权限控制；在调用常用凭证时，如果不修改直接保存凭证，此时由被调用的常用凭证生成的凭证不受任何权限的控制；外部系统凭证是已生成的凭证得到系统的认可，所以除非进行更改，否则不做金额等权限控制。

(4)凭证审核控制到操作员：若只允许某操作员审核本部门操作员填制的凭证，则应选择此项。

(5)出纳凭证必须经由出纳签字：若要求现金科目和银行科目凭证必须由出纳人员核对签字后才能记账，则需要选择此项。

(6)凭证必须经由主管会计签字：若要求所有凭证必须由主管签字后才能记账，则需要选择此项。

(7)允许修改、作废他人填制的凭证：若选择此项，在制单时可修改或作废别人填制的凭证，否则不能修改。

(8)可查询他人凭证：若允许操作员查询其他人员填制的凭证，则需要选择此项。

(9)制单、辅助账查询控制到辅助核算：若选择此项，制单时才能使用有辅助核算属性的科目输入分录，辅助账查询时只能查询有权限的辅助项内容。

(10)明细账查询权限控制到科目：此选项是权限控制的开关，在系统管理中设置明细账查询权限，必须在总账系统选项中打开，才能起到控制作用。

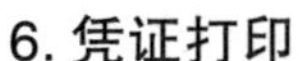

6. 凭证打印

（1）合并凭证显示、打印：若选择此项，在填制凭证、查询凭证、出纳签字和凭证审核时，以系统选项中的设置显示。

（2）打印凭证页脚姓名：若选择此项，在打印凭证时，将自动打印制单人、出纳、审核人、记账人的姓名。

（3）打印包含科目编码：若选择此项，在打印凭证时，将自动打印科目编码。

（4）摘要与科目打印内容设置：通过此功能，可设置凭证中的摘要栏与科目栏内打印的辅助项。

（5）打印转账通知书：若选择此项，在科目编辑时指定可打印的科目，在凭证中可打印转账通知书。

（6）凭证、正式账每页打印行数：凭证打印行数选项可对凭证每页的行数进行设置，正式账每页打印行数选项可对明细账、日记账、多栏账的每页打印行数进行设置。

7. 账簿

账簿用来调整各种账簿的输出方式及打印要求等。

（1）打印位数宽度：该功能可以定义正式账簿打印时各栏目的宽度，包括摘要、金额、外币、数量、汇率、单价等。

（2）明细账打印输出方式：该功能可以设置打印明细账、日记账或多栏账的输出方式，即按年排页或按月排页。

（3）凭证、账簿打印模式：该功能可以设置凭证、账簿的打印模式，即套打或使用标准版打印。

8. 会计日历

会计日历用于设定企业的会计期间。

9. 其他

其他用于选择外币汇率方式及部门、个人、项目的排序方式等。

【实验资料】根据表 4–1 设置系统参数。

表 4–1　系统参数

系统名称	页签	系统参数	参数取值
总账	凭证	制单序时控制	否
	权限	凭证审核控制到操作员	是
		允许修改、作废他人填制的凭证	否
	其他	汇率方式	浮动汇率
		部门、个人和项目的排序方式	按编码排序

【实验过程】

（1）2024 年 1 月 1 日，以黄业竣（A01）的身份登录 U8 企业应用平台。

（2）在 U8 企业应用平台，依次单击【业务导航】→【财务会计】→【总账】→【设置】→

【选项】，打开【选项】窗口。单击【编辑】按钮，在【凭证】页签中取消勾选【制单序时控制】，如图 4-1 所示。

(3) 在【权限】页签中勾选【凭证审核控制到操作员】，取消勾选【允许修改、作废他人填制的凭证】，如图 4-2 所示。

(4) 在【其他】页签中，【汇率方式】选择【浮动汇率】，依次勾选部门、个人和项目的排序方式【按编码排序】，如图 4-3 所示。设置完成，单击【确定】按钮。

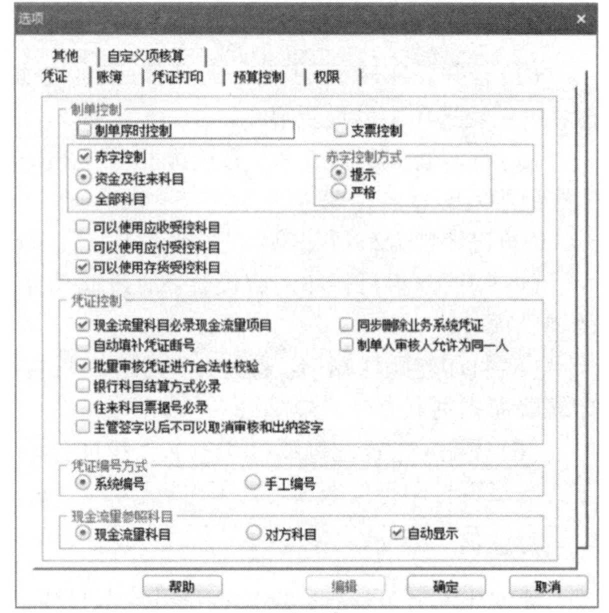

图 4-1 【选项】窗口

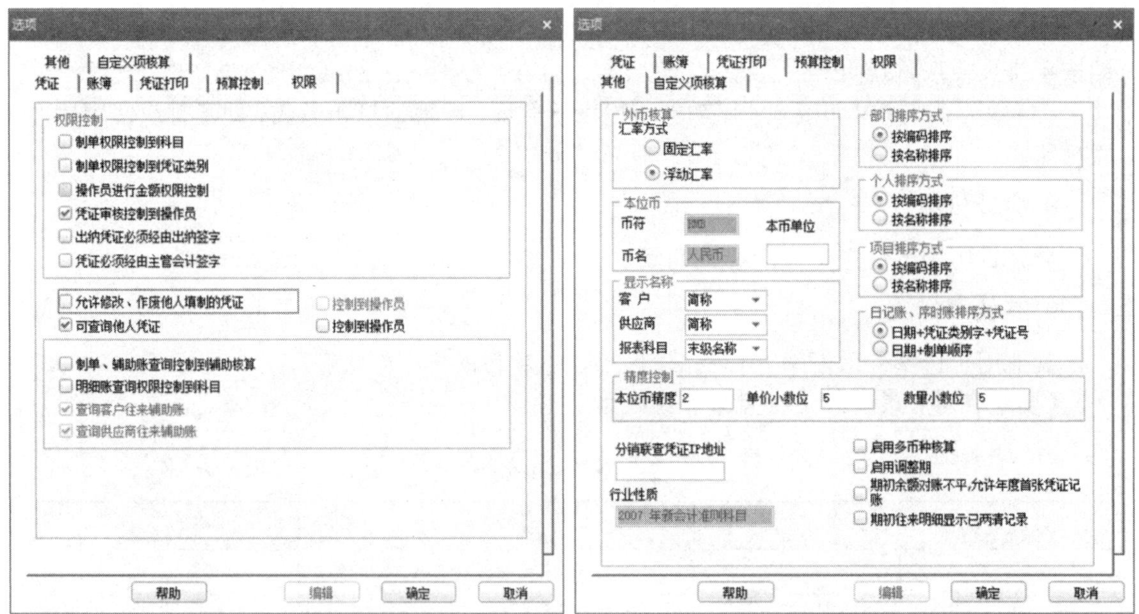

图 4-2 【权限】页签

图 4-3 【其他】页签

二、输入期初余额

如果是第一次使用用友新道 U8 系统，必须使用此功能输入所有明细科目的年初余额和启用月份前各月的发生额。当余额不平或因其他原因需要对会计科目进行修改时，也必须使用此功能。如果在年初建账，需要把上一年的年末余额在启用用友新道 U8 系统时作为本年的年初予以输入；如果年中建账，应输入各账户此时的余额和年初至此时的借方、贷方累计发生额，系统会自动计算出年初余额。如果科目设置了辅助核算，还应输入各辅助核算项目的期初余额。如果系统中已有上年的数据，可使用“结转上年余额”功能将上年各账户余额自动结转到本年。

一般情况下输入期初余额时，只要求输入最末级核算科目的余额和累计发生额，上级科目的余额和累计发生额由系统自动计算。如果某科目为外币核算，应先输入本位币余额，后输入外币余额；如果某科目设置了辅助核算，输入期初余额时，需要调出辅助核算账输入余额，系统自动将辅助账的期初余额之和计为该科目的总账期初余额；如果启用了应收款和应付款管理系统，则客户往来和供应商往来辅助核算科目的期初明细余额不仅需要在总账系统输入，还需要在应收款和应付款管理系统中进行输入。另外，还应注意对个别科目借贷方向进行调整。

期初余额输入后，应对期初余额进行试算平衡检查，以保证期初余额的准确性。如果期初余额不平衡，需要查找错误并予以修正，并再次进行试算，直到平衡为止。如果期初余额不平衡，系统允许进行凭证的填制，但不能进行记账，导致后期工作将无法进行，这也是系统自动控制的一项功能，以确保系统内部数据的真实和可靠。

1. 输入基本科目期初余额

在第一次使用友新道 U8 系统时，应先将各账户启用月份的月初余额和年初到该月的借贷方累计发生额计算清楚，并输入总账管理系统中。如果是年初建账，可以直接输入年初余额。

【实验资料】根据表 4-2 录入总账管理系统的期初余额。

表 4-2　期初余额

会计科目	方向	辅助核算	对账系统	期初余额
库存现金	借			51 500.00
银行存款/赣州农商银行/章贡支行	借			3 220 431.98
银行存款/中国农业银行/章贡支行/美元	借			709 780.00 本币 100 000.00
其他货币资金/存出投资款	借			260 000.00
交易性金融资产/成本	借	项目核算 （中国稀土）		1 884 960.00 72 000（股）
交易性金融资产/公允价值变动	借	项目核算 （中国稀土）		107 280.00
应收票据	借	客户往来	应收系统	2 260 994.40
应收账款/一般应收账款	借	客户往来	应收系统	10 305 084.72
预付账款	借	供应商往来	应付系统	678 000.00
其他应收款/职工个人往来	借	个人往来		14 000.00
坏账准备	贷		应收系统	51 525.42
原材料	借		存货核算	5 440 000.00

续表 4-2

会计科目	方向	辅助核算	对账系统	期初余额
库存商品	借		存货核算	8 289 200.00
周转材料/包装物	借		存货核算	444 500.00
长期股权投资	借			8 855 281.52
其他权益工具投资	借			1 185 981.82
固定资产	借		固定资产	14 402 200.00
累计折旧	贷		固定资产	3 506 508.80
在建工程	借			46 290.12
无形资产/专利权	借			738 318.93
无形资产/非专利技术	借			773 476.97
无形资产/土地使用权	借			2 004 008.52
累计摊销/专利权	贷			51 048.40
累计摊销/非专利技术				48 189.30
累计摊销/土地使用权				100 762.30
递延所得税资产	借			607 920.80
短期借款/赣州农商银行章贡支行	贷			2 000 000.00
应付票据	贷	供应商往来	应付系统	2 881 500.00
应付账款/一般应付款	贷	供应商往来	应付系统	2 723 300.00
应付账款/暂估应付款	贷	供应商往来		35 000.00
应付职工薪酬/工资	贷			297 568.31
应付职工薪酬/社会保险费/基本医疗保险费	贷			35 098.29
应付职工薪酬/社会保险费/工伤保险费	贷			3 899.81
应付职工薪酬/社会保险费/生育保险费	贷			3 899.81
应付职工薪酬/设定提存计划/基本养老保险费	贷			77 996.20
应付职工薪酬/设定提存计划/失业保险费	贷			5 849.72
应付职工薪酬/住房公积金	贷			46 797.72
应付职工薪酬/工会经费	贷			7 799.62
应交税费/未缴增值税	贷			621 253.25
应交税费/应交企业所得税	贷			586 715.94
应交税费/应交个人所得税	贷			4 717.06
应交税费/应交城市维护建设费	贷			43 487.73
应交税费/应交教育费附加	贷			18 637.60
应交税费/应交地方教育附加	贷			12 425.07
其他应付款/代扣职工三险一金/代扣医疗保险	贷			7 799.62

续表 4-2

会计科目	方向	辅助核算	对账系统	期初余额
其他应付款/代扣职工三险一金/代扣养老保险	贷			31 198.48
其他应付款/代扣职工三险一金/代扣失业保险	贷			1 949.91
其他应付款/代扣职工三险一金/代扣住房公积金	贷			46 797.72
长期借款	贷			5 000 000.00
递延所得税负债	贷			2 983.47
实收资本	贷			31 904 581.20
资本公积	贷			3 315 448.09
其他综合收益	贷			2 976.00
盈余公积/法定盈余公积	贷			1 894 328.93
利润分配/未分配利润	贷			6 907 166.01

2. 输入辅助账期初余额

在输入期初余额时，若某科目涉及辅助核算，则系统会自动为该科目开设辅助账页。相应地，在输入期初余额时，不能直接输入总账期初余额，必须双击该栏，调出辅助核算账，输入辅助账的期初明细资料。输入完毕后，系统自动将辅助账的期初数之和计为该科目的期初余额。

【实验资料】根据表 4-3 至表 4-9 录入往来款项的期初明细余额。

表 4-3　应收票据期初余额

日期	客户简称	业务员	摘要	方向	金额	票号	票据日期
2023-10-09	江苏现能	代佳乐	期初余额	借	2 260 994.40	56498324	2023-10-09

表 4-4　应收账款/一般应收账款期初余额

日期	客户简称	业务员	摘要	方向	金额	票号	票据日期
2023-08-23	长沙化固	代佳乐	期初余额	借	1 423 800.00	14659368	2023-08-23
2023-09-26	西安利华	代佳乐	期初余额	借	2 948 784.72	14659484	2023-09-26
2023-11-23	赣州光华	代佳乐	期初余额	借	2 768 500.00	14659627	2023-11-23
2023-12-17	江西华驰	代佳乐	期初余额	借	3 164 000.00	14659757	2023-12-17

表 4-5　预付账款期初余额

日期	供应商简称	业务员	摘要	方向	金额	票号	票据日期
2023-12-28	广州金强	曾敏慧	期初余额	借	678 000.00	62145753	2023-12-28

表 4-6　其他应收款/职工个人往来期初余额

日期	部门	个人	摘要	方向	金额
2023-12-20	行政人事部	吴冠宏	期初余额	借	10 000.00
2023-12-25	采购部	曾敏慧	期初余额	借	4 000.00

表 4-7　应付票据期初余额

日期	客户简称	业务员	摘要	方向	金额	票号	票据日期
2023-08-27	赣州华友	曾敏慧	期初余额	贷	2 881 500.00	51458721	2023-08-27

表 4-8　应付账款/一般应付账款期初余额

日期	供应商简称	业务员	摘要	方向	金额	票号
2023-10-23	赣州新科	曾敏慧	期初余额	贷	1 728 900.00	16875154
2023-11-16	江苏速为	曾敏慧	期初余额	贷	542 400.00	25405697
2023-12-24	上海丰瑞	曾敏慧	期初余额	贷	452 000.00	46875412

表 4-9　应付账款/暂估应付账款期初余额

日期	供应商简称	业务员	摘要	方向	金额	票号
2023-12-29	赣州尔康	曾敏慧	期初余额	贷	35 000.00	RK120023

【实验过程】

(1)2024 年 1 月 1 日，以黄业竣(A01)的身份登录 U8 企业应用平台。

(2)在 U8 企业应用平台，依次单击【业务导航】→【财务会计】→【总账】→【期初】→【期初余额】，打开【期初余额录入】窗口，如图 4-4 所示。

图 4-4　【期初余额录入】窗口

(3)“期初余额”所在列的单元格共有灰色、白色和黑色三种颜色。其中，灰色单元格表示对应的科目设有明细科目，待末级科目输入完成后其期初余额自动汇总生成，无须手工输入；白色单元格表示对应的科目为末级科目，直接输入数据即可；黑色单元格表示对应的科目设有辅助核算。

以“应收票据”为例，双击该科目，打开【辅助期初余额】窗口，单击工具栏的【往来明细】按钮，进入【期初往来明细】窗口。单击【增行】按钮，根据实验资料，【日期】选择“2023-10-09”，【客户】选择“江苏现能”，【业务员】选择“代佳乐”，在【摘要】处输入“期初余额”，【金额】处输入“2260994. 40”，【票号】处输入“56498324”，【票据日期】选择“2023-10-09”，结果如图 4-5 所示。输入完毕后，单击【汇总到辅助明细】按钮，系统弹出【完成了往来明细到辅助期初表的汇总!】的提示框，单击【确定】后依次退出【期初往来明细】【辅助期初余额】窗口。

期初往来明细

科目名称 1121 应收票据

日期	凭证号	客户	业务员	摘要	方向	本币金额	票号	票据日期	年度
2023-10-09		江苏现能	代佳乐	期初余额	借	2,260,994.40	56498324	2023-10-09	2024

图 4-5 【期初往来明细】窗口

(4)按照上述操作继续录入剩余科目的期初余额。

(5)录入完毕后，单击工具栏的【试算】按钮，系统进行试算平衡，结果如图 4-6 所示。单击【确定】后退出【期初余额录入】窗口。

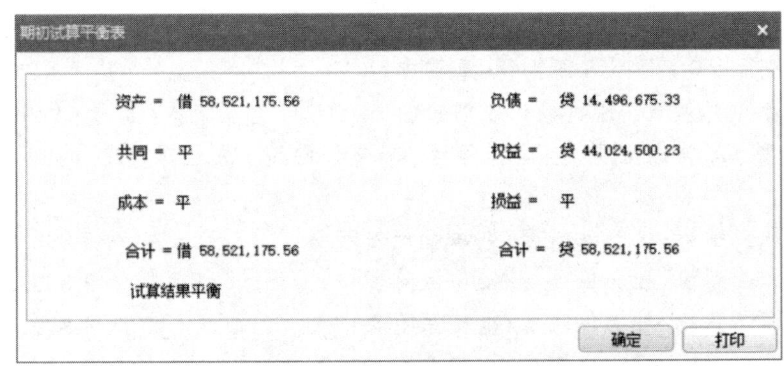

图 4-6 【期初试算平衡表】窗口

第三节 总账管理系统日常业务处理

一、凭证处理

凭证处理是进行总账管理系统业务处理的第一个环节，是总账管理系统的基础部分，凭证处理的好坏，将直接影响总账管理系统的应用效果，对会计数据输出的正确性起着决定性作用。凭证处理主要包括填制凭证、修改凭证、删除凭证、冲销凭证、审核凭证以及凭证的汇总输出等工作。

【**实验资料**】2024 年 1 月企业发生如下经济业务，由陈玉婷完成填制凭证工作。

(1)2024 年 1 月 2 日，以每股 18 元的价格从二级市场购入江西铜业股票 14 000 股，并分类为以公允价值计量且其变动计入当期损益的金融资产，并支付交易费用 756 元。

借：交易性金融资产/B 公司股票(成本)　　252 000.00
　　投资收益　　756.00
　　贷：其他货币资金/存出投资款　　252 756.00

(2)2024 年 1 月 2 日，赣州农商银行章贡支行账户收到智睿集团以转账支票方式(票号：9690360539)投入资金 3 000 000 元。

借：银行存款/赣州农商银行/章贡支行　　3 000 000.00
　　贷：实收资本　　3 000 000.00

(3)2024 年 1 月 3 日，签发赣州农商银行章贡支行转账支票(票号：9690360157)缴纳上月税费 1 287 236.65 元，其中，增值税 621 253.25 元，企业所得税 586 715.94 元，个人所得税 4 717.06 元，城市维护建设税 43 487.73 元，教育费附加 18 637.60 元，地方教育附加 12 425.07 元。

借：应交税费/未交增值税　　621 253.25
　　应交税费/应交企业所得税　　586 715.94
　　应交税费/应交个人所得税　　4 717.06
　　应交税费/应交城市维护建设税　　43 487.73
　　应交税费/应交教育费附加　　18 637.60
　　应交税费/应交地方教育附加　　12 425.07
　　贷：银行存款/赣州农商银行/章贡支行　　1 287 236.65

(4)2024 年 1 月 4 日，通过赣州农商银行章贡支行电汇方式(票号：9690360201)缴纳上月医疗保险费、工伤保险费、生育保险费、养老保险费、失业保险费和住房公积金，共计 261 287.28 元。

借：应付职工薪酬/社会保险费/基本医疗保险费　　35 098.29
　　应付职工薪酬/社会保险费/工伤保险费　　3 899.81
　　应付职工薪酬/社会保险费/生育保险费　　3 899.81
　　应付职工薪酬/设定提存计划/基本养老保险费　　77 996.20
　　应付职工薪酬/设定提存计划/失业保险费　　5 849.72
　　应付职工薪酬/住房公积金　　46 797.72
　　其他应付款/代扣职工三险一金/代扣医疗保险　　7 799.62
　　其他应付款/代扣职工三险一金/代扣养老保险　　31 198.48
　　其他应付款/代扣职工三险一金/代扣失业保险　　1 949.91
　　其他应付款/代扣职工三险一金/代扣住房公积金　　46 797.72
　　贷：银行存款/赣州农商银行/章贡支行　　261 287.28

(5)2024 年 1 月 5 日，签发赣州农商银行章贡支行转账支票(票号：9690362148)支付本月广告费，不含税价为 30 000 元，取得的增值税专用发票上注明的增值税税额为

1 800 元。

借：销售费用/广告宣传费 30 000.00

应交税费/应交增值税/进项税额 1 800.00

贷：银行存款/赣州农商银行/章贡支行 31 800.00

(6)2024 年 1 月 6 日，将 20 000 元现金存入赣州农商银行章贡支行。

借：银行存款/赣州农商银行/章贡支行 20 000.00

贷：库存现金 20 000.00

(7)2024 年 1 月 7 日，签发赣州农商银行章贡支行转账支票(票号：9690366257)发放上个月工资 297 568.31 元。

借：应付职工薪酬/工资 297 568.31

贷：银行存款/赣州农商银行/章贡支行 297 568.31

(8)2024 年 1 月 15 日，职工曾敏慧报销差旅费，不含税价为 5 000 元，取得的增值税专用发票上注明的增值税税额为 300 元，差额 1 300 元通过签发赣州农商银行章贡支行转账支票方式(票号：9690368542)付讫。

借：管理费用/差旅费 5 000.00

应交税费/应交增值税/进项税额 300.00

贷：其他应收款/曾敏慧 4 000.00

银行存款/赣州农商银行/章贡支行 1 300.00

(9)2024 年 1 月 15 日，通过红十字会签发赣州农商银行章贡支行转账支票方式(票号：9690369687)向甘肃地震受灾地区捐赠 100 000 元。

借：营业外支出/公益性捐赠支出 100 000.00

贷：银行存款/赣州农商银行/章贡支行 100 000.00

(10)2024 年 1 月 18 日，行政人事部万苗青报销购买办公用品费用，不含税价为 3 500 元，行政人事部、财务部、质量管理部、研发部、采购部、销售部、生产部等七个部门各领取 500 元办公用品，取得的增值税专用发票上注明的增值税税额为 210 元，通过签发赣州农商银行章贡支行转账支票方式(票号：9690370124)付讫。

借：管理费用/办公费 3 500.00

应交税费/应交增值税/进项税额 210.00

贷：银行存款/赣州农商银行/章贡支行 3 710.00

(11)2024 年 1 月 25 日，收到赣州农商银行章贡支行账户电汇方式(票号：9690371987)的活期存款利息 320 元。

借：银行存款/赣州农商银行/章贡支行 320.00

贷：财务费用/利息收入 320.00

(12)2024 年 1 月 31 日，通过签发赣州农商银行章贡支行转账支票方式(票号：9690375741)支付行政人事部本月业务招待费 12 000 元。

借：管理费用/业务招待费 12 000.00

贷：银行存款/赣州农商银行/章贡支行 12 000.00

(13)2024 年 1 月 31 日，通过签发赣州农商银行章贡支行转账支票方式(票号：9690376284)支付本月水电费 51 000 元，其中生产用水电费 44 000 元，其中一车间用水电费 22 000 元，二车间用水电费 16 000 元，三车间用水电费 6 000 元；管理部门用水电费 6 000 元，各部门平摊费用；销售部门用水电费 1 000 元。

借：制造费用/水电费/一车间　　22 000.00
　　制造费用/水电费/二车间　　16 000.00
　　制造费用/水电费/三车间　　6 000.00
　　管理费用/水电费/总经理办公室　　1 200.00
　　管理费用/水电费/行政人事部　　1 200.00
　　管理费用/水电费/财务部　　1 200.00
　　管理费用/水电费/质量管理部　　1 200.00
　　管理费用/水电费/仓管部　　1 200.00
　　销售费用/水电费/销售部　　1 000.00
　贷：银行存款/赣州农商银行/章贡支行　　51 000.00

(14)2024 年 1 月 31 日，计提本月无形资产摊销。

借：管理费用/无形资产摊销　　5 556.00
　贷：累计摊销/专利权　　1 418.00
　　　累计摊销/非专利技术　　1 339.00
　　　累计摊销/土地使用权　　2 799.00

【实验过程】

(1)2024 年 1 月 1 日，以陈玉婷(F02)的自身份登录 U8 企业应用平台。

(2)在 U8 企业应用平台，依次单击【业务导航】→【财务会计】→【总账】→【凭证】→【填制凭证】，打开【填制凭证】窗口，如图 4-7 所示。

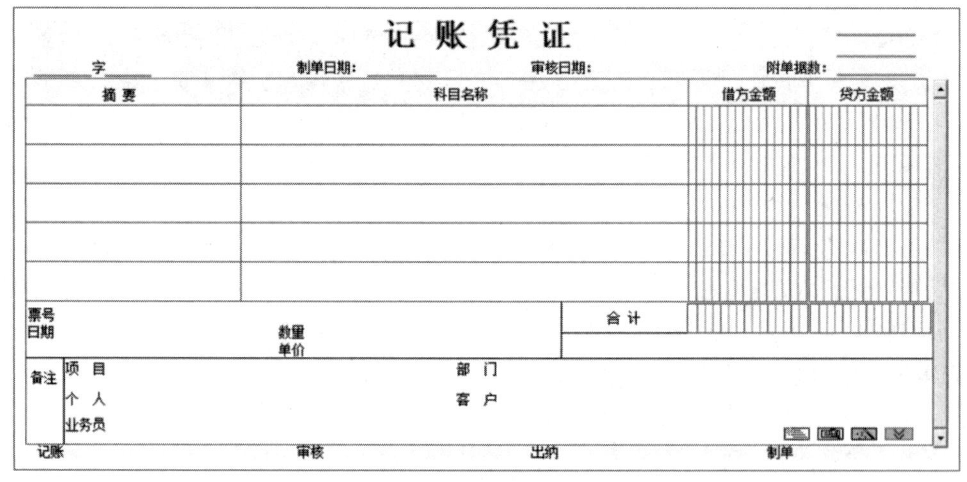

图 4-7 【填制凭证】窗口

(3)单击工具栏的“ ”按钮，增加一张新凭证。

(4)单击“ ”按钮，选择【转账凭证】类别，确定后按回车键，系统自动生成凭证编号。

(5)首次填制凭证，系统取登录 U8 企业应用平台时输入的操作日期作为记账凭证的

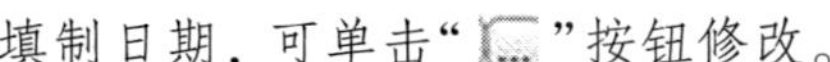

填制日期，可单击“ ”按钮修改。

(6)【附单据数】为非必输项，而【摘要】【科目名称】和【借方金额】或【贷方金额】为必输项。在【摘要】处输入“购入股票”，然后按回车键。

(7)在【科目名称】处，单击“ ”按钮，打开【科目参照】窗口，如图4-8所示，选择“交易性金融资产/成本”，单击【确定】按钮，按回车键，系统弹出辅助核算信息填制窗口，选择江西铜业等信息后，按回车键或者用鼠标单击【借方金额】栏，输入金额“252 000”。

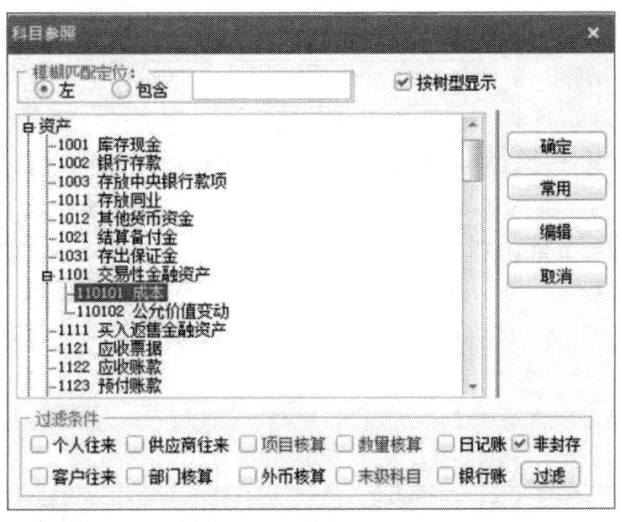

图4-8　【科目参照】窗口

(8)按回车键跳转到第二行，系统自动复制上一行摘要。参照上一步方法，填制剩余内容。

(9)单击“ ”按钮，系统弹出【凭证已保存成功!】提示框，单击【确定】按钮，结果如图4-9所示。

(10)参照步骤(3)至步骤(9)，填制剩余业务的记账凭证。

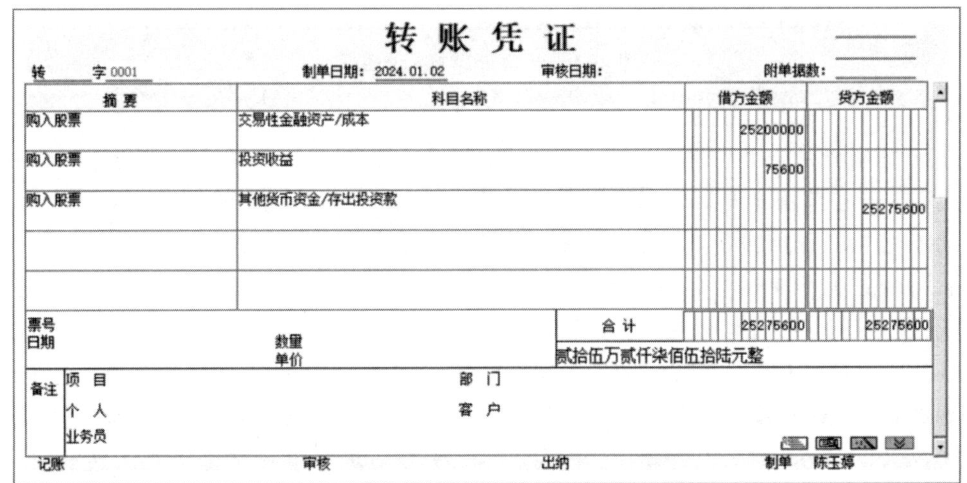

转账凭证

转　字 0001　　制单日期：2024.01.02　　审核日期：　　附单据数：

摘要	科目名称	借方金额	贷方金额
购入股票	交易性金融资产/成本	25200000	
购入股票	投资收益	75600	
购入股票	其他货币资金/存出投资款		25275600
票号 日期　数量 单价	合计	25275600	25275600
	贰拾伍万贰仟柒佰伍拾陆元整		

备注　项目　　部门
个人　　客户
业务员

记账　　审核　　出纳　　制单　陈玉婷

图4-9　第1笔业务记账凭证

二、审核凭证

为确保登记到账簿的每一笔经济业务的准确性和可靠性，制单员填制的每一张凭证都必须经过审核员的审核。只有输入准确无误的凭证，才能保证以后处理结果的正确性。但在凭证填制过程中，系统虽具有自动校验机制，但只对凭证的某类错误进行自动检测，如借贷不平衡、输入不存在的科目编码等。而对“串户”、借贷反向以及借贷金额同增减差错等错误是无法通过系统自动检测发现，因此，对于填制的记账凭证必须进行人工审核。

审核凭证是审核员按照财会制度，对制单员填制的记账凭证进行检查核对，其目的主要有两个：一是防止填制过程中发生错误和舞弊行为，而对凭证的正确性和合法性进行检查核对，主要审核记账凭证是否与原始凭证相符、会计分录科目是否正确、业务金额是否与原始凭证相符等，审查过程中认为错误或有异议的凭证，应予以标错并交与填制人员修改后，再次审核，以确保输入系统中的凭证是正确的；二是为系统记账提供一个标记，只有经过审核签字的凭证才能记账。

【实验资料】 2024 年 1 月 31 日，以何璇(F01)的身份对本月记账凭证进行审核。

【实验过程】

(1)以何璇(F01)的身份登录 U8 企业应用平台，依次单击【财务工作】→【财务会计】→【总账】→【凭证】→【审核凭证】，打开【凭证审核】对话框，如图 4-10 所示。

图 4-10 【凭证审核】对话框

(2)选择审核月份为“2024. 01”，单击【确定】按钮进入【凭证审核列表】窗口，如图 4-11 所示。若在范围选择时保持默认状态，则针对审核日期前所有未审核凭证进行审核。

(3)双击第一张待审核凭证，进入【审核凭证】窗口，如图 4-12 所示。

(4)对凭证的信息进行检查，若认为该凭证有问题，可单击工具栏上的【标错】按钮，系统将在该凭证的左上角标注“有错”字样，同时弹出【填写凭证错误原因】对话框，如图 4-13 所示，输入错误原因后，单击【确定】按钮，完成标错处理。对已标错的凭证，再次单击【标错】按钮可取消“有错”字样。若检查无误，可单击工具栏里的【审核】按钮，系统在该张凭证的下方审核人位置添加审核人姓名，并自动进入下一张待审凭证供审核。

(5)参照以上方式对剩余凭证进行审核，结果如图 4-14 所示。

凭证审核列表

制单日期	凭证编号	摘要	借方金额合计	贷方金额合计	制单人	审核人	审核日期	记账人	出纳签字人	主管签字人	系统名	备注	年度
2024-01-02	收 - 0001	收到智睿集团投资	3,000,000.00	3,000,000.00	陈玉婷								2024
2024-01-25	收 - 0002	收到活期存款利息	0.00	0.00	陈玉婷								2024
2024-01-03	付 - 0001	缴纳上月税费	1,287,236.65	1,287,236.65	陈玉婷								2024
2024-01-04	付 - 0002	缴纳五险一金	261,287.28	261,287.28	陈玉婷								2024
2024-01-05	付 - 0003	支付本月广告费	31,800.00	31,800.00	陈玉婷								2024
2024-01-06	付 - 0004	现金存入银行	20,000.00	20,000.00	陈玉婷								2024
2024-01-07	付 - 0005	发放上月工资	297,568.31	297,568.31	陈玉婷								2024
2024-01-15	付 - 0006	报销差旅费	5,300.00	5,300.00	陈玉婷								2024
2024-01-15	付 - 0007	向灾区捐赠	100,000.00	100,000.00	陈玉婷								2024
2024-01-18	付 - 0008	报销办公用品费用	3,710.00	3,710.00	陈玉婷								2024
2024-01-31	付 - 0009	支付本月业务招...	12,000.00	12,000.00	陈玉婷								2024
2024-01-31	付 - 0010	支付本月水电费	51,000.00	51,000.00	陈玉婷								2024
2024-01-02	转 - 0001	购入股票	252,756.00	252,756.00	陈玉婷								2024
2024-01-31	转 - 0002	计提本月无形资...	5,556.00	5,556.00	陈玉婷								2024
合计			5,328,214.24	5,328,214.24									

共 14 条记录　　凭证共 14张　已审核 0 张　未审核 14 张

图 4-11　【凭证审核列表】窗口

收款凭证

收 字 0001　　制单日期：2024.01.02　　审核日期：　　附单据数：

摘要	科目名称	借方金额	贷方金额
收到智睿集团投资	银行存款/赣州农商银行/章贡支行	300000000	
收到智睿集团投资	实收资本		300000000
票号　转账支票　- 9690360539 日期　2024.01.02　数量 单价	合 计	300000000	300000000
	叁佰万元整		

备注　项　目　　部　门
个　人　　客　户
业务员

记账　　审核　　出纳　　制单　陈玉婷

图 4-12　【审核凭证】窗口

填写凭证错误原因　×

*内容不大于255个字符

确定　　取消

图 4-13　【填写凭证错误原因】对话框

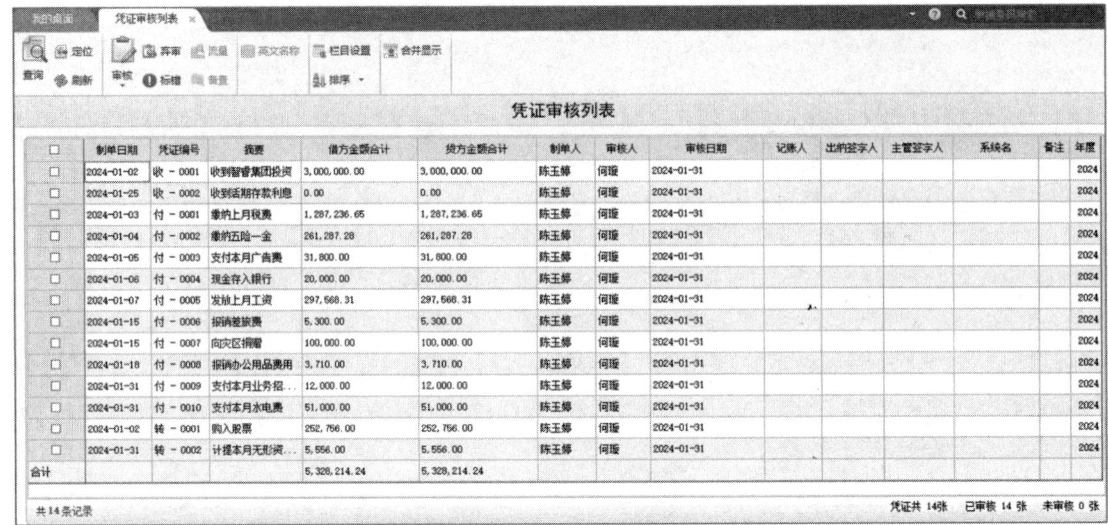

凭证审核列表

□	制单日期	凭证编号	摘要	借方金额合计	贷方金额合计	制单人	审核人	审核日期	记账人	出纳签字人	主管签字人	系统名	备注	年度
□	2024-01-02	收 - 0001	收到智睿集团投资	3,000,000.00	3,000,000.00	陈玉婷	何璇	2024-01-31						2024
□	2024-01-25	收 - 0002	收到活期存款利息	0.00	0.00	陈玉婷	何璇	2024-01-31						2024
□	2024-01-03	付 - 0001	缴纳上月税费	1,287,236.65	1,287,236.65	陈玉婷	何璇	2024-01-31						2024
□	2024-01-04	付 - 0002	缴纳五险一金	261,287.28	261,287.28	陈玉婷	何璇	2024-01-31						2024
□	2024-01-05	付 - 0003	支付本月广告费	31,800.00	31,800.00	陈玉婷	何璇	2024-01-31						2024
□	2024-01-06	付 - 0004	现金存入银行	20,000.00	20,000.00	陈玉婷	何璇	2024-01-31						2024
□	2024-01-07	付 - 0005	发放上月工资	297,568.31	297,568.31	陈玉婷	何璇	2024-01-31						2024
□	2024-01-15	付 - 0006	报销差旅费	5,300.00	5,300.00	陈玉婷	何璇	2024-01-31						2024
□	2024-01-15	付 - 0007	向灾区捐赠	100,000.00	100,000.00	陈玉婷	何璇	2024-01-31						2024
□	2024-01-18	付 - 0008	报销办公用品费用	3,710.00	3,710.00	陈玉婷	何璇	2024-01-31						2024
□	2024-01-31	付 - 0009	支付本月业务招...	12,000.00	12,000.00	陈玉婷	何璇	2024-01-31						2024
□	2024-01-31	付 - 0010	支付本月水电费	51,000.00	51,000.00	陈玉婷	何璇	2024-01-31						2024
□	2024-01-02	转 - 0001	购入股票	252,756.00	252,756.00	陈玉婷	何璇	2024-01-31						2024
□	2024-01-31	转 - 0002	计提本月无形资...	5,556.00	5,556.00	陈玉婷	何璇	2024-01-31						2024
合计				5,328,214.24	5,328,214.24									

共 14 条记录　　凭证共 14张　已审核 14 张　未审核 0 张

图 4-14　凭证审核结果

【实验提示】

①若想对已审核的凭证取消审核，可单击【弃审】按钮取消审核。

②审核人除了要具有审核权外，还需要有对待审核凭证制单人所制凭证的审核权，这个权限可通过"数据权限分配"功能完成。

③审核人和制单人不能是同一个人。

④凭证一经审核，就不能被修改、删除，只有取消审核签字后才可以进行修改或删除。

⑤取消审核签字只能由审核人自己进行。

⑥作废凭证不能被审核，也不能被标错。

⑦已标错的凭证不能被审核，若想审核，需先单击【标错】按钮取消标错后才能审核。

三、出纳签字

出纳凭证由于涉及企业现金的收入与支出，应加强对出纳凭证的管理。出纳人员可通过出纳签字功能对制单员填制的带有库存现金、银行存款科目的凭证进行检查核对，主要核对出纳凭证的出纳科目的金额是否正确，审查认为错误或有异议的凭证，应交给填制人员修改后再核对。从这一意义而言，出纳签字可视为一种特殊的凭证审核操作。在使用出纳签字功能时，应首先在系统【选项】中选择系统控制参数【出纳凭证必须经由出纳签字】，出纳凭证才需要进行出纳签字；其次在会计科目指定处理时，只有指定了出纳签字科目，才能进行出纳签字。

【实验资料】2024 年 1 月 31 日，以朱娟奇(F03)的身份对本月已填制的收付款凭证进行出纳签字。

(1)以朱娟奇(F03)的身份登录 U8 企业应用平台，依次单击【业务导航】→【财务会计】→【总账】→【凭证】→【出纳签字】，打开【出纳签字】选择对话框，如图 4-15 所示。

(2)选择要查询全部、作废凭证、有错凭证或冲销凭证，四者任选其一。选择凭证的来源，为空表示所有系统的凭证，在此保持默认，单击【确定】按钮，打开【出纳签字列表】窗口，如图 4-16 所示。

图 4-15 【出纳签字】选择对话框

出纳签字列表

☐	制单日期	凭证编号	摘要	借方金额合计	贷方金额合计	制单人	审核人	审核日期	记账人	出纳签字人	主管签字人	系统名	备注	年度
☐	2024-01-02	收 - 0001	收到智睿集团投资	3,000,000.00	3,000,000.00	陈玉婷	何璇	2024-01-31						2024
☐	2024-01-25	收 - 0002	收到活期存款利息	0.00	0.00	陈玉婷	何璇	2024-01-31						2024
☐	2024-01-03	付 - 0001	缴纳上月税费	1,287,236.65	1,287,236.65	陈玉婷	何璇	2024-01-31						2024
☐	2024-01-04	付 - 0002	缴纳五险一金	261,287.28	261,287.28	陈玉婷	何璇	2024-01-31						2024
☐	2024-01-05	付 - 0003	支付本月广告费	31,800.00	31,800.00	陈玉婷	何璇	2024-01-31						2024
☐	2024-01-06	付 - 0004	现金存入银行	20,000.00	20,000.00	陈玉婷	何璇	2024-01-31						2024
☐	2024-01-07	付 - 0005	发放上月工资	297,568.31	297,568.31	陈玉婷	何璇	2024-01-31						2024
☐	2024-01-15	付 - 0006	报销差旅费	5,300.00	5,300.00	陈玉婷	何璇	2024-01-31						2024
☐	2024-01-15	付 - 0007	向灾区捐赠	100,000.00	100,000.00	陈玉婷	何璇	2024-01-31						2024
☐	2024-01-18	付 - 0008	报销办公用品费用	3,710.00	3,710.00	陈玉婷	何璇	2024-01-31						2024
☐	2024-01-31	付 - 0009	支付本月业务招...	12,000.00	12,000.00	陈玉婷	何璇	2024-01-31						2024
☐	2024-01-31	付 - 0010	支付本月水电费	51,000.00	51,000.00	陈玉婷	何璇	2024-01-31						2024
合计				5,069,902.24	5,069,902.24									

共 12 条记录　　凭证共 12张　已签字 0张　未签字 12张

图 4-16 【出纳签字列表】窗口

(3)双击第一张待出纳签字凭证，进入【出纳签字】窗口，如图 4-17 所示。

(4)对需要进行出纳签字的凭证逐一审查，通过审查后，单击工具栏里的【签字】按钮进行出纳签字，结果如图 4-18 所示。

(5)出纳签字完成后，单击工具栏里的【退出】按钮返回【出纳签字】凭证一览表，单击【取消】按钮结束本次出纳签字操作。

【实验提示】

①企业可根据实际需要决定是否要对出纳凭证进行出纳签字管理，此功能通过【选项】中的【出纳凭证必须经由出纳签字】选项进行设置。

②出纳凭证能否进行出纳签字，除上述选项设置外，还需同时指定出纳签字科目，即将“库存现金”科目指定为现金科目，将“银行存款”指定为银行科目，此项指定操作在“会计科目”设置中进行。

③凭证一经签字，就不能被修改、删除，只有被取消签字后才可以进行修改或删除。

图 4-17 【出纳签字】窗口

出纳签字列表

☐	制单日期	凭证编号	摘要	借方金额合计	贷方金额合计	制单人	审核人	审核日期	记账人	出纳签字人	主管签字人	系统名	备注	年度
☐	2024-01-02	收 - 0001	收到智睿集团投资	3,000,000.00	3,000,000.00	陈玉婷	何璇	2024-01-31		朱娟奇				2024
☐	2024-01-25	收 - 0002	收到活期存款利息	0.00	0.00	陈玉婷	何璇	2024-01-31		朱娟奇				2024
☐	2024-01-03	付 - 0001	缴纳上月税费	1,287,236.65	1,287,236.65	陈玉婷	何璇	2024-01-31		朱娟奇				2024
☐	2024-01-04	付 - 0002	缴纳五险一金	261,287.28	261,287.28	陈玉婷	何璇	2024-01-31		朱娟奇				2024
☐	2024-01-05	付 - 0003	支付本月广告费	31,800.00	31,800.00	陈玉婷	何璇	2024-01-31		朱娟奇				2024
☐	2024-01-06	付 - 0004	现金存入银行	20,000.00	20,000.00	陈玉婷	何璇	2024-01-31		朱娟奇				2024
☐	2024-01-07	付 - 0005	发放上月工资	297,568.31	297,568.31	陈玉婷	何璇	2024-01-31		朱娟奇				2024
☐	2024-01-15	付 - 0006	报销差旅费	5,300.00	5,300.00	陈玉婷	何璇	2024-01-31		朱娟奇				2024
☐	2024-01-15	付 - 0007	向灾区捐赠	100,000.00	100,000.00	陈玉婷	何璇	2024-01-31		朱娟奇				2024
☐	2024-01-18	付 - 0008	报销办公用品费用	3,710.00	3,710.00	陈玉婷	何璇	2024-01-31		朱娟奇				2024
☐	2024-01-31	付 - 0009	支付本月业务招...	12,000.00	12,000.00	陈玉婷	何璇	2024-01-31		朱娟奇				2024
☐	2024-01-31	付 - 0010	支付本月水电费	51,000.00	51,000.00	陈玉婷	何璇	2024-01-31		朱娟奇				2024
合计				5,069,902.24	5,069,902.24									

共 12 条记录　　凭证共 12张　已签字 12张　未签字 0张

图 4-18 出纳签字结果

四、主管签字

出于内部控制的要求，有的企业要求所有的记账凭证必须经由主管会计签字后，方能进行记账处理。在使用主管签字功能时，应首先在系统【选项】中选择系统控制参数【凭证必须经由主管会计签字】，凭证才需要进行主管签字。

【实验资料】 2024 年 1 月 31 日，以黄业竣(A01)对本月已填制的记账凭证进行主管签字。

(1)以黄业竣(A01)的身份登录 U8 企业应用平台，依次单击【业务导航】→【财务会计】→【总账】→【凭证】→【主管签字】，打开【主管签字】范围选择对话框。

(2)选择要查询全部、作废凭证或有错凭证。选择凭证的来源，为空表示所有系统的凭证，在此保持默认，单击【确定】按钮，打开【主管签字列表】窗口，如图 4-19 所示。

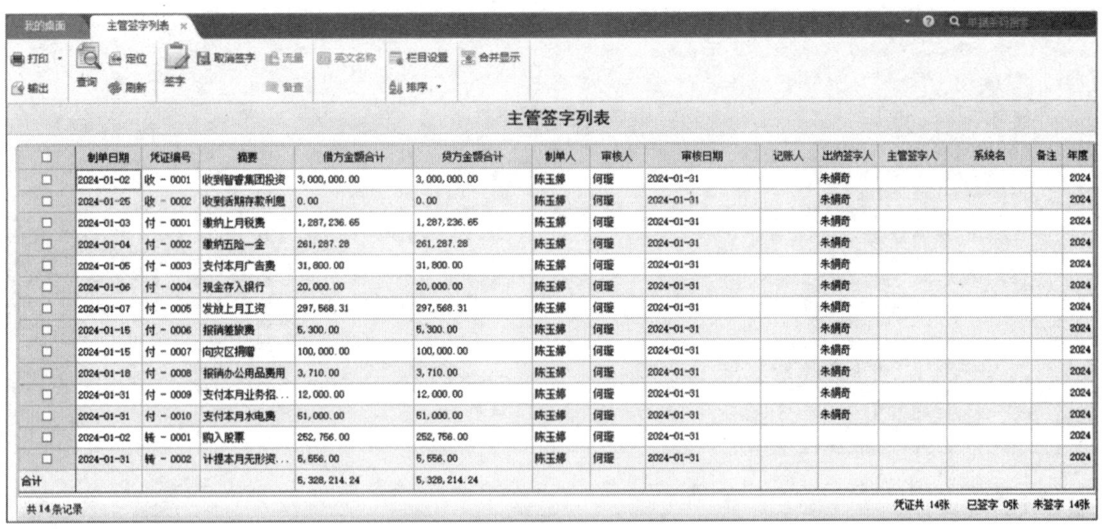
主管签字列表

□	制单日期	凭证编号	摘要	借方金额合计	贷方金额合计	制单人	审核人	审核日期	记账人	出纳签字人	主管签字人	系统名	备注	年度
□	2024-01-02	收 - 0001	收到智睿集团投资	3,000,000.00	3,000,000.00	陈玉婷	何璇	2024-01-31		朱娟奇				2024
□	2024-01-25	收 - 0002	收到活期存款利息	0.00	0.00	陈玉婷	何璇	2024-01-31		朱娟奇				2024
□	2024-01-03	付 - 0001	缴纳上月税费	1,287,236.65	1,287,236.65	陈玉婷	何璇	2024-01-31		朱娟奇				2024
□	2024-01-04	付 - 0002	缴纳五险一金	261,287.28	261,287.28	陈玉婷	何璇	2024-01-31		朱娟奇				2024
□	2024-01-05	付 - 0003	支付本月广告费	31,800.00	31,800.00	陈玉婷	何璇	2024-01-31		朱娟奇				2024
□	2024-01-06	付 - 0004	现金存入银行	20,000.00	20,000.00	陈玉婷	何璇	2024-01-31		朱娟奇				2024
□	2024-01-07	付 - 0005	发放上月工资	297,568.31	297,568.31	陈玉婷	何璇	2024-01-31		朱娟奇				2024
□	2024-01-15	付 - 0006	报销差旅费	5,300.00	5,300.00	陈玉婷	何璇	2024-01-31		朱娟奇				2024
□	2024-01-15	付 - 0007	向灾区捐赠	100,000.00	100,000.00	陈玉婷	何璇	2024-01-31		朱娟奇				2024
□	2024-01-18	付 - 0008	报销办公用品费用	3,710.00	3,710.00	陈玉婷	何璇	2024-01-31		朱娟奇				2024
□	2024-01-31	付 - 0009	支付本月业务招...	12,000.00	12,000.00	陈玉婷	何璇	2024-01-31		朱娟奇				2024
□	2024-01-31	付 - 0010	支付本月水电费	51,000.00	51,000.00	陈玉婷	何璇	2024-01-31		朱娟奇				2024
□	2024-01-02	转 - 0001	购入股票	252,756.00	252,756.00	陈玉婷	何璇	2024-01-31						2024
□	2024-01-31	转 - 0002	计提本月无形资...	5,556.00	5,556.00	陈玉婷	何璇	2024-01-31						2024
合计				5,328,214.24	5,328,214.24									

共14条记录　　凭证共 14张　已签字 0张　未签字 14张

图 4-19　【主管签字列表】窗口

(3) 双击第一张待主管签字凭证，进入【主管签字】窗口，如图 4-20 所示。

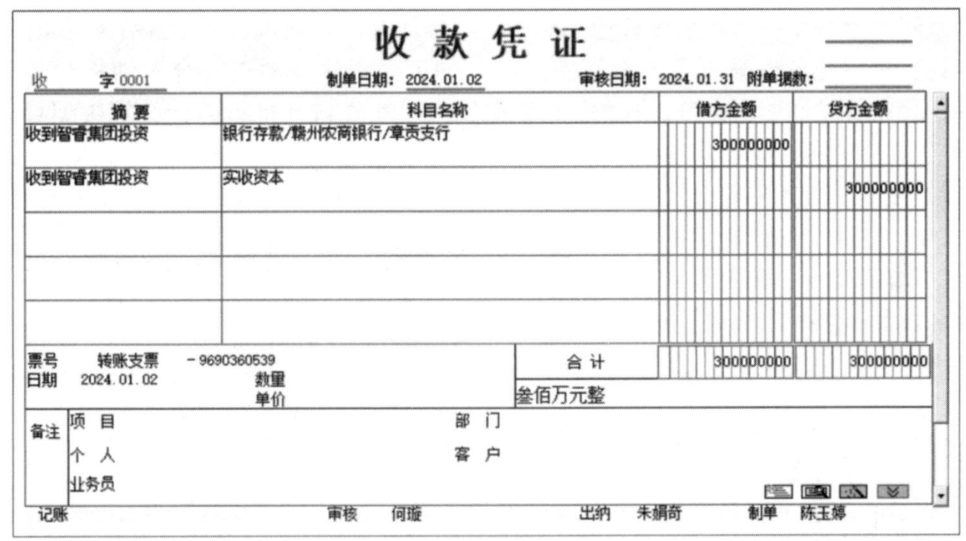

图 4-20　【主管签字】窗口

(4) 对需要进行主管签字的凭证逐一审查，通过审查后，单击工具栏里的【签字】按钮进行主管签字，结果如图 4-21 所示。

(5) 主管签字完成后，单击工具栏里的【退出】按钮返回【主管签字】凭证一览表，单击【取消】按钮结束本次主管签字。

【实验提示】

①是否需要主管签字，通过系统【选项】中的【凭证必须经由主管会计签字】选项设置实现。

②取消主管签字只能由主管会计本人进行。

主管签字列表

	制单日期	凭证编号	摘要	借方金额合计	贷方金额合计	制单人	审核人	审核日期	记账人	出纳签字人	主管签字人	系统名	备注	年度
	2024-01-02	收 - 0001	收到智睿集团投资	3,000,000.00	3,000,000.00	陈玉婷	何璇	2024-01-31		朱娟奇	黄业竣			2024
	2024-01-25	收 - 0002	收到活期存款利息	0.00	0.00	陈玉婷	何璇	2024-01-31		朱娟奇	黄业竣			2024
	2024-01-03	付 - 0001	缴纳上月税费	1,287,236.65	1,287,236.65	陈玉婷	何璇	2024-01-31		朱娟奇	黄业竣			2024
	2024-01-04	付 - 0002	缴纳五险一金	261,287.28	261,287.28	陈玉婷	何璇	2024-01-31		朱娟奇	黄业竣			2024
	2024-01-05	付 - 0003	支付本月广告费	31,800.00	31,800.00	陈玉婷	何璇	2024-01-31		朱娟奇	黄业竣			2024
	2024-01-06	付 - 0004	现金存入银行	20,000.00	20,000.00	陈玉婷	何璇	2024-01-31		朱娟奇	黄业竣			2024
	2024-01-07	付 - 0005	发放上月工资	297,568.31	297,568.31	陈玉婷	何璇	2024-01-31		朱娟奇	黄业竣			2024
	2024-01-15	付 - 0006	报销差旅费	5,300.00	5,300.00	陈玉婷	何璇	2024-01-31		朱娟奇	黄业竣			2024
	2024-01-15	付 - 0007	向灾区捐赠	100,000.00	100,000.00	陈玉婷	何璇	2024-01-31		朱娟奇	黄业竣			2024
	2024-01-18	付 - 0008	报销办公用品费用	3,710.00	3,710.00	陈玉婷	何璇	2024-01-31		朱娟奇	黄业竣			2024
	2024-01-31	付 - 0009	支付本月业务招...	12,000.00	12,000.00	陈玉婷	何璇	2024-01-31		朱娟奇	黄业竣			2024
	2024-01-31	付 - 0010	支付本月水电费	51,000.00	51,000.00	陈玉婷	何璇	2024-01-31		朱娟奇	黄业竣			2024
	2024-01-02	转 - 0001	购入股票	252,756.00	252,756.00	陈玉婷	何璇	2024-01-31			黄业竣			2024
	2024-01-31	转 - 0002	计提本月无形资...	5,556.00	5,556.00	陈玉婷	何璇	2024-01-31			黄业竣			2024
合计				5,328,214.24	5,328,214.24									

共14条记录　　凭证共 14张　已签字 14张　未签字 0张

图 4-21　主管签字结果

五、记账

记账凭证经过审核签字后，即可以计入总分类账、明细分类账、日记账、部门账、项目账、往来账及备查账中。在总账管理系统中，记账是由具有记账权限的操作员发出记账指令，由计算机系统自动按照系统中预先设计好的记账程序自动进行合法性检验、科目汇总、登记账目等操作。在记账过程中，系统采用向导方式自动进行会计核算数据处理，使计算机记账工作更加简化而高效。

【实验资料】2024 年 1 月 31 日，以陈玉婷(F02)的身份对本月已填制的记账凭证进行记账。

(1)以陈玉婷(F02)的身份登录企业应用平台，依次单击【业务导航】→【财务会计】→【总账】→【凭证】→【记账】，打开【记账】范围选择对话框。如图 4-22 所示。

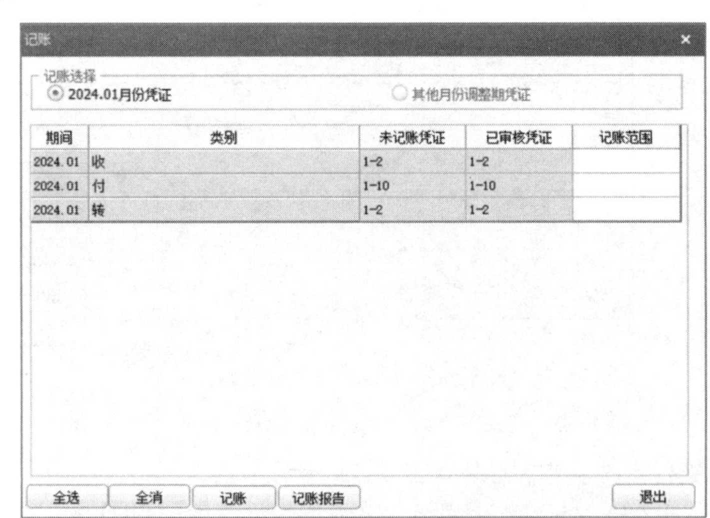

图 4-22　【记账】范围选择对话框

(2)在记账范围栏可手工输入记账凭证范围，也可单击【全选】按钮选择所有凭证，如果要对所有凭证进行记账也可保持默认状态。单击【记账报告】按钮，显示记账信息报告，如图 4-23 所示。或者直接单击【记账】按钮，显示检查结果【期初试算平衡表】。

(3)单击【记账】按钮，系统首先对期初数据进行试算平衡检查，并显示检查结果【期初试算平衡表】。

(4)单击【确定】按钮，系统开始记账，并显示记账进程。

(5)系统记账完毕后，显示【记账完毕】提示对话框，单击【确定】按钮完成记账处理。

科目编码	科目名称	币种名称	数量单位	金额合计	
				借方	贷方
1001	库存现金				20,000.00
1002	银行存款			3,020,320.00	2,045,902.24
100201	赣州农商银行			3,020,320.00	2,045,902.24
10020101	章贡支行			3,020,320.00	2,045,902.24
1012	其他货币资金				252,756.00
101201	存出投资款				252,756.00
1101	交易性金融资产			252,000.00	
110101	成本		股（份）	252,000.00	
1221	其他应收款				4,000.00
122101	职工个人往来				4,000.00
1702	累计摊销				5,556.00

图 4-23 记账信息报告

【实验提示】

①记账过程一旦断电或其他原因造成中断后，系统将自动调用“恢复记账前状态”恢复数据，然后需重新记账。

②如果发现某一步设置错误，可通过单击【上一步】按钮返回后进行修改。如果在设置过程中不想再继续记账，可通过单击【取消】按钮，取消本次记账工作。

③在第一次记账时，若期初余额试算不平衡，系统将不允许记账。

④所选范围内的凭证如有未审核凭证时，系统提示是否只记已审核凭证或重选记账范围。

⑤以账套主管的身份登录企业应用平台，依次单击【业务导航】→【系统服务】→【实施导航】→【实施工具】→【总账数据修正】，即可取消记账。

思考题

1. 在总账系统【设置】菜单下的【选项】中的“凭证”选项卡里，制单序时控制、赤字控制、可以使用应收(付)受控科目三个参数的具体含义是什么？

2. 简述总账管理系统的基本功能。

3. 简述总账管理系统的业务处理流程。

4. 在会计信息系统环境下，对账工作有何要求？

5. 在会计信息系统环境下，期初余额试算不平衡的原因可能有哪些？

第五章 固定资产管理

固定资产是指使用年限较长、单位价值较高，并且在使用过程中保持原有实物形态的主要劳动资料和其他物质设备。它是企业进行生产经营活动的物质基础，通常在工业企业的资产总额中占有较大的比重。由于企业固定资产种类繁多、构成复杂，固定资产用于企业的生产经营活动，而不是为了出售，因而加强固定资产的管理，是固定资产管理系统的重要功能之一。

第一节　固定资产管理系统概述

固定资产管理系统是企业管理信息系统的一个重要组成部分，用于固定资产的核算与管理工作。手工条件下由于固定资产数量大、种类多，保管和使用分散，固定资产使用、管理和核算工作由企业内多个部门分别进行处理。因此，反映固定资产情况的各种账、表、卡片数据极易出现填写不全、数据不一致、账实不符等情况。限于手工条件，固定资产折旧的计提也只能采用综合分类计提折旧。数据处理较粗，难以反映固定资产耗用情况，导致成本计算工作无法细化，难以准确反映实际情况。从上述情况分析不难看出，手工条件下对固定资产的核算已难尽如人意，及时提供固定资产管理信息更加难以做到。使用固定资产管理系统对固定资产进行核算和管理，可以细化固定资产管理，及时提供固定资产管理的综合、详细和准确资料，有助于提高固定资产的使用效率和保护企业的财产安全，对提高企业的管理水平具有重要意义。

一、固定资产管理系统功能概述

固定资产核算管理是企业财务核算的重要组成部分，以满足企业固定资产核算管理的要求。固定资产管理系统具有如下功能。

1. 灵活的自定义功能

用户可根据管理的需要自定义资产分类编码方式和资产类别，同时定义该类别级次的使用年限、残值率等；用户自定义部门核算的科目，转账时自动生成凭证；用户可自定义使用状况，并增加折旧属性，使用更灵活。提供卡片项目自定义，可自定义或按类别定制本企业的卡片样式，增加系统的适用性；可定义自定义卡片项目与其他项目的数据关系，

还可按自定义项目模糊查询。

2. 固定资产卡片导入

如果在使用本系统之前，已经建立了固定资产核算系统，则可将已有的资产卡片数据导入固定资产管理系统中，以减少手工输入卡片的工作量，提高工作效率。

3. 计提折旧

提供两种平均年限法(计算公式不同)计提折旧；除常规的平均年限法、工作量法、年数总和法、双倍余额递减法外，提供折旧公式自定义功能；自定义折旧分配周期，满足不同行业的需要；折旧分配表更灵活全面，包括部门折旧分配表和类别折旧分配表，各表均按辅助核算项目汇总；考虑原值、累计折旧、使用年限，净残值和净残值率、折旧方法的变动对折旧计提的影响，系统自动更改折旧计算，计提折旧，生成折旧分配表，并按分配表自动生成记账凭证。

4. 固定资产卡片及其变动管理

支持资产附属设备和辅助信息的管理，增加原值变动表、停启用记录、部门转移记录、大修记录、清理信息等附表。提供固定资产原始卡片输入功能，因用户失误输入的卡片当月月末结账前可无痕迹删除。资产减少提供输入清理信息，提供误减少的资产恢复功能。提供常用参照字典，供卡片输入使用，增加正确性和方便性。卡片输出全面灵活，可批量打印、单张打印，还可选择打印内容、打印范围、打印纸张大小、打印方向等。提供固定资产的评估，主要是批量完成经评估发生的原值、累计折旧、使用年限、净残值率变动的输入，同时生成变动表。提供系统纠错功能，即提供恢复月末结账前状态功能。

5. 报表管理与输出功能

提供多种账簿和报表进行固定资产的核算、分析和管理，包括账簿、折旧表、统计表、分析表、一览表，使报表更加丰富多样；提供直观的报表图形分析功能；支持用户自定义报表；灵活更换查询条件，自动刷新报表。

6. 提供与账务处理系统的数据接口

固定资产管理系统提供增加资产、减少资产以及原值和累计折旧的调整、折旧计提都要将有关数据通过记账凭证的形式传输到总账管理系统；提供固定资产管理系统和总账管理系统的对账功能，确保固定资产账目的平衡。提供批量制单和汇总制单功能，提高效率。

二、固定资产管理系统与其他系统的主要关系

固定资产管理系统中资产的增加、减少，以及原值和累计折旧的调整、折旧计提都要将有关数据通过记账凭证的形式传输到总账管理系统；同时通过对账保持固定资产账目与总账的平衡，并可以修改、删除，以及查询凭证。固定资产管理系统为成本核算系统提供计提折旧有关费用的数据。UFO 报表系统也可以通过相应的取数函数从固定资产管理系统中提取分析数据。

第二节　固定资产管理系统初始化设置

系统初始化设置是固定资产管理系统正常使用的重要基础工作，这一工作的基本任务是使企业可以根据本单位的实际需要设置会计业务处理规则、方法和输入系统投入使用前的基础数据，从而将一个通用的系统转化为适用于处理本单位会计业务的专用系统，初始化设置质量的优劣对于能否高效率地使用系统具有举足轻重的作用，而做好初始化设置的基本条件是认真做好设置的准备工作。

一、建立核算单位

建立核算单位又称为建立账套。固定资产管理系统中建立核算单位的含义和作用与总账管理系统是一致的，由于企业财务管理软件系统的集成使用，固定资产管理系统核算单位的建立，实质上就是一个启用问题，其核心内容是设定系统主要编码的编码方式和固定资产管理系统与总账管理系统的数据接口。

【实验资料】2024 年 1 月 1 日，根据表 5-1 建立固定资产账套，其他项目默认。

表 5-1　固定资产管理系统建账导向

建账向导	参数设置
约定及说明	我同意
启用月份	2024. 01
折旧信息	采用“平均年限法(一)”计提折旧
编码方式	固定资产类别编码方式为“2-1-1-2” 固定资产编码方式采用“类别编号+序号”的自动编码方式，其序号长度为 3
账务接口	固定资产对账科目为“1601，固定资产” 累计折旧对账科目为“1602，累计折旧”

【实验过程】

(1)2024 年 1 月 1 日，以陈玉婷(F02)的身份登录 U8 企业应用平台。

(2)在 U8 企业应用平台，依次单击【业务导航】→【财务会计】→【固定资产】菜单，系统提示是否进行初始化，如图 5-1 所示。

图 5-1　【固定资产管理系统初始化提示】对话框

(3) 单击【是】按钮，打开【初始化账套向导—约定及说明】对话框，选择“我同意”，如图 5-2 所示。

(4) 单击【下一步】按钮，打开【初始化账套向导—启用月份】对话框。系统默认账套启用月份为“2024. 01”，如图 5-3 所示。

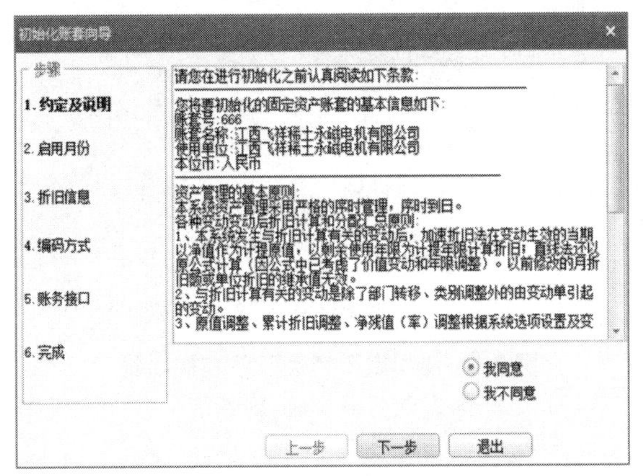

图 5-2 【固定资产管理系统初始化账套向导—约定及说明】对话框

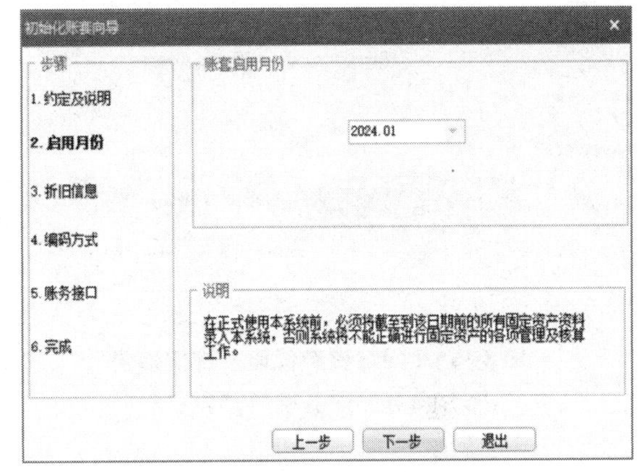

图 5-3 【固定资产管理系统初始化账套向导—启用月份】对话框

(5) 单击【下一步】按钮，打开【初始化账套向导—折旧信息】对话框，从【主要折旧方法】下拉框中选择“平均年限法(一)”，如图 5-4 所示。

(6) 单击【下一步】按钮，打开【初始化账套向导—编码方式】对话框。固定资产的编码方式选择“自动编码”及“类别编号+序号”，序号长度为“3”，如图 5-5 所示。

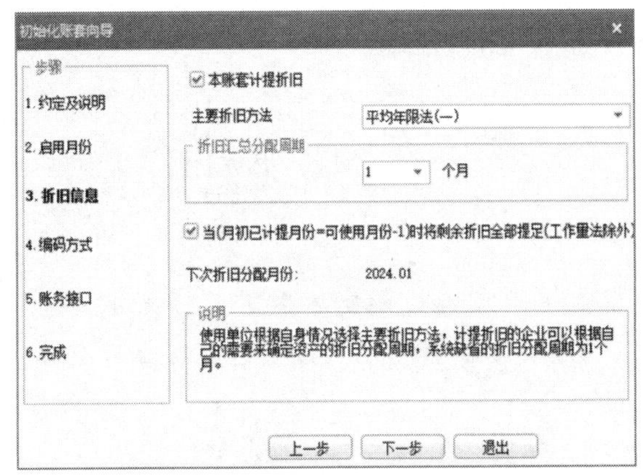

图 5-4 【固定资产管理系统初始化账套向导—折旧信息】对话框

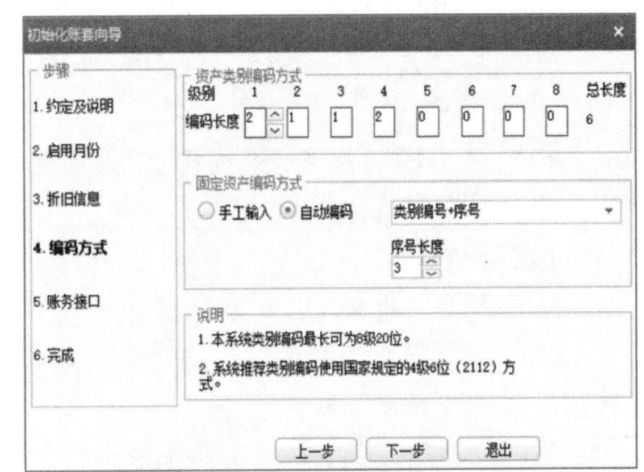

图 5-5 【固定资产管理系统初始化账套向导—编码方式】对话框

(7) 单击【下一步】按钮，打开【初始化账套向导—财务接口】对话框。【固定资产对账科目】栏输入“1601(固定资产)”，【累计折旧对账科目】栏输入“1602(累计折旧)”，如图 5-6 所示。

(8)单击【下一步】按钮，打开【初始化账套向导—完成】对话框，如图5-7所示。

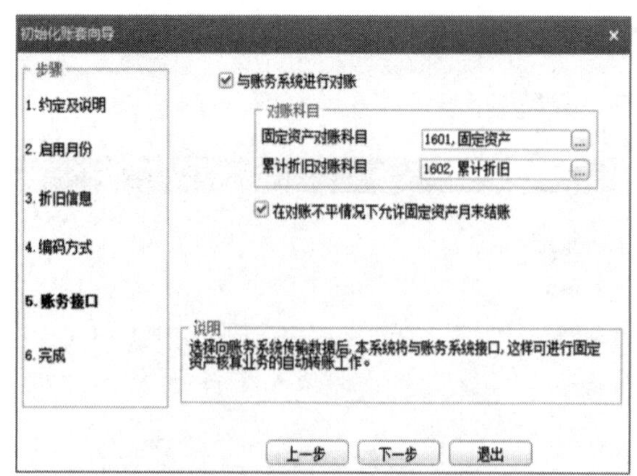

图5-6 【固定资产管理系统初始化账套向导—财务接口】对话框

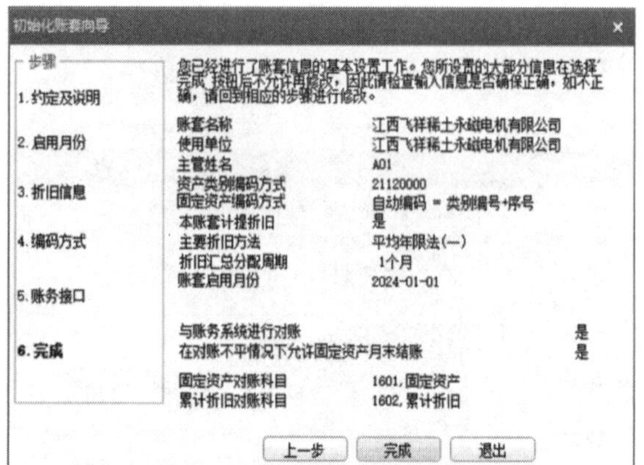

图5-7 【固定资产管理系统初始化账套向导—完成】对话框

(9)单击【完成】按钮，系统弹出提示框，如图5-8所示。

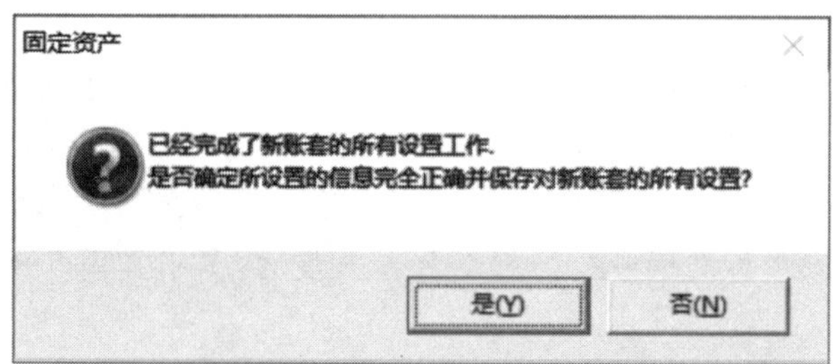

图5-8 【固定资产管理系统初始化确认】对话框

(10)单击【是】按钮，系统提示“本固定资产账套已完成初始化!”，单击【确定】按钮，固定资产建账完成。

【实验提示】

①本账套计提折旧：在系统初始设置时根据使用单位性质确定本账套计提折旧的性质。单位应根据会计准则和会计制度的要求确定账套是否计提折旧，该项选择在保存初始化设置后不能修改。

②主要折旧方法：选择本系统常用的折旧方法，以便在资产类别设置时缺省。

③折旧汇总分配周期：企业在实际计提折旧时，不一定每个月计提一次，可能因行业和自身情况的不同，每季度计提一次或半年、一年计提一次，同时折旧费用的归集也按照这样的周期进行。所以系统提供折旧汇总分配周期调整功能，使企业可根据所处的行业和自身实际情况确定计提折旧和将折旧归入成本和费用的周期。系统具体的处理办法是，每个期间均计提折旧，但折旧的汇总分配按设定的周期进行，把该周期内各期间计提的折旧汇总分配。一旦选定折旧汇总分配周期，系统自动提示第一次分配折旧，也是本系统自动

生成折旧分配表制作记账凭证的期间。

④资产类别编码方式：资产类别是单位根据管理和核算的需要给资产所做的分类，可参照国家标准分类，也可根据需要自己分类。系统类别编码最多可设置8级、20位，可以设定级数和每一级的编码长度。系统推荐采用国家规定的4级6位(2112)方式。

⑤固定资产编码方式：固定资产编号是资产的管理者给资产所编的编号，可以在输入卡片时手工输入，也可以选用自动编码的形式自动生成。如果选择手工录入方式，则卡片输入时通过手工输入的方式输入资产编号；如果选择自动编码方式，则可选择“类别编号+序号”“部门编号+序号”“类别编号+部门编号+序号”“部门编号+类别编号+序号”4种方案中的一种。自动编码中序号的长度可自由设定为1~5位。自动编码的好处一方面在于输入卡片时简便，更重要的是便于资产管理，根据资产编号很容易了解资产的基本情况。

⑥资产类别编码方式设定以后，一旦某一级设置了类别，则该级的长度不能修改，没有使用过的各级的长度可修改。

⑦与账务系统进行对账：在存在对应的账务系统的情况下才可操作。如果勾选此复选框，表示本系统要与账务系统对账，对账的含义是将固定资产系统内所有资产的原值、累计折旧和账务系统中的固定资产科目和累计折旧科目的余额核对，检查数值是否相等。可以在系统运行中任何时候执行对账功能，如果不平，肯定在两个系统中出现偏差，应予以调整。如果不需要与账务系统对账，可不勾选，表示不对账。

⑧固定资产对账科目：单击参照按钮或按F2键参照账务系统的科目选择。因固定资产系统提供要对账的数据是系统内全部资产的原值，所以选择的对账科目应是账务系统内固定资产的一级科目。

⑨累计折旧对账科目：参照账务系统的科目选择。因固定资产系统提供要对账的数据是系统内全部资产的累计折旧，所以选择的对账科目应是账务系统内累计折旧的一级科目。

⑩对账不平允许月末结账：当存在相对应的账务账套的情况下，系统在月末结账前自动执行“对账”功能一次，给出对账结果，如果不平，说明两系统出现偏差，应予以调整。但是偏差并不一定是由错误引起的，有可能是操作的时间差异(在账套刚开始使用时比较普遍，如第一个月原始卡片没有输入完毕等)造成的，因此给出判断是否“对账不平允许月末结账”，如果希望严格控制系统间的平衡，并且能做到两个系统输入的数据没有时间差异，则应取消该项选择。

二、参数设置

账套参数设置包括在账套初始化中设置的参数和其他一些在账套运行中使用的参数或判断，主要包括基本信息、折旧信息、与账务系统接口、编码方式和其他方面的内容，它是固定资产管理系统运行的前提条件。部分在账套初始化过程中设置的参数可在此进行修改。

【实验资料】根据表5-2设置固定资产系统参数。

表 5-2　固定资产管理系统参数

选项卡	选项设置
与账务系统接口	固定资产缺省入账科目：1601 累计折旧缺省入账科目：1602 减值准备缺省入账科目：1603 增值税进项税额缺省入账科目：22210101 固定资产清理缺省入账科目：1606
其他	已发生资产减少的卡片 10 年后可删除 卡片金额型数据显示千分位格式

【实验过程】

(1) 在 U8 企业应用平台，依次单击【业务导航】→【财务会计】→【固定资产】→【设置】→【选项】菜单，打开【选项】窗口。

(2) 单击【与账务系统接口】页签，单击【编辑】按钮，根据实验资料参照选择固定资产等的缺省入账科目，如图 5-9 所示。

(3) 单击【其他】页签，修改【已发生资产减少可删除时限】为“10 年”，勾选【卡片金额型数据显示千分位格式】，如图 5-10 所示，单击【确定】按钮，完成选项设置。

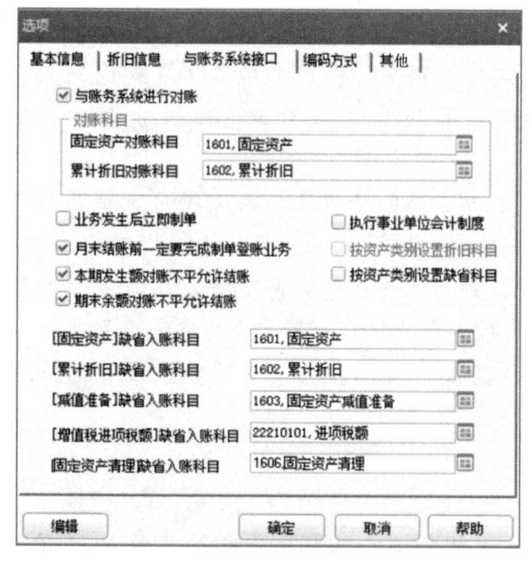

图 5-9　【与账务系统接口】页签

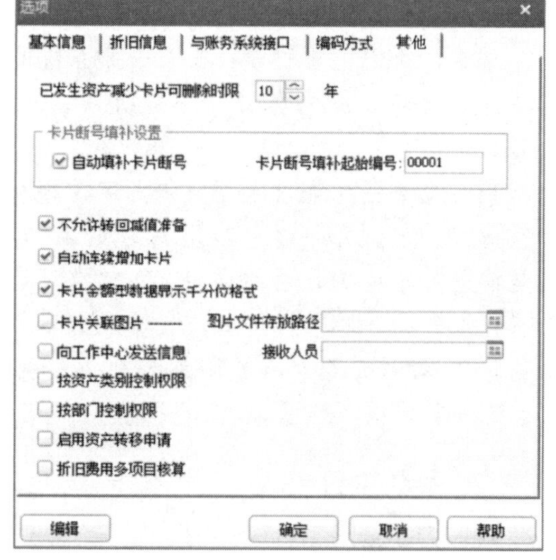

图 5-10　【其他】页签

三、基础信息设置

固定资产管理系统的基础信息设置就是完成通用管理系统向专用管理系统的转换，涉及的固定资产管理系统的基础信息设置包括：卡片项目、卡片样式、折旧方法、部门、资产类别、使用状况、增减方式等。这些基础信息设置是利用固定资产管理系统进行资产管理和核算的基础。在系统的各项基础设置中，除资产分类必须由用户设置外，其他各部分都有缺省的内容，如果没有特殊需要，可以在此基础上进行适当修改或不再进行设置。

【**实验资料**】根据表 5-3 设置部门对应折旧科目。

表 5-3　部门对应折旧科目

部门名称	折旧科目编码	折旧科目名称
总经理办公室	660201	管理费用/折旧费
行政人事部	660201	管理费用/折旧费
财务部	660201	管理费用/折旧费
质量管理部	660201	管理费用/折旧费
研发部	530101	研发支出/费用化支出
采购部	660201	管理费用/折旧费
销售部	660101	销售费用/折旧费
仓管部	660201	管理费用/折旧费
生产部	510101	制造费用/折旧费

【实验过程】

(1)在 U8 企业应用平台，依次单击【业务导航】→【财务会计】→【固定资产】→【设置】→【部门对应折旧科目】菜单，打开【部门对应折旧科目】窗口。

(2)点击【总经理办公室】，单击工具栏里的【修改】按钮，打开【单张视图】窗口。根据实验资料，【折旧科目】栏录入“660201”，如图 5-11 所示。

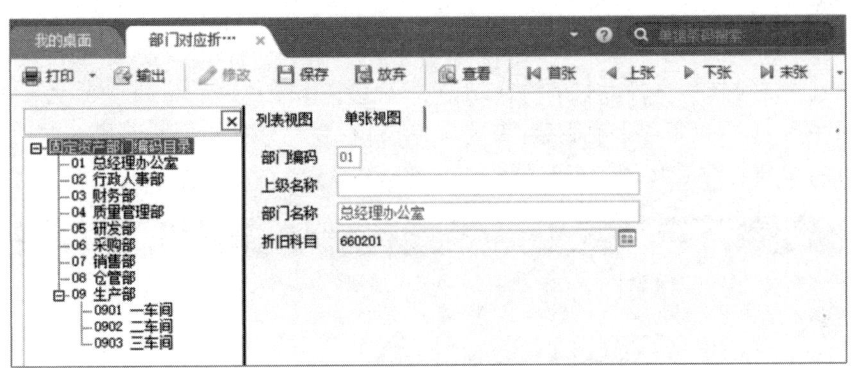

图 5-11　【部门对应折旧科目—单张视图】窗口

(3)单击工具栏里的【保存】按钮。按照此方法继续录入其他部门对应折旧科目，结果如图 5-12 所示。

图 5-12 【部门对应折旧科目—列表视图】窗口

【实验资料】根据表 5-4 设置固定资产类别，其中全部资产的计提属性均为“正常计提”。

表 5-4 固定资产类别

类别编码	类别名称	使用年限/年	净残值率/%	折旧方法	卡片样式
01	房屋及建筑物	20	4	年限平均法(一)	含税卡片样式
02	生产设备	10	4	年限平均法(一)	含税卡片样式
03	运输设备	10	4	年限平均法(一)	含税卡片样式
04	管理设备	5	4	年限平均法(一)	含税卡片样式

【实验过程】

(1)在 U8 企业应用平台，依次单击【业务导航】→【财务会计】→【固定资产】→【设置】→【资产类别】菜单，打开【资产类别】窗口。

(2)单击【增加】按钮，打开【资产类别—单张视图】窗口，根据实验资料，录入【类别名称】【使用年限】【净残值率】等信息，【卡片样式】栏参照选择“含税卡片样式”，单击工具栏里的【保存】按钮，结果如图 5-13 所示。

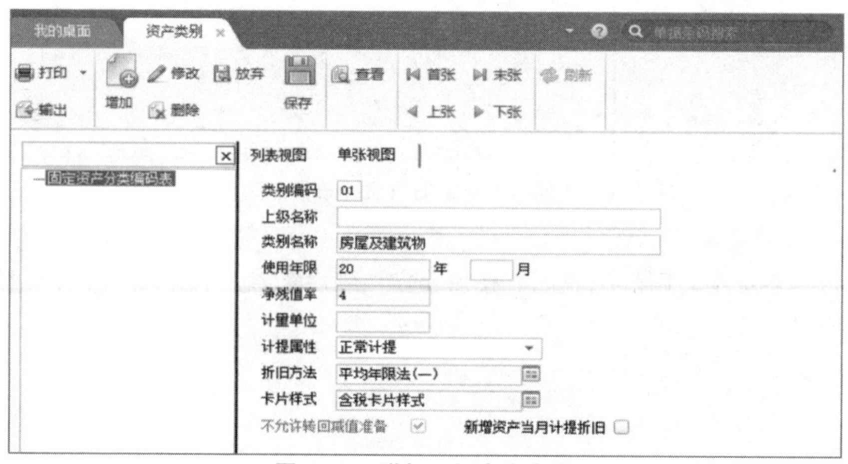

图 5-13 增加一级资产类别

(3)依照此方法继续录入其他一级资产类别信息并保存。最后一个一级资产类别信息保存完毕后，单击工具栏里的【放弃】按钮，系统提示“是否取消本次操作?”，单击【是】按钮，返回【资产类别—列表视图】窗口，如图5-14所示。

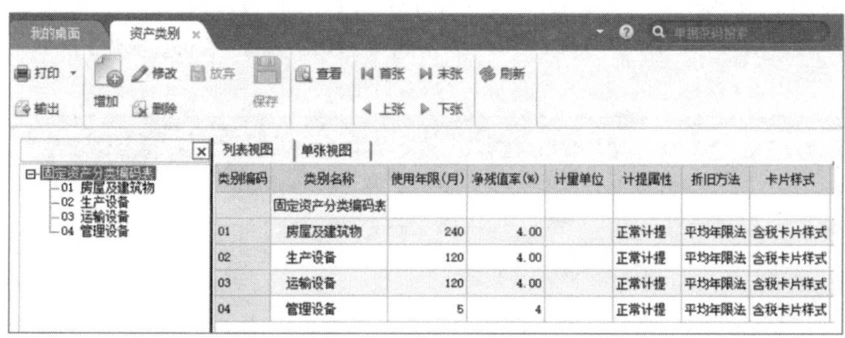

图5-14　资产类别—列表视图

【实验提示】

①可以对已有资产类别进行修改。非明细级类别编码不能修改，明细级类别编码修改时只能修改本级的编码；使用过的类别的计提属性不能修改；使用过的类别的卡片样式修改后会影响已输入系统该类别的卡片的样式，因此建议非特殊情况不要修改。

②可以将已有的资产类别进行删除。系统已使用(输入卡片时选用过)的类别不允许删除；非明细级不能删除。

③资产类别编码不能重复，同一级别的类别名称不能相同。

④类别编码、名称、计提属性、卡片样式不能为空，其他各项内容的输入是为了输入卡片方便要缺省的内容，可以为空。

⑤增加下级类别时，必须先选择上级类别后执行增加处理。

【实验资料】根据表5-5设置增减方式的对应入账科目。

表5-5　固定资产增减方式

增减方式类别	增减方式名称	对应入账科目编码	对应入账科目名称
增加方式	直接购入	10020101	银行存款/赣州农商银行/章贡支行
	投资者投入	4001	实收资本
	捐赠	630102	营业外收入/捐赠利得
	盘盈	6901	以前年度损益调整
	在建工程转入	1604	在建工程
减少方式	出售	1606	固定资产清理
	盘亏	190102	待处理财产损溢/待处理固定资产损溢
	投资转出	1606	固定资产清理
	捐赠转出	1606	固定资产清理
	报废	1606	固定资产清理

【实验过程】

(1)在U8企业应用平台，依次单击【业务导航】→【财务会计】→【固定资产】→【设置】→【增减方式】菜单，打开【增减方式】窗口。

(2)选择增加方式下的“直接购入”，单击【修改】按钮，打开【增减方式—单张视图】窗口，在【对应入账科目】栏录入“10020101”，如图5-15所示。单击【保存】按钮。

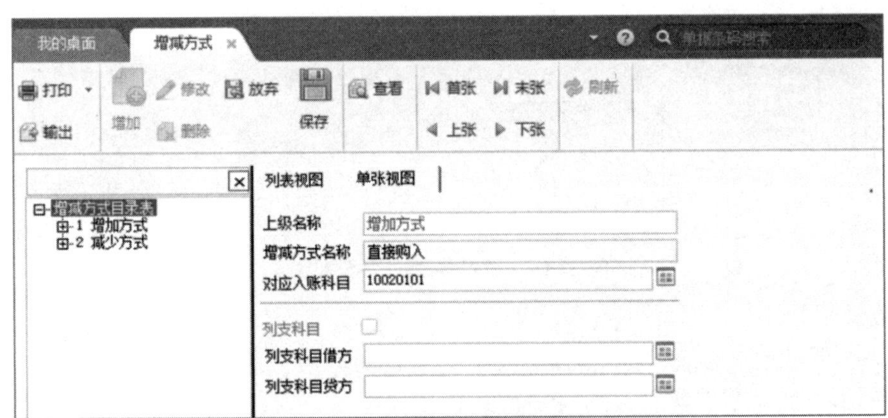

图5-15 【增减方式—单张视图】窗口

(3)按照上述操作继续设置其他增减方式的对应入账科目，结果如图5-16所示。

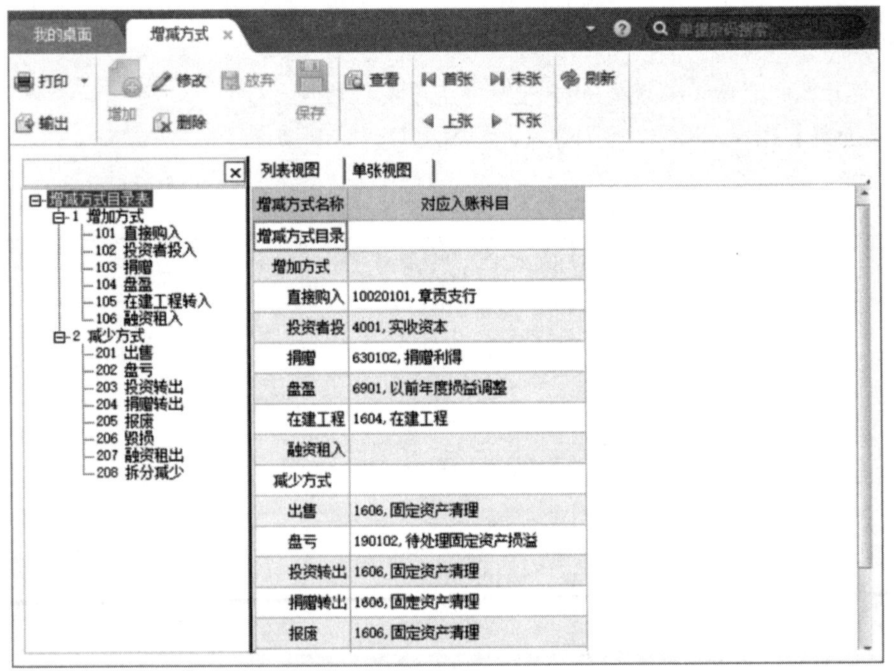

图5-16 【增减方式—列表视图】窗口

【实验提示】

①如果增加的是第一级，则从增减方式目录中选中【增加方式】或【减少方式】；如果增加的是第二级，则应选中要添加下级的方式后，单击【增加】按钮。

②设置对应入账科目是为了在生成凭证时使用，例如，以购入方式增加资产时该科目可设置为“银行存款”，投资者投入时该科目可设置为“实收资本”，该科目将默认在贷方；资产减少时，该科目可设置为“固定资产清理”，将默认在借方。

③已使用(卡片已选用过)的方式不能删除，非明细级方式不能删除，系统默认的增减方式中“盘盈”“盘亏”“损毁”不能修改和删除。

【实验资料】根据表 5-6 录入固定资产原始卡片。资产的增加方式均为“直接购入”，使用状况均为“在用”。

表 5-6　固定资产原始卡片

类别编码	固定资产名称	使用部门	开始使用日期	原值	累计折旧	备注
01	综合办公楼	总经理办公室、行政人事部、财务部、质量管理部、研发部、采购部、销售部	2020-04-01	2 000 000.00	352 000.00	行政人事部、财务部、销售部各分摊 20%，其余各部门分摊 10%
01	一车间厂房	一车间	2020-04-01	600 000.00	105 600.00	
01	二车间厂房	二车间	2020-04-01	400 000.00	70 400.00	
01	三车间厂房	三车间	2020-04-01	800 000.00	140 800.00	
01	原料及辅料仓	仓管部	2020-04-01	600 000.00	105 600.00	
01	周转材料仓	仓管部	2020-04-01	300 000.00	52 800.00	
01	产品成仓	仓管部	2020-04-01	1 200 000.00	211 200.00	
02	甲生产线	一车间	2020-04-01	1 500 000.00	528 000.00	
02	乙生产线	二车间	2020-04-01	1 200 000.00	422 400.00	
02	丙生产线	三车间	2020-04-01	1 800 000.00	633 600.00	
02	丁生产线	三车间	2022-12-20	2 000 000.00	192 000.00	
03	奔驰轿车	总经理办公室、行政人事部	2020-04-09	480 000.00	168 960.00	平均分摊
03	大众轿车	财务部、质量管理部、研发部	2022-12-26	180 000.00	17 280.00	质量管理部分摊 50%，其余平均分摊
03	特斯拉轿车	采购部、销售部	2021-04-30	320 000.00	81 920.00	平均分摊
03	大型东风货车	采购部、销售部	2020-04-09	460 000.00	161 920.00	平均分摊
03	中型东风货车	采购部、销售部	2020-04-09	250 000.00	88 000.00	平均分摊
03	小型东风货车	采购部、销售部	2020-04-09	130 000.00	45 760.00	平均分摊

续表 5-6

类别编码	固定资产名称	使用部门	开始使用日期	原值	累计折旧	备注
04	华为电脑	总经理办公室、行政人事部、财务部、质量管理部、研发部、采购部、销售部、仓管部、一车间、二车间、三车间	2020-04-01	5 600.00	3 942.40	5 600 元为单价，每位员工 1 台，共 29 台
04	惠普打复印一体机	总经理办公室、行政人事部、财务部、质量管理部、研发部、采购部、销售部、仓管部、一车间、二车间、三车间	2020-04-01	1 800.00	1 267.20	1800 元为单价，每个部门 1 台，共 11 台
合计				14 402 200.00	3 506 508.80	

【实验过程】

(1) 在 U8 企业应用平台，依次单击【业务导航】→【财务会计】→【固定资产】→【卡片】→【录入原始卡片】菜单，打开【固定资产类别档案】窗口，如图 5-17 所示。

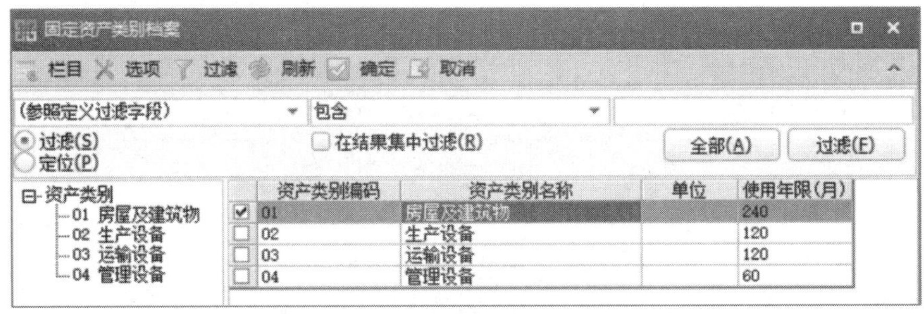

图 5-17 【固定资产类别档案】窗口

(2) 系统默认选择【房屋及建筑物】类别的复选框，单击【确定】按钮，进入【固定资产卡片】窗口。

(3) 根据实验资料，在【固定资产名称】栏录入“综合办公楼”，单击【使用部门】，打开【固定资产】对话框，如图 5-18 所示选择【多部门使用】单选框，单击【确定】按钮，打开【使用部门】对话框。

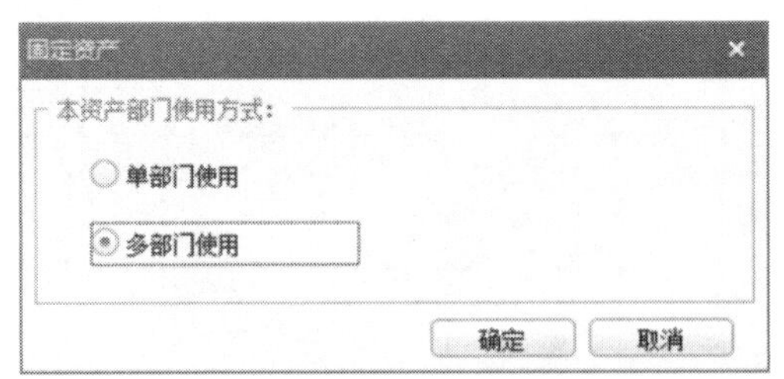

图 5-18 【固定资产】对话框

(4) 单击【增加】按钮，根据实验资料参照选择【使用部门】并输入【使用比例】，结果如图 5-19 所示，单击【确定】按钮，退出【使用部门】对话框，返回【固定资产卡片】窗口。

(5) 单击【增加方式】，打开【固定资产增加方式】对话框，选择“直接购入”，单击【确定】按钮。

使用部门

使用部门有效数量范围:2 ~ 999个

序号	使用部门	使用比例%	对应折旧科目	项目大类	对应项目	部门编码
1	总经理办公室	10.0000	660201,折旧费			01
2	行政人事部	20.0000	660201,折旧费			02
3	财务部	20.0000	660201,折旧费			03
4	质量管理部	10.0000	660201,折旧费			04
5	研发部	10.0000	5301,研发支出			05
6	采购部	10.0000	660201,折旧费			06
7	销售部	20.0000	660101,折旧费			07
8		0.0000				

图 5-19　多部门使用分摊比例设置

(6)单击【使用状况】，打开【使用状况参照】对话框，选择“在用”，单击【确定】按钮。

(7)在【开始使用日期】栏输入“2020-04-01”，在【原值】栏输入“2 000 000.00”，在【累计折旧】栏输入“352 000.00”，其他项默认，如图 5-20 所示。

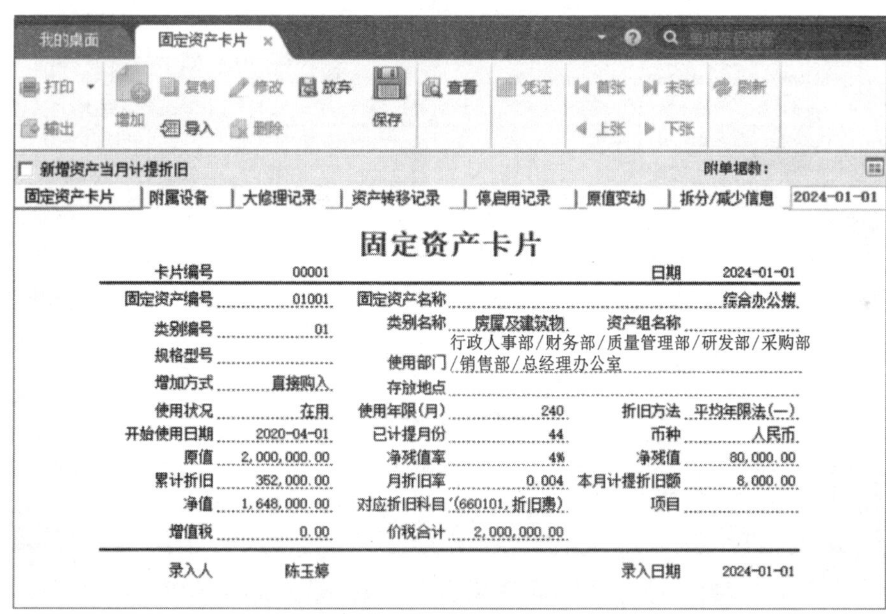

图 5-20　固定资产原始卡片

(8)单击【保存】按钮，系统提示“数据成功保存!”。

(9)单击【确认】按钮，按照上述操作继续录入其他固定资产卡片。

(10)查询录入结果。在固定资产管理系统，双击【卡片】→【卡片管理】菜单，打开【查询条件—卡片管理】窗口，单击【确定】按钮，即可查询所有原始卡片信息，结果如图 5-21 所示。

(11)与总账系统进行期初对账。在固定资产管理系统，单击【资产对账—对账】菜单，弹出【对账条件】对话框，勾选【1601 固定资产】【1602 累计折旧】，单击【确定】按钮，打开【与总账对账结果】窗口，结果如图 5-22 所示。

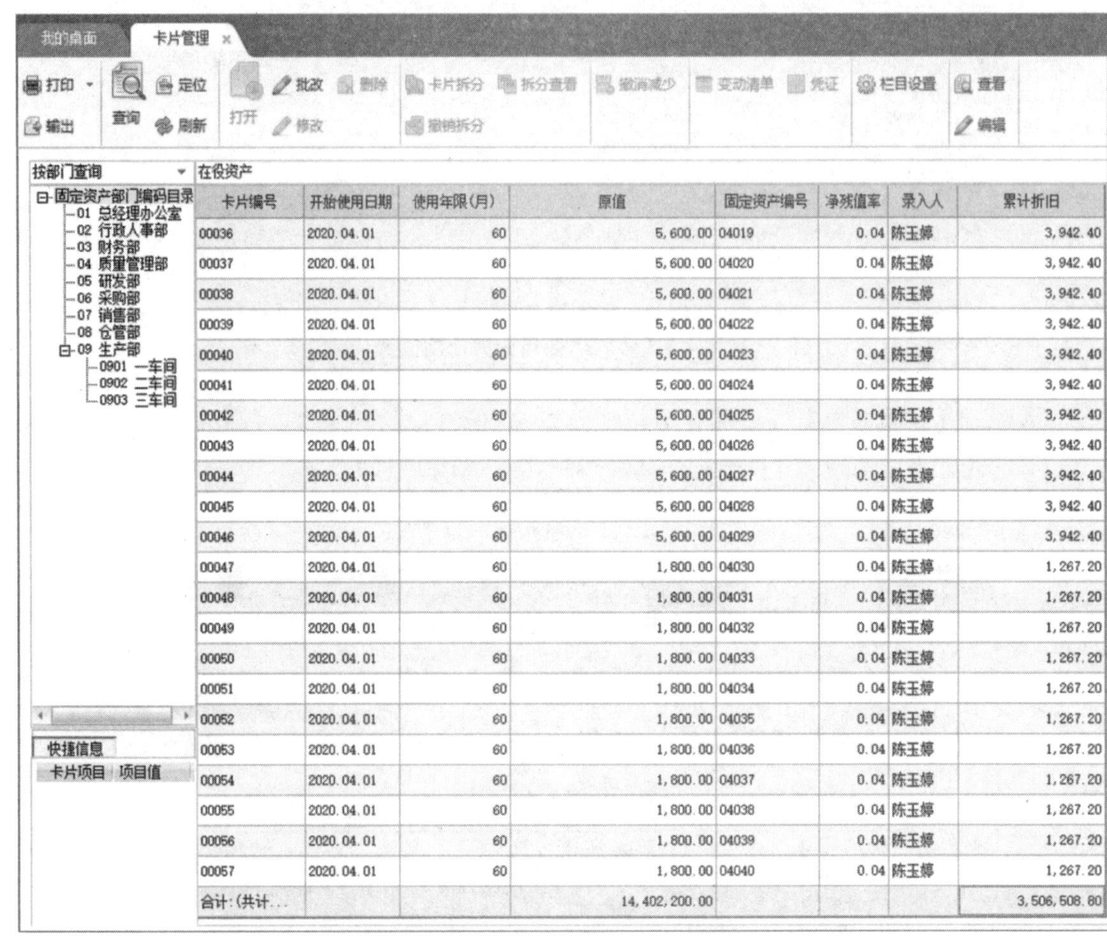

卡片编号	开始使用日期	使用年限(月)	原值	固定资产编号	净残值率	录入人	累计折旧
00036	2020.04.01	60	5,600.00	04019	0.04	陈玉婷	3,942.40
00037	2020.04.01	60	5,600.00	04020	0.04	陈玉婷	3,942.40
00038	2020.04.01	60	5,600.00	04021	0.04	陈玉婷	3,942.40
00039	2020.04.01	60	5,600.00	04022	0.04	陈玉婷	3,942.40
00040	2020.04.01	60	5,600.00	04023	0.04	陈玉婷	3,942.40
00041	2020.04.01	60	5,600.00	04024	0.04	陈玉婷	3,942.40
00042	2020.04.01	60	5,600.00	04025	0.04	陈玉婷	3,942.40
00043	2020.04.01	60	5,600.00	04026	0.04	陈玉婷	3,942.40
00044	2020.04.01	60	5,600.00	04027	0.04	陈玉婷	3,942.40
00045	2020.04.01	60	5,600.00	04028	0.04	陈玉婷	3,942.40
00046	2020.04.01	60	5,600.00	04029	0.04	陈玉婷	3,942.40
00047	2020.04.01	60	1,800.00	04030	0.04	陈玉婷	1,267.20
00048	2020.04.01	60	1,800.00	04031	0.04	陈玉婷	1,267.20
00049	2020.04.01	60	1,800.00	04032	0.04	陈玉婷	1,267.20
00050	2020.04.01	60	1,800.00	04033	0.04	陈玉婷	1,267.20
00051	2020.04.01	60	1,800.00	04034	0.04	陈玉婷	1,267.20
00052	2020.04.01	60	1,800.00	04035	0.04	陈玉婷	1,267.20
00053	2020.04.01	60	1,800.00	04036	0.04	陈玉婷	1,267.20
00054	2020.04.01	60	1,800.00	04037	0.04	陈玉婷	1,267.20
00055	2020.04.01	60	1,800.00	04038	0.04	陈玉婷	1,267.20
00056	2020.04.01	60	1,800.00	04039	0.04	陈玉婷	1,267.20
00057	2020.04.01	60	1,800.00	04040	0.04	陈玉婷	1,267.20
合计:(共计...			14,402,200.00				3,506,508.80

图 5-21　固定资产原始卡片列表

与总账对账结果													
科目		固定资产				总账				对账差异			
编码	名称	期初余额	借方金额	贷方金额	期末余额	期初余额	借方金额	贷方金额	期末余额	期初余额	借方金额	贷方金额	期末余额
1601	固定资产	14402200.00	0.00	0.00	14402200.00	14402200.00	0.00	0.00	14402200.00	0.00	0.00	0.00	0.00
1602	累计折旧	3506508.80	0.00	0.00	3506508.80	3506508.80	0.00	0.00	3506508.80	0.00	0.00	0.00	0.00

图 5-22　与总账系统对账结果

【实验提示】

①与计算折旧有关的项目输入后，系统会按照输入的内容将本月应提的折旧额显示在“月折旧额”项目内，可将该值与手工计算的值比较，看是否有输入错误。

②其他标签输入的内容只是为管理卡片设置，不参与计算。除附属设备外，其他内容在输入月结账后除“备注”外不能修改和输入，由系统自动生成。

③输入的原值、累计折旧和累计工作量一定要是卡片输入所在月份的月初价值，否则将会出现计算错误。

第三节　固定资产日常业务处理

一、固定资产增加

固定资产增加操作也称“新卡片输入”，它与“原始卡片输入”相对应。在系统日常使用过程中，可能会购进或通过其他方式增加固定资产，该部分资产通过“资产增加”操作输入系统。

【实验资料】

2024 年 1 月 5 日，采购部张俊微购入一辆雷克萨斯轿车并交付采购部和销售部共同使用，取得的增值税专用发票上注明的不含税价款为 350 000 元，增值税税额为 45 500 元，该款项通过签发赣州农商银行章贡支行转账支票方式(票号：9690362206)付讫。

【实验过程】

(1)2024 年 1 月 5 日，以陈玉婷(F02)的身份登录 U8 企业应用平台。

(2)在 U8 企业应用平台，依次单击【业务导航】→【财务会计】→【固定资产】→【卡片】→【资产增加】，打开【固定资产类别档案】窗口，选择“03”(运输设备)，单击【确定】，进入【固定资产卡片】窗口。

(3)根据实验资料录入固定资产卡片，结果如图 5-23 所示。

固定资产卡片

卡片编号	00058			日期	2024-01-05
固定资产编号	03007	固定资产名称			雷克萨斯轿车
类别编号	03	类别名称	运输设备	资产组名称	
规格型号		使用部门			采购部/销售部
增加方式	直接购入	存放地点			
使用状况	在用	使用年限(月)	120	折旧方法	平均年限法(一)
开始使用日期	2024-01-05	已计提月份	0	币种	人民币
原值	350,000.00	净残值率	4%	净残值	14,000.00
累计折旧	0.00	月折旧率	0	本月计提折旧额	0.00
净值	350,000.00	对应折旧科目	(660101,折旧费)	项目	
增值税	45,500.00	价税合计	395,500.00		
录入人	陈玉婷			录入日期	2024-01-05

图 5-23 【固定资产卡片增加】窗口

(4)单击工具栏里的【保存】按钮，提示“数据成功保存!”。

【实验提示】

①固定资产的增加操作与原始卡片输入操作相关要求一致。

②新卡片第一个月不提折旧，折旧额为空或零。

二、批量制单

制作记账凭证即制单。固定资产管理系统和总账管理系统之间存在着数据的自动传输，该传输通过制作传送到总账管理系统的凭证予以实现。固定资产管理系统需要制单或修改凭证的情况包括：资产增加(输入新卡片)、资产减少、卡片修改(涉及原值或累计折旧时)、原值变动、累计折旧调整和折旧分配等。在固定资产管理系统选项设置中，如果选择了【业务发生后立即制单】选项，则在上述固定资产变化时，自动生成凭证并编辑修改状态以供修改处理；如未选择【业务发生后立即制单】选项，则可通过“批量制单”来完成。

【实验资料】2024 年 1 月 5 日，生成资产增加的记账凭证。

【实验过程】

(1)在 U8 企业应用平台，依次单击【业务导航】→【财务会计】→【固定资产】→【凭证处理】→【批量制单】菜单，打开【查询条件—批量制单】对话框，单击【确定】按钮，打开【批量制单】窗口，双击第 1 行的【选择】栏，在【凭证类别】下拉框中选择“付款凭证”，如图 5-24 所示。

制单选择 | 制单设置　　凭证类别 付 付款凭证　　合并号

已用合并号

选择	合并号	序号	业务日期	业务类型	业务描述	业务号	资产编号	资产名称	发生额
Y		1	2024-01-05	卡片	新增资产	00058	03007	雷克萨斯轿车	350,000.00

图 5-24 【批量制单—制单选择】窗口

(2)点击【制单设置】页签，如图 5-25 所示。

制单选择　制单设置　　凭证类别 付 付款凭证　　合并号 00058卡片

☑方向相同时合并分录　☑借方合并　☑贷方合并　☑方向相反时合并分录

序号	业务日期	业务类型	业务描述	业务号	方向	发生额	科目
1	2024-01-05	卡片	新增资产	00058	借	175,000.00	1601　固定资产
2	2024-01-05	卡片	新增资产	00058	借	175,000.00	1601　固定资产
3	2024-01-05	卡片	新增资产	00058	借	22,750.00	22210101　进项税额
4	2024-01-05	卡片	新增资产	00058	借	22,750.00	22210101　进项税额
5	2024-01-05	卡片	新增资产	00058	贷	197,750.00	10020101　章贡支行
6	2024-01-05	卡片	新增资产	00058	贷	197,750.00	10020101　章贡支行

图 5-25　批量制单—制单设置

(3)单击工具栏的【凭证】按钮，系统生成一张记账凭证。单击会计分录第 3 行任意位置，同时按【Ctrl+S】组合键，调出【辅助项】对话框。录入【结算方式】【票号】及【发生日期】，结果如图 5-26、图 5-27 所示，单击【确定】按钮，再单击【保存】按钮。

图 5-26 【辅助项】对话框

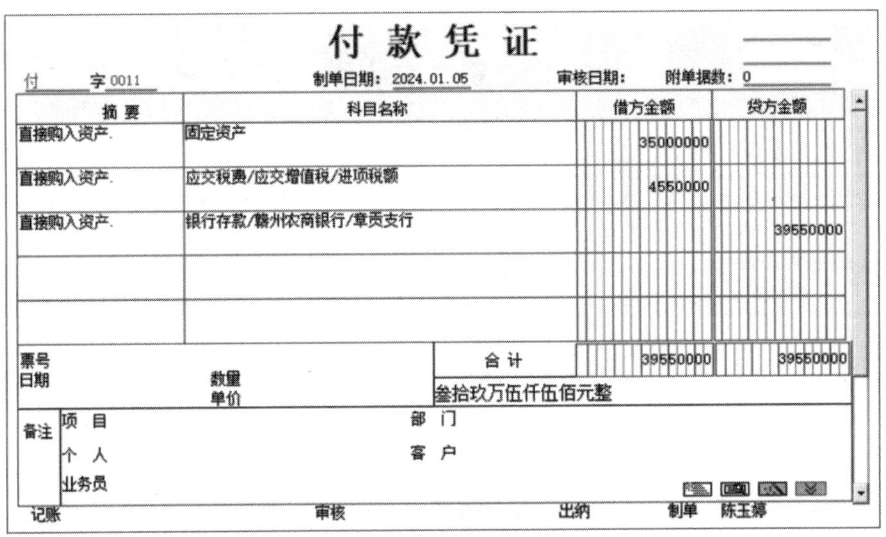

付款凭证

付 字 0011　制单日期：2024.01.05　审核日期：　附单据数：0

摘要	科目名称	借方金额	贷方金额
直接购入资产.	固定资产	35000000	
直接购入资产.	应交税费/应交增值税/进项税额	4550000	
直接购入资产.	银行存款/赣州农商银行/章贡支行		39550000
票号 日期　数量 单价	合计	39550000	39550000
	叁拾玖万伍仟伍佰元整		

备注　项目　部门
个人　客户
业务员

记账　审核　出纳　制单　陈玉婷

图 5-27　付款凭证

【实验提示】

①凡是业务发生当时没有制单的，该业务自动排列在批量制单列表中，表中列示应制单而没有制单的业务发生的日期、类型、原始单据号、默认的借贷方科目和金额，以及制单选择标志。

②如该单据在其他系统已制单或发生其他情况不应制单，可选中该行后单击【删除】按钮，将该应制单业务从表中删除。

③如果在选项中选择了【应制单业务没有制单不允许结账】选项，则只要本表中有记录，该月不能结账。

三、固定资产变动

固定资产在使用过程中，可能会调整卡片上的一些项目，此类变动必须留下原始凭证，这样制作的原始凭证称为变动单。固定资产变动单包括原值变动、部门转移、使用状况变动、使用年限调整、折旧方法调整、净残值(率)调整、工作总量调整、累计折旧调整、资产类别调整、计提减值准备、转回减值准备、变动单管理等。对于其他项目的修改，如名称、编号、自定义项目等的变动可直接在固定资产卡片上进行。

【实验资料】

2024 年 1 月 12 日，经财务部研究决定，将大众轿车的折旧方法由“年限折旧法(一)”变更为“双倍余额递减法(一)”。

【实验过程】

(1)2024 年 1 月 12 日，以陈玉婷(F02)的身份登录 U8 企业应用平台。

(2)在 U8 企业应用平台，依次单击【业务导航】→【财务会计】→【固定资产】→【变动单】→【折旧方法调整】菜单，打开【固定资产变动单】窗口。

(3)在【卡片编号】栏选择“00013”，在【变动后折旧方法】栏选择“双倍余额递减法

(一)”,【变动原因】栏输入“会计估计变更”,结果如图 5-28 所示。

固定资产变动单

— 折旧方法调整 —

变动单编号	00001			变动日期	2024-01-12
卡片编号	00013	资产编号	03002	开始使用日期	2022-12-26
资产名称			大众轿车	规格型号	
变动前折旧方法	平均年限法(一)	变动后折旧方法			双倍余额递减法(一)
变动原因					会计估计变更
				经手人	陈玉婷

图 5-28 【固定资产变动单—折旧方法调整】窗口

【实验提示】

①当月原始输入或增加的固定资产不允许进行原值变动处理。

②变动单不能修改,只有当月可删除重做,所以需要仔细检查后再保存。

四、固定资产折旧

自动计提折旧是固定资产系统的主要功能之一。系统每期计提折旧一次,根据输入系统的资料自动计算每项资产的折旧,并将当期的折旧额自动累加到累计折旧项目,自动生成折旧分配表,然后制作记账凭证,将本期的折旧费用自动登账。

影响折旧率的因素有:原值变动、累计折旧调整、净残值(率)调整,折旧方法调整、使用年限调整、使用状况调整。由于在使用过程中,上述因素可能发生变动,这样就会对折旧计算产生影响。为此,当上述因素发生变动时,折旧计提和分配应遵循固定资产管理系统的基本业务处理原则。

【实验资料】2024 年 1 月 31 日,计提本月折旧。

【实验过程】

(1)2024 年 1 月 31 日,以陈玉婷(F02)的身份登录 U8 企业应用平台。

(2)在 U8 企业应用平台,依次单击【业务导航】→【财务会计】→【固定资产】→【折旧计提】→【计提本月折旧】菜单,系统提示“是否要查看折旧清单?”,单击【是】,弹出如图 5-29 所示的系统提示。

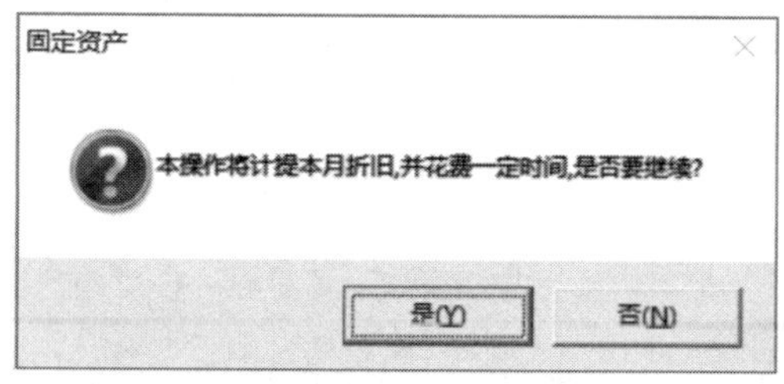

图 5-29 【固定资产折旧计提】提示框

(3)单击【是】按钮,打开【折旧清单】窗口,如图 5-30 所示。

按部门查询
- 固定资产部门编码目录
  - 01 总经理办公室
  - 02 行政人事部
  - 03 财务部
  - 04 质量管理部
  - 05 研发部
  - 06 采购部
  - 07 销售部
  - 08 仓管部
  - 09 生产部

折旧清单

卡片编号	资产编号	资产名称	原值	计提原值	本月计提折旧额	累计折旧	本年计提折旧	减值准备	净值	净残值	折旧率
00036	04019	华为电脑	5,600.00	5,600.00	89.60	4,032.00	89.60	0.00	1,568.00	224.00	0.016
00037	04020	华为电脑	5,600.00	5,600.00	89.60	4,032.00	89.60	0.00	1,568.00	224.00	0.016
00038	04021	华为电脑	5,600.00	5,600.00	89.60	4,032.00	89.60	0.00	1,568.00	224.00	0.016
00039	04022	华为电脑	5,600.00	5,600.00	89.60	4,032.00	89.60	0.00	1,568.00	224.00	0.016
00040	04023	华为电脑	5,600.00	5,600.00	89.60	4,032.00	89.60	0.00	1,568.00	224.00	0.016
00041	04024	华为电脑	5,600.00	5,600.00	89.60	4,032.00	89.60	0.00	1,568.00	224.00	0.016
00042	04025	华为电脑	5,600.00	5,600.00	89.60	4,032.00	89.60	0.00	1,568.00	224.00	0.016
00043	04026	华为电脑	5,600.00	5,600.00	89.60	4,032.00	89.60	0.00	1,568.00	224.00	0.016
00044	04027	华为电脑	5,600.00	5,600.00	89.60	4,032.00	89.60	0.00	1,568.00	224.00	0.016
00045	04028	华为电脑	5,600.00	5,600.00	89.60	4,032.00	89.60	0.00	1,568.00	224.00	0.016
00046	04029	华为电脑	5,600.00	5,600.00	89.60	4,032.00	89.60	0.00	1,568.00	224.00	0.016
00047	04030	惠普打复印一体机	1,800.00	1,800.00	28.80	1,296.00	28.80	0.00	504.00	72.00	0.016
00048	04031	惠普打复印一体机	1,800.00	1,800.00	28.80	1,296.00	28.80	0.00	504.00	72.00	0.016
00049	04032	惠普打复印一体机	1,800.00	1,800.00	28.80	1,296.00	28.80	0.00	504.00	72.00	0.016
00050	04033	惠普打复印一体机	1,800.00	1,800.00	28.80	1,296.00	28.80	0.00	504.00	72.00	0.016
00051	04034	惠普打复印一体机	1,800.00	1,800.00	28.80	1,296.00	28.80	0.00	504.00	72.00	0.016
00052	04035	惠普打复印一体机	1,800.00	1,800.00	28.80	1,296.00	28.80	0.00	504.00	72.00	0.016
00053	04036	惠普打复印一体机	1,800.00	1,800.00	28.80	1,296.00	28.80	0.00	504.00	72.00	0.016
00054	04037	惠普打复印一体机	1,800.00	1,800.00	28.80	1,296.00	28.80	0.00	504.00	72.00	0.016
00055	04038	惠普打复印一体机	1,800.00	1,800.00	28.80	1,296.00	28.80	0.00	504.00	72.00	0.016
00056	04039	惠普打复印一体机	1,800.00	1,800.00	28.80	1,296.00	28.80	0.00	504.00	72.00	0.016
00057	04040	惠普打复印一体机	1,800.00	1,800.00	28.80	1,296.00	28.80	0.00	504.00	72.00	0.016
合计			14,402,200.00	14,402,200.00	94,645.52	3,601,154.32	94,645.52		10,801,045.68	576,088.00	

图 5-30 【固定资产折旧清单】窗口

(4)单击【退出】按钮，系统提示“计提折旧完成！”，如图 5-31 所示。

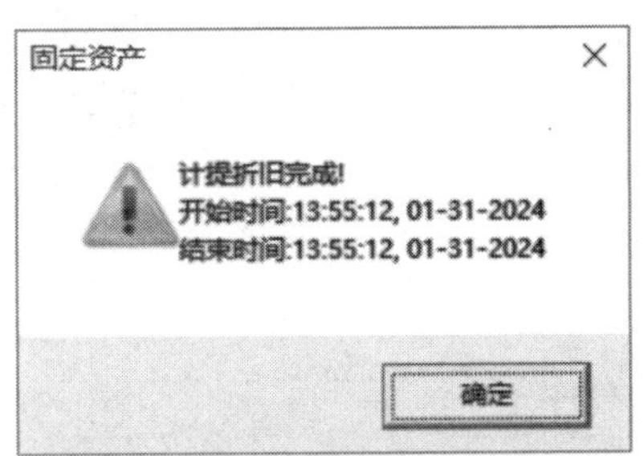

图 5-31 【计提折旧完成】提示框

(5)在固定资产系统，依次双击【凭证处理】→【批量制单】菜单，打开【查询条件—批量制单】对话框，单击【确定】按钮，打开【批量制单】窗口，双击第 1 行的【选择】栏，如图 5-32 所示。

选择	合并号	序号	业务日期	业务类型	业务描述	业务号	资产编号	资产名称	发生额
Y		1	2024-01-31	折旧计提	折旧计提	01			94,645.52

图 5-32 【批量制单—制单选择】窗口

(6)点击【制单设置】页签，【凭证类别】下拉框选择“转账凭证”，如图 5-33 所示。

制单选择　制单设置　　凭证类别 转 转账凭证　　合并号 01 折旧计提

☑方向相同时合并分录　☑借方合并　☑贷方合并　　☑方向相反时合并分录

序号	业务日期	业务类型	业务描述	业务号	方向	发生额	科目	部门核算
1	2024-01-31	折旧计提	折旧计提	01	借	2,838.40	660201 折旧费	01 总经...
2	2024-01-31	折旧计提	折旧计提	01	借	3,996.80	660201 折旧费	02 行政...
3	2024-01-31	折旧计提	折旧计提	01	借	2,650.18	660201 折旧费	03 财务部
4	2024-01-31	折旧计提	折旧计提	01	借	2,602.76	660201 折旧费	04 质量...
5	2024-01-31	折旧计提	折旧计提	01	借	1,850.18	530101 费用化支出	
6	2024-01-31	折旧计提	折旧计提	01	借	5,648.00	660201 折旧费	06 采购部
7	2024-01-31	折旧计提	折旧计提	01	借	6,448.00	660101 折旧费	07 销售部
8	2024-01-31	折旧计提	折旧计提	01	借	8,518.40	660201 折旧费	08 仓管部
9	2024-01-31	折旧计提	折旧计提	01	借	14,697.60	510101 折旧费	0901 一车间
10	2024-01-31	折旧计提	折旧计提	01	借	11,497.60	510101 折旧费	0902 二车间
11	2024-01-31	折旧计提	折旧计提	01	借	33,897.60	510101 折旧费	0903 三车间
12	2024-01-31	折旧计提	折旧计提	01	贷	94,645.52	1602 累计折旧	

图 5-33 【批量制单—制单设置】窗口

(7) 单击工具栏里的【凭证】按钮，系统自动生成一张记账凭证，如图 5-34 所示，单击【保存】按钮。

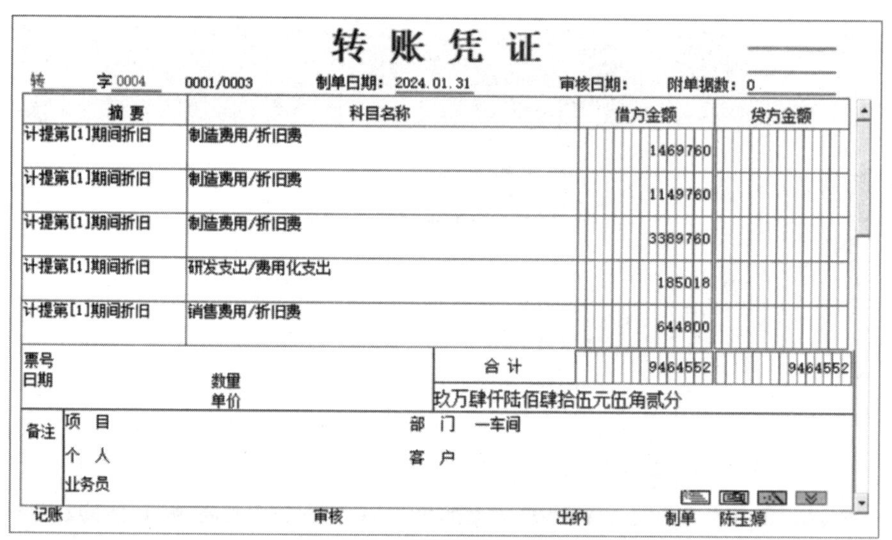

转账凭证

转 字 0004　0001/0003　制单日期：2024.01.31　审核日期：　附单据数：0

摘要	科目名称	借方金额	贷方金额
计提第[1]期间折旧	制造费用/折旧费	1469760	
计提第[1]期间折旧	制造费用/折旧费	1149760	
计提第[1]期间折旧	制造费用/折旧费	3389760	
计提第[1]期间折旧	研发支出/费用化支出	185018	
计提第[1]期间折旧	销售费用/折旧费	644800	
票号 日期　数量 单价	合计	9464552	9464552
	玖万肆仟陆佰肆拾伍元伍角贰分		

备注　项目　　部门 一车间

个人　　客户

业务员

记账　审核　出纳　制单 陈玉婷

图 5-34 固定资产折旧转账凭证

【实验提示】

①固定资产管理系统在一个期间内可以多次计提折旧，每次计提折旧后，只是将计提的折旧累加到月初的累计折旧，不会重复累计。

②如果上次计提折旧已制单并将数据传递到账务系统，则必须删除该凭证才能重新计提折旧。

③计提折旧后又对账套进行了影响折旧计算或分配的操作，必须重新计提折旧，否则系统不允许结账。

④如果自定义的折旧方法月折旧率或月折旧额出现负数，自动中止计提。

五、固定资产减少

资产在使用过程中，会由于毁损、出售、盘亏等原因，达到终止确认的条件，该部分操作称为“资产减少”。固定资产管理系统提供资产减少的批量操作，为同时清理一批资产提供方便。减少固定资产只有当账套开始计提折旧后方可使用。否则减少资产只能通过删除固定资产卡片的途径来完成。

【实验资料】2024 年 1 月 31 日，财务部一台华为电脑（卡片编号：00024）因电源故障而导致损毁，该项固定资产清理实现收入为 1 500 元，以现金收讫。

【实验过程】

（1）2024 年 1 月 31 日，以陈玉婷（F02）的身份登录 U8 企业应用平台。

（2）在 U8 企业应用平台，依次单击【业务导航】→【财务会计】→【固定资产】→【资产处置】→【资产减少】菜单，打开【资产减少】窗口。在卡片编号处输入“00024”，然后单击【增加】按钮，在【资产减少】窗口下方列表中追加该项固定资产。

（3）根据实验资料填制信息，结果如图 5-35 所示。

卡片编号 00024　条件
资产编号 04007

卡片编号	资产编号	资产名称	原值	净值	减少日期	减少方式	清理收入	增值税	清理费用	清理原因
00024	04007	华为电脑	5600.00	1568.00	2024-01-31	毁损	1500			电源故障

图 5-35　【资产减少】窗口

（4）填制信息完成后，单击【确定】按钮，系统弹出卡片成功减少信息提示对话框。

（5）在固定资产管理系统，依次双击【凭证处理】→【批量制单】菜单，打开【查询条件-批量制单】对话框，单击【确定】按钮，打开【批量制单】窗口，双击第 1 行的选择栏，如图 5-36 所示。

制单选择　制单设置　凭证类别 收 收款凭证　合并号
已用合并号

选择	合并号	序号	业务日期	业务类型	业务描述	业务号	资产编号	资产名称	发生额
Y		1	2024-01-31	资产减少	减少资产	00024	04007	华为电脑	7,100.00

图 5-36　【批量制单—制单选择】窗口

（6）点击【制单设置】页签，【凭证类别】下拉框选择“收款凭证”，如图 5-37 所示。

制单选择　制单设置　凭证类别 收 收款凭证　合并号 00024资产减少
☑ 方向相同时合并分录　☑ 借方合并　☑ 贷方合并
☑ 方向相反时合并分录

序号	业务日期	业务类型	业务描述	业务号	方向	发生额	科目
1	2024-01-31	资产减少	减少资产	00024	借	4,032.00	1602 累计折旧
2	2024-01-31	资产减少	减少资产	00024	借	1,568.00	1606 固定资产清理
3	2024-01-31	资产减少	减少资产	00024	贷	5,600.00	1601 固定资产
4	2024-01-31	资产减少	减少资产	00024	借	1,500.00	1001 库存现金
5	2024-01-31	资产减少	减少资产	00024	贷	1,500.00	1606 固定资产清理

图 5-37　【批量制单—制单设置】窗口

(7)单击工具栏的【凭证】按钮，系统生成一张记账凭证，如图5-38所示，单击【保存】按钮。

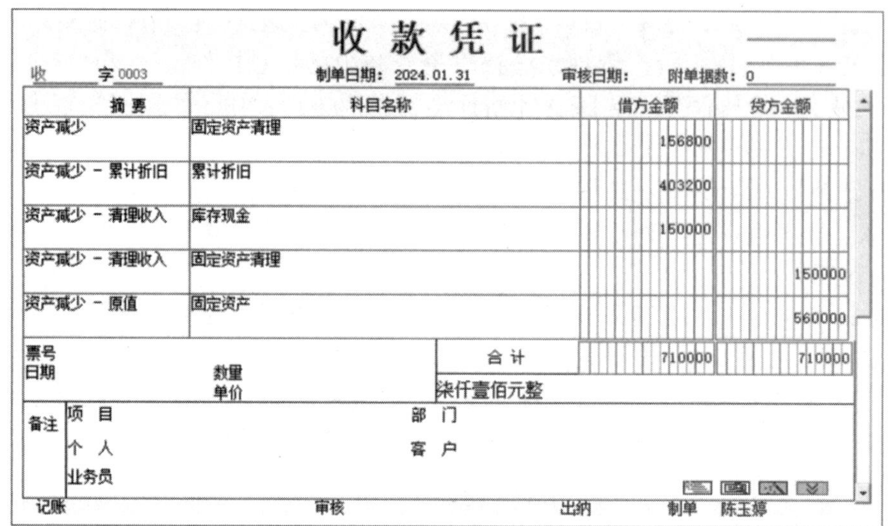

收款凭证

收 字 0003　制单日期：2024.01.31　审核日期：　附单据数：0

摘要	科目名称	借方金额	贷方金额
资产减少	固定资产清理	156800	
资产减少－累计折旧	累计折旧	403200	
资产减少－清理收入	库存现金	150000	
资产减少－清理收入	固定资产清理		150000
资产减少－原值	固定资产		560000
票号 日期 数量 单价	合计	710000	710000
	柒仟壹佰元整		

备注　项目　部门　个人　客户　业务员

记账　审核　出纳　制单 陈玉婷

图5-38　固定资产减少收款凭证

(8)在总账系统，依次双击【凭证】→【填制凭证】菜单，打开【填制凭证】窗口，填制记账凭证并保存，结果如图5-39所示。

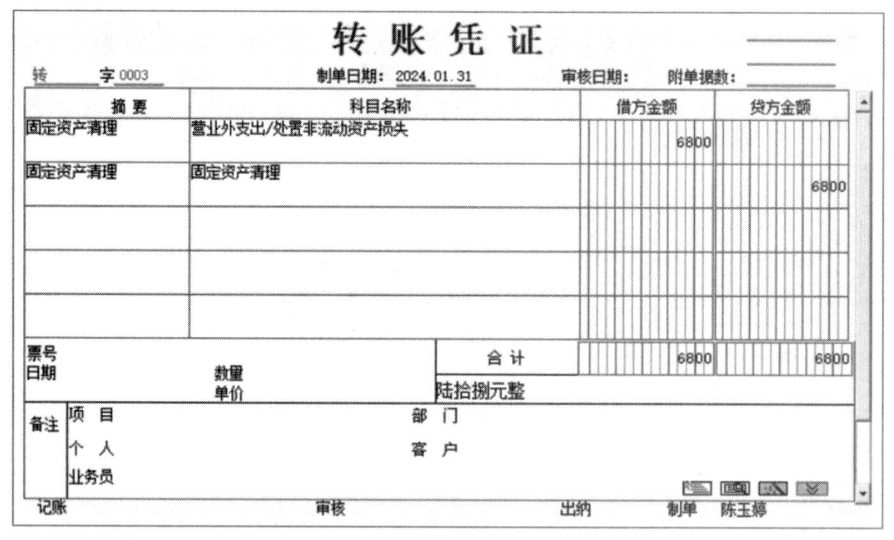

转账凭证

转 字 0003　制单日期：2024.01.31　审核日期：　附单据数：

摘要	科目名称	借方金额	贷方金额
固定资产清理	营业外支出/处置非流动资产损失	6800	
固定资产清理	固定资产清理		6800
票号 日期 数量 单价	合计	6800	6800
	陆拾捌元整		

备注　项目　部门　个人　客户　业务员

记账　审核　出纳　制单 陈玉婷

图5-39　固定资产减少转账凭证

【实验提示】系统提供了固定资产减少的恢复纠错的功能，当月减少的资产可以通过本功能恢复使用。通过资产减少的资产只有在减少的当月可以恢复。从卡片管理界面中，选择【已减少的资产】选项，再选中要恢复的资产，单击【恢复减少】即可。如果资产减少操作已制作凭证，必须删除凭证后才能恢复。

思考题

1. 简述固定资产管理系统的基本功能。
2. 固定资产管理系统初始化设置的主要内容有哪些？
3. 固定资产管理系统基础信息设置的主要内容有哪些？
4. 固定资产管理系统需要制作记账凭证的情况有哪些？
5. 在会计信息系统环境下，企业应该如何加强固定资产管理？

第六章 薪资管理

人力资源的核算和管理工作是企业管理的重要方面，也是企业会计信息系统的基本业务之一。正确地核算和管理企业人力资源对于企业实现高质量发展具有重要意义。

第一节 薪资管理系统概述

一、薪资管理系统功能概述

薪资管理是各企事业单位最经常使用的功能之一。在用友新道 U8 管理软件中，它作为人力资源管理系统的一个子系统主要包括以下功能。

1. 薪资类别管理

薪资类别管理提供处理多个工资类别的功能。如果单位按周或一月多次发放工资，或者是单位中有多种不同类别(部门)的人员，则工资发放项目不同，计算公式也不同但需进行统一的工资核算管理，应选择建立多个工资类别。如果单位中所有人员的工资统一管理，而人员的工资项目、工资计算公式全部相同则只需要建立单个工资类别，以提高系统的运行效率。

2. 人员档案管理

人员档案管理可以设置人员的基础信息并对人员变动进行调整，同时，系统也提供了设置人员附加信息的功能。

3. 薪资数据管理

薪资数据管理可以根据不同企业的需要设计工资项目和计算公式；管理所有人员的工资数据，并对平时发生的工资变动进行调整；自动计算个人所得税，结合工资发放形式进行扣零处理或向代发工资的银行传输工资数据；自动计算、汇总工资数据，自动完成工资分摊、计提、转账业务。

4. 薪资报表管理

薪资报表管理提供多层次、多角度的工资数据查询。

二、薪资管理系统与其他系统的主要关系

薪资管理系统与系统管理共享基础数据；薪资管理系统将工资分摊的结果生成转账凭证，传递到总账管理系统；另外，薪资管理系统向成本核算系统传送相关费用的合计数据。

第二节　薪资管理系统初始化设置

一、建立核算单位

建立核算单位工作是整个薪资管理系统正确运行的基础。建立一个完整的核算单位体系，是系统正常运行的根本保障。建立核算单位可通过系统提供的建账向导，逐步完成整个薪资账套的创建工作。薪资核算管理账套的创建分为两大步，第一步是启用薪资管理系统，第二步是创建账套。

(1)启用薪资管理系统。薪资管理系统的启用方法和操作过程与固定资产管理系统的启用基本相同，其操作步骤可参见固定资产管理系统的启用步骤。

(2)登录薪资管理系统，完成薪资账套的创建。薪资账套的创建可根据系统建账向导来进行，系统提供的建账向导分为四步：参数设置→扣税设置→扣零设置→人员编码。

【实验资料】建立薪资账套，账套基本信息为单个工资类别、从工资中代扣个人所得税、不选择“扣零”。

【实验过程】

(1)2024 年 1 月 1 日，以陈玉婷(F02)的身份登录 U8 企业应用平台。

(2)在 U8 企业应用平台，依次单击【业务导航】→【人力资源】→【薪资管理】菜单，打开【建立工资套—参数设置】对话框，如图 6-1 所示。

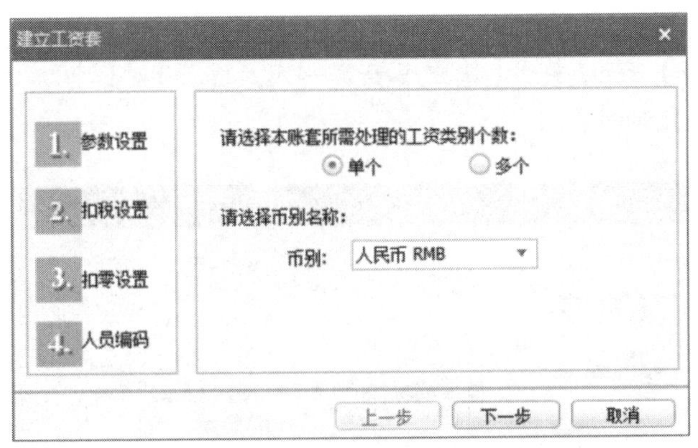

图 6-1　【建立工资套—参数设置】对话框

(3)单击【下一步】按钮，打开【建立工资套—扣税设置】对话框，勾选【是否从工资中代扣个人所得税】项，如图 6-2 所示。

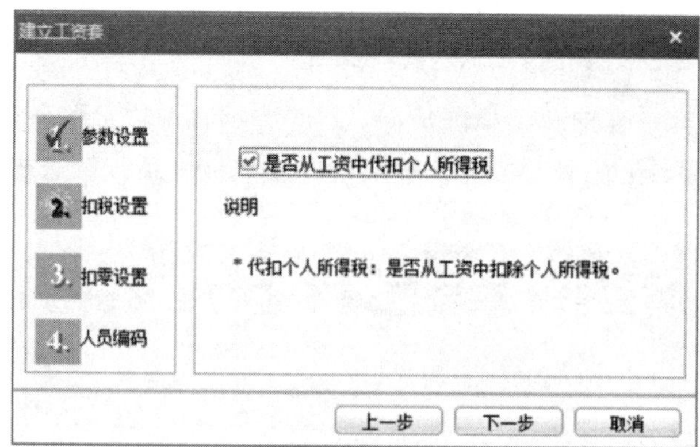

图 6-2 【建立工资套—扣税设置】对话框

(4)单击【下一步】按钮，打开【建立工资套—扣零设置】对话框，不勾选【扣零】项，如图 6-3 所示。

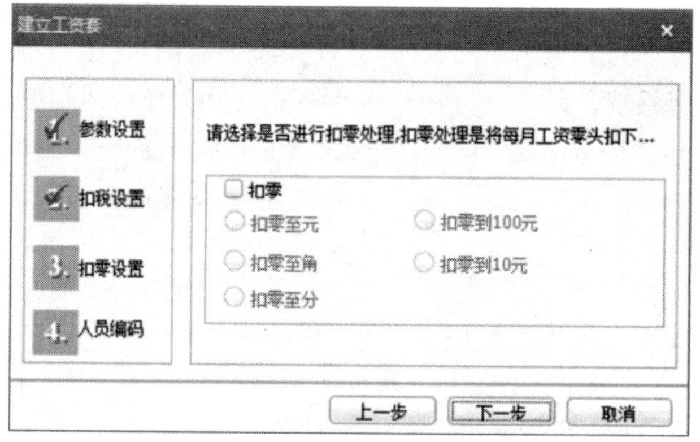

图 6-3 【建立工资套—扣零设置】对话框

(5)单击【下一步】按钮，打开【建立工资套—人员编码】对话框，如图 6-4 所示，单击【完成】按钮，结束建账向导。

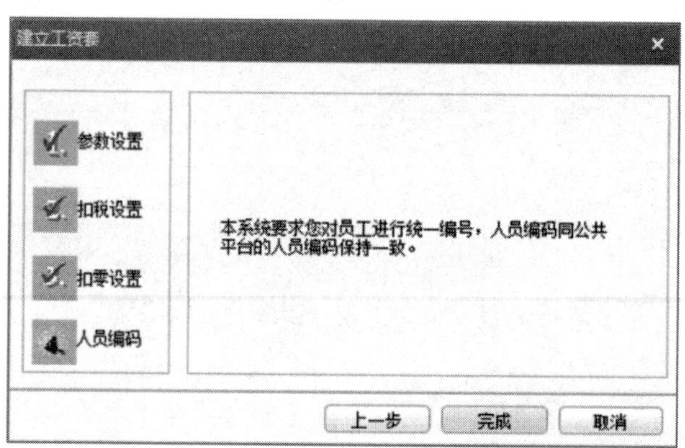

图 6-4 【建立工资套—人员编码】对话框

【实验提示】

①选择本账套所需处理的工资类别个数：单个或多个。如单位按周或月发多次工资，或者是单位中有多种不同类别(部门)的人员，工资发放项目不尽相同，计算公式也不相同，但需进行统一工资核算管理，则应选择【多个】工资类别；如果单位中所有人员的工资统一管理，而人员的工资项目、工资计算公式全部相同，则选择【单个】工资类别，可提高系统的运行效率。

②选择币种名称可参照选择，如果选择账套本位币以外其他币种，则应在工资类别参数维护中设置汇率。

③是否核算计件工资：系统根据此参数判断是否显示计件工资核算的相关信息。计件工资核算相关信息显示为：工资项目设置根据该选项判断显示“计件工资”项目，人员档案根据该选项判断显示人员“是否核算计件工资”选项，计件工资标准设置根据该选项判断显示功能菜单，计件工资统计根据该选项判断显示功能菜单。

二、工资类别设置与管理

薪资管理系统提供处理多个工资类别功能，可为按周或一月多次发放工资，或者是有多种不同类别的人员，工资发放项目不尽相同，计算公式也不相同，为需要进行统一工资核算管理的单位提供解决方案。工资类别是指一套工资账中，根据不同情况而设置的工资数据管理类别。如某企业将正式工和临时工分设为两个工资类别，两个工资类别对应同一套账务。

1. 打开工资类别

多工资类别账套在进行工资数据处理时，必须使操作的工资类别处于打开状态。打开新的工资类别时，系统会自动将原打开的工资类别关闭。

2. 关闭工资类别

某一工资类别数据处理完毕，或要对工资类别进行基础信息设置，如定义系统可以使用的工资项目，则必须将工资类别关闭。新增工资类别、删除工资类别、定义系统工资项目、工资类别汇总等操作须在工资类别关闭状态下进行。定义工资公式、输入职工档案、进行工资数据处理、修改账套参数等必须在工资类别打开状态下进行。

三、基础设置

1. 部门设置

薪资管理系统中所使用的部门与其他管理系统共用，如果尚未建立部门档案，或要对部门档案进行修改、删除等处理，需要通过基础设置来进行；如果要调整工资类别所包含的部门情况，则可在打开工资类别的情况下，在薪资管理系统中进行。薪资管理系统所指部门设置是指定工资类别所包含的部门情况，指定的部门必须是在基础设置中所建立的部门档案。

2. 人员附加信息设置

在薪资管理系统中已预设了职工的基本信息项目，但这些项目有时并不能满足企业管理的需求。在薪资管理系统中设置了人员附加信息设置功能，通过此功能可以增加其他信息项目，丰富人员档案的内容，便于对人员进行更加有效的管理。

3. 工资项目设置

由于各个单位工资项目不尽相同，为了以后工资数据输入与管理更加适合企业管理的需求，需要用户根据本单位的实际情况定义工资表中的工资项目。工资项目定义的内容主要有：序号或栏目号、项目名称、数据类型和数据长度。

由于各个单位所使用的工资项目不同，同时各个工资类别所使用的工资项目也不尽相同，因此，工资项目的设置分为两种情况：一是在关闭工资类别的情况下定义工资项目，此时的定义是针对整个薪资管理系统的，在此称为薪资管理系统工资项目定义；二是在打开工资类别的情况下定义工资项目，此时的定义是针对打开的工资类别，所能定义的工资项目只能从第一种情况下定义的工资项目中选择使用，在此称为工资类别工资项目定义。

【实验资料】根据表 6-1 定义薪资管理系统的工资项目。

表 6-1 工资项目

项目名称	类型	长度	小数位数	增减项
基本工资	数字	8	2	增项
岗位工资	数字	8	2	增项
奖金	数字	8	2	增项
交通补贴	数字	8	2	增项
工龄津贴	数字	8	2	增项
加班津贴	数字	8	2	增项
病假扣款	数字	8	2	减项
事假扣款	数字	8	2	减项
个人养老保险	数字	8	2	减项
个人医疗保险	数字	8	2	减项
个人失业保险	数字	8	2	减项
个人住房公积金	数字	8	2	减项
上月累计预扣预缴税额	数字	8	2	减项
企业养老保险	数字	8	2	其他
企业医疗保险	数字	8	2	其他
企业失业保险	数字	8	2	其他
企业工伤保险	数字	8	2	其他
企业生育保险	数字	8	2	其他
企业住房公积金	数字	8	2	其他
企业工会经费	数字	8	2	其他
应付工资	数字	10	2	其他

续表 6-1

项目名称	类型	长度	小数位数	增减项
累计应付工资	数字	10	2	其他
日工资	数字	8	2	其他
加班天数	数字	8	1	其他
病假天数	数字	8	1	其他
事假天数	数字	8	1	其他
累计减除费用	数字	8	2	其他
累计预扣预缴应纳税所得额	数字	8	2	其他

【实验过程】

(1)2024 年 1 月 1 日，以陈玉婷(F02)登录 U8 企业应用平台。

(2)在 U8 企业应用平台，依次单击【业务导航】→【人力资源】→【薪资管理】→【设置】→【工资项目设置】菜单，打开【工资项目设置】窗口，如图 6-5 所示。

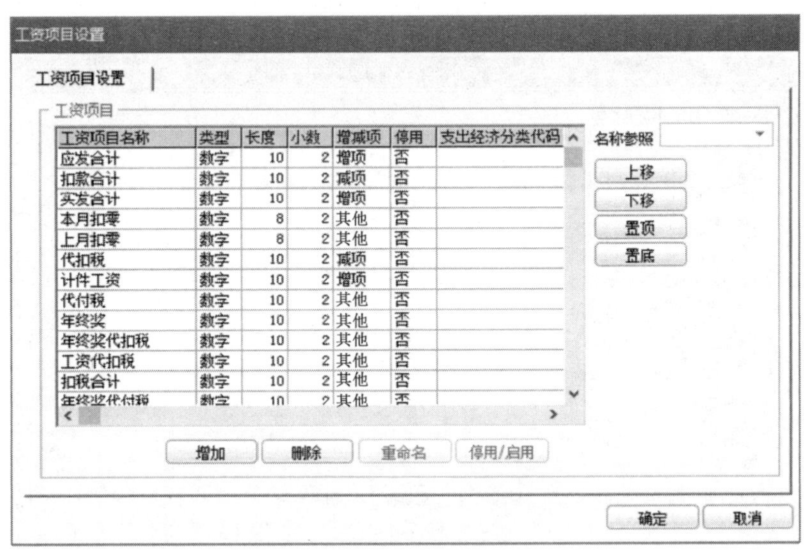

图 6-5 【工资项目设置】窗口

【实验提示】

①工资项目类型，即数据类型分为两种：数值型和字符型。

②增减项方案分为三种：增项、减项和其他，其中增项直接参与构成“应发合计”工资项目的数据源，减项构成“扣款合计”工资项目的数据源，其他项不直接参与“应发合计”和“扣款合计”的构成，间接影响工资数据。

③首次启动工资项目设置功能，对话框中显示的“应发合计”“扣款合计”“实发合计”和“代扣税”等工资项目是系统默认的工资项目。

(3)单击【应发合计】项，再单击【增加】按钮，根据实验资料逐项添加工资项目，结果如图 6-6、图 6-7 所示。

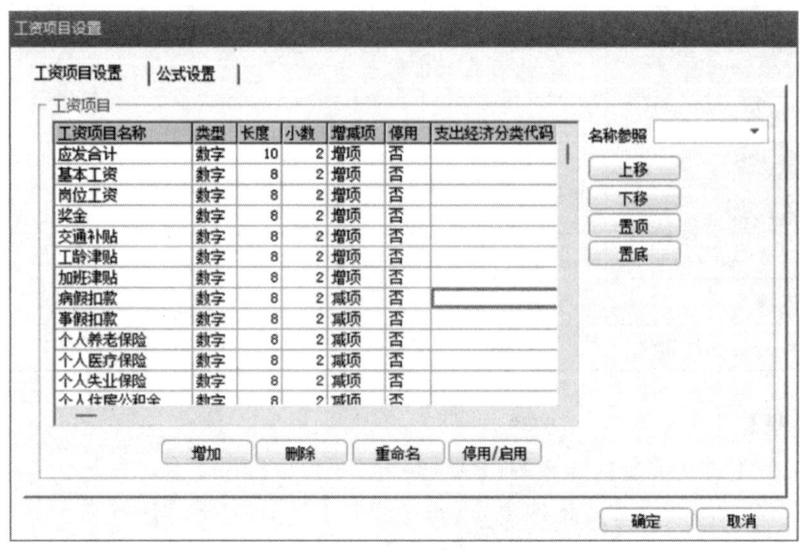

图 6-6 【工资项目—增项、减项】窗口

图 6-7 【工资项目—其他项】窗口

【实验提示】

①可通过【移动】按钮调整工资项目的排列顺序。

②在关闭工资类别条件下进行的工资项目定义对整个薪资管理系统有效。

③系统提供的工资固定项目不允许删除，只允许修改数据长度。

④工资项目一经使用，数据类型不允许修改。

4. 人员档案设置

人员档案用于登记工资发放人员的姓名、职工编号、所在部门、人员类别等信息，处理员工的增减变动等。对人员档案的设置包括增加人员、人员调离与停发工资、数据替换等。

【实验资料】根据表6–2为"在职职工"工资类别增加人员档案，所有职工的开户银行均为赣州农商银行。

表6–2　人员档案

人员编号	人员姓名	部门名称	人员类别	银行账号	是否计税	是否居民
A01	黄业竣	总经理办公室	企业管理人员	4024280000135452101	是	是
A02	吴冠宏	行政人事部	企业管理人员	4024280000135452102	是	是
A03	曾琦	行政人事部	企业管理人员	4024280000135452103	是	是
A04	付奕琪	行政人事部	企业管理人员	4024280000135452104	是	是
A05	滕慧	行政人事部	企业管理人员	4024280000135452105	是	是
A06	万苗青	行政人事部	企业管理人员	4024280000135452106	是	是
F01	何璇	财务部	企业管理人员	4024280000135452107	是	是
F02	陈玉婷	财务部	企业管理人员	4024280000135452108	是	是
F03	朱娟奇	财务部	企业管理人员	4024280000135452109	是	是
Q01	钟玉琼	质量管理部	企业管理人员	4024280000135452110	是	是
Q02	阮盛宇	质量管理部	企业管理人员	4024280000135452111	是	是
Q03	张敏	质量管理部	企业管理人员	4024280000135452112	是	是
R01	罗睿	研发部	研发人员	4024280000135452113	是	是
R02	李嘉慧	研发部	研发人员	4024280000135452114	是	是
R03	胡茜茜	研发部	研发人员	4024280000135452115	是	是
G01	曾敏慧	采购部	采购人员	4024280000135452116	是	是
G02	张俊微	采购部	采购人员	4024280000135452117	是	是
X01	代佳乐	销售部	销售人员	4024280000135452118	是	是
X02	张芷滢	销售部	销售人员	4024280000135452119	是	是
C01	王文杰	仓管部	企业管理人员	4024280000135452120	是	是
S11	李梓萱	一车间	车间管理人员	4024280000135452121	是	是
S12	徐凯枫	一车间	生产人员	4024280000135452122	是	是
S13	谢朝翔	一车间	生产人员	4024280000135452123	是	是
S21	张娅楠	二车间	车间管理人员	4024280000135452124	是	是
S22	李治智	二车间	生产人员	4024280000135452125	是	是
S23	谢恩民	二车间	生产人员	4024280000135452126	是	是
S31	宋利刚	三车间	车间管理人员	4024280000135452127	是	是
S32	王耀	三车间	生产人员	4024280000135452128	是	是
S33	赵婧宇	三车间	生产人员	4024280000135452129	是	是

【实验过程】

(1)在U8企业应用平台，依次单击【业务导航】→【人力资源】→【薪资管理】→【设置】→【人员档案】菜单，打开【人员档案】窗口。

(2)单击工具栏里的【批增】按钮，打开【人员批量增加】对话框，单击对话框右上方的【查询】按钮，如图6-8所示，单击【确定】按钮，人员添加成功并返回【人员档案】窗口。

选择	人员类别	工号	人员编码	人员姓名	薪资部门	现金发放
是	企业管理...		A01	黄业竣	总经理办公室	否
是	企业管理...		A02	吴冠宏	行政人事部	否
是	企业管理...		A03	曾琦	行政人事部	否
是	企业管理...		A04	付奕琪	行政人事部	否
是	企业管理...		A05	静慧	行政人事部	否
是	企业管理...		A06	万苗青	行政人事部	否
是	企业管理...		C01	王文杰	仓管部	否
是	企业管理...		F01	何璇	财务部	否
是	企业管理...		F02	陈玉婷	财务部	否
是	企业管理...		F03	朱娟奇	财务部	否
是	采购人员		G01	曾敏慧	采购部	否
是	采购人员		G02	张俊微	采购部	否

图6-8　批量增加人员档案

(3)补充每个职员的银行账户的银行名称和银行账号。在【人员档案】窗口，双击“黄业竣”所在行，打开【人员档案明细】窗口，根据实验资料，【银行名称】选择“赣州农商银行”，【银行账号】输入“4024280000135452101”，如图6-9所示。

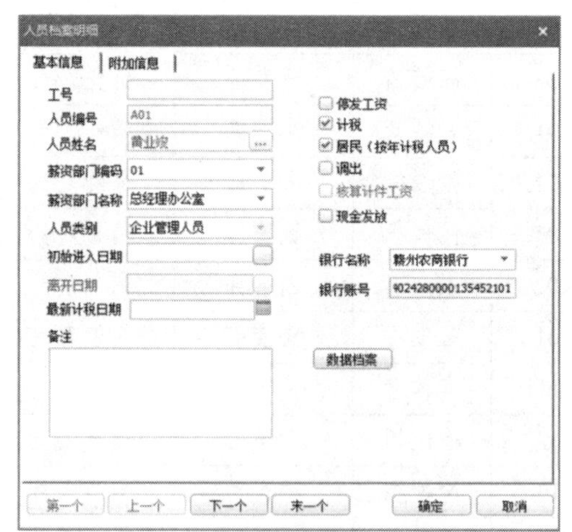

图6-9　人员档案明细—基本信息

【实验提示】

①人员编号不可重复，且与人员姓名必须一一对应，必须从在基础设置中所建立的职员档案中选择。

②只有末级部门才能设置人员，人员类别必须选择。

③人员的进入日期不可以大于当前的系统注册日期。

④停发工资是指把停发工资的人员设置为既不参与工资发放，也不参与工资汇总，直到该人员的停发工资标志被取消，其工资才参与整体工资的计算。

⑤计税：若用户选择计税，则在工资变动和个人所得税功能中对该人员进行扣税计算；若选为不计税，则在工资变动和个人所得税中无该人员的扣税记录。

⑥调出：标识为调出的人员将不参与工资的发放和汇总。该人员在当月尚未结算前可去除调出标志，结算后，此标志将不能恢复。

⑦数据档案：单击此按钮，可进入【工资数据输入—页编辑】对话框，进行工资数据输入。此按钮只有在修改状态下才可使用。

(5)继续完成后续人员基本信息及附加信息的录入。录入完毕后关闭【人员档案明细】窗口，返回【人员档案】窗口，结果如图 6-10 所示。

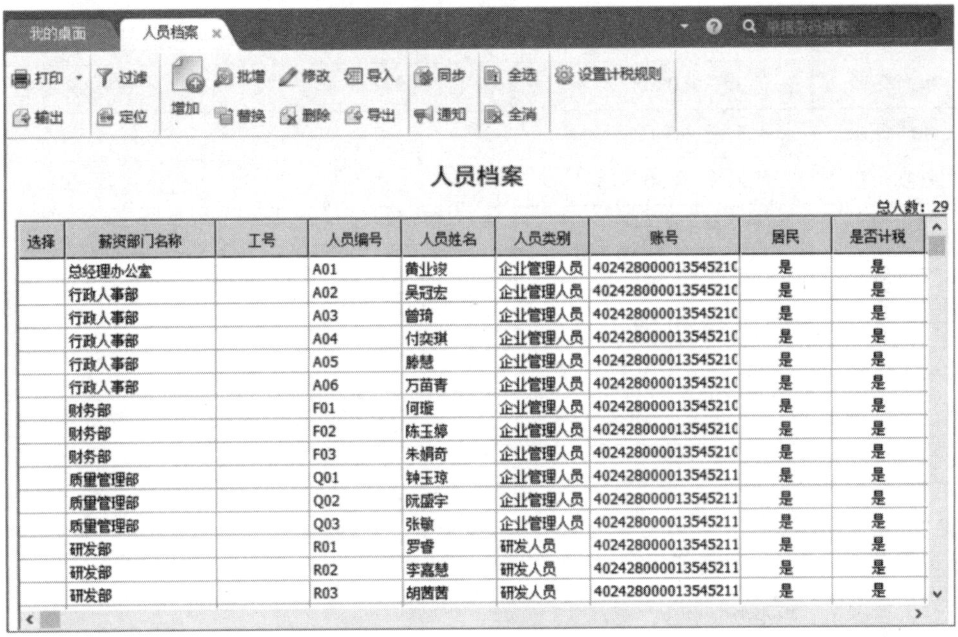

人员档案

总人数：29

选择	薪资部门名称	工号	人员编号	人员姓名	人员类别	账号	居民	是否计税
	总经理办公室		A01	黄业竣	企业管理人员	402428000013545210	是	是
	行政人事部		A02	吴冠宏	企业管理人员	402428000013545210	是	是
	行政人事部		A03	曾琦	企业管理人员	402428000013545210	是	是
	行政人事部		A04	付奕琪	企业管理人员	402428000013545210	是	是
	行政人事部		A05	滕慧	企业管理人员	402428000013545210	是	是
	行政人事部		A06	万苗青	企业管理人员	402428000013545210	是	是
	财务部		F01	何璇	企业管理人员	402428000013545210	是	是
	财务部		F02	陈玉婷	企业管理人员	402428000013545210	是	是
	财务部		F03	朱娟奇	企业管理人员	402428000013545210	是	是
	质量管理部		Q01	钟玉琼	企业管理人员	402428000013545211	是	是
	质量管理部		Q02	阮盛宇	企业管理人员	402428000013545211	是	是
	质量管理部		Q03	张敏	企业管理人员	402428000013545211	是	是
	研发部		R01	罗睿	研发人员	402428000013545211	是	是
	研发部		R02	李嘉慧	研发人员	402428000013545211	是	是
	研发部		R03	胡茜茜	研发人员	402428000013545211	是	是

图 6-10　【人员档案】窗口

5. 公式设置

设置工资核算公式是指设置工资项目之间的计算等式或运算关系，以便于系统根据计算公式进行数据处理。运用公式可直观表达各工资项目的实际含义以及显示与该项目有关的各参数信息。定义公式可通过选择工资项目、运算符、关系符、函数等组合完成。

【实验资料】根据表 6-3 设置工资核算公式，其中岗位工资、交通补贴和病假扣款需要使用"iff"函数。

表 6-3　计算公式

工资项目	定义公式
岗位工资	企业管理人员和研发人员的岗位工资为 1000 元，其他人员类别的岗位工资为 800 元
交通补贴	生产人员的交通补贴为 400 元，其他人员的交通补贴为 600 元
加班津贴	加班天数 * 100 元

续表 6-3

工资项目	定义公式
日工资	(基本工资+岗位工资)/20
事假扣款	日工资 * 事假天数 * 0.7
病假扣款	如果病假天数≤2 天，病假扣款=日工资 * 病假天数 * 0.2 如果病假天数>2 天且≤7 天，病假扣款=日工资 * 病假天数 * 0.4 如果病假天数>7 天，病假扣款=日工资 * 病假天数
应付工资	基本工资+岗位工资+奖金+交通补贴+工龄津贴+加班津贴-病假扣款-事假扣款
个人养老保险	应付工资 * 0.08
个人医疗保险	应付工资 * 0.02
个人失业保险	应付工资 * 0.005
个人住房公积金	应付工资 * 0.12
企业养老保险	应付工资 * 0.2
企业医疗保险	应付工资 * 0.09
企业失业保险	应付工资 * 0.015
企业工伤保险	应付工资 * 0.01
企业生育保险	应付工资 * 0.01
企业住房公积金	应付工资 * 0.12
企业工会经费	应付工资 * 0.02
累计减除费用	5000 * month( )
累计预扣预缴应纳税所得额	累计应付工资-累计减除费用-(个人养老保险+个人医疗保险+个人失业保险+个人住房公积金) * month( )

【实验过程】

(1)设置【加班津贴】的计算公式。在 U8 企业应用平台，依次单击【业务导航】→【人力资源】→【薪资管理】→【设置】→【工资项目设置】菜单，打开【工资项目设置】窗口，单击【公式设置】页签，如图 6-11 所示。

(2)单击【增加】按钮，从窗口左上方工资项目下拉列表中选择"加班津贴"，进行【加班津贴】项目的公式定义。单击公式定义区，从窗口下方的【工资项目】中选择"加班天数"，然后输入"*100"。定义完毕单击【公式确认】按钮，系统将对该公式进行合法性判断后保存，结果如图 6-12 所示。

(3)参照以上方式继续完成对后续常规公式的定义。

(4)使用"iff 函数"设置工资项目的计算公式。

iff(<逻辑表达式>, <算术表达式 1>, <算术表达式 2>)

其基本含义是：根据逻辑表达式的值，真时取<算术表达式 1>的计算结果，假时取<算术表达式 2>的计算结果。返回结果均为数值。

逻辑表达式：任何可以产生真或假结果的数值或表达式。

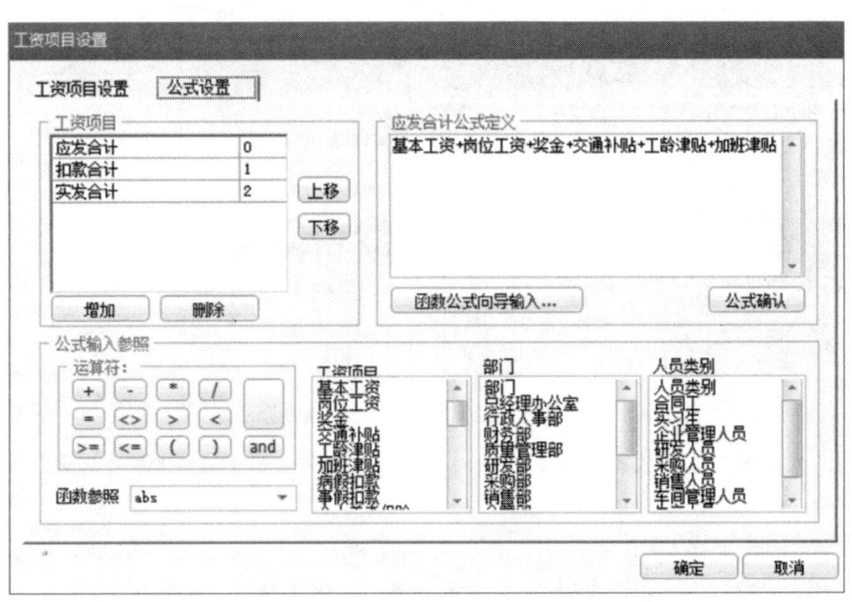

图 6-11　【工资项目设置—公式设置】窗口

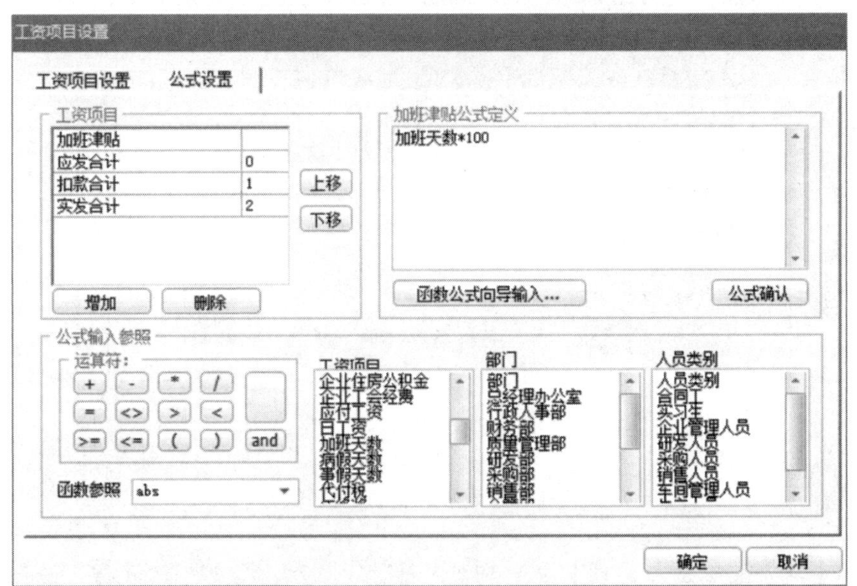

图 6-12　【加班津贴】计算公式

算术表达式 1：逻辑表达式结果为真时，所取的值或表达式。

算术表达式 2：逻辑表达式结果为假时，所取的值或表达式。

(5) 设置“交通补贴”的计算公式。

a. 单击【增加】按钮，从窗口左上方工资项目下拉列表中选择“交通补贴”，点击【函数公式向导输入】按钮，打开【函数向导—步骤之 1】对话框，单击选中“iff”，如图 6-13 所示。

b. 单击【下一步】按钮，打开【函数向导—步骤之 2】对话框，如图 6-14 所示。

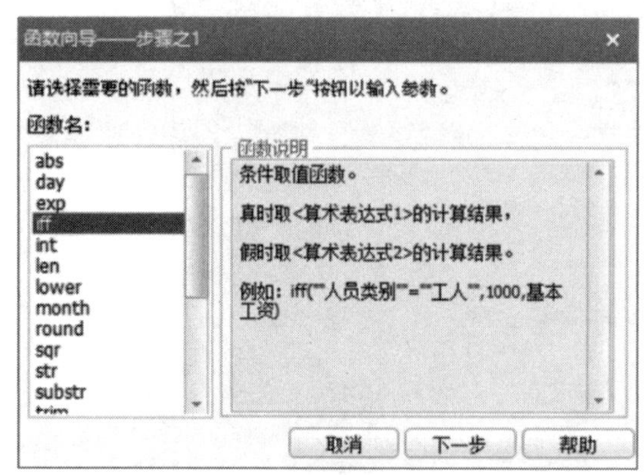

图 6-13 【函数向导—步骤之 1】窗口

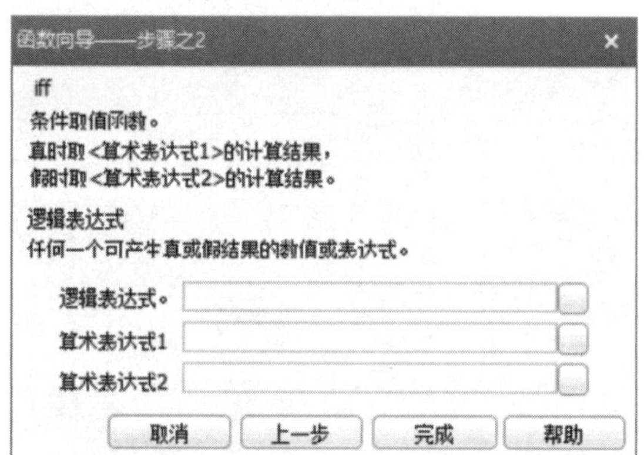

图 6-14 【函数向导—步骤之 2】窗口

c. 单击【逻辑表达式。】栏右侧的"▢"参照按钮，打开"参照"对话框。【参照列表】选择"人员类别"，然后从下面的人员类别列表选择"生产人员"，如图 6-15 所示。

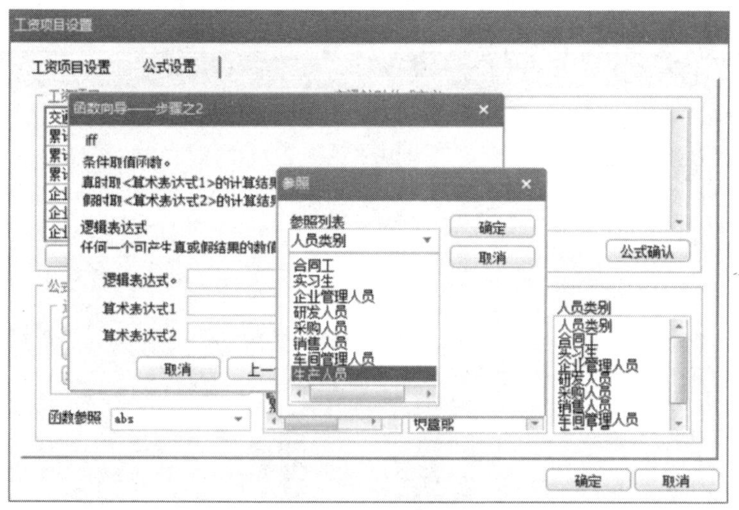

图 6-15 【设置逻辑表达式】窗口

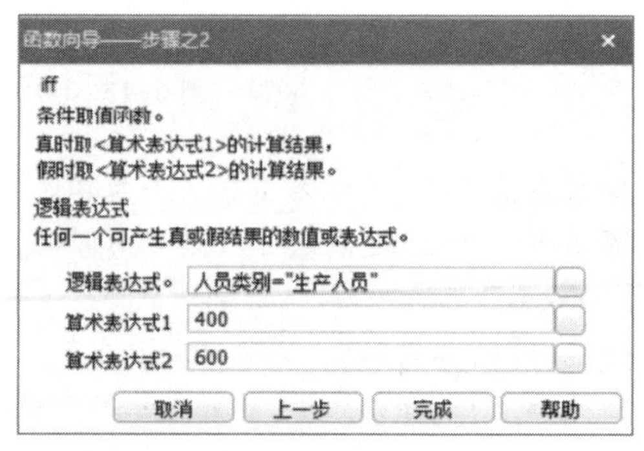

图 6-16 【设置算术表达式】窗口

d. 单击【确定】按钮，返回【函数向导—步骤之 2】对话框，在【算术表达式 1】栏输入"400"，在【算术表达式 2】栏输入"600"，结果如图 6-16 所示。

e. 单击【完成】按钮，返回【工资项目设置】窗口，单击【公式确认】按钮，结果如图 6-17 所示。

(6) 参照上述方法，设置"岗位工资""病假扣款"的计算公式，结果如图 6-18、图 6-19 所示。

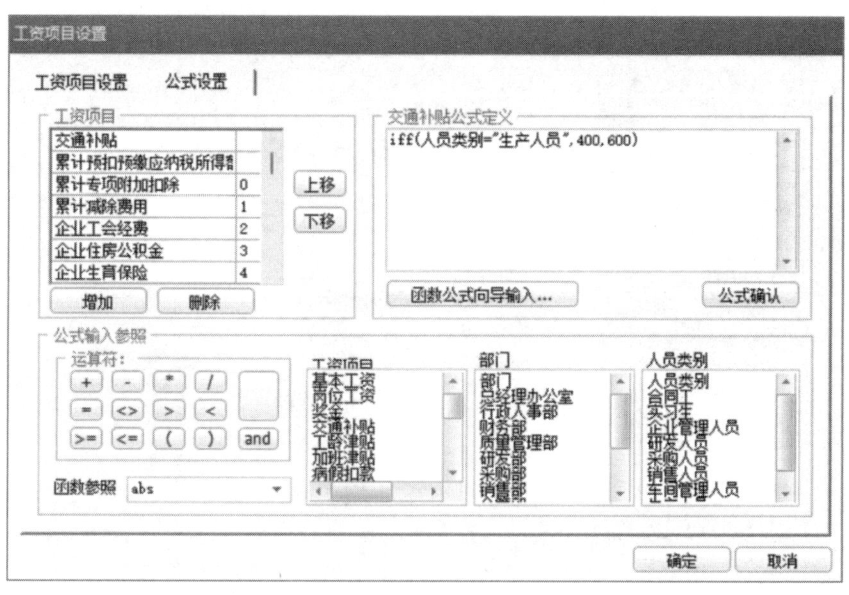

图 6-17　【交通补贴】计算公式

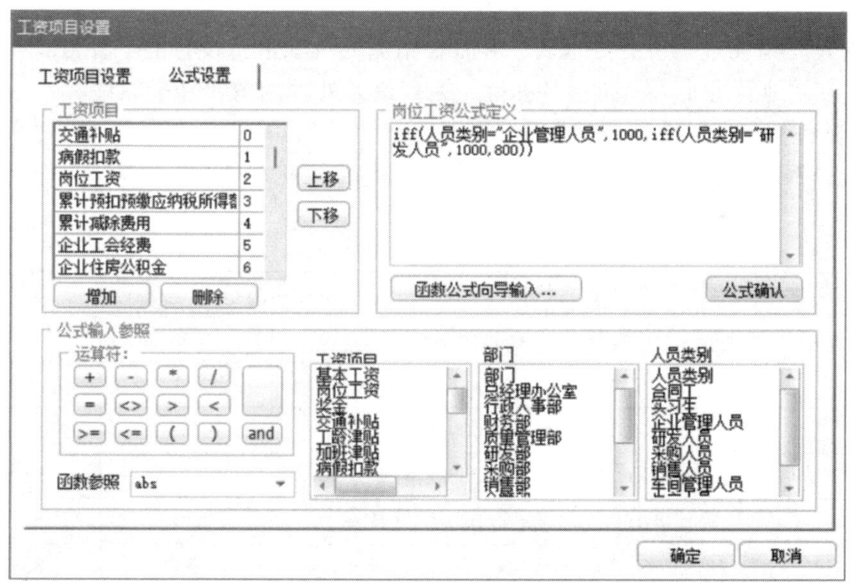

图 6-18　【岗位工资】计算公式

【实验提示】

①"and"前后需各加一个空格。

②定义工资项目计算公式要符合逻辑，系统将对公式进行合法性检查。

③函数公式向导只支持系统提供的函数。

④定义公式时要注意先后顺序，先得到的数应先设置公式。

⑤应发合计、扣款合计和实发合计公式不用设置，而且应是公式定义框的最后 3 个公式，实发合计的公式要在应发合计和扣款合计公式之后。

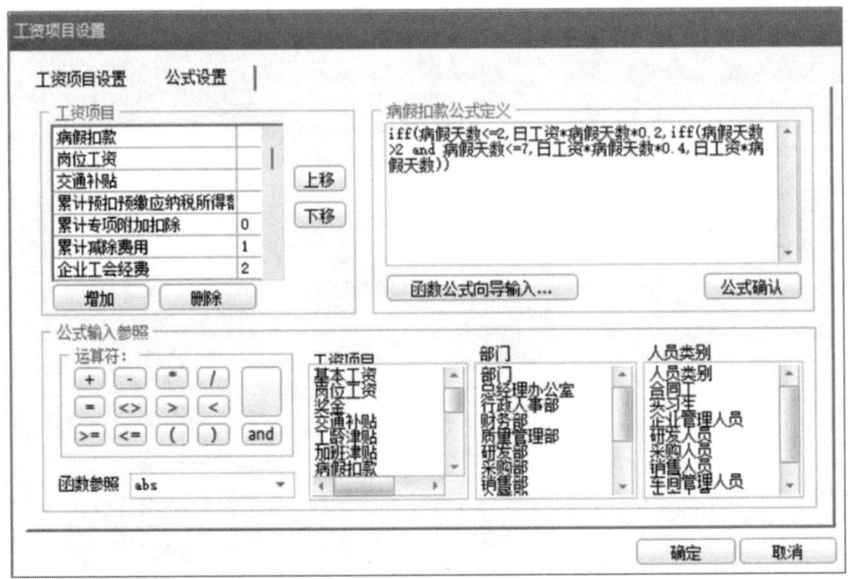

图 6-19 【病假扣款】计算公式

6. 扣税设置

扣税设置是指在进行税务处理时，对需要扣除的税项进行设置的一种方式。通过扣税设置，可以方便地管理个人所得税的扣除，提高税务处理的效率和准确性。

【实验资料】个人所得税申报表中"收入额合计"对应的工资项目设置为"累计预扣预缴应纳税所得额"，扣税基数为 0，个人所得税税率表如表 6-4 所示。

表 6-4 个人所得税税率表

级数	全年应纳税所得额	预扣率/%	速算扣除数
1	不超过 36 000 元的部分	3	0.00
2	超过 36 000 元至 144 000 元的部分	10	2 520.00
3	超过 144 000 元至 300 000 元的部分	20	16 920.00
4	超过 300 000 元至 420 000 元的部分	25	31 920.00
5	超过 420 000 元至 660 000 元的部分	30	52 920.00
6	超过 660 000 元至 960 000 元的部分	35	85 920.00
7	超过 960 000 元的部分	45	181 920.00

【实验过程】

(1) 在 U8 企业应用平台，依次单击【业务导航】→【人力资源】→【薪资管理】→【设置】→【选项】菜单，打开【选项】对话框。

(2) 单击【编辑】按钮，点击【扣税设置】页签，将【收入额合计】由"实发合计"改为"累计预扣预缴应纳税所得额"，【税款所属期】选择"当月"，如图 6-20 所示。

(3) 单击【税率设置】按钮，打开【个人所得税申报表—税率表】对话框，根据表 6-4 将税率表调整为预扣率表，结果如图 6-21 所示。

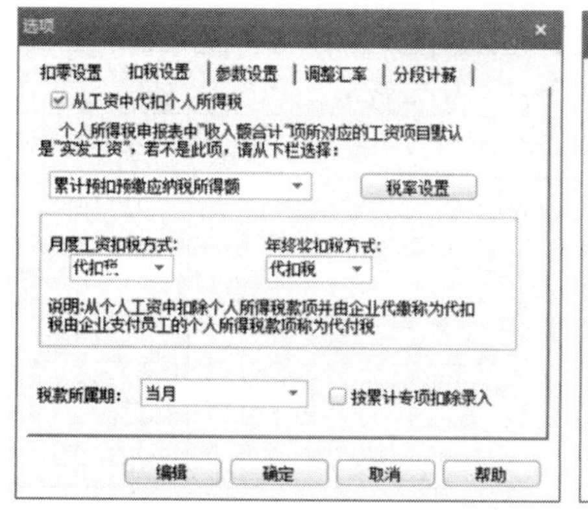

图 6-20　【选项—扣税设置】窗口

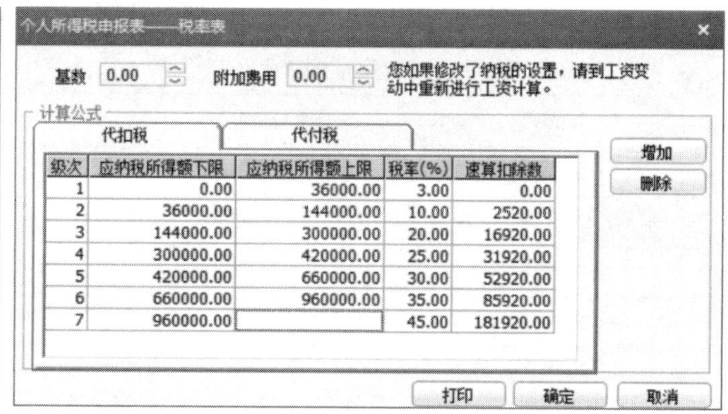

级次	应纳税所得额下限	应纳税所得额上限	税率(%)	速算扣除数
1	0.00	36000.00	3.00	0.00
2	36000.00	144000.00	10.00	2520.00
3	144000.00	300000.00	20.00	16920.00
4	300000.00	420000.00	25.00	31920.00
5	420000.00	660000.00	30.00	52920.00
6	660000.00	960000.00	35.00	85920.00
7	960000.00		45.00	181920.00

图 6-21　【个人所得税申报表—税率表】窗口

7. 分摊类型设置

分摊类型设置是指在进行薪资管理时，对不同类型的费用、支出或收入进行分摊的一种方式。

【实验资料】根据以下资料设置分摊类型，应付工资总额等于工资项目“应付工资”，工会经费总额等于工资项目“企业工会经费”。

表 6-5　计提职工工资

部门名称	人员类别	借方科目	贷方科目
总经理办公室、行政人事部、财务部、质量管理部、仓管部	企业管理人员	660202	221101
研发部	研发人员	530101	221101
采购部	采购人员	660202	221101
销售部	销售人员	660102	221101
一车间、二车间、三车间	车间管理人员	510102	221101
一车间	生产人员	500102(借方项目：建筑类电机共用)	221101
二车间	生产人员	500102(借方项目：家居电器类电机共用)	221101
三车间	生产人员	500102(借方项目：汽车产业类电机共用)	221101

表 6-6　计提工会经费

部门名称	人员类别	借方科目	贷方科目
总经理办公室、行政人事部、财务部、质量管理部、仓管部	企业管理人员	660207	221105
研发部	研发人员	530101	221105

续表 6-6

部门名称	人员类别	借方科目	贷方科目
采购部	采购人员	660207	221105
销售部	销售人员	660107	221105
一车间、二车间、三车间	车间管理人员	510102	221105
一车间	生产人员	500102（借方项目：建筑类电机共用）	221105
二车间	生产人员	500102（借方项目：家居电器类电机共用）	221105
三车间	生产人员	500102（借方项目：汽车产业类电机共用）	221105

表 6-7　预扣个人所得税

<table>
<tr><th>部门名称</th><th>人员类别</th><th>工资项目</th><th>借方科目</th><th>贷方科目</th></tr>
<tr><td>总经理办公室、行政人事部、财务部、质量管理部、仓管部</td><td>企业管理人员</td><td rowspan="6">代扣税</td><td rowspan="12">221101</td><td rowspan="12">222123</td></tr>
<tr><td>研发部</td><td>研发人员</td></tr>
<tr><td>采购部</td><td>采购人员</td></tr>
<tr><td>销售部</td><td>销售人员</td></tr>
<tr><td>一车间、二车间、三车间</td><td>车间管理人员</td></tr>
<tr><td>一车间、二车间、三车间</td><td>生产人员</td></tr>
<tr><td>总经理办公室、行政人事部、财务部、质量管理部、仓管部</td><td>企业管理人员</td><td rowspan="6">上月累计预扣预缴税额</td></tr>
<tr><td>研发部</td><td>研发人员</td></tr>
<tr><td>采购部</td><td>采购人员</td></tr>
<tr><td>销售部</td><td>销售人员</td></tr>
<tr><td>一车间、二车间、三车间</td><td>车间管理人员</td></tr>
<tr><td>一车间、二车间、三车间</td><td>生产人员</td></tr>
</table>

表 6-8　代扣职工负担的三险一金

<table>
<tr><th>部门名称</th><th>人员类别</th><th>工资项目</th><th>借方科目</th><th>贷方科目</th></tr>
<tr><td>总经理办公室、行政人事部、财务部、质量管理部、仓管部</td><td>企业管理人员</td><td rowspan="6">个人医疗保险</td><td rowspan="6">221101</td><td rowspan="6">22410101</td></tr>
<tr><td>研发部</td><td>研发人员</td></tr>
<tr><td>采购部</td><td>采购人员</td></tr>
<tr><td>销售部</td><td>销售人员</td></tr>
<tr><td>一车间、二车间、三车间</td><td>车间管理人员</td></tr>
<tr><td>一车间、二车间、三车间</td><td>生产人员</td></tr>
</table>

续表 6-8

部门名称	人员类别	工资项目	借方科目	贷方科目
总经理办公室、行政人事部、财务部、质量管理部、仓管部	企业管理人员	个人养老保险	221101	22410102
研发部	研发人员			
采购部	采购人员			
销售部	销售人员			
一车间、二车间、三车间	车间管理人员			
一车间、二车间、三车间	生产人员			
总经理办公室、行政人事部、财务部、质量管理部、仓管部	企业管理人员	个人失业保险	221101	22410103
研发部	研发人员			
采购部	采购人员			
销售部	销售人员			
一车间、二车间、三车间	车间管理人员			
一车间、二车间、三车间	生产人员			
总经理办公室、行政人事部、财务部、质量管理部、仓管部	企业管理人员	个人住房公积金	221101	22410104
研发部	研发人员			
采购部	采购人员			
销售部	销售人员			
一车间、二车间、三车间	车间管理人员			
一车间、二车间、三车间	生产人员			

表 6-9 计提企业负担的五险一金

部门名称	人员类别	工资项目	借方科目	贷方科目
总经理办公室、行政人事部、财务部、质量管理部、仓管部	企业管理人员	企业医疗保险	660202	22110201
研发部	研发人员		530101	
采购部	采购人员		660202	
销售部	销售人员		660102	
一车间、二车间、三车间	车间管理人员		510102	
一车间	生产人员		500102（借方项目：建筑类电机共用）	
二车间	生产人员		500102（借方项目：家居电器类电机共用）	
三车间	生产人员		500102（借方项目：汽车产业类电机共用）	

续表 6-9

部门名称	人员类别	工资项目	借方科目	贷方科目
总经理办公室、行政人事部、财务部、质量管理部、仓管部	企业管理人员	企业养老保险	660202	22110301
研发部	研发人员		530101	
采购部	采购人员		660202	
销售部	销售人员		660102	
一车间、二车间、三车间	车间管理人员		510102	
一车间	生产人员		500102（借方项目：建筑类电机共用）	
二车间	生产人员		500102（借方项目：家居电器类电机共用）	
三车间	生产人员		500102（借方项目：汽车产业类电机共用）	
总经理办公室、行政人事部、财务部、质量管理部、仓管部	企业管理人员	企业失业保险	660202	22110302
研发部	研发人员		530101	
采购部	采购人员		660202	
销售部	销售人员		660102	
一车间、二车间、三车间	车间管理人员		510102	
一车间	生产人员		500102（借方项目：建筑类电机共用）	
二车间	生产人员		500102（借方项目：家居电器类电机共用）	
三车间	生产人员		500102（借方项目：汽车产业类电机共用）	
总经理办公室、行政人事部、财务部、质量管理部、仓管部	企业管理人员	企业工伤保险	660202	22110202
研发部	研发人员		530101	
采购部	采购人员		660202	
销售部	销售人员		660102	
一车间、二车间、三车间	车间管理人员		510102	
一车间	生产人员		500102（借方项目：建筑类电机共用）	
二车间	生产人员		500102（借方项目：家居电器类电机共用）	
三车间	生产人员		500102（借方项目：汽车产业类电机共用）	

续表 6-9

部门名称	人员类别	工资项目	借方科目	贷方科目
总经理办公室、行政人事部、财务部、质量管理部、仓管部	企业管理人员	企业生育保险	660202	22110203
研发部	研发人员		530101	
采购部	采购人员		660202	
销售部	销售人员		660102	
一车间、二车间、三车间	车间管理人员		510102	
一车间	生产人员		500102(借方项目：建筑类电机共用)	
二车间	生产人员		500102(借方项目：家居电器类电机共用)	
三车间	生产人员		500102(借方项目：汽车产业类电机共用)	
总经理办公室、行政人事部、财务部、质量管理部、仓管部	企业管理人员	企业住房公积金	660202	221104
研发部	研发人员		530101	
采购部	采购人员		660202	
销售部	销售人员		660102	
一车间、二车间、三车间	车间管理人员		510102	
一车间	生产人员		500102(借方项目：建筑类电机共用)	
二车间	生产人员		500102(借方项目：家居电器类电机共用)	
三车间	生产人员		500102(借方项目：汽车产业类电机共用)	

【实验过程】

(1)在 U8 企业应用平台，依次单击【业务导航】→【人力资源】→【薪资管理】→【设置】→【分摊类型设置】菜单，打开【分摊类型设置】窗口，如图 6-22 所示。

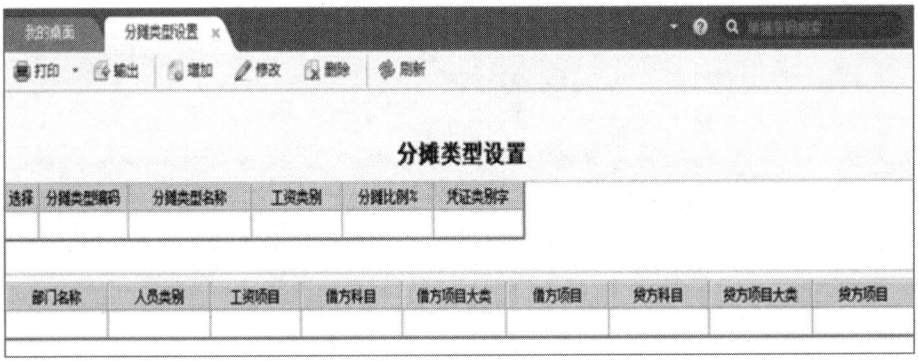

我的桌面　分摊类型设置 ×

打印 · 输出　增加　修改　删除　刷新

分摊类型设置

选择	分摊类型编码	分摊类型名称	工资类别	分摊比例%	凭证类别字

部门名称	人员类别	工资项目	借方科目	借方项目大类	借方项目	贷方科目	贷方项目大类	贷方项目

图 6-22　【分摊类型设置】窗口

(2)单击【增加】按钮,【分摊类型名称】输入“计提职工工资”,【凭证类别字】选择“转”(转账凭证),如图 6-23 所示。

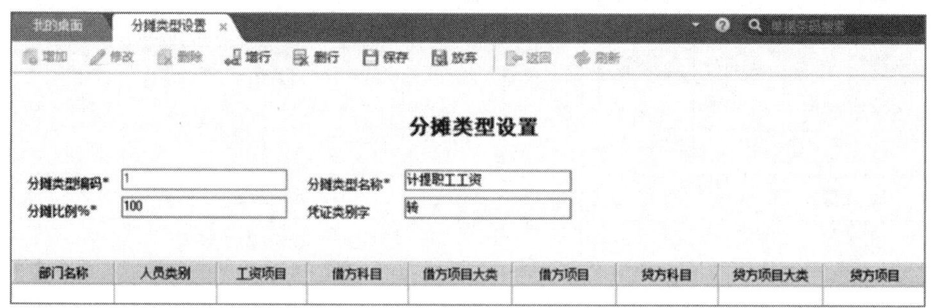

图 6-23 【增加工资分摊类型—计提职工工资】窗口 1

(3)根据实验资料,录入【部门名称】【人员类别】等栏目,结果如图 6-24 所示。

我的桌面　分摊类型设置

增加 修改 删除 增行 删行 保存 放弃 返回 刷新

分摊类型设置

分摊类型编码* 1　分摊类型名称* 计提职工工资

分摊比例%* 100　凭证类别字 转

部门名称	人员类别	工资项目	借方科目	借方项目大类	借方项目	贷方科目	贷方项目大类	贷方项目
总经理办公室...	企业管理人员	应付工资	660202			221101		
研发部	研发人员	应付工资	530101			221101		
采购部	采购人员	应付工资	660202			221101		
销售部	销售人员	应付工资	660102			221101		
一车间,二车间...	车间管理人员	应付工资	510102			221101		
一车间	生产人员	应付工资	500102	生产成本核算	建筑类电机共用	221101		
二车间	生产人员	应付工资	500102	生产成本核算	家居电器类电机...	221101		
三车间	生产人员	应付工资	500102	生产成本核算	汽车产业类电机...	221101		

图 6-24 【增加工资分摊类型—计提职工工资】窗口 2

(4)单击【保存】按钮,系统返回【分摊类型设置】窗口。

(5)参照步骤(2)至步骤(4)完成【计提工会经费】的分摊类型设置,结果如图 6-25 所示。

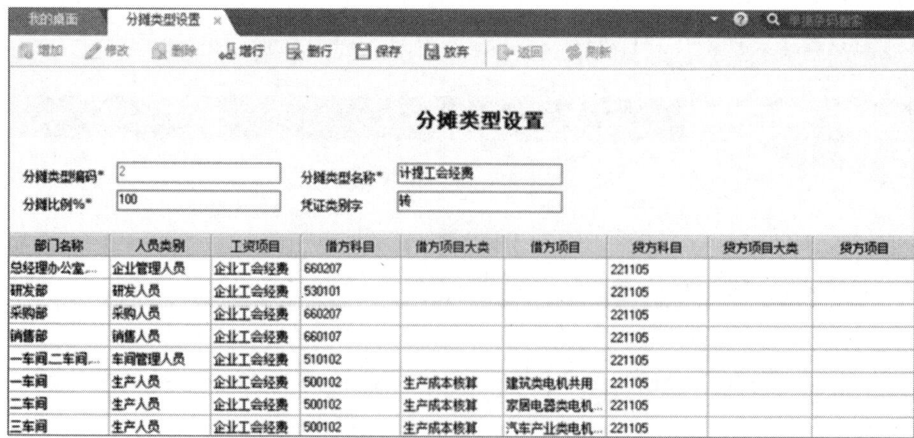
分摊类型设置

分摊类型编码* 2　分摊类型名称* 计提工会经费

分摊比例%* 100　凭证类别字 转

部门名称	人员类别	工资项目	借方科目	借方项目大类	借方项目	贷方科目	贷方项目大类	贷方项目
总经理办公室...	企业管理人员	企业工会经费	660207			221105		
研发部	研发人员	企业工会经费	530101			221105		
采购部	采购人员	企业工会经费	660207			221105		
销售部	销售人员	企业工会经费	660107			221105		
一车间,二车间...	车间管理人员	企业工会经费	510102			221105		
一车间	生产人员	企业工会经费	500102	生产成本核算	建筑类电机共用	221105		
二车间	生产人员	企业工会经费	500102	生产成本核算	家居电器类电机...	221105		
三车间	生产人员	企业工会经费	500102	生产成本核算	汽车产业类电机...	221105		

图 6-25 【增加工资分摊类型—计提工会经费】窗口

(6)参照步骤(2)至步骤(4)完成【预扣个人所得税】的分摊类型设置，结果如图6–26所示。

部门名称	人员类别	工资项目	借方科目	借方项目大类	借方项目	贷方科目	贷方项目大类	贷方项目
总经理办公室...	企业管理人员	代扣税	221101			222123		
研发部	研发人员	代扣税	221101			222123		
采购部	采购人员	代扣税	221101			222123		
销售部	销售人员	代扣税	221101			222123		
一车间二车间...	车间管理人员	代扣税	221101			222123		
一车间二车间...	生产人员	代扣税	221101			222123		
总经理办公室...	企业管理人员	上月累计预扣...	221101			222123		
研发部	研发人员	上月累计预扣...	221101			222123		
采购部	采购人员	上月累计预扣...	221101			222123		
销售部	销售人员	上月累计预扣...	221101			222123		
一车间二车间...	车间管理人员	上月累计预扣...	221101			222123		
一车间二车间...	生产人员	上月累计预扣...	221101			222123		

图6–26　【增加工资分摊类型—预扣个人所得税】窗口

(7)参照步骤(2)至步骤(4)完成【代扣职工负担的三险一金】的分摊类型设置，结果如图6–27所示。

部门名称	人员类别	工资项目	借方科目	借方科目大类	借方项目	贷方科目
总经理办公室行政人事部财务部质量管理部仓管部	企业管理人员	个人医疗保险	221101			22410101
研发部	研发人员	个人医疗保险	221101			22410101
采购部	采购人员	个人医疗保险	221101			22410101
销售部	销售人员	个人医疗保险	221101			22410101
一车间二车间三车间	车间管理人员	个人医疗保险	221101			22410101
一车间二车间三车间	生产人员	个人医疗保险	221101			22410101
总经理办公室行政人事部财务部质量管理部仓管部	企业管理人员	个人养老保险	221101			22410102
研发部	研发人员	个人养老保险	221101			22410102
采购部	采购人员	个人养老保险	221101			22410102
销售部	销售人员	个人养老保险	221101			22410102
一车间二车间三车间	车间管理人员	个人养老保险	221101			22410102
一车间二车间三车间	生产人员	个人养老保险	221101			22410102
总经理办公室行政人事部财务部质量管理部仓管部	企业管理人员	个人失业保险	221101			22410103
研发部	研发人员	个人失业保险	221101			22410103
采购部	采购人员	个人失业保险	221101			22410103
销售部	销售人员	个人失业保险	221101			22410103
一车间二车间三车间	车间管理人员	个人失业保险	221101			22410103
一车间二车间三车间	生产人员	个人失业保险	221101			22410103
总经理办公室行政人事部财务部质量管理部仓管部	企业管理人员	个人住房公积金	221101			22410104
研发部	研发人员	个人住房公积金	221101			22410104
采购部	采购人员	个人住房公积金	221101			22410104
销售部	销售人员	个人住房公积金	221101			22410104
一车间二车间三车间	车间管理人员	个人住房公积金	221101			22410104
一车间二车间三车间	生产人员	个人住房公积金	221101			22410104

图6–27　【增加工资分摊类型—代扣职工负担的三险一金】窗口

(8)参照步骤(2)至步骤(4)完成【计提企业负担的五险一金】的分摊类型设置，结果如图6–28所示。

部门名称	人员类别	工资项目	借方科目	借方科目大类	借方项目	贷方科目
总经理办公室行政人事部财务部质量管理部仓管部	企业管理人员	企业医疗保险	660202			22110201
研发部	研发人员	企业医疗保险	530101			22110201
采购部	采购人员	企业医疗保险	660202			22110201
销售部	销售人员	企业医疗保险	660102			22110201
一车间二车间三车间	车间管理人员	企业医疗保险	510102			22110201
一车间	生产人员	企业医疗保险	500102	生产成本核算	建筑类电机共用	22110201
二车间	生产人员	企业医疗保险	500102	生产成本核算	家具电器类电机共用	22110201
三车间	生产人员	企业医疗保险	500102	生产成本核算	汽车产业类电机共用	22110201
总经理办公室行政人事部财务部质量管理部仓管部	企业管理人员	企业养老保险	660202			22110301
研发部	研发人员	企业养老保险	530101			22110301
采购部	采购人员	企业养老保险	660202			22110301
销售部	销售人员	企业养老保险	660102			22110301
一车间二车间三车间	车间管理人员	企业养老保险	510102			22110301
一车间	生产人员	企业养老保险	500102	生产成本核算	建筑类电机共用	22110301
二车间	生产人员	企业养老保险	500102	生产成本核算	家具电器类电机共用	22110301
三车间	生产人员	企业养老保险	500102	生产成本核算	汽车产业类电机共用	22110301
总经理办公室行政人事部财务部质量管理部仓管部	企业管理人员	企业失业保险	660202			22110302
研发部	研发人员	企业失业保险	530101			22110302
采购部	采购人员	企业失业保险	660202			22110302
销售部	销售人员	企业失业保险	660102			22110302
一车间二车间三车间	车间管理人员	企业失业保险	510102			22110302
一车间	生产人员	企业失业保险	500102	生产成本核算	建筑类电机共用	22110302
二车间	生产人员	企业失业保险	500102	生产成本核算	家具电器类电机共用	22110302
三车间	生产人员	企业失业保险	500102	生产成本核算	汽车产业类电机共用	22110302
总经理办公室行政人事部财务部质量管理部仓管部	企业管理人员	企业工伤保险	660202			22110202
研发部	研发人员	企业工伤保险	530101			22110202
采购部	采购人员	企业工伤保险	660202			22110202
销售部	销售人员	企业工伤保险	660102			22110202
一车间二车间三车间	车间管理人员	企业工伤保险	510102			22110202
一车间	生产人员	企业工伤保险	500102	生产成本核算	建筑类电机共用	22110202
二车间	生产人员	企业工伤保险	500102	生产成本核算	家具电器类电机共用	22110202
三车间	生产人员	企业工伤保险	500102	生产成本核算	汽车产业类电机共用	22110202
总经理办公室行政人事部财务部质量管理部仓管部	企业管理人员	企业生育保险	660202			22110203
研发部	研发人员	企业生育保险	530101			22110203
采购部	采购人员	企业生育保险	660202			22110203
销售部	销售人员	企业生育保险	660102			22110203
一车间二车间三车间	车间管理人员	企业生育保险	510102			22110203
一车间	生产人员	企业生育保险	500102	生产成本核算	建筑类电机共用	22110203
二车间	生产人员	企业生育保险	500102	生产成本核算	家具电器类电机共用	22110203
三车间	生产人员	企业生育保险	500102	生产成本核算	汽车产业类电机共用	22110203
总经理办公室行政人事部财务部质量管理部仓管部	企业管理人员	企业住房公积金	660202			221104
研发部	研发人员	企业住房公积金	530101			221104
采购部	采购人员	企业住房公积金	660202			221104
销售部	销售人员	企业住房公积金	660102			221104
一车间二车间三车间	车间管理人员	企业住房公积金	510102			221104
一车间	生产人员	企业住房公积金	500102	生产成本核算	建筑类电机共用	221104
二车间	生产人员	企业住房公积金	500102	生产成本核算	家具电器类电机共用	221104
三车间	生产人员	企业住房公积金	500102	生产成本核算	汽车产业类电机共用	221104

图 6-28 【增加工资分摊类型—计提企业负担的五险一金】窗口

第三节 薪资管理日常业务处理

薪资管理系统的日常业务处理包括工资变动、工资分摊、扣缴所得税和银行代发工资等。

一、工资变动

初次使用薪资管理系统时，应先进行职工个人工资基本数据的输入，在日常工资数据处理过程中，仅就变动的工资数据进行修改或输入，如病假天数、事假天数、奖金输入等，都是影响工资数据发生变动的因素。而人员的增减、部门变更则须在人员档案中进行处理。在进行工资数据变动处理前，如果是第一次使用薪资管理系统，应确认已进行工资项目设置和计算公式设置，然后再输入数据。

工资数据的编辑和调整是工资变动处理的主要内容，也是薪资管理系统的主要工作之一。为简化日常性的工资数据编辑工作，薪资管理系统将工资数据分为两大类：固定不变项目和变动项目。固定项目是指每月基本不变的项目，如基本工资、基础津贴、固定补贴、岗位工资等；变动项目是指每月均要发生变化的项目，如病事假扣款、水电费扣款等。

【实验资料】根据表 6-10 计算本月职工工资。

表 6-10 1 月份职工工资数据

人员姓名	部门名称	基本工资	岗位工资	奖金	工龄津贴	加班天数	病假天数	事假天数
黄业竣	总经理办公室	20 000.00	1 000.00	4 000.00	400.00			
吴冠宏	行政人事部	12 000.00	1 000.00	2 000.00	400.00			
曾琦	行政人事部	8 000.00	1 000.00	2 000.00	400.00			
付奕琪	行政人事部	8 000.00	1 000.00	2 000.00	400.00			
滕慧	行政人事部	8 000.00	1 000.00	2 000.00	400.00			
万苗青	行政人事部	8 000.00	1 000.00	2 000.00	400.00		1	
何璇	财务部	12 000.00	1 000.00	2 000.00	400.00			
陈玉婷	财务部	12 000.00	1 000.00	2 000.00	400.00			2
朱娟奇	财务部	12 000.00	1 000.00	2 000.00	400.00			
钟玉琼	质量管理部	8 000.00	1 000.00	2 000.00	400.00			
阮盛宇	质量管理部	7 000.00	1 000.00	2 000.00	400.00		1	
张敏	质量管理部	7 000.00	1 000.00	2 000.00	300.00			2
罗睿	研发部	15 000.00	1 000.00	2 000.00	400.00			
李嘉慧	研发部	15 000.00	1 000.00	2 000.00	400.00			
胡茜茜	研发部	15 000.00	1 000.00	2 000.00	400.00			

续表 6-10

人员姓名	部门名称	基本工资	岗位工资	奖金	工龄津贴	加班天数	病假天数	事假天数
曾敏慧	采购部	7 000.00	800.00	1 500.00	400.00			
张俊微	采购部	7 000.00	800.00	1 500.00	400.00			
代佳乐	销售部	6 000.00	800.00	8 000.00	400.00			3
张芷滢	销售部	6 000.00	800.00	6 000.00	400.00			
王文杰	仓管部	6 000.00	1 000.00	1 500.00	300.00		2	
李梓萱	一车间	8 000.00	800.00	2 800.00	400.00	6	1	
徐凯枫	一车间	6 000.00	800.00	2 400.00	400.00	6		
谢朝翔	一车间	6 000.00	800.00	2 400.00	400.00	6		
张娅楠	二车间	8 000.00	800.00	2 800.00	400.00	4		2
李治智	二车间	6 000.00	800.00	2 400.00	400.00	4	3	
谢恩民	二车间	6 000.00	800.00	2 400.00	300.00	4		
宋利刚	三车间	8 000.00	800.00	2 800.00	400.00	8		
王耀	三车间	6 000.00	800.00	2 400.00	400.00	8		
赵婧宇	三车间	6 000.00	800.00	2 400.00	300.00	8	1	
合计		259 000.00	26 400.00	73 300.00	11 200.00	54	9	9

【实验过程】

(1)2024 年 1 月 31 日，以陈玉婷(F02)的身份登录 U8 企业应用平台。

(2)在 U8 企业应用平台，依次单击【业务导航】→【人力资源】→【薪资管理】→【业务处理】→【工资变动】菜单，打开【工资变动】窗口。

(3)根据实验资料录入工资数据，录入完毕，单击工具栏的【计算】【汇总】按钮。

(4)批量录入【累计应付工资】。单击工具栏的【全选】，再单击【替换】，打开【工资项数据替换】对话框。从工资项目列表中选择“累计应付工资”，单击右侧的【函数】按钮打开【系统函数】对话框。从右下角工资项目列表中选择“应付工资”，如图 6-29、图 6-30 所示。

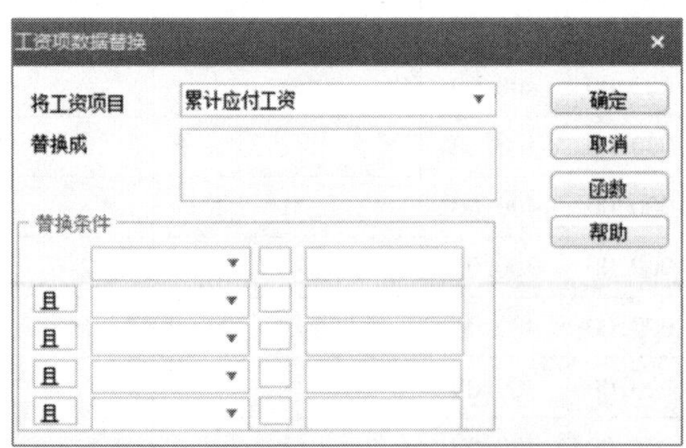

图 6-29 【工资项数据替换】对话框

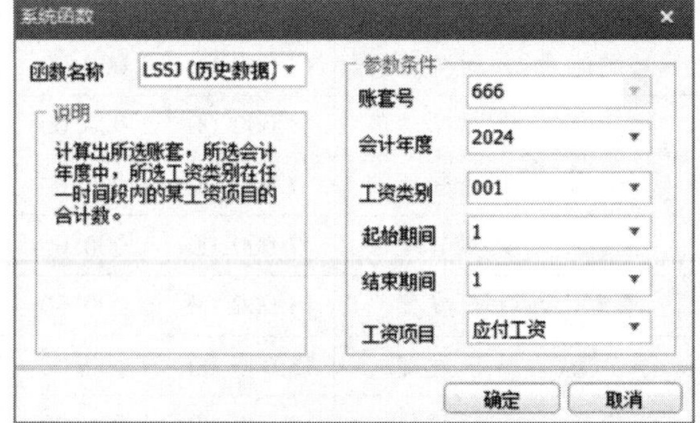

图 6-30 【系统函数】对话框

(5)单击【确定】，返回【工资项数据替换】对话框，结果如图6-31所示。单击【确定】，系统弹出“数据替换后将不可恢复。是否继续?”提示框，单击【是】，系统提示“29条记录被替换，是否重新计算?”，单击【是】。最终工资变动的部分计算结果如表6-11所示。

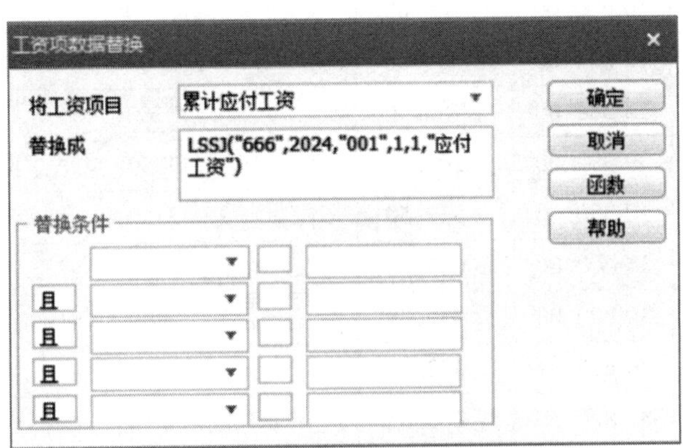

图6-31　【工资项数据替换】对话框

表6-11　工资变动数据

姓名	部门名称	应付工资	扣款合计	累计预扣预缴应纳税所得额	实发工资	代扣税
黄业竣	总经理办公室	26 000.00	5 850.00	15 150.00	19 695.50	454.50
吴冠宏	行政人事部	16 000.00	3 600.00	7 400.00	12 178.00	222.00
曾琦	行政人事部	12 000.00	2 700.00	4 300.00	9 171.00	129.00
付奕琪	行政人事部	12 000.00	2 700.00	4 300.00	9 171.00	129.00
滕慧	行政人事部	12 000.00	2 700.00	4 300.00	9 171.00	129.00
万苗青	行政人事部	11 910.00	2 679.75	4 230.25	9 103.34	126.91
何璇	财务部	16 000.00	3 600.00	7 400.00	12 178.00	222.00
陈玉婷	财务部	15 090.00	3 395.25	6 694.75	11 493.91	200.84
朱娟奇	财务部	16 000.00	3 600.00	7 400.00	12 178.00	222.00
钟玉琼	质量管理部	12 000.00	2 700.00	4 300.00	9 171.00	129.00
阮盛宇	质量管理部	10 920.00	2 457.00	3 463.00	8 359.11	103.89
张敏	质量管理部	10 340.00	2 326.50	3 013.50	7 923.09	90.41
罗睿	研发部	19 000.00	4 275.00	9 725.00	14 433.25	291.75
李嘉慧	研发部	19 000.00	4 275.00	9 725.00	14 433.25	291.75
胡茜茜	研发部	19 000.00	4 275.00	9 725.00	14 433.25	291.75
曾敏慧	采购部	10 300.00	2 317.50	2 982.50	7 893.02	89.48
张俊微	采购部	10 300.00	2 317.50	2 982.50	7 893.02	89.48
代佳乐	销售部	15 086.00	3 394.35	6 691.65	11 490.90	200.75
张芷滢	销售部	13 800.00	3 105.00	5 695.00	10 524.15	170.85
王文杰	仓管部	9 260.00	2 083.50	2 176.50	7 111.20	65.30

续表 6-11

姓名	部门名称	应付工资	扣款合计	累计预扣预缴应纳税所得额	实发工资	代扣税
李梓萱	一车间	13 112.00	2 950.20	5 161.80	10 006.95	154.85
徐凯枫	一车间	10 600.00	2 385.00	3 215.00	8 118.55	96.45
谢朝翔	一车间	10 600.00	2 385.00	3 215.00	8 118.55	96.45
张娅楠	二车间	12 384.00	2 786.40	4 597.60	9 459.67	137.93
李治智	二车间	9 992.00	2 248.20	2 743.80	7 661.49	82.31
谢恩民	二车间	10 300.00	2 317.50	2 982.50	7 893.02	89.48
宋利刚	三车间	13 400.00	3 015.00	5 385.00	10 223.45	161.55
王耀	三车间	10 800.00	2 430.00	3 370.00	8 268.90	101.10
赵婧宇	三车间	10 632.00	2 392.20	3 239.80	8 142.61	97.19
合计		387 826.00	87 260.85	155 565.15	295 898.18	4 666.97

二、工资分摊

工资分摊的主要内容就是根据职工所在部门、提供服务的性质和受益对象等情况，将工资计入当期损益或资产成本，主要包括以下几种情况：应由企业生产的产品或提供的劳务负担的工资，计入相关产品成本或劳务成本，借记“生产成本”“劳务成本”“制造费用”等科目，贷记“应付职工薪酬”科目。符合资本化条件，应当计入固定资产、无形资产等初始成本的工程部门、研发部门的工资，借记“固定资产”“在建工程”“研发支出/资本化支出”等科目，贷记“应付职工薪酬”科目。不符合资本化条件的研发部门职工的工资，应当计入当期损益，借记“研发支出/费用化支出”科目，贷记“应付职工薪酬”科目。公司管理部门的管理人员、董事会成员、监事会成员、财务人员，以及销售部门的销售人员等的工资，在发生时直接计入当期损益，借记“管理费用”“销售费用”等科目、贷记“应付职工薪酬”科目。

【实验资料】按分摊类型生成记账凭证。

【实验过程】

(1) 在 U8 企业应用平台，依次单击【业务导航】→【人力资源】→【薪资管理】→【业务处理】→【工资分摊】菜单，打开【工资分摊】窗口，勾选【计提职工工资】计提费用类型，勾选所有核算部门，勾选【明细到工资项目】【按项目核算】，如图 6-32 所示。

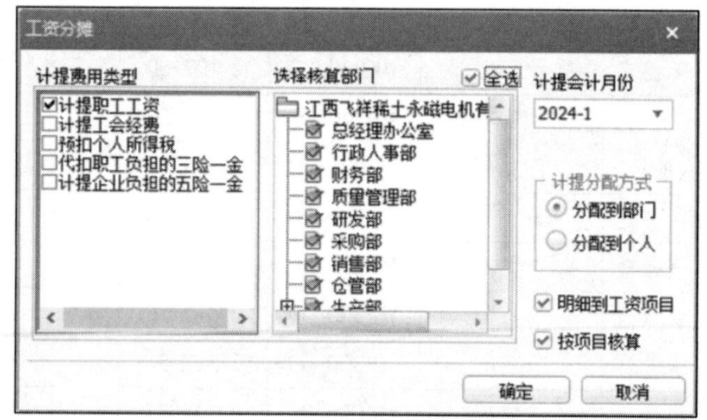

图 6-32 【工资分摊】窗口

(2) 单击【确定】按钮，打开【工资分摊明细】窗口，勾选【合并科目相同、辅助项相同的分录】，如图 6-33 所示。

计提职工工资一览表

☑ 合并科目相同、辅助项相同的分录

类型 计提职工工资　　　　计提会计月份 1月

部门名称	人员类别	应付工资						
		分配金额	借方科目	借方项目大类	借方项目	贷方科目	贷方项目大类	贷方项目
总经理办公室	企业管理人员	26000.00	660202			221101		
行政人事部		63910.00	660202			221101		
财务部		47090.00	660202			221101		
质量管理部		33260.00	660202			221101		
研发部	研发人员	57000.00	530101			221101		
采购部	采购人员	20600.00	660202			221101		
销售部	销售人员	28886.00	660102			221101		
仓管部	企业管理人员	9260.00	660202			221101		
一车间	车间管理人员	13112.00	510102			221101		
	生产人员	21200.00	500102	生产成本核算	建筑类电机共用	221101		
二车间	车间管理人员	12384.00	510102			221101		
	生产人员	20292.00	500102	生产成本核算	家居电器类电机共用	221101		
三车间	车间管理人员	13400.00	510102			221101		
	生产人员	21432.00	500102	生产成本核算	汽车产业类电机共用	221101		

图 6-33 【工资分摊明细】窗口

(3)单击工具栏里的【制单】按钮，进入填制凭证界面。【凭证类别】选择“转账凭证”，对部分分录进行【插分】。插分完毕，单击【保存】按钮。

借：生产成本/直接人工/自动库门用电机　9 540.00
　　生产成本/直接人工/建筑通风设备用电机　11 660.00
　　生产成本/直接人工/厨房电器设备用电机　6 087.60
　　生产成本/直接人工/空调压缩机用电机　14 204.40
　　生产成本/直接人工/纯电动汽车电驱系统　8 572.80
　　生产成本/直接人工/燃油车启动机　6 429.60
　　生产成本/直接人工/燃油车发电机　4 286.40
　　生产成本/直接人工/汽车空调用电机　2 143.20
　　管理费用/职工薪酬/总经理办公室　26 000.00
　　管理费用/职工薪酬/行政人事部　63 910.00
　　管理费用/职工薪酬/财务部　47 090.00
　　管理费用/职工薪酬/质量管理部　33 260.00
　　研发支出/费用化支出/研发部　57 000.00
　　管理费用/职工薪酬/采购部　20 600.00
　　销售费用/职工薪酬/销售部　28 886.00
　　管理费用/职工薪酬/仓管部　9 260.00
　　制造费用/职工薪酬/一车间　13 112.00
　　制造费用/职工薪酬/二车间　12 384.00
　　制造费用/职工薪酬/三车间　13 400.00
　　贷：应付职工薪酬/工资　387 826.00

(4)参照步骤(1)至步骤(3)生成【计提工会经费】的转账凭证。

借：生产成本/直接人工/自动库门用电机　190.80

生产成本/直接人工/建筑通风设备用电机　　233.20
生产成本/直接人工/厨房电器设备用电机　　121.75
生产成本/直接人工/空调压缩机用电机　　284.09
生产成本/直接人工/纯电动汽车电驱系统　　171.46
生产成本/直接人工/燃油车启动机　　128.59
生产成本/直接人工/燃油车发电机　　85.73
生产成本/直接人工/汽车空调用电机　　42.86
管理费用/职工薪酬/总经理办公室　　520.00
管理费用/职工薪酬/行政人事部　　1 278.20
管理费用/职工薪酬/财务部　　941.80
管理费用/职工薪酬/质量管理部　　665.20
研发支出/费用化支出/研发部　　1 140.00
管理费用/职工薪酬/采购部　　412.00
销售费用/职工薪酬/销售部　　577.72
管理费用/职工薪酬/仓管部　　185.20
制造费用/职工薪酬/一车间　　262.24
制造费用/职工薪酬/二车间　　247.68
制造费用/职工薪酬/三车间　　268.00
贷：应付职工薪酬/工资　　7 756.52

(5)参照步骤(1)至步骤(3)生成【预扣个人所得税】的转账凭证。

借：应付职工薪酬/工资　　4 666.97
贷：应交税费/应交个人所得税　　4 666.97

(6)参照步骤(1)至步骤(3)生成【代扣职工负担的三险一金】的转账凭证。

借：应付职工薪酬/工资　　87 260.85
贷：其他应付款/代扣职工负担的三险一金/代扣养老保险　　31 026.08
其他应付款/代扣职工负担的三险一金/代扣医疗保险　　7 756.52
其他应付款/代扣职工负担的三险一金/代扣失业保险　　1 939.13
其他应付款/代扣职工负担的三险一金/代扣住房公积金　　46 539.12

(7)参照步骤(1)至步骤(3)生成【计提企业负担的五险一金】的转账凭证。

借：生产成本/直接人工/自动库门用电机　　4 245.30
生产成本/直接人工/建筑通风设备用电机　　5 188.70
生产成本/直接人工/厨房电器设备用电机　　2 708.98
生产成本/直接人工/空调压缩机用电机　　6 320.96
生产成本/直接人工/纯电动汽车电驱系统　　3 814.90
生产成本/直接人工/燃油车启动机　　2 861.17
生产成本/直接人工/燃油车发电机　　1 907.45
生产成本/直接人工/汽车空调用电机　　953.72
管理费用/职工薪酬/总经理办公室　　11 570.00
管理费用/职工薪酬/行政人事部　　28 439.95

管理费用/职工薪酬/财务部 20 955.05
管理费用/职工薪酬/质量管理部 14 800.70
研发支出/费用化支出/研发部 25 365.00
管理费用/职工薪酬/采购部 9 167.00
销售费用/职工薪酬/销售部 12 854.27
管理费用/职工薪酬/仓管部 4 120.70
制造费用/职工薪酬/一车间 5 834.84
制造费用/职工薪酬/二车间 5 510.88
制造费用/职工薪酬/三车间 5 963.00
贷：应付职工薪酬/社会保险费/基本医疗保险费 34 904.34
　　应付职工薪酬/社会保险费/工伤保险费 3 878.26
　　应付职工薪酬/社会保险费/生育保险费 3 878.26
　　应付职工薪酬/设定提存计划/基本养老保险费 77 565.20
　　应付职工薪酬/设定提存计划/失业保险费 5 817.39
　　应付职工薪酬/住房公积金 46 539.12

三、扣缴所得税

个人所得税是根据《中华人民共和国个人所得税法》对个人所得征收的一种税种。鉴于许多企业、事业单位计算职工工资所得税工作量较大，在薪资管理系统中提供了个人所得税自动计算功能，这时所提到的个人所得税计算仅是一个查询功能，所有的计算均是由计算机来完成的，这样既减轻了会计人员的工作负担，又提高了工作效率。当然，要进行个人所得税管理，首先需要设置申报项目和税率，然后系统自动根据设置完成计算。

【实验资料】查询1月份扣缴个人所得税报表。

【实验过程】

(1)在U8企业应用平台，依次单击【业务导航】→【人力资源】→【薪资管理】→【业务处理】→【扣缴所得税】菜单，打开【个人所得税申报模板】窗口。单击【扣缴个人所得税报表】报表类型，如图6-34所示。

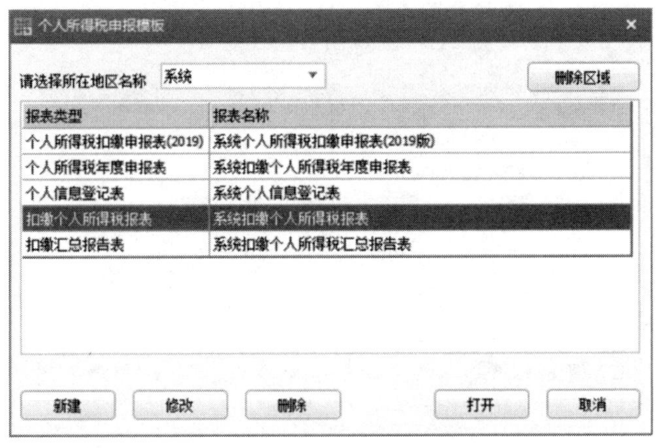

图6-34 【个人所得税申报模板】窗口

(2)单击【打开】按钮，打开【所得税申报】对话框，单击【确定】按钮，打开【系统扣缴个人所得税报表】，如图 6-35 所示。

系统扣缴个人所得税报表

2024年1月 – 2024年1月

总人数：29

序号	纳税义务人…	身份证照类型	身份证号码	国家与地区	职业编码	所得项目	所得期间	收入额	免税收入额	允许扣除的…	费用扣除标准	准予扣除的…	应纳税所得额	税率	应扣税额	已扣税额	备注
1	黄业竣	身份证					1	26000.00			0.00		15150.00	3	454.50	454.50	
2	吴冠宏	身份证					1	16000.00			0.00		7400.00	3	222.00	222.00	
3	曾琦	身份证					1	12000.00			0.00		4300.00	3	129.00	129.00	
4	付奕琪	身份证					1	12000.00			0.00		4300.00	3	129.00	129.00	
5	滕慧	身份证					1	12000.00			0.00		4300.00	3	129.00	129.00	
6	万苗青	身份证					1	12000.00			0.00		4230.25	3	126.91	126.91	
7	王文杰	身份证					1	9400.00			0.00		2176.50	3	65.30	65.30	
8	何璇	身份证					1	16000.00			0.00		7400.00	3	222.00	222.00	
9	陈玉婷	身份证					1	16000.00			0.00		6694.75	3	200.84	200.84	
10	朱炳奇	身份证					1	16000.00			0.00		7400.00	3	222.00	222.00	
11	曾敏慧	身份证					1	10300.00			0.00		2982.50	3	89.48	89.48	
12	张俊微	身份证					1	10300.00			0.00		2982.50	3	89.48	89.48	
13	钟玉玲	身份证					1	12000.00			0.00		4300.00	3	129.00	129.00	
14	阮盛宇	身份证					1	11000.00			0.00		3463.00	3	103.89	103.89	
15	张敏	身份证					1	10900.00			0.00		3013.50	3	90.41	90.41	
16	罗睿	身份证					1	19000.00			0.00		9725.00	3	291.75	291.75	
17	李嘉慧	身份证					1	19000.00			0.00		9725.00	3	291.75	291.75	
18	胡茜茜	身份证					1	19000.00			0.00		9725.00	3	291.75	291.75	
19	李梓萱	身份证					1	13200.00			0.00		5161.80	3	154.85	154.85	
20	徐凯枫	身份证					1	10600.00			0.00		3215.00	3	96.45	96.45	
21	谢朝翔	身份证					1	10600.00			0.00		3215.00	3	96.45	96.45	
22	张娅楠	身份证					1	13000.00			0.00		4597.60	3	137.93	137.93	
23	李治智	身份证					1	10400.00			0.00		2743.80	3	82.31	82.31	
24	谢思民	身份证					1	10300.00			0.00		2982.50	3	89.48	89.48	
25	宋利刚	身份证					1	13400.00			0.00		5385.00	3	161.55	161.55	
26	王耀	身份证					1	10800.00			0.00		3370.00	3	101.10	101.10	
27	赵鑫宇	身份证					1	10700.00			0.00		3239.80	3	97.19	97.19	
28	代佳乐	身份证					1	15800.00			0.00		6681.65	3	200.75	200.75	

图 6-35 【系统扣缴个人所得税报表】窗口

四、银行代发工资

银行代发即由银行发放企业职工个人工资。伴随企业信息化建设水平的提高，目前企业发放职工工资基本上已实现由银行代发工资，为满足此项业务的要求，薪资管理系统提供了银行代发功能和薪资管理系统与网上银行系统的接口，整理工资系统的银行代发输出格式，满足网上银行系统的数据读取要求，同时还提供银行代发输出文件的加密功能。

【实验资料】查询 1 月份的银行代发一览表。

【实验过程】

(1)在 U8 企业应用平台，依次单击【业务导航】→【人力资源】→【薪资管理】→【业务处理】→【银行代发】菜单，打开【银行代发】对话框。选中所有部门(含二级部门)，单击【确定】按钮，打开【银行文件格式设置】窗口，从【银行模板】下拉列表中选择“赣州农商银行”，将【账号】的【总长度】修改为“19”，如图 6-36 所示。

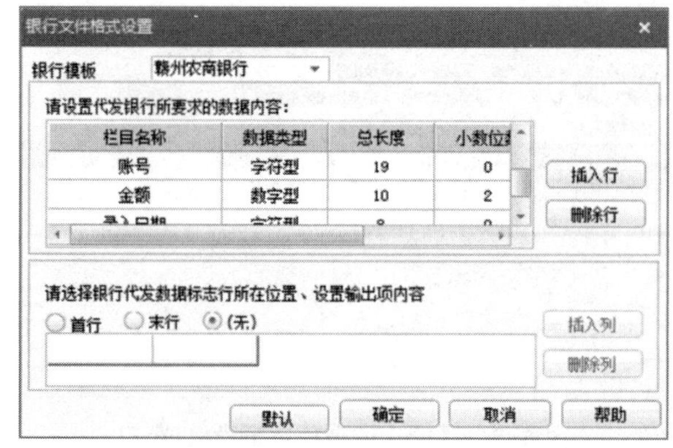

图 6-36 【银行文件格式设置】窗口

(2)单击【确定】按钮，系统提示“确定设置的银行文件格式?”，单击【是】按钮，打开【银行代发】窗口，如图 6-37 所示。

银行代发一览表

名称：赣州农商银行　　　　人数：29

单位编号	人员编号	账号	金额	录入日期
1234934325	A01	4024280000135452101	19695.50	20240131
1234934325	A02	4024280000135452102	12178.00	20240131
1234934325	A03	4024280000135452103	9171.00	20240131
1234934325	A04	4024280000135452104	9171.00	20240131
1234934325	A05	4024280000135452105	9171.00	20240131
1234934325	A06	4024280000135452106	9103.34	20240131
1234934325	C01	4024280000135452120	7111.20	20240131
1234934325	F01	4024280000135452107	12178.00	20240131
1234934325	F02	4024280000135452108	11493.91	20240131
1234934325	F03	4024280000135452109	12178.00	20240131
1234934325	G01	4024280000135452116	7893.02	20240131
1234934325	G02	4024280000135452117	7893.02	20240131
1234934325	Q01	4024280000135452110	9171.00	20240131
1234934325	Q02	4024280000135452111	8359.11	20240131
1234934325	Q03	4024280000135452112	7923.09	20240131
1234934325	R01	4024280000135452113	14433.25	20240131
1234934325	R02	4024280000135452114	14433.25	20240131
1234934325	R03	4024280000135452115	14433.25	20240131
1234934325	S11	4024280000135452121	10006.95	20240131
1234934325	S12	4024280000135452122	8118.55	20240131
1234934325	S13	4024280000135452123	8118.55	20240131
1234934325	S21	4024280000135452124	9459.67	20240131
1234934325	S22	4024280000135452125	7661.49	20240131
1234934325	S23	4024280000135452126	7893.02	20240131
1234934325	S31	4024280000135452127	10223.45	20240131
1234934325	S32	4024280000135452128	8268.90	20240131
1234934325	S33	4024280000135452129	8142.61	20240131
1234934325	X01	4024280000135452118	11490.90	20240131

图 6-37　银行代发一览表

思考题

1. 简述薪资管理系统的基本功能。
2. 薪资管理系统初始化设置的主要内容有哪些?
3. 薪资管理系统基础信息设置的主要内容有哪些?
4. 薪资管理系统需要制作记账凭证的情况有哪些?
5. 在会计信息系统环境下，企业应该如何加强薪资管理?

第七章 供应链管理初始化

第一节 供应链管理系统概述

供应链管理系统是会计信息系统的重要组成部分，它突破了会计信息系统单一财务核算管理的局限，实现了从财务管理到企业财务业务一体化全面管理，实现了物流和资金流管理的统一。

供应链管理系统主要包括采购管理、销售管理、库存管理和存货核算 4 个基本功能模块，每一个模块可以单独应用，也可以与其他系统集成应用。

一、采购管理系统

采购管理系统是供应链管理系统的一个子系统，其主要功能是实现对采购业务的全部流程进行管理，提供请购、订货、到货(退货)、入库、开票、采购结算的完整采购流程，提供比价生单(同一种原材料，不同的供应商的供货价格不同，系统可优先选择最低价而生成相应的采购订单)。可根据实际情况进行采购流程的定制，提供采购订单的到货期提前预警功能，提供供应商价格对比分析等报表。

二、销售管理系统

销售管理系统是供应链管理系统的一个子系统，其主要功能是处理客户的基本档案资料、定制销售计划、销售报价、开具销售订单(销售合同)、销售发货(销售退货)开票；在销售订单、发货、开票时可以检查和控制客户的信用额度和最低售价，减少坏账的发生；强大的统计分析功能，可以根据业务数据，生成各类丰富的统计报表，可按存货、地区、业务员、部门等类别分析销售状况和销售业绩，以便及时调整销售策略。

三、库存管理系统

库存管理系统是供应链管理系统的一个子系统，其主要功能是处理由采购部门传递过来的采购到货单，进行验收入库；销售部门传递过来的销售发货单，审核之后销售出库；处理材料领用业务(配比出库、限额领料)，半成品、产成品入库，处理调拨、盘点等工作，查询各种库存账表(如库存台账、出入库流水账、收发存汇总表等)，提供最高库存、最低

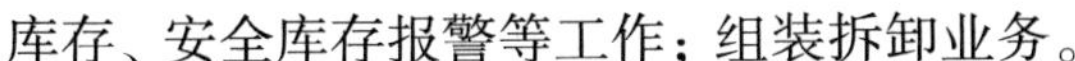

库存、安全库存报警等工作；组装拆卸业务。

四、存货核算系统

存货核算系统是供应链管理系统的一个子系统，其主要功能是处理由库存管理模块传递过来的各种出入库单据，主要完成审核记账及根据预先定义好的成本计价方式（如先进先出、加权平均等）自动结转出库成本。可调整存货的出入库成本，最后生成凭证传递到总账管理系统中。

第二节　供应链管理系统初始化设置

一、基础档案设置

供应链管理所涉及的公共基础档案设置内容较多，主要有仓库档案、收发类别、采购类型、销售类型、费用项目、非合理损耗类型等。

1. 设置仓库档案

仓库档案设置，是为了满足用户对存货的储存情况进行分类管理与汇总统计而设计，用户可根据各单位的实际需要自由灵活地进行设置。

【实验资料】根据表 7-1 设置仓库档案。

表 7-1　仓库档案

仓库编码	仓库名称	计价方式	参与需求计划运算	资产仓	记入成本	代管仓
01	原料及辅料仓	全月平均法	是	否	是	否
02	产成品仓	全月平均法	是	否	是	否
03	周转材料仓	全月平均法	是	否	是	否

【实验过程】

在 U8 企业应用平台，依次单击【基础设置】页签中的【基础档案】→【业务】→【仓库档案】菜单，打开【仓库档案】窗口，单击【增加】，根据表 7-1 添加仓库档案，其他项默认，结果如图 7-1 所示。

☑ 打印序号(N)　　仓库档案

序号	仓库编码	仓库名称	计价方式	是否货位管理	参与需求计划运算	是否参与ROP计算	资产仓	控制序列号
1	01	原料及辅料仓	全月平均法	否	是	是	否	是
2	02	产成品仓	全月平均法	否	是	是	否	是
3	03	周转材料仓	全月平均法	否	是	是	否	是

图 7-1　【仓库档案】窗口

2. 设置收发类别

收发类别设置，是为了满足用户对存货的出入库情况进行分类管理与汇总统计而设计，用户可根据各单位的实际需要自由灵活地进行设置。

【实验资料】根据表 7-2 设置收发类别。

表 7-2　收发类别

收发类别编码	收发类别名称	收发标志
01	入库	收
0101	采购入库	收
0102	产成品入库	收
0103	盘盈入库	收
0104	直运采购	收
0105	调拨入库	收
0199	其他入库	收
02	出库	发
0201	销售出库	发
0202	材料领用出库	发
0203	盘亏出库	发
0204	直运销售	发
0205	调拨出库	发
0206	委托代销出库	发
0207	分期收款销售出库	发
0299	其他出库	发

【实验过程】

在 U8 企业应用平台，依次单击【基础设置】页签中的【基础档案】→【业务】→【收发类别】菜单，打开【收发类别】窗口，单击【增加】，根据表 7-2 添加收发类别信息，结果如图 7-2 所示。

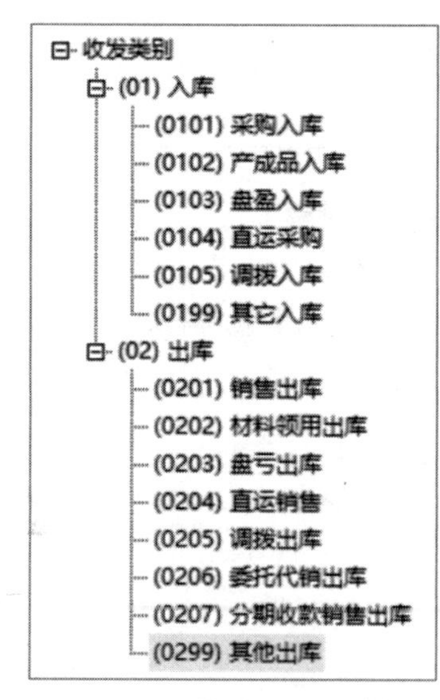

图 7-2　【收发类别】窗口

3. 设置采购类型

采购类型设置的目的在于方便用户按采购类型对采购业务数据进行统计和分析。用户在处理采购业务时，可以根据企业管理的实际情况自定义采购类型。

【实验资料】根据表 7-3 设置采购类型。

【实验过程】

在 U8 企业应用平台，依次单击【基础设置】页签中的【基础档案】→【业务】→【采购类型】菜单，打开【采购类型】窗口，单击【增加】，根据表 7-3 添加采购类型信息，结果如图 7-3 所示。

表 7-3　采购类型

采购类型编码	采购类型名称	入库类别	是否默认值
01	普通采购	0101 采购入库	是
02	直运采购	0104 直运采购	否

采购类型

序号	采购类型编码	采购类型名称	入库类别	是否默认值	是否委外默认值	参与需求计划运算
1	01	普通采购	采购入库	否	否	是
2	02	直运采购	直运采购	是	否	是

图 7-3　【采购类型】窗口

4. 设置销售类型

销售类型设置的目的在于方便用户按销售类型对销售业务数据进行统计和分析。用户在处理销售业务时，可以根据企业管理的实际情况自定义销售类型。

【**实验资料**】根据表 7-4 设置销售类型。

表 7-4　销售类型

销售类型编码	销售类型名称	出库类别	是否默认值
01	普通销售	0202 销售出库	是
02	直运销售	0204 直运销售	否
03	委托代销	0206 委托代销出库	否
04	分期收款销售	0207 分期收款销售出库	否

【**实验过程**】

在 U8 企业应用平台，依次单击【基础设置】页签中的【基础档案】→【业务】→【销售类型】菜单，打开【销售类型】窗口，单击【增加】，根据表 7-4 添加销售类型信息，结果如图 7-4 所示。

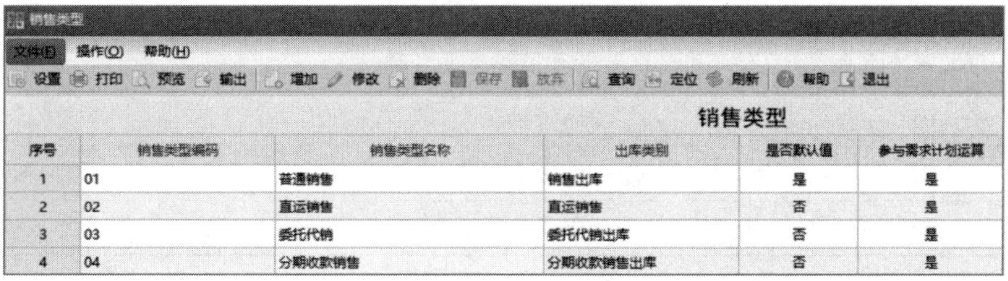

销售类型

序号	销售类型编码	销售类型名称	出库类别	是否默认值	参与需求计划运算
1	01	普通销售	销售出库	是	是
2	02	直运销售	直运销售	否	是
3	03	委托代销	委托代销出库	否	是
4	04	分期收款销售	分期收款销售出库	否	是

图 7-4　【销售类型】窗口

5. 设置费用项目

费用项目设置，是为了满足用户填制销售管理系统的代垫费用单、销售费用支出单而设计，用户可根据各单位的实际需要自由灵活地进行设置。

【实验资料】根据表 7-5 设置费用项目。

表 7-5 费用项目

费用项目编码	费用项目名称	费用项目方向	费用项目分类编码	费用项目分类名称
01	运输费	支出	1	日常费用
02	手续费	支出	1	日常费用

【实验过程】

(1)在 U8 企业应用平台，依次单击【基础设置】页签中的【基础档案】→【业务】→【费用项目分类】菜单，打开【费用项目分类】窗口，单击【增加】，根据表 7-5 添加费用项目分类信息。

(2)在 U8 企业应用平台，依次单击【基础设置】页签中的【基础档案】→【业务】→【费用项目】菜单，打开【费用项目】窗口，单击【增加】，根据表 7-5 添加费用项目信息，结果如图 7-5 所示。

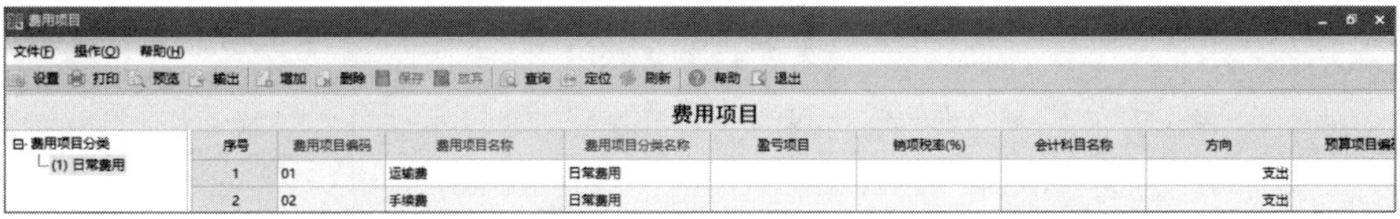

图 7-5 【费用项目】窗口

6. 设置非合理损耗类型

企业采购货物过程中，如果发生非合理损耗，需要根据不同原因做出处理。从系统应用角度，非合理损耗的采购业务，在采购结算时需选择“非合理损耗类型”。在存货核算系统设置非合理损耗科目，采购结算单制单时，系统自动带出采购结算时所选“非合理损耗类型”对应的会计科目。

【实验资料】根据表 7-6 设置非合理损耗类型。

表 7-6 非合理损耗类型

非合理损耗类型编码	非合理损耗类型名称	是否默认值
01	运输单位责任	否
02	保险公司责任	否
03	职工个人责任	否

【实验过程】

在 U8 企业应用平台，依次单击【基础设置】页签中的【基础档案】→【业务】→【非合理损耗类型】菜单，打开【非合理损耗类型】窗口，单击【增加】，根据表 7-6 添加非合理损耗类型信息，结果如图 7-6 所示。添加完毕退出该窗口。

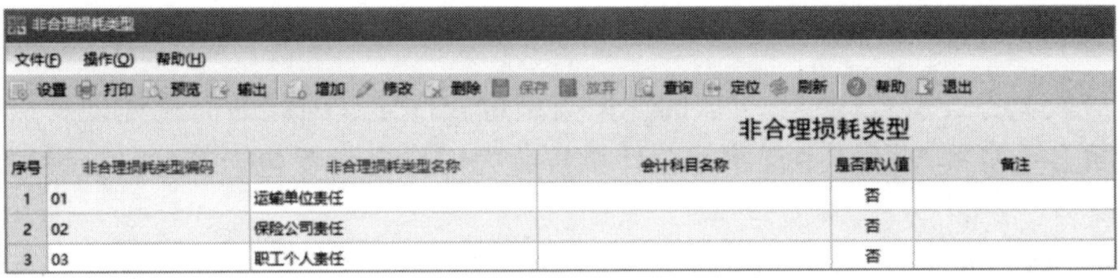
非合理损耗类型

文件(F)　操作(O)　帮助(H)

设置　打印　预览　输出　增加　修改　删除　保存　放弃　查询　定位　刷新　帮助　退出

非合理损耗类型

序号	非合理损耗类型编码	非合理损耗类型名称	会计科目名称	是否默认值	备注
1	01	运输单位责任		否	
2	02	保险公司责任		否	
3	03	职工个人责任		否	

图 7-6　【非合理损耗类型】窗口

二、应收款管理系统初始化设置

1. 业务处理控制参数设置

在运行应收款管理系统前，应设置应收款管理系统运行所需要的账套参数，以便系统根据所设定的参数进行相应的处理。参数设置的内容主要包括：应收账款核销方式、控制科目的依据、存货销售科目、制单方式、坏账处理方式、汇兑损益计算方式、预收款核销方式和现金折扣显示等。

【实验资料】调整应收款管理系统业务处理控制参数。在【常规】选项卡下，【单据审核日期依据】选择“单据日期”，勾选【自动计算现金折扣】；在【凭证】选项卡下，【受控科目制单方式】选择“明细到单据”，【凭证合并规则】选择“票据号”。

【实验过程】

在 U8 企业应用平台，依次单击【基础设置】页签中的【业务参数】→【财务会计】→【应收款管理】菜单，打开【账套参数设置】窗口，单击窗口下方的【编辑】按钮，根据实验资料进行应收款管理系统选项设置，结果如图 7-7 所示。设置完毕关闭该窗口。

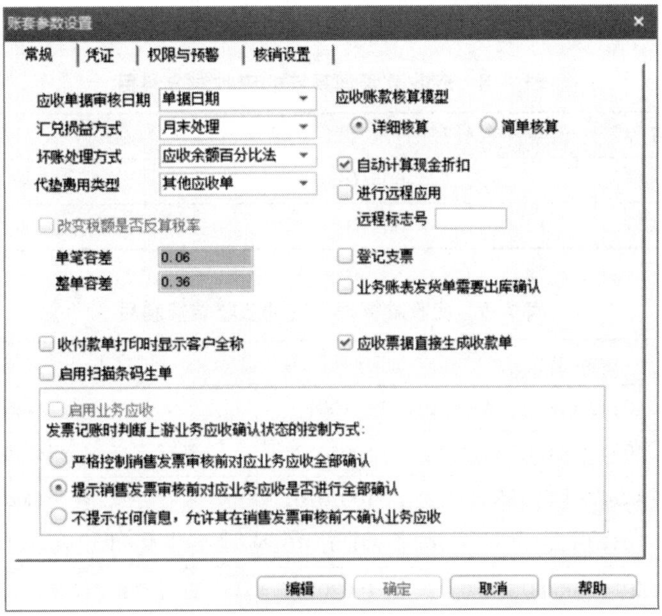

图 7-7　【应收款管理系统选项设置—常规】窗口

2. 凭证科目设置

由于应收业务类型较固定，生成的凭证类型也较固定，因此为简化凭证生成操作，可以预先设置各业务类型凭证中常用的会计科目。凭证科目设置包括基本科目设置、对方科目、结算科目等。

【实验资料】根据表7-7、表7-8和表7-9分别设置应收款管理系统的基本科目、对方科目和结算科目。

表7-7 应收款管理系统的应收基本科目

基本科目种类	科目编码	科目名称	币种
应收科目	112201	应收账款/一般应收账款	人民币
预收科目	220301	预收账款/一般预收账款	人民币
汇兑损益科目	660302	财务费用/汇兑损益	人民币
商业承兑科目	1121	应收票据	人民币
票据利息科目	660301	财务费用/利息支出	人民币
票据费用科目	660305	财务费用/票据贴现	人民币
收支费用科目	660105	销售费用/办公费	人民币
现金折扣科目	660304	财务费用/现金折扣	人民币
税金科目	22210106	应交税费/应交增值税/销项税额	人民币
销售收入科目	6001	主营业务收入	人民币
销售退回科目	6001	主营业务收入	人民币
销售定金科目	220302	预收账款/销售定金	人民币

表7-8 应收款管理系统的应收对方科目

类别编码	类别名称	销售收入科目编码、销售退回科目编码	科目名称
01	原料及辅料	605101	其他业务收入/出售原材料收入
0201	包装物	605102	其他业务收入/出售包装物收入

表7-9 应收款管理系统的应收结算科目

结算方式	币种	本单位账号	科目编码	科目名称
现金	人民币	4024280000135450912	1001	库存现金
现金支票	人民币	4024280000135450912	10020101	银行存款/赣州农商银行/章贡支行
转账支票	人民币	4024280000135450912	10020101	银行存款/赣州农商银行/章贡支行
转账支票	美元	1037010201086458524	1002020102	银行存款/中国农业银行/章贡支行/美元
商业汇票	人民币	4024280000135450912	10020101	银行存款/赣州农商银行/章贡支行
电汇	人民币	4024280000135450912	10020101	银行存款/赣州农商银行/章贡支行
电汇	美元	1037010201086458524	1002020102	银行存款/中国农业银行/章贡支行/美元

续表 7-9

结算方式	币种	本单位账号	科目编码	科目名称
委托收款	人民币	4024280000135450912	10020101	银行存款/赣州农商银行/章贡支行
托收承付	人民币	4024280000135450912	10020101	银行存款/赣州农商银行/章贡支行
其他	人民币	4024280000135450912	10020101	银行存款/赣州农商银行/章贡支行

【实验过程】

(1)在 U8 企业应用平台，依次单击【业务导航】→【财务会计】→【应收款管理】→【设置】→【科目设置】→【基本科目】菜单，打开【应收基本科目】窗口。单击工具栏的【增行】按钮，根据表 7-7 设置应收款管理系统的应收基本科目，结果如图 7-8 所示。关闭该窗口。

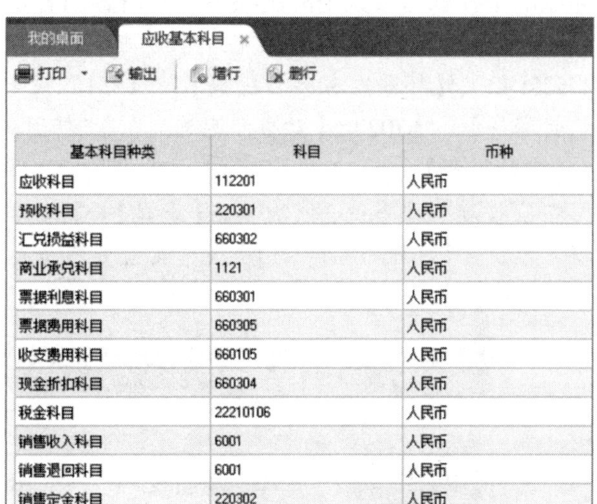

基本科目种类	科目	币种
应收科目	112201	人民币
预收科目	220301	人民币
汇兑损益科目	660302	人民币
商业承兑科目	1121	人民币
票据利息科目	660301	人民币
票据费用科目	660305	人民币
收支费用科目	660105	人民币
现金折扣科目	660304	人民币
税金科目	22210106	人民币
销售收入科目	6001	人民币
销售退回科目	6001	人民币
销售定金科目	220302	人民币

图 7-8 【应收款管理系统的应收基本科目】窗口

(2)在应收款管理系统，依次单击【设置】→【科目设置】→【对方科目】菜单，打开【应收对方科目】窗口。单击工具栏的【增行】按钮，根据表 7-8 设置应收款管理系统的应收对方科目，结果如图 7-9 所示。关闭该窗口。

应收对方科目

序号	存货编码	存货名称	存货分类编码	存货分类名称	客户分类名称	币种	税率%	销售收入科目...	销售收入科目...	销售退回科目编码	销售退回科目名称	合同收入科目编
1			01	原料及辅料				605101	出售原材料收入	605101	出售原材料收入	
2			0201	包装物				605102	出售包装物收入	605102	出售包装物收入	

图 7-9 【应收款管理系统的应收对方科目】窗口

(3)在应收款管理系统，依次单击【设置】→【科目设置】→【结算科目】菜单，打开【应收结算科目】窗口。单击工具栏的【增行】按钮，根据表 7-9 设置应收款管理系统的应收结算科目，结果如图 7-10 所示。关闭该窗口。

结算方式	币种	本单位账号	科目
1 现金	人民币	4024280000135450912	1001
201 现金支票	人民币	4024280000135450912	10020101
202 转账支票	人民币	4024280000135450912	10020101
202 转账支票	美元	1037010201086458524	1002020102
3 商业汇票	人民币	4024280000135450912	10020101
4 电汇	人民币	4024280000135450912	10020101
4 电汇	美元	1037010201086458524	1002020102
5 委托收款	人民币	4024280000135450912	10020101
6 托收承付	人民币	4024280000135450912	10020101
7 其他	人民币	4024280000135450912	10020101

图 7-10 【应收款管理系统的应收结算科目】窗口

3. 坏账准备设置

坏账准备设置是指对坏账准备提取比例、期初余额、坏账准备科目和对方科目等进行设置。坏账准备提取比率可分别按销售收入百分比法和应收账款余额百分比法，直接输入计提比例；按账龄百分比提取，可直接输入各账龄期间计提的比率。初次启用应收款管理系统时，需要直接输入期初余额，此后的期初余额是由系统自动生成，不能进行修改。根据坏账准备在账套参数中的选项不同其设置内容也存在一定的差异。

【实验资料】 设置坏账准备的【提取比率】为“0. 50%”，【坏账准备期初余额】为“51 525. 42”，【坏账准备科目编码】为“1231”，【坏账准备科目名称】为“坏账准备”，【对方科目编码】为“6702”，【对方科目名称】为“信用减值损失”。

【实验过程】

在应收款管理系统，依次单击【设置】→【初始设置】菜单，打开【初始设置】窗口。单击窗口左侧的【坏账准备设置】，根据实验资料进行坏账准备设置，设置完毕单击【确定】按钮，结果如图 7-11 所示。

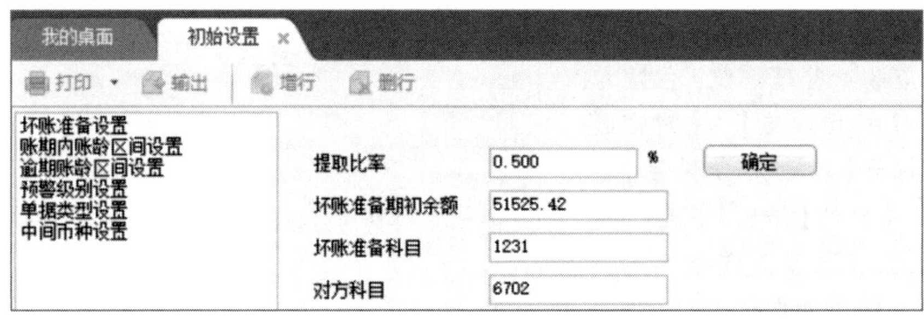

图 7-11 【坏账准备设置】窗口

4. 输入期初余额

应收款管理系统通过输入期初单据的形式建立期初数据。在启用应收款管理系统之前，将账套启用会计期间以前未处理完的应收、收款及预收单据，全部输入系统中，系统可对其进行后续处理，以便于详细记录每一笔往来业务，加强往来款项的处理。

【实验资料】 根据表 7-10 和表 7-11 录入期初余额，并与总账管理系统进行对账。

表 7-10 应收账款期初余额

单据类型	发票号	开票日期	客户简称	科目	存货编码	数量	无税单价/元	价税合计/元	业务员
销售专用发票	14659368	2023-08-23	长沙固化	112201	030101	600	2 100. 00	1 423 800. 00	代佳乐
销售专用发票	14659484	2023-09-26	西安利华	112201	030202	4 438	588. 00	2 948 784. 72	代佳乐
销售专用发票	14659627	2023-11-23	赣州光华	112201	030301	50	49 000. 00	2 768 500. 00	代佳乐
销售专用发票	14659757	2023-12-17	江西华驰	112201	030302	500	5 600. 00	3 164 000. 00	代佳乐

表 7-11 应收票据期初余额

单据类型	承兑银行	票据编号	开票单位	票据面值/元	科目	签发日期	收到日期	到期日	业务员
银行承兑汇票	中国农业银行	56498324	江苏现能	2 260 994. 40	1121	2023-10-09	2023-10-09	2024-04-09	代佳乐

【实验过程】

(1)在应收款管理系统，依次单击【期初余额】→【期初余额】菜单，系统弹出【期初余额-查询】对话框，单击【确定】按钮，打开【期初余额】窗口。单击工具栏的【增加】按钮，根据表7-10填制期初销售专用发票，根据表7-11填制期初应收票据，结果如图7-12、图7-13所示。

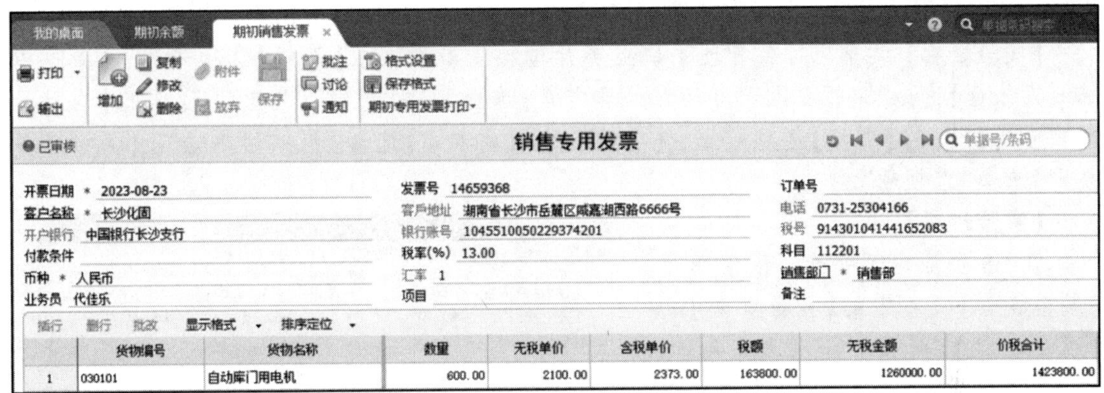

图7-12　【期初销售专用发票】窗口

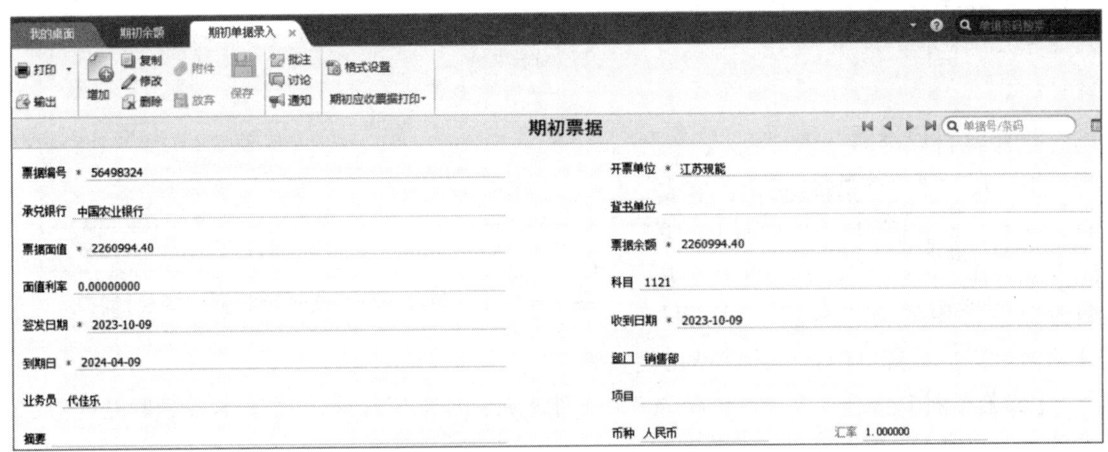

图7-13　【期初应收票据】窗口

(2)在【期初余额】窗口，先单击工具栏的【刷新】按钮，再单击【对账】按钮，打开【期初对账】对话框，结果如图7-14所示。

我的桌面　期初余额　期初对账

打印　输出

科目		币种	应收期初		总账期初		差额	
编号	名称		原币	本币	原币	本币	原币	本币
1121	应收票据	人民币	2,260,994.40	2,260,994.40	2,260,994.40	2,260,994.40	0.00	0.00
112201	一般应收账款	人民币	10,305,084.72	10,305,084.72	10,305,084.72	10,305,084.72	0.00	0.00
	合计			12,566,079.12		12,566,079.12		0.00

图7-14　【对账结果】窗口

三、应付款管理系统初始化设置

1. 业务处理控制参数设置

在运行应付款管理系统前，应设置应付款管理系统运行所需要的账套参数，以便系统根据所设定的参数进行相应的处理。参数设置的内容主要包括：应付单据审核日期、汇兑损益方式、费用单类型、应付账款核算模型、是否自动计算现金折扣等。

【实验资料】调整应付款管理系统业务处理控制参数。在【常规】选项卡下，【单据审核日期依据】选择"单据日期"，【坏账处理方式】选择"应收余额百分比法"，勾选【自动计算现金折扣】；在【凭证】选项卡下，【受控科目制单方式】选择"明细到单据"，【凭证合并规则】选择"票据号"。

【实验过程】

在U8企业应用平台，依次单击【基础设置】页签中的【业务参数】→【财务会计】→【应付款管理】菜单，打开【账套参数设置】窗口，单击窗口下方的【编辑】按钮，根据实验资料进行应付款管理系统选项设置，结果如图7－15所示。设置完毕关闭该窗口。

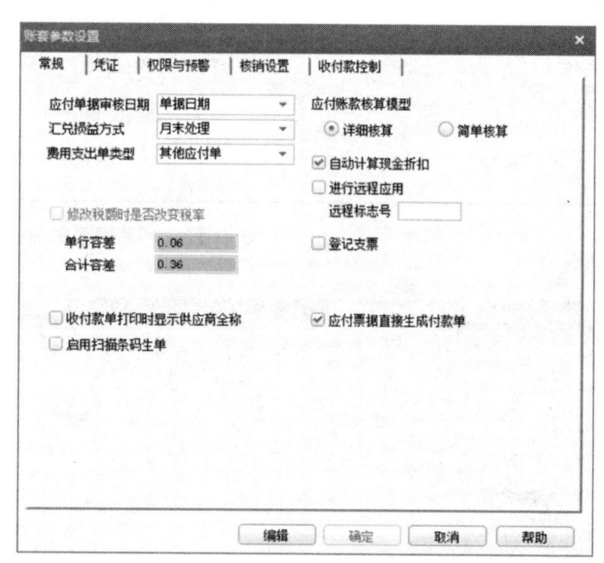

图7－15 【应付款管理系统选项设置—常规】窗口

2. 凭证科目设置

由于应付业务类型较固定，生成的凭证类型也较固定，因此为简化凭证生成操作，可以预先设置各业务类型凭证中常用的会计科目。凭证科目设置包括基本科目设置、结算科目设置等。

【实验资料】根据表7－12和表7－13分别设置应付款管理系统的基本科目和结算方式科目。

表7－12 应付款管理系统的基本科目

基本科目种类	科目编码	科目名称	币种
应付科目	220201	应付账款/一般应付账款	人民币
预付科目	1123	预付账款	人民币
采购科目	1402	在途物资	人民币
税金科目	22210101	应交税费/应交增值税/进项税额	人民币
汇兑损益科目	660302	财务费用/汇兑损益	人民币
商业承兑科目	2201	应付票据	人民币
票据利息科目	660301	财务费用/利息支出	人民币
现金折扣科目	660304	财务费用/现金折扣	人民币
固定资产采购科目	1601	固定资产	人民币

表 7-13　应付款管理系统的结算科目

结算方式	币种	本单位账号	科目编码	科目名称
现金	人民币	4024280000135450912	1001	库存现金
现金支票	人民币	4024280000135450912	10020101	银行存款/赣州农商银行/章贡支行
转账支票	人民币	4024280000135450912	10020101	银行存款/赣州农商银行/章贡支行
转账支票	美元	1037010201086458524	1002020102	银行存款/中国农业银行/章贡支行/美元
商业汇票	人民币	4024280000135450912	10020101	银行存款/赣州农商银行/章贡支行
电汇	人民币	4024280000135450912	10020101	银行存款/赣州农商银行/章贡支行
电汇	美元	1037010201086458524	1002020102	银行存款/中国农业银行/章贡支行/美元
委托收款	人民币	4024280000135450912	10020101	银行存款/赣州农商银行/章贡支行
托收承付	人民币	4024280000135450912	10020101	银行存款/赣州农商银行/章贡支行
其他	人民币	4024280000135450912	10020101	银行存款/赣州农商银行/章贡支行

【实验过程】

(1)在 U8 企业应用平台，依次单击【业务导航】→【财务会计】→【应付款管理】→【设置】→【科目设置】→【基本科目】菜单，打开【应付基本科目】窗口。单击工具栏的【增行】按钮，根据表 7-12 设置应付款管理系统的应付基本科目，结果如图 7-16 所示。关闭该窗口。

(2)在应付款管理系统，依次单击【设置】→【科目设置】→【结算科目】菜单，打开【应付结算科目】窗口。单击工具栏的【增行】按钮，根据表 7-13 设置应付款管理系统的应付结算科目，结果如图 7-17 所示。关闭该窗口。

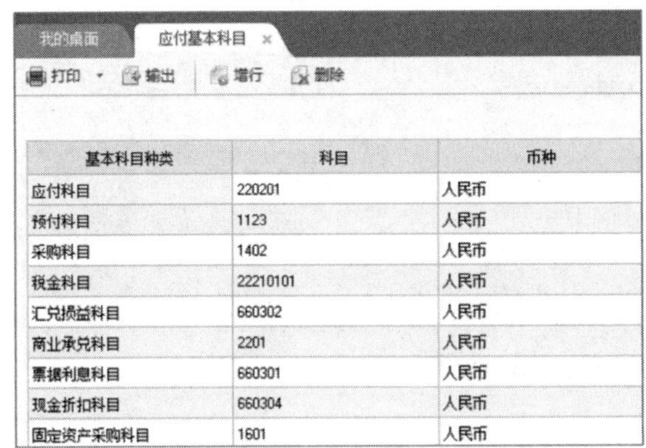

基本科目种类	科目	币种
应付科目	220201	人民币
预付科目	1123	人民币
采购科目	1402	人民币
税金科目	22210101	人民币
汇兑损益科目	660302	人民币
商业承兑科目	2201	人民币
票据利息科目	660301	人民币
现金折扣科目	660304	人民币
固定资产采购科目	1601	人民币

图 7-16　【应付款管理系统的应付基本科目】窗口

结算方式	币　种	本单位账号	科　目
1 现金	人民币	4024280000135450912	1001
201 现金支票	人民币	4024280000135450912	10020101
202 转账支票	人民币	4024280000135450912	10020101
202 转账支票	美元	1037010201086458524	1002020102
3 商业汇票	人民币	4024280000135450912	10020101
4 电汇	人民币	4024280000135450912	10020101
4 电汇	美元	1037010201086458524	1002020102
5 委托收款	人民币	4024280000135450912	10020101
6 托收承付	人民币	4024280000135450912	10020101
7 其他	人民币	4024280000135450912	10020101

图 7-17　【应付款管理系统的应付结算科目】窗口

3. 输入期初余额

应付款管理系统通过输入期初单据的形式建立期初数据。在启用应付款管理系统之前，将账套启用会计期间以前未处理完的应付、付款及预付单据，全部输入系统中，系统可对其进行后续处理，以便于详细记录每一笔往来业务，加强往来款项的处理。

【实验资料】根据表 7-14、表 7-15 和表 7-16 录入期初余额，并与总账管理系统进行对账。

表 7-14　应付账款期初余额

单据类型	发票号	开票日期	供应商简称	科目	存货编码	数量	无税单价/元	价税合计/元	业务员
采购专用发票	16875154	2023-10-23	赣州新科	220201	0101	3 000	510.00	1 728 900.00	曾敏慧
采购专用发票	25405697	2023-11-16	江苏速为	220201	0104	8 000	60.00	542 400.00	曾敏慧
采购专用发票	46875412	2023-12-24	上海丰瑞	220201	0106	10 000	40.00	452 000.00	曾敏慧

表 7-15　应付票据期初余额

单据类型	承兑银行	票据编号	开票单位	票据面值/元	科目	签发日期	到期日	业务员
银行承兑汇票	赣州农商银行	51458721	赣州华友	2 881 500.00	2201	2023-08-27	2024-02-27	曾敏慧

表 7-16　预付账款期初余额

单据类型	款项类型	日期	单据编号	供应商简称	结算方式	金额/元	科目	业务员
付款单	预付款	2023-12-28	62145753	广州金强	电汇	678 000.00	1123	曾敏慧

【实验过程】

(1)在应付款管理系统，依次单击【期初余额】→【期初余额】菜单，系统弹出【期初余额—查询】对话框，单击【确定】按钮，打开【期初余额】窗口。单击工具栏的【增加】按钮，根据表 7-14 填制期初采购专用发票，第一张采购专用发票的结果如图 7-18 所示。参照该方法，继续录入应付账款期初余额，同时根据表 7-15 填制期初应付票据，根据表 7-16 填制期初付款单。

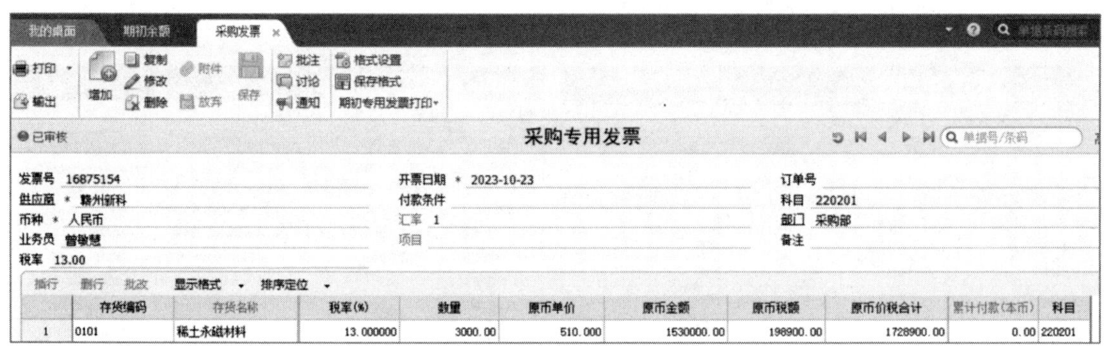

图 7-18　【期初采购专用发票】窗口

(2)在【期初余额】窗口，先单击工具栏的【刷新】按钮，再单击【对账】按钮，打开【期初对账】对话框，结果如图 7-19 所示。

科目编号	科目名称	币种	应付期初原币	应付期初本币	总账期初原币	总账期初本币	差额原币	差额本币
1123	预付账款	人民币	-678,000.00	-678,000.00	-678,000.00	-678,000.00	0.00	0.00
2201	应付票据	人民币	2,881,500.00	2,881,500.00	2,881,500.00	2,881,500.00	0.00	0.00
220201	一般应付账款	人民币	2,723,300.00	2,723,300.00	2,723,300.00	2,723,300.00	0.00	0.00
	合计			4,926,800.00		4,926,800.00		0.00

图 7-19　【期初对账结果】窗口

四、采购管理系统初始化设置

采购管理系统初始化主要包括定义采购管理系统启用参数、设置各种档案、输入期初业务数据及期初记账等。在供应链基础参数设置完成后，可根据企业的实际需要，具体设置采购业务的业务范围，输入有关的期初数据并进行期初记账处理。

1. 业务处理控制参数设置

采购管理系统业务控制参数就是用来规定在采购业务处理时，对哪些业务能处理、哪些业务不能处理所设置的基础参数。例如，针对普通业务必有订单，若选定该选项参数，则除请购单、采购订单外，到货单、入库单、（普通、专用）采购发票不可手工新增，只能参照来源单据生成。

【实验资料】调整应付款管理系统业务处理控制参数。在【业务及权限控制】选项卡中，勾选“普通业务必有订单”。

【实验过程】

在 U8 企业应用平台，依次单击【基础设置】页签中的【业务参数】→【财务会计】→【采购管理】菜单，打开【账套参数设置】窗口，单击窗口下方的【编辑】按钮，根据实验资料进行采购管理系统选项设置，结果如图 7-20 所示。设置完毕关闭该窗口。

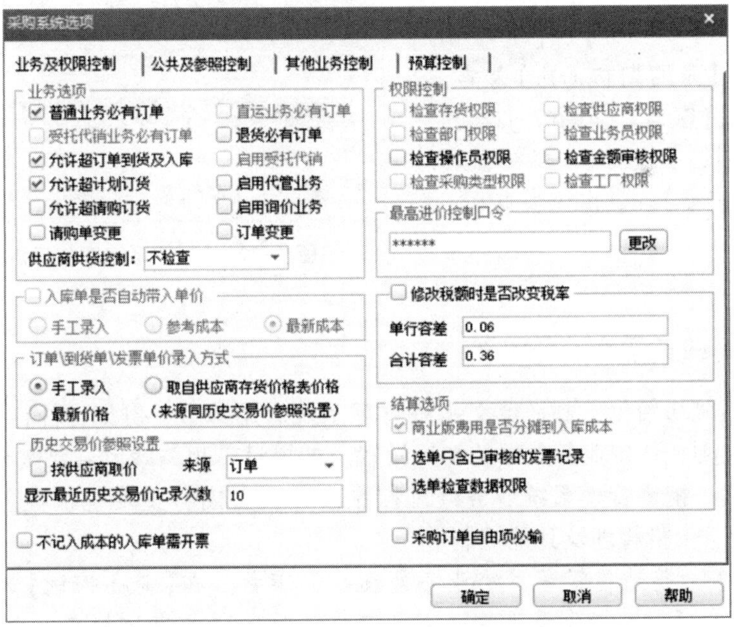

图 7-20　【采购管理选项设置】窗口

2. 输入期初业务数据

采购管理系统的期初业务数据，主要指在启用采购管理系统前没有取得供货单位采购发票，不能进行采购结算的入库单的数据资料，即暂估入库的存货余额。这些数据需要在期初记账前，以采购入库单形式输入系统，形成采购管理系统的期初数据，以便取得发票后进行采购结算。

【实验资料】2023 年 12 月 29 日，采购部张俊微与赣州尔康签订购销合同，采购厨房电器设备用电机包装箱 350 个，不含税单价为 100 元/个。当日全部货物验收合格入库(入库单号：RK120023)，但尚未收到发票。要求根据该业务输入采购管理系统期初业务数据，并进行采购系统期初记账。

【实验过程】

(1)在 U8 企业应用平台，依次单击【业务导航】→【供应链】→【采购管理】→【采购入库】→【采购入库单】菜单，打开【采购入库单】窗口。单击【增加】，根据实验资料填制期初采购入库单，录入完毕单击【保存】，结果如图 7-21 所示。关闭当前窗口。

期初采购入库单

入库单号 * RK120023　入库日期 * 2023-12-29　仓库 * 周转材料仓
订单号　到货单号　业务号
供货单位 * 赣州尔康　部门 采购部　业务员 张俊微
到货日期　业务类型 普通采购　采购类型 普通采购
入库类别 采购入库　审核日期　备注

	存货编码	存货名称	规格型号	主计量单位	数量	本币单价	本币金额
1	020103	厨房电器设备用电机包装箱		个	350.00	100.0000	35000.00

图 7-21 【期初采购入库单】窗口

(2)在 U8 企业应用平台，依次单击【业务导航】→【供应链】→【采购管理】→【设置】→【采购期初记账】菜单，打开【期初记账】窗口，如图 7-22 所示。单击【记账】，系统提示“期初记账完毕!”，单击【确定】。退出该窗口。

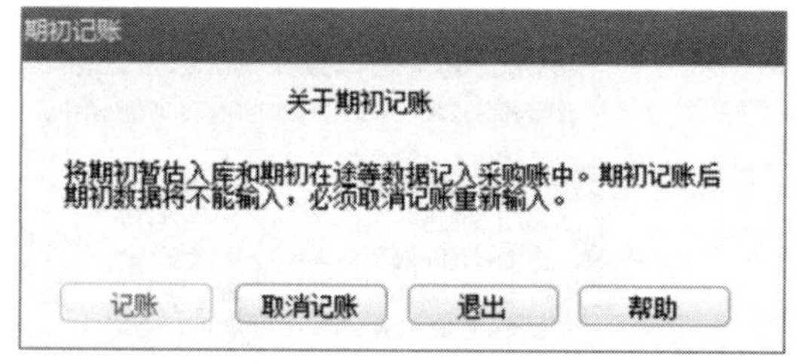

图 7-22 【采购系统期初记账】窗口

五、销售管理系统初始化设置

销售管理系统初始化主要是定义销售管理系统启用参数。例如，若有委托代销业务，则需要进行期初委托代销业务数据的初始设置。如果没有相关参数需要调整，则可直接进行日常业务处理。销售管理系统业务处理控制参数设置内容主要包括业务控制、信用控制、可用量控制、价格管理及其他控制等。

【实验资料】调整销售管理系统业务处理控制参数。在【业务控制】选项卡下，勾选【有零售日报业务】【有委托代销业务】【有分期收款业务】【有直运销售业务】和【报价不含税】；在【其他控制】选项卡下，勾选【新增发货单参照订单生成】和【新增退货单、新增发票参照发货单生成】。

【实验过程】

在 U8 企业应用平台，依次单击【基础设置】页签中的【业务参数】→【财务会计】→【销售管理】菜单，打开【销售选项】窗口，根据实验资料进行销售管理系统选项设置，结果如图 7-23 所示。设置完毕关闭该窗口。

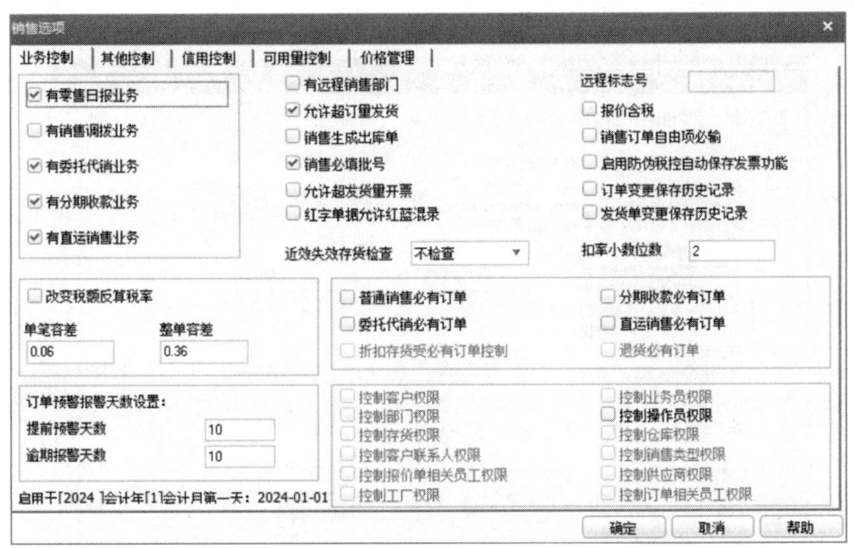

图 7-23　【销售选项】窗口

六、库存管理系统初始化设置

库存管理系统初始化主要包括定义库存管理系统启用参数、输入期初结存存货数据等。

1. 业务处理控制参数设置

库存管理系统的业务处理控制参数设置内容主要包括通用设置、专用设置、可用量控制和可用量检查等。其中，通用设置主要包括设置有无组装拆卸业务、有无形态转换业务、有无委托代销业务、有无成套件管理、有无批次管理、有无保质期管理等业务控制参数；库存生成销售出库单、记账后允许取消审核、倒冲材料出库单自动审核等业务校验参数以及修改现存量时点、权限控制等参数。专用设置主要包括设置是否允许超发货单出库、是否允许超限额领料等业务开关参数以及预警设置、出入单成本、最高最低库存管理等控制参数。可用量控制是按照“仓库+存货+自由项+批号”进行严格控制，主要包括普通存货可用量控制、批次存货可用量控制、出入库追踪可用量控制和倒冲领料出库可用量控制等控制参数。可用量检查是按用户设置的可用量检查公式统计各存货的可用量，如果出库数量超过可用量，系统将提示用户但不强制控制，参数设置主要包括出入库检查可用量、预计入库量、预计出库量等。

【实验资料】 调整库存管理系统业务处理控制参数。在【通用设置】选项卡下，勾选【采购入库审核时改现存量】【销售出库审核时改现存量】【产成品入库审核时改现存量】【材料出库审核时改现存量】和【其他出入库审核时改现存量】，勾选【是否库存生成销售出库单】；在【专用设置】选项卡下，勾选【超采购到货单入库】，勾选【超发货单出库】，【入库单成本】选择“按计价方式取单价”。

【实验过程】

在 U8 企业应用平台，依次单击【基础设置】页签中的【业务参数】→【财务会计】→【库存管理】菜单，打开【库存选项】窗口，根据实验资料进行库存管理系统选项设置，结果如

图 7-24 所示。设置完毕关闭该窗口。

图 7-24 【库存选项】窗口

2. 输入期初结存存货数据

初次使用时应先输入全部存货的期初余额，并进行期初记账，以保证其数据的连贯性。

【实验资料】根据表 7-17 录入库存管理系统期初结存存货数据，原料及辅料仓和周转材料仓的入库类别为“采购入库”，部门为“采购部”；产成品仓的入库类别为“产成品入库”，其中自动库门用电机和建筑通风设备用电机的部门为“一车间”，厨房电器设备用电机和空调压缩机用电机的部门为“二车间”，其余产成品的部门为“三车间”。

表 7-17 期初结存存货数据

仓库	存货编码	存货名称	主计量单位	数量	单价	金额
原料及辅料仓	0101	稀土永磁材料	千克	5 000.00	510.00	2 550 000.00
	0102	铁芯	个	10 000.00	35.00	350 000.00
	0103	线圈	个	12 000.00	60.00	720 000.00
	0104	轴承	个	13 000.00	60.00	780 000.00
	0105	塑料	千克	16 000.00	20.00	320 000.00
	0106	绝缘材料	千克	18 000.00	40.00	720 000.00

续表 7-17

仓库	存货编码	存货名称	主计量单位	数量	单价	金额
小计						5 440 000.00
周转材料仓	020101	自动库门用电机包装箱	个	300.00	35.00	10 500.00
	020102	建筑通风设备用电机包装箱	个	550.00	60.00	33 000.00
	020103	厨房电器设备用电机包装箱	个	2 060.00	100.00	206 000.00
	020104	空调压缩机用电机包装箱	个	3 000.00	40.00	120 000.00
	020105	纯电动汽车电驱系统包装箱	个	500.00	20.00	10 000.00
	020106	燃油车启动机包装箱	个	500.00	45.00	22 500.00
	020107	燃油车发电机包装箱	个	500.00	45.00	22 500.00
	020108	汽车空调用电机包装箱	个	1 000.00	20.00	20 000.00
小计						444 500.00
产成品仓	030101	自动库门用电机	台	216.00	1 500.00	324 000.00
	030102	建筑通风设备用电机	台	520.00	650.00	338 000.00
	030201	厨房电器设备用电机	台	2 000.00	200.00	400 000.00
	030202	空调压缩机用电机	台	2 560.00	420.00	1 075 200.00
	030301	纯电动汽车电驱系统	套	120.00	35 000.00	4 200 000.00
	030302	燃油车启动机	台	200.00	4 000.00	800 000.00
	030303	燃油车发电机	台	324.00	3 000.00	972 000.00
	030304	汽车空调用电机	台	600.00	300.00	180 000.00
小计						8 289 200.00
合计						14 173 700.00

【实验过程】

(1)在 U8 企业应用平台，依次单击【业务导航】→【供应链】→【库存管理】→【设置】→【期初结存】菜单，打开【库存期初数据录入】窗口。在窗口右上方选择【原料及辅料仓】，单击工具栏的【修改】按钮，根据表 7-17 录入原料及辅料仓的期初库存、入库类别、部门等信息，录入完毕单击【保存】，再单击【批审】，结果如图 7-25 所示。

库存期初　　仓库 (01)原料及辅料仓

审核　弃审　货位　条码扫描　排序定位　显示格式

	仓库	仓库编码	存货编码	存货名称	规格型号	主计量单位	数量	单价	金额	入库类别	部门	制单人	审核人
1	原料及...	01	0101	稀土永磁材料		千克	5000.00	510.0000	2550000.00			黄业竣	黄业竣
2	原料及...	01	0102	铁芯		个	10000.00	35.0000	350000.00			黄业竣	黄业竣
3	原料及...	01	0103	线圈		个	12000.00	60.0000	720000.00			黄业竣	黄业竣
4	原料及...	01	0104	轴承		个	13000.00	60.0000	780000.00			黄业竣	黄业竣
5	原料及...	01	0105	塑料		千克	16000.00	20.0000	320000.00			黄业竣	黄业竣
6	原料及...	01	0106	绝缘材料		千克	18000.00	40.0000	720000.00			黄业竣	黄业竣

图 7-25 【原料及辅料仓期初库存】窗口

(2)将【库存期初数据录入】窗口右上角的仓库改为【周转材料仓】，单击工具栏的【修改】按钮，根据表 7-17 录入周转材料仓的期初库存、入库类别、部门等信息，录入完毕单击【保存】，再单击【批审】，结果如图 7-26 所示。

库存期初

仓库 (03)周转材料仓

审核 弃审 货位 ▾ 条码扫描 排序定位 ▾ 显示格式 ▾

	仓库	仓库编码	存货编码	存货名称	规格型号	主计量单位	数量	单价	金额	入库类别	部门	制单人	审核人
1	周转材料仓	03	020101	自动库门用电机...		个	300.00	35.0000	10500.00			黄业竣	黄业竣
2	周转材料仓	03	020102	建筑通风设备用...		个	550.00	60.0000	33000.00			黄业竣	黄业竣
3	周转材料仓	03	020103	厨房电器设备用...		个	2060.00	100.0000	206000.00			黄业竣	黄业竣
4	周转材料仓	03	020104	空调压缩机用电...		个	3000.00	40.0000	120000.00			黄业竣	黄业竣
5	周转材料仓	03	020105	纯电动汽车电驱...		个	500.00	20.0000	10000.00			黄业竣	黄业竣
6	周转材料仓	03	020106	燃油车启动机包...		个	500.00	45.0000	22500.00			黄业竣	黄业竣
7	周转材料仓	03	020107	燃油车发电机包...		个	500.00	45.0000	22500.00			黄业竣	黄业竣
8	周转材料仓	03	020108	汽车空调用电机...		个	1000.00	20.0000	20000.00			黄业竣	黄业竣

图 7-26 【周转材料仓期初库存】窗口

(3)将【库存期初数据录入】窗口右上角的仓库改为【产成品仓】，单击工具栏的【修改】按钮，根据表 7-17 录入产成品仓的期初库存、入库类别、部门等信息，录入完毕单击【保存】，再单击【批审】，结果如图 7-27 所示。

库存期初

仓库 (02)产成品仓

审核 弃审 货位 ▾ 条码扫描 排序定位 ▾ 显示格式 ▾

	仓库	仓库编码	存货编码	存货名称	规格型号	主计量单位	数量	单价	金额	入库类别	部门	制单人	审核人
1	产成品仓	02	030101	自动库门用电机		台	216.00	1500.0000	324000.00			黄业竣	黄业竣
2	产成品仓	02	030102	建筑通风设备用...		台	520.00	650.0000	338000.00			黄业竣	黄业竣
3	产成品仓	02	030201	厨房电器设备用...		台	2000.00	200.0000	400000.00			黄业竣	黄业竣
4	产成品仓	02	030202	空调压缩机用电机		台	2560.00	420.0000	1075200.00			黄业竣	黄业竣
5	产成品仓	02	030301	纯电动汽车电驱...		套	120.00	35000.0000	4200000.00			黄业竣	黄业竣
6	产成品仓	02	030302	燃油车启动机		台	200.00	4000.0000	800000.00			黄业竣	黄业竣
7	产成品仓	02	030303	燃油车发电机		台	324.00	3000.0000	972000.00			黄业竣	黄业竣
8	产成品仓	02	030304	汽车空调用电机		台	600.00	300.0000	180000.00			黄业竣	黄业竣

图 7-27 【产成品仓期初库存】窗口

七、存货核算系统初始化设置

存货核算系统初始化主要包括定义存货核算系统启用参数、存货科目和对方科目设置、输入期初余额等。

1. 业务处理控制参数设置

存货核算系统的业务处理控制参数设置内容主要包括核算方式和控制方式等。其中，核算方式主要设置存货的出库成本核算方式、暂估方式、销售成本核算方式、委托代销成本核算方式、资金占用规划、零出库成本选择、入库单成本选择、红字出库单成本选择等种类成本的核算方式。控制方式主要设置有无受托代销业务、有无成套件管理、单据审核后才能记账、账面为负结存时入库单记账自动生成出库调整等控制参数。

【实验资料】调整存货核算系统业务处理控制参数。在【核算方式】选项卡下，【核算方式】选择“按仓库核算”，【暂估方式】选择“单到回冲”，【销售成本核算方式】选择“按销售发票核算”，【委托代销成本核算方式】选择“按发出商品核算”；在【控制方式】选项卡下，勾选【单据审核后才能记账】，勾选【结算单价与暂估单价不一致是否调整出库成本】。

【实验过程】

在U8企业应用平台，依次单击【基础设置】页签中的【业务参数】→【财务会计】→【存货核算】菜单，打开【账套参数设置】窗口，单击窗口下方的【编辑】按钮，根据实验资料进行存货核算系统选项设置，结果如图7-28所示。设置完毕关闭该窗口。

图7-28 【存货核算选项查询】窗口

2. 存货科目和对方科目设置

在存货核算系统中将根据所给资料自动生成相应的记账凭证，因此可以在系统初始化时预先设置记账凭证中所使用的会计科目，以便于系统根据不同的经济业务直接生成包括会计科目在内的记账凭证。用户可以根据企业的实际情况对存货科目和对方科目进行相应的设置。

【实验资料】根据表7-18和表7-19分别设置存货核算系统的存货科目和对方科目。

表7-18 存货核算系统的存货科目

存货分类编码	存货科目编码	分期收款发出商品科目编码	委托代销发出商品科目编码	直运科目编码
01	1403	1406	1406	1402
02	141101	1406	1406	1402
03	1405	1406	1406	1402

表 7-19　存货核算系统的对方科目

收发类别编码	存货分类编码	项目大类编码	项目编码	对方科目编码	暂估科目编码
0101				1402	220202
0102	03			500199	
0103				190101	
0104				1402	
0105				1405	
0201	01			6402	
0201	02			6402	
0201	03			6401	
0202		00	01001	500101	
0202		00	01002	500101	
0202		00	02001	500101	
0202		00	02002	500101	
0202		00	03001	500101	
0202		00	03002	500101	
0202		00	03003	500101	
0202		00	03004	500101	
0203				190101	
0204	01			6402	
0204	02			6402	
0204	03			6401	
0205				1405	
0206				6401	
0207				6401	

【实验过程】

(1)在 U8 企业应用平台，依次单击【业务导航】→【供应链】→【存货核算】→【设置】→【存货科目】菜单，打开【存货科目】窗口。单击【增行】按钮，根据表 7-18 录入存货科目，录入完毕单击【保存】按钮，结果如图 7-29 所示。

存货分类编码	存货分类名称	存货科目编码	存货科目名称	分期收款发出商品科目编码	分期收款发出商品科目名称	委托代销发出商品科目编码	委托代销发出商品科目名称	直运科目编码
01	原料及辅料	1403	原材料	1406	发出商品	1406	发出商品	1402
02	周转材料	141101	包装物	1406	发出商品	1406	发出商品	1402
03	产成品	1405	库存商品	1406	发出商品	1406	发出商品	1402

图 7-29　【存货核算系统的存货科目】窗口

(2)在存货核算系统，依次单击【设置】→【对方科目】菜单，打开【对方科目】窗口。单击【增行】，根据表 7-19 录入对方科目，录入完毕单击【保存】按钮，结果如图 7-30 所示。

打印 · 输出 | 定位 | 增行 插行 删行 保存 | 栏目设置

对方科目

收发类别编码	收发类别名称	存货分类编码	存货分类名称	项目大类编码	项目大类名称	项目编码	项目名称	对方科目编码	对方科目名称	暂估科目编码	暂估科目名称
0101	采购入库							1402	在途物资	220202	暂估应付账款
0102	产成品入库	03	产成品					500199	共同产品		
0103	盘盈入库							190101	待处理流动资...		
0104	直运采购							1402	在途物资		
0105	调拨入库							1405	库存商品		
0201	销售出库	01	原料及辅料					6402	其他业务成本		
0201	销售出库	02	周转材料					6402	其他业务成本		
0201	销售出库	03	产成品					6401	主营业务成本		
0202	材料领用出库			00	生产成本核算	01001	自动库门用电机	500101	直接材料		
0202	材料领用出库			00	生产成本核算	01002	建筑通风设备...	500101	直接材料		
0202	材料领用出库			00	生产成本核算	02001	厨房电器设备...	500101	直接材料		
0202	材料领用出库			00	生产成本核算	02002	空调压缩机用...	500101	直接材料		
0202	材料领用出库			00	生产成本核算	03001	纯电动汽车电...	500101	直接材料		
0202	材料领用出库			00	生产成本核算	03002	燃油车启动机	500101	直接材料		
0202	材料领用出库			00	生产成本核算	03003	燃油车发电机	500101	直接材料		
0202	材料领用出库			00	生产成本核算	03004	汽车空调用电机	500101	直接材料		
0203	盘亏出库							190101	待处理流动资...		
0204	直运销售	01	原料及辅料					6402	其他业务成本		
0204	直运销售	02	周转材料					6402	其他业务成本		
0204	直运销售	03	产成品					6401	主营业务成本		
0205	调拨出库							1405	库存商品		
0206	委托代销出库							6401	主营业务成本		

共 23 条记录

图 7-30 【存货核算系统的对方科目】窗口

3. 输入期初结存存货数据

在初次启用系统时，由于库存管理系统与存货核算系统中的期初结存存货数据完全一致，既可以在库存管理系统中设置，也可以在存货核算系统中设置。因此，可以从库存管理系统取数至存货核算系统。取数完毕对存货明细账进行期初记账。

【实验资料】 从库存管理系统中取期初结存数据至存货核算系统，并对存货明细账进行期初记账。

【实验过程】

(1)在 U8 企业应用平台，依次单击【业务导航】→【供应链】→【存货核算】→【设置】→【期初收款发出商品】菜单，打开【期初分期收款发出商品】窗口。单击【取数】按钮，系统自动取数，点击【确定】按钮，关闭窗口，再点击【期初委托代销发出商品】点击【取数】，点击【确定】按钮，关闭窗口。

(2)在 U8 企业应用平台，依次单击【业务导航】→【供应链】→【存货核算】→【设置】→【期初余额】菜单，打开【期初余额】窗口。仓库选择【原料及辅料仓】，单击【取数】按钮，系统自动从库存管理系统取期初结存数据至存货核算系统，结果如图 7-31 所示。

(3)参照上述方法，依次完成【周转材料仓】【产成品仓】的【取数】处理。三个仓取数完毕，单击【记账】按钮，系统提示“期初记账成功！”，单击【确定】。

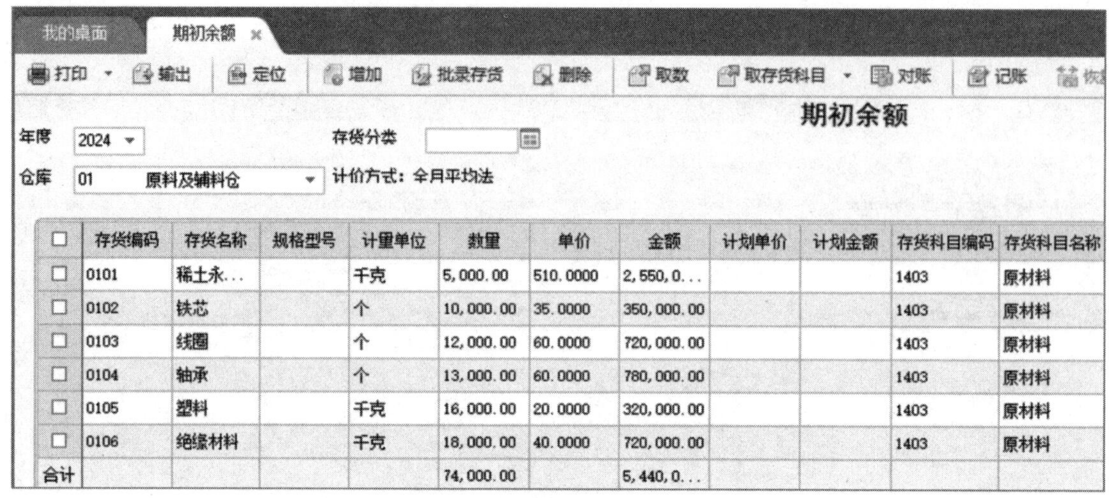

□	存货编码	存货名称	规格型号	计量单位	数量	单价	金额	计划单价	计划金额	存货科目编码	存货科目名称
□	0101	稀土永...		千克	5,000.00	510.0000	2,550,0...			1403	原材料
□	0102	铁芯		个	10,000.00	35.0000	350,000.00			1403	原材料
□	0103	线圈		个	12,000.00	60.0000	720,000.00			1403	原材料
□	0104	轴承		个	13,000.00	60.0000	780,000.00			1403	原材料
□	0105	塑料		千克	16,000.00	20.0000	320,000.00			1403	原材料
□	0106	绝缘材料		千克	18,000.00	40.0000	720,000.00			1403	原材料
合计					74,000.00		5,440,0...				

图 7-31 【存货核算系统的原料及辅料仓期初余额】窗口

思考题

1. 除了书中所提及的存货收发类别外，实务中还存在哪些收发类别？

2. 在启用应收款管理系统和应付款管理系统之前，应对哪些基础数据资料进行收集与整理？

3. 应收款管理系统中的基本科目、对方科目和结算科目有何区别？

4. 在启用采购管理系统、销售管理系统、库存管理系统和存货核算系统之前，应先对哪些基础数据资料进行收集与整理？

5. 库存管理系统初始化过程中，选择“超采购单入库”和“超发货单出库”的目的是什么？

第八章

采购管理

第一节　采购管理系统概述

一、采购管理系统功能概述

采购管理系统是供应链管理系统的一个子系统，其主要功能是实现对采购业务的全部流程进行管理，提供请购、订货、到货（退货）、入库、开票、采购结算的完整采购流程，提供比价生单（同一种原材料，不同的供应商的供货价格不同，系统可优先选择最低价而生成相应的采购订单）。可根据实际情况进行采购流程的定制，提供采购订单的到货期提前预警功能，提供供应商价格对比分析等报表。

二、采购管理系统与其他系统的主要关系

采购管理系统既可以单独使用，也可以与用友新道 U8 的库存管理、存货核算、销售管理、应付款管理集成使用，一笔采购业务的发生，应根据不同情况在各个不同的系统中完成相应的业务处理和账务处理。采购管理系统与其他管理系统的主要关系如下：采购管理系统可参照销售管理系统的销售订单生成采购订单。在直运业务必有订单模式下，直运采购订单必须参照直运销售订单生成，直运采购发票必须参照直运采购订单生成；如果直运业务非必有订单，那么直运采购发票和直运销售发票可相互参照。库存管理系统可以参照采购管理系统的采购订单、采购到货单生成并审核采购入库单，并将入库情况反馈到采购管理系统。采购发票在采购管理系统中录入后，在采购管理系统中对采购入库单和采购发票进行采购结算；在应付款管理系统中审核登记应付明细账，进行制单生成凭证。应付款管理系统进行付款并核销相应的应付单据后填写付款核销信息，在总账管理系统中对凭证进行审核、记账。在上述关系中，最主要的是采购管理系统与库存管理系统、应付款管理系统的关系，可以反映普通采购业务的物流和资金流。

第二节　采购管理系统日常业务处理

采购管理系统日常业务主要包括普通采购业务、现付采购业务、采购退货业务、直运采购业务、暂估入库业务等，涉及的单据主要包括采购请购单、采购订单、采购到货单、采购入库单、采购发票、退货单、红字发票、红字采购入库单等。

(1)采购请购单是指企业内部各部门向采购部门提出采购申请，或采购部门汇总企业内部采购需求列出采购清单。请购是采购业务的起点，可以依据审核后的采购请购单生成采购订单。当然，在采购业务流程中，填制请购单这一环节可以省略。

(2)采购订单是企业与供应商之间签订的采购合同、购销协议等，主要内容包括采购货物名称、采购数量、供应商、到货时间、到货地点、运输方式、价格、运费等。

(3)采购到货单是采购订货和采购入库的中间环节，一般由采购业务员根据供应商通知或送货单填写，确定对方所送货物名称、数量、价格等信息，以到货单的形式传递到仓库作为保管员收货的依据。在采购业务流程中，到货处理也是可选的。

(4)采购入库单是仓库管理员根据采购到货签收的实收数量填制的入库单据，既可以直接填制，也可以复制采购订单或采购到货单生成。当采购管理系统与库存管理系统集成使用时，采购入库业务在库存管理系统中进行处理。当采购管理系统不与库存管理系统集成使用时，入库业务在采购管理系统中进行处理。在采购业务流程中，入库处理是必要流程。

(5)采购发票是从供货单位取得的增值税发票及发票清单，主要包括专用发票、普通发票及运费发票。在收到供货单位的发票后，如果没有收到供货单位的货物，可以对发票压单处理，待货物到达后，再录入计算机做报账结算处理。也可以先将发票录入计算机，以便实时统计在途货物。采购发票按发票类型分为专用发票和普通发票等；按业务性质分为蓝字发票和红字发票。

一、普通采购业务

普通采购业务适合于大多数企业的日常采购业务，提供对采购请购、采购订货、采购入库、采购发票、采购成本核算、采购付款全过程的管理。普通采购业务的处理流程如下：请购部门填制采购请购单→采购部门根据采购请购单进行比价→采购部门填制采购订单→采购部门将采购订单发送给供应商，供应商进行送货→货物到达企业后，对收到的货物进行清点，参照采购订单填制采购到货单→经过仓库的质检和验收，参照采购订单或采购到货单填制采购入库单→取得供应商的发票后，采购部门填制采购发票→采购部门进行采购结算→将采购入库单报财务部门的成本会计进行存货核算，将采购发票等票据报应付账会计进行应付账款核算。

【实验资料】2024 年 1 月 1 日，采购部曾敏慧向赣州华友询问稀土永磁材料的价格，不含税价为 520 元/千克，经过评估后确认价格合理，随即向主管领导提出请购需求，请购数量为 2 000 千克。领导同意向赣州华友订购稀土永磁材料 2 000 千克，不含税价为 520 元/千克，要求到货日期为 1 月 3 日(采购订单编号：CG240101)。1 月 3 日，收到赣州

华友发来的货物及增值税专用发票(票号：75416348)，当日货物全部验收合格入库(入库单号：RK010001)。

【实验过程】

(1)填制采购请购单。

①2024 年 1 月 1 日，以王文杰(C01)的身份登录 U8 企业应用平台。

②在 U8 企业应用平台，依次点击【业务导航】→【供应链】→【采购管理】→【请购】→【请购单】菜单，打开【采购请购单】窗口。

③单击工具栏的【增加】按钮，根据实验资料填制采购订单。修改表头信息【采购类型】为【普通采购】，【供应商】为【赣州华友】，【业务员】为【曾敏慧】；选择【存货编码】为【0101】(稀土永磁材料)，输入【数量】为“2000”，【原币单价】为“520”，【需求日期】为“2024-01-03”。

④单击工具栏的【保存】按钮，再单击工具栏的【审核】按钮，结果如图 8-1 所示。退出【采购请购单】窗口。

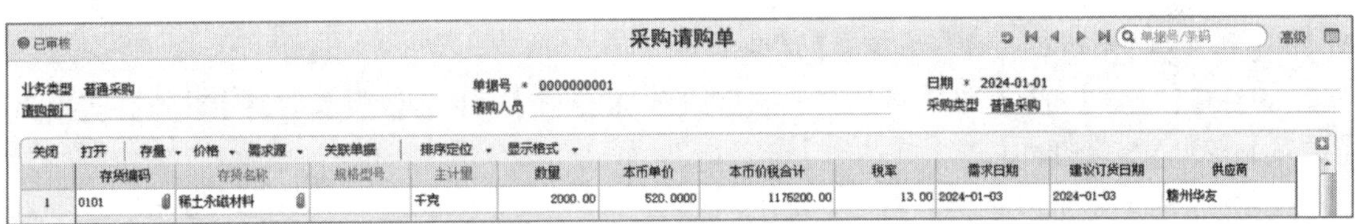

图 8-1　【采购请购单】窗口

(2)填制采购订单。

①2024 年 1 月 1 日，以曾敏慧(G01)的身份登录 U8 企业应用平台。

②在 U8 企业应用平台，依次点击【业务导航】→【供应链】→【采购管理】→【采购订货】→【采购订单】菜单，打开【采购订单】窗口。

③单击工具栏的【增加】按钮，再单击【参照】下三角按钮展开列表，选择【请购单】选项，打开【查询条件选择】对话框，单击【确定】按钮，进入【拷贝并执行】窗口，如图 8-2 所示。

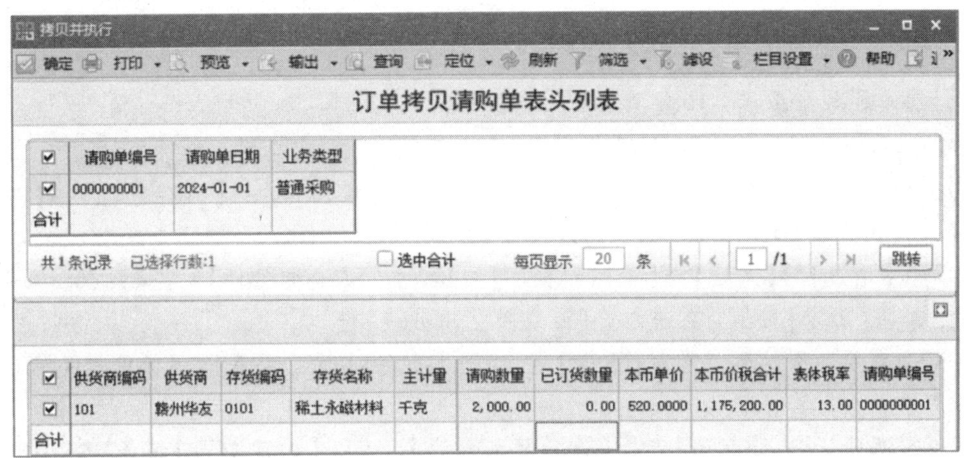

图 8-2　【拷贝并执行】窗口

④单击需要参照的采购请购单的【选择】栏，单击【确定】按钮，将采购请购单相关信息带入采购订单，修改【订单编号】为“CG240101”。

⑤依次单击工具栏的【保存】→【审核】按钮，如图 8-3 所示。退出【采购订单】窗口。

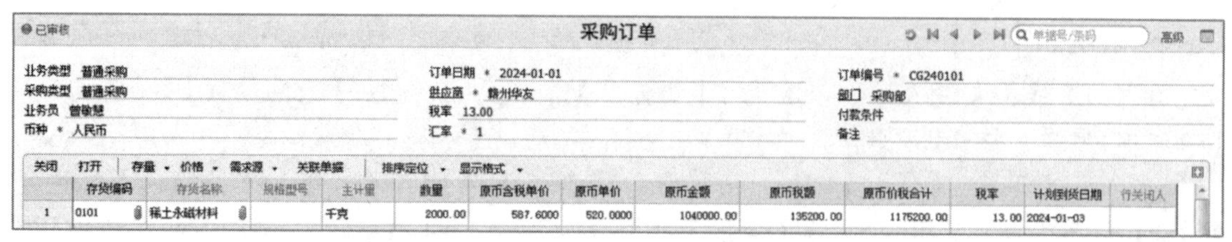

图 8-3 【采购订单】窗口

(3)参照采购订单生成到货单。

①2024 年 1 月 3 日，以曾敏慧(G01)的身份登录 U8 企业应用平台。

②在 U8 企业应用平台，依次单击【业务导航】→【供应链】→【采购管理】→【采购到货】→【到货单】菜单，打开【到货单】窗口。

③单击【增加】→【采购订单】按钮，打开【查询条件】→【单据列表过滤】对话框，单击【确定】按钮，系统打开【拷贝并执行】窗口。

④单击需要参照的采购订单的【选择】栏，单击【确定】按钮，将采购订单相关信息带入采购到货单。

⑤单击工具栏的【保存】按钮，再单击工具栏的【审核】按钮，如图 8-4 所示，关闭并退出该窗口。

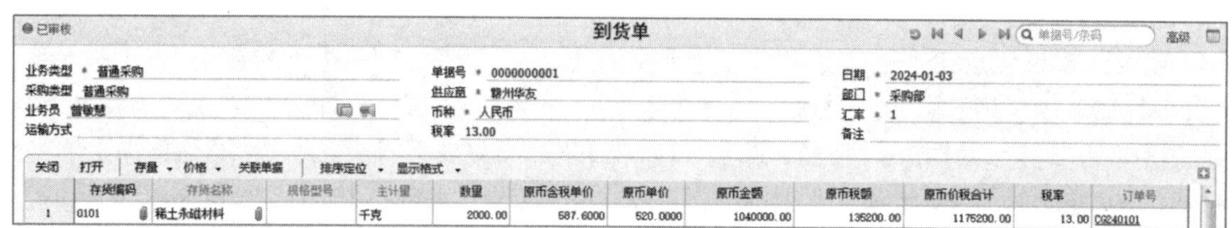

图 8-4 【到货单】窗口

(4)参照到货单生成采购入库单。

①2024 年 1 月 3 日，以王文杰(C01)的身份登录 U8 企业应用平台。

②在 U8 企业应用平台，依次单击【业务导航】→【供应链】→【库存管理】→【采购入库】→【采购入库单】菜单，打开【采购入库单】窗口。

③单击【增加】→【采购】→【采购到货单】按钮，打开【查询条件】→【采购到货单列表】对话框，单击【确定】按钮，系统打开【到货单生单列表】窗口。

④双击需要参照的到货单的【选择】栏，单击【确定】按钮，将采购到货单相关信息带入采购入库单。

⑤根据实验资料，【仓库】选择【原料及辅料仓】，表头【入库单号】填入“RK010001”，单击工具栏的【保存】按钮。

⑥单击【审核】按钮，系统弹出“该单据审核成功!”提示框，如图8-5所示。

图8-5　【单据审核确认】窗口

⑦单击【确定】按钮，结果如图8-6所示。退出该窗口。

图8-6　【采购入库单】窗口

(5)参照采购入库单生成采购专用发票。

①2024年1月3日，以曾敏慧(G01)的身份登录U8企业应用平台。

②在U8企业应用平台，依次单击【业务导航】→【供应链】→【采购管理】→【采购发票】→【专用采购发票】菜单，打开【专用发票】窗口。

③单击【增加】→【入库单】按钮，打开【查询条件】→【单据列表过滤】对话框，单击【确定】按钮，进入【拷贝并执行】窗口。

④单击需要参照的入库单的【选择】栏，单击【确定】按钮，将采购入库单相关信息带入采购专用发票，根据实验资料，表头【发票号】填入“75416348”。

⑤依次单击工具栏的【保存】→【复核】→【结算】按钮。结果如图8-7所示。

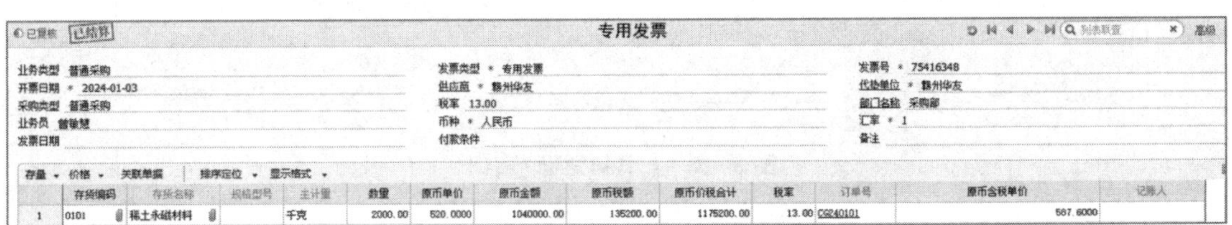

图8-7　【采购专用发票】窗口

(6)采购发票审核并生成凭证。

①2024年1月3日，以陈玉婷(F02)的身份登录U8企业应用平台。

②在U8企业应用平台，依次单击【业务导航】→【财务会计】→【应付款管理】→【应付

处理】→【采购发票】→【采购发票审核】菜单，打开【采购发票审核】窗口。

③单击工具栏【查询】按钮，系统弹出【查询条件】→【发票查询】对话框，单击【确定】按钮，如图 8-8 所示。

采购发票列表

序号	☐	审核人	单据日期	单据类型	单据号	供应商名称	部门	业务员	制单人	币种	汇率	原币金额	本币金额	备注
1	☐		2024-01-03	采购专...	75416348	赣州华友稀土新材料有限公司	采购部	曾敏慧	曾敏慧	人民币	1.00000000	1,175,200.00	1,175,200.00	
2	小计											1,175,200.00	1,175,200.00	
3	合计											1,175,200.00	1,175,200.00	

图 8-8 【采购发票列表】窗口

④双击需要审核的采购专用发票，单击工具栏【审核】按钮，系统弹出"是否立即制单?"提示框，单击【是】，系统自动打开【填制凭证】窗口，如图 8-9 所示。

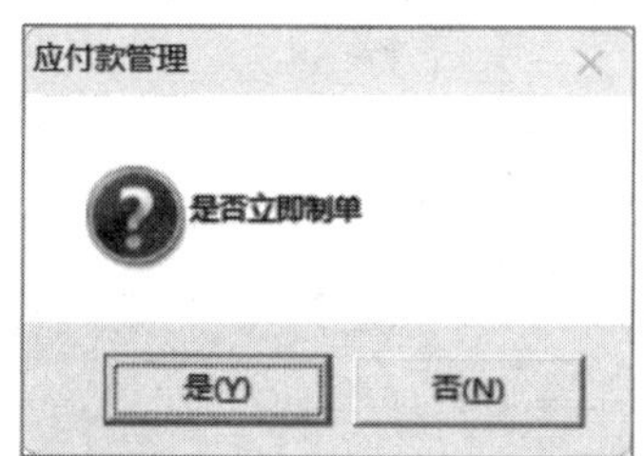

图 8-9 【确认制单】窗口

⑤将【凭证类别】改为"转账凭证"，单击工具栏的【保存】按钮，结果如图 8-10 所示。退出当前窗口。

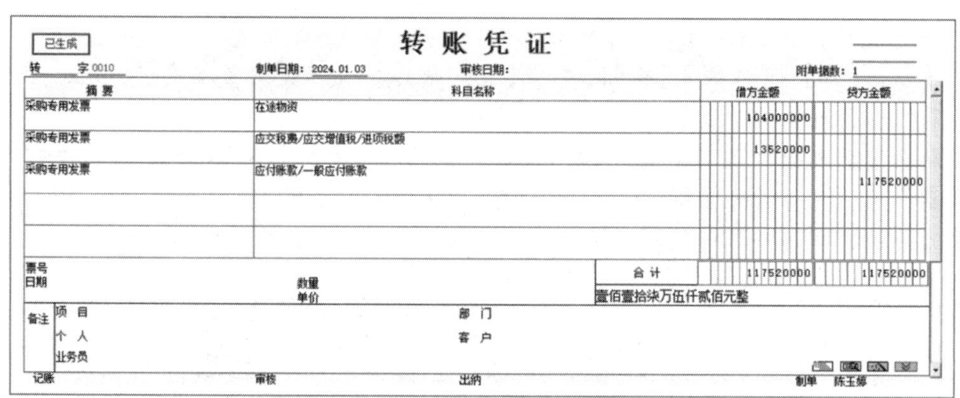

已生成

转账凭证

转 字 0010　　制单日期：2024.01.03　　审核日期：　　附单据数：1

摘要	科目名称	借方金额	贷方金额
采购专用发票	在途物资	104000000	
采购专用发票	应交税费/应交增值税/进项税额	13520000	
采购专用发票	应付账款/一般应付账款		117520000
票号 日期	数量 单价	合计 117520000	117520000
		壹佰壹拾柒万伍仟贰佰元整	

备注 项目　　部门

个人　　客户

业务员

记账　　审核　　出纳　　制单 陈王婷

图 8-10 【填制凭证】窗口

(7) 正常单据记账并生成凭证。

①在存货核算系统，依次单击【记账】→【正常单据记账】菜单，系统打开【未记账单据一览表】窗口，单击工具栏【查询】按钮，系统打开【查询条件】对话框，单击【确定】按钮。关闭当前窗口，如图 8-11 所示。

②选择要记账的单据，再单击工具栏的【记账】按钮，系统弹出"记账成功。"信息框，

正常单据记账列表

	日期	单据号	存货编码	存货名称	规格型号	存货代码	单据类型	仓库名称	收发类别	数量	单价	金额	计划单价	计划金额
□	2024-01-03	RKD10001	0101	稀土永磁材料			采购入库单	原料及辅料仓	采购入库	2,000.00	520.0000	1,040,000.00		
小计										2,000.00		1,040,000.00		

图 8-11 【正常单据记账列表】窗口

单击【确定】按钮，退出【正常单据记账】窗口。

③在存货核算系统，依次单击【凭证处理】→【生成凭证】按钮，系统打开【生成凭证】窗口。单击工具栏的【选单】按钮，系统弹出【查询凭证】→【生成凭证查询条件】对话框，单击【确定】按钮，系统打开【选择单据】窗口，如图 8-12 所示。

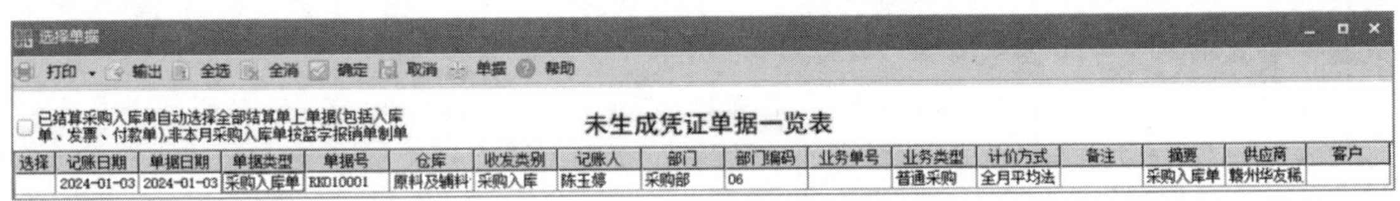

选择单据

打印 输出 全选 全消 确定 取消 单据 帮助

已结算采购入库单自动选择全部结算单上单据(包括入库单、发票、付款单),非本月采购入库单按蓝字报销单制单

未生成凭证单据一览表

选择	记账日期	单据日期	单据类型	单据号	仓库	收发类别	记账人	部门	部门编码	业务单号	业务类型	计价方式	备注	摘要	供应商	客户
	2024-01-03	2024-01-03	采购入库单	RKD10001	原料及辅料	采购入库	陈玉婷	采购部	06		普通采购	全月平均法		采购入库单	赣州华友稀	

图 8-12 【未生成凭证单据一览表】窗口

④选择要制单的记录行，单击【确定】按钮，系统打开【生成凭证】窗口，如图 8-13 所示。

我的桌面　生成凭证

打印 输出 选单 删除 制单 合并制单 联查单据 摘要设置 清理互斥

凭证类别 转 转账凭证

选择	单据类型	业务类型	单据号	摘要	科目类型	科目编码	科目名称	借方金额	贷方金额	借方数量	贷方数量	科目方向	存货编码	存货名称
1	采购入库单	普通采购	RKD10001	采购入库单	存货	1403	原材料	1,040,000.00		2,000.00		1	0101	稀土永磁材料
					对方	1402	在途物资		1,040,000.00		2,000.00	2	0101	稀土永磁材料
合计								1,040,000.00	1,040,000.00					

图 8-13 【生成凭证】窗口

⑤将【凭证类别】改为“转账凭证”，单击工具栏的【合并制单】按钮，系统打开【填制凭证】窗口，单击工具栏的【保存】按钮，保存此凭证，凭证左上角出现“已生成”标志，结果如图 8-14 所示。

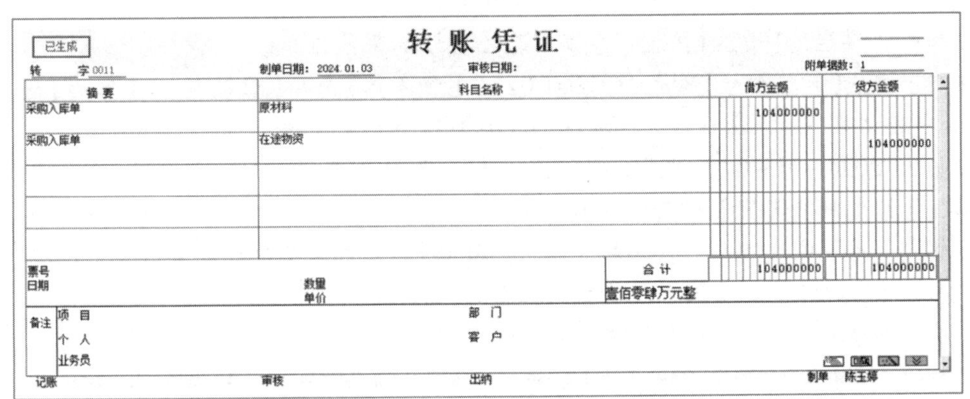

已生成

转 账 凭 证

转　字 0011　制单日期：2024.01.03　审核日期：　附单据数：1

摘要	科目名称	借方金额	贷方金额
采购入库单	原材料	104000000	
采购入库单	在途物资		104000000
票号 日期	数量 单价	合计 104000000	104000000
		壹佰零肆万元整	

备注　项目　部门

个人　客户

业务员

记账　审核　出纳　制单　陈玉婷

图 8-14 【填制凭证】窗口

【实验提示】

①在填制采购订单时，如果企业要按部门或业务员进行考核，必须输入相关“部门”和“业务员”的信息，可直接选择“业务员”，则系统自动将该业务员所在“部门”的信息带出。

②在填制采购订单时，右击可查看存货现存量。如果在存货档案中设置了最高进价，那么当采购订单中货物的进价高于最高进价时，系统会自动报警。采购订单审核后，可在“采购订单执行统计表”中查询。

③若已启用库存管理系统，则采购入库单需要在库存管理系统填制。只有采购管理系统、库存管理系统集成使用时，库存管理系统才可通过“生单”功能生成采购入库单。生单时参照的单据是采购管理系统中已审核且未关闭的采购订单和到货单。采购管理系统如果设置了“必有订单业务模式”，则不可手工录入采购入库单。当入库数量与订单/到货单数量完全相同时，可不显示表体。

④普通采购业务中，采购专用发票工具栏的“复核”“现付”“结算”之间的关系：现付可以在复核前或复核后、结算前或结算后进行；采购专用发票必须先复核，才可以结算；现付、结算为非必要环节，而复核是必要环节。采购专用发票必须进行复核才能到应付系统进一步审核、生成凭证等。

【实验资料】2024 年 1 月 4 日，采购部曾敏慧与广州金强签订购销合同(编号：CG240102)，采购线圈 10 000 个，不含税价为 60 元/个，价税合计 678 000 元。合同约定分两批发货，当天发出 6 000 个，第二天发出 4 000 个，当日收到第一批货物并全部验收合格入库(入库单号：RK010002)。1 月 5 日，收到广州金强发来的第二批货物及两张增值税专用发票，货物全部验收合格入库(入库单号：RK010003)。其中，货物增值税专用发票注明的含税价款为 678 000 元(票号：81235492)，货款已于上月 28 日预付；赣州远邦开具的运输费增值税专用发票注明的运输数量为 495 千米，不含税单价为 10 元/千米，价税合计 5 395.5 元(票号：86954435)。1 月 6 日，通过电汇方式支付运输费 5 395.5 元(票号：9690368158)。

【实验过程】

(1)填制采购订单。

①2024 年 1 月 4 日，以曾敏慧(G01)的身份登录 U8 企业应用平台。

②在 U8 企业应用平台，依次点击【业务导航】→【供应链】→【采购管理】→【采购订货】→【采购订单】菜单，打开【采购订单】窗口。

③单击工具栏的【增加】按钮，根据实验资料填制采购订单。

④在表头，【订单编号】输入“CG240102”，【业务员】选择【曾敏慧】，【部门】选择【采购部】；在表体第一行，选择【存货编码】为【0103】(线圈)，【数量】输入“6 000”，【计划到货日期】为“2024-01-04”；第二行，选择【存货编码】为“0103 线圈”，【数量】输入“4 000”，【计划到货日期】为“2024-01-05”。

⑤填制完毕，依次单击工具栏的【保存】→【审核】按钮，结果如图 8-15 所示。

(2)参照采购订单生成第一批货物的到货单。

①在采购管理系统，单击【采购到货】→【到货单】菜单，打开【到货单】窗口。

②执行工具【增加】→【采购订单】命令，打开【查询条件-单据列表过滤】对话框，单击【确定】按钮，系统弹出【拷贝并执行】窗口。

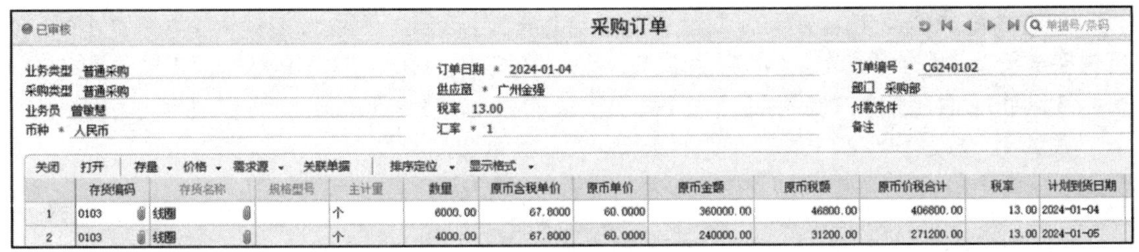

图 8-15 【采购订单】窗口

③选择需要参照的采购订单，单击【确定】按钮，系统返回【到货单】窗口，生成一张到货单。

④单击【保存】→【审核】按钮，结果如图 8-16 所示。退出当前窗口。

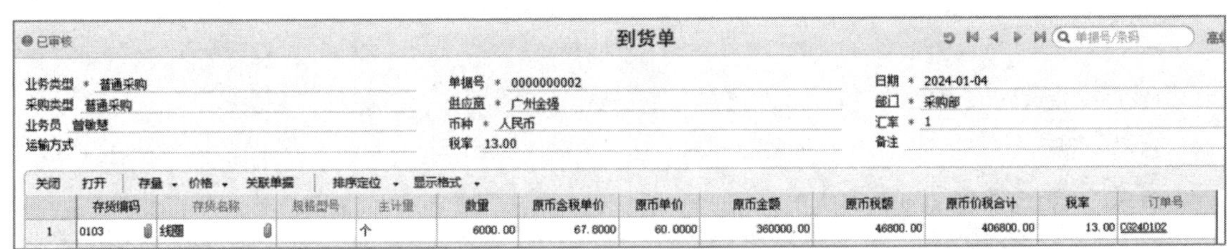

图 8-16 【到货单】窗口

(3)参照到货单生成第一批货物的采购入库单。

①2023 年 1 月 4 日，以王文杰(C01)的身份登录 U8 企业应用平台

②在 U8 企业应用平台，依次单击【业务导航】→【供应链】→【库存管理】→【采购入库】→【采购入库单】菜单，打开【采购入库单】窗口。

③执行工具栏【增加】→【采购】→【采购到货单】命令，打开【查询条件】→【采购到货单列表】对话框，单击【确定】按钮，系统打开【到货单生单列表】窗口 1，如图 8-17 所示。

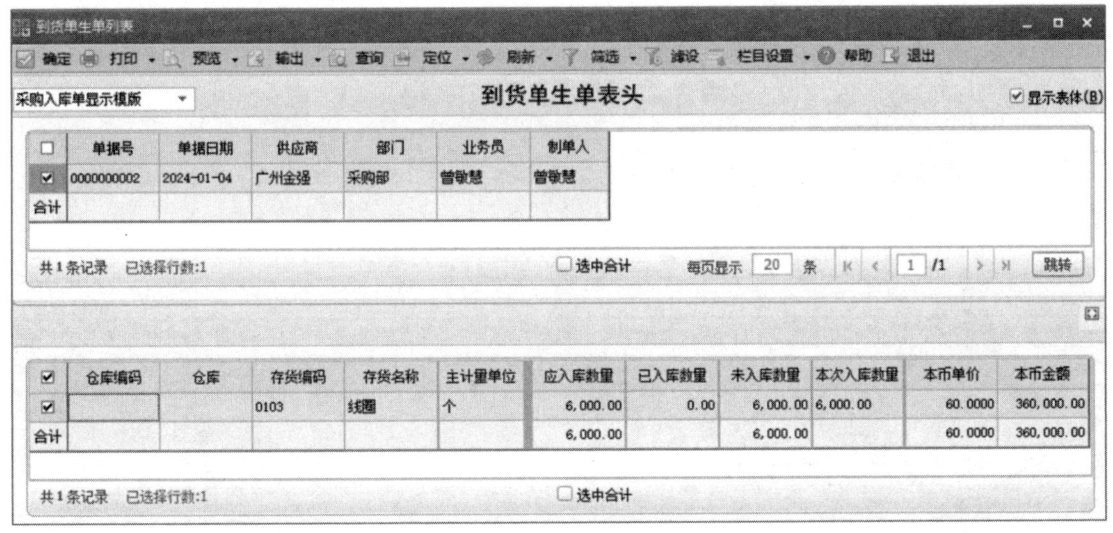

图 8-17 【到货单生单列表】窗口 1

④选择需要参照的到货单，单击工具栏的【确定】按钮，系统返回【采购入库单】窗口。根据实验资料，【仓库】选择【原料及辅料仓】，【入库单号】为“RK010002”，其他项默认。

⑤单击工具栏的【保存】→【审核】按钮，系统弹出“该单据审核成功!”提示框。

⑥单击【确定】按钮，结果如图 8-18 所示。退出该窗口。

已审核　采购入库单

入库单号 * RK010002　入库日期 * 2024-01-04　仓库 * 原料及辅料仓
订单号 CG240102　到货单号 0000000002　业务号
供货单位 * 广州金强　部门 采购部　业务员 曾敏慧
到货日期 2024-01-04　业务类型 普通采购　采购类型 普通采购
入库类别 采购入库　审核日期 2024-01-04　备注

	存货编码	存货名称	规格型号	主计量单位	数量	本币单价	本币金额
1	0103	线圈		个	6000.00	60.0000	360000.00

图 8-18　【采购入库单】窗口 1

(4) 参照采购订单生成第二批货物的到货单。

①2024 年 1 月 5 日，以曾敏慧(G01)的身份登录 U8 企业应用平台。

②在采购管理系统，单击【采购到货】→【到货单】菜单，打开【到货单】窗口。

③执行工具【增加】→【采购订单】命令，打开【查询条件-单据列表过滤】对话框，单击【确定】，系统弹出【拷贝并执行】窗口 1，如图 8-19 所示。

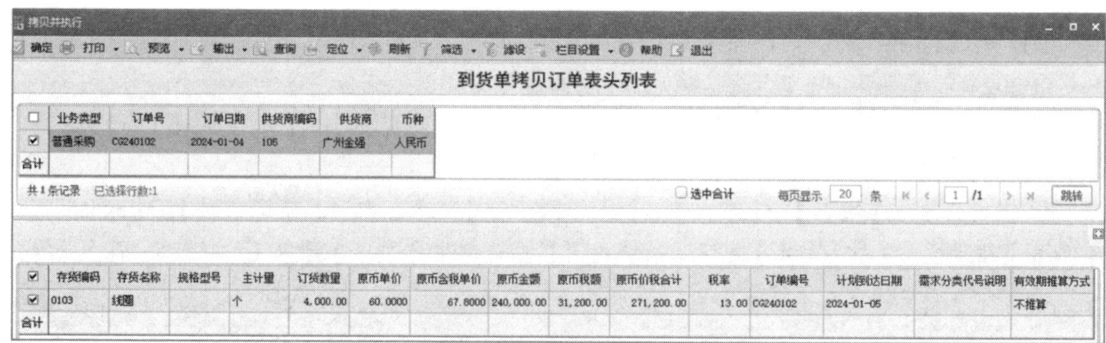

拷贝并执行

到货单拷贝订单表头列表

	业务类型	订单号	订单日期	供货商编码	供货商	币种
☑	普通采购	CG240102	2024-01-04	105	广州金强	人民币
合计						

共 1 条记录　已选择行数:1

	存货编码	存货名称	规格型号	主计量	订货数量	原币单价	原币含税单价	原币金额	原币税额	原币价税合计	税率	订单编号	计划到达日期	需求分类代号说明	有效期推算方式
☑	0103	线圈		个	4,000.00	60.0000	67.8000	240,000.00	31,200.00	271,200.00	13.00	CG240102	2024-01-05		不推算
合计															

图 8-19　【拷贝并执行】窗口 1

④选择需要参照的采购订单，单击【确定】按钮，系统返回【到货单】窗口，生成一张到货单。

⑤单击【保存】→【审核】按钮，结果如图 8-20 所示。退出当前窗口。

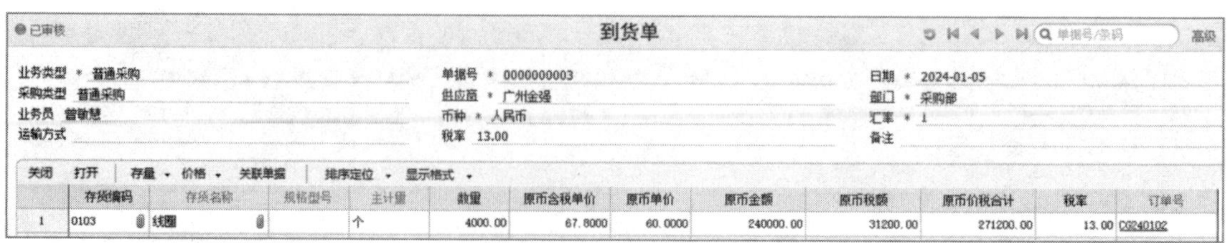

已审核　到货单

业务类型 * 普通采购　单据号 * 0000000003　日期 * 2024-01-05
采购类型 普通采购　供应商 * 广州金强　部门 * 采购部
业务员 曾敏慧　币种 * 人民币　汇率 * 1
运输方式　税率 13.00　备注

	存货编码	存货名称	规格型号	主计量	数量	原币含税单价	原币单价	原币金额	原币税额	原币价税合计	税率	订单号
1	0103	线圈		个	4000.00	67.8000	60.0000	240000.00	31200.00	271200.00	13.00	CG240102

图 8-20　【到货单】窗口

(5)参照到货单生成第二批货物的采购入库单。

①2023 年 1 月 5 日，以王文杰(C01)的身份登录 U8 企业应用平台。

②在 U8 企业应用平台，依次单击【业务导航】→【供应链】→【库存管理】→【采购入库】→【采购入库单】菜单，打开【采购入库单】窗口。

③执行工具栏【增加】→【采购】→【采购到货单】命令，打开【查询条件】→【采购到货单列表】对话框，单击【确定】按钮，系统打开【到货单生单列表】窗口 2，如图 8-21 所示。

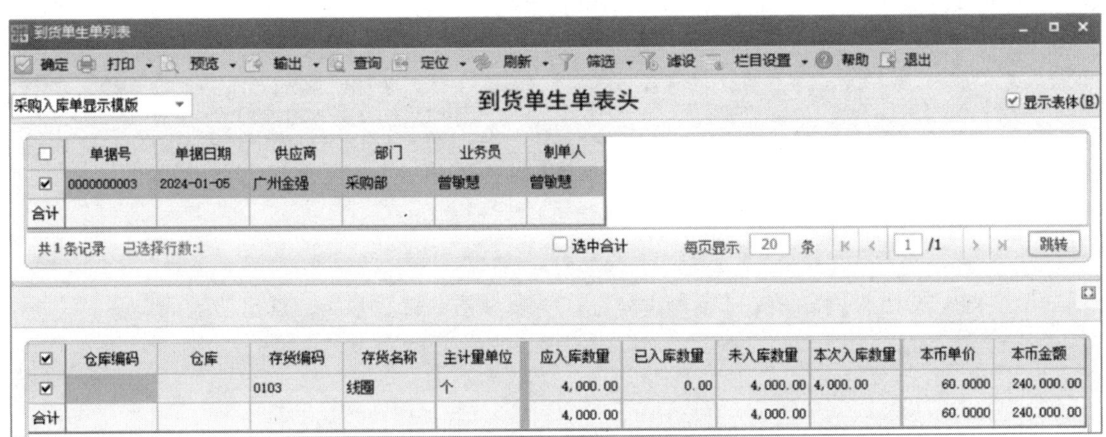

图 8-21 【到货单生单列表】窗口 2

④选择需要参照的到货单，单击工具栏的【确定】按钮，系统返回【采购入库单】窗口。根据实验资料，【仓库】选择【原料及辅料仓】，【入库单号】为“RK010003”，其他项默认。

⑤单击工具栏的【保存】→【审核】按钮，系统弹出“该单据审核成功!”提示框，单击【确定】按钮，结果如图 8-22 所示。退出该窗口。

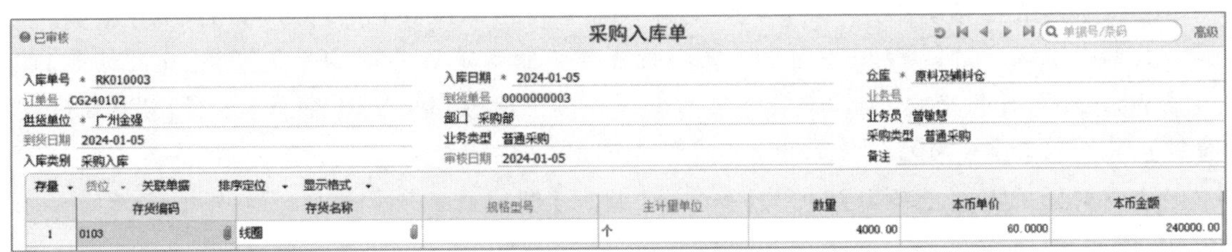

图 8-22 【采购入库单】窗口 2

(6)参照采购入库单生成采购专用发票。

①2024 年 1 月 5 日，以曾敏慧(G01)的身份登录 U8 企业应用平台。

②在采购管理系统中，单击【采购发票】→【专用采购发票】，打开【专用发票】窗口。

③执行工具栏【增加】→【入库单】命令，打开【查询条件】→【单据列表过滤】对话框，单击【确定】按钮，系统弹出【拷贝并执行】窗口 2，如图 8-23 所示。

④选择需要参照的两张采购入库单，将采购入库单的相关信息带入采购专用发票，【发票号】填入“81235492”。

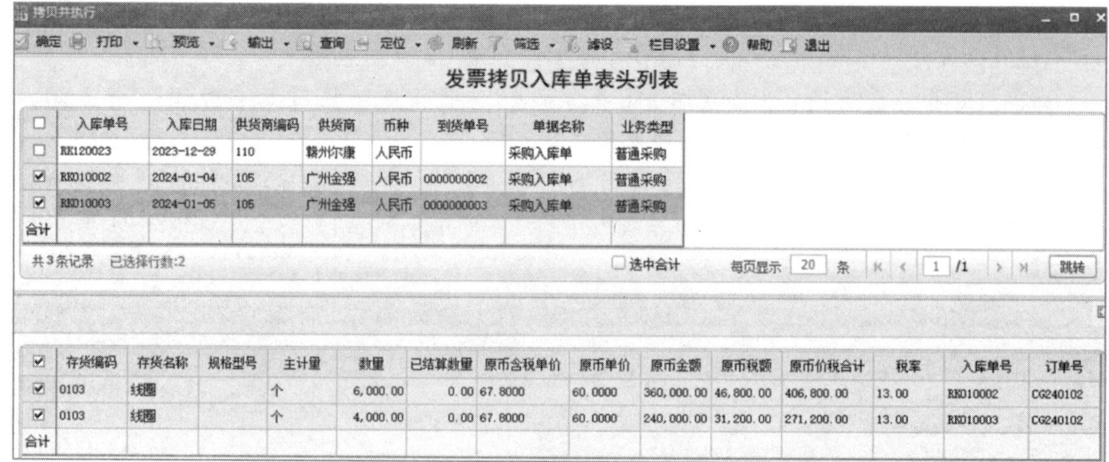

拷贝并执行

确定 打印 预览 输出 查询 定位 刷新 筛选 滤设 栏目设置 帮助 退出

发票拷贝入库单表头列表

☐	入库单号	入库日期	供货商编码	供货商	币种	到货单号	单据名称	业务类型
☐	RK120023	2023-12-29	110	赣州尔康	人民币		采购入库单	普通采购
☑	RKD10002	2024-01-04	105	广州金强	人民币	0000000002	采购入库单	普通采购
☑	RKD10003	2024-01-05	105	广州金强	人民币	0000000003	采购入库单	普通采购
合计								

共3条记录 已选择行数:2 ☐选中合计 每页显示 20 条 1 /1 跳转

☑	存货编码	存货名称	规格型号	主计量	数量	已结算数量	原币含税单价	原币单价	原币金额	原币税额	原币价税合计	税率	入库单号	订单号
☑	0103	线圈		个	6,000.00	0.00	67.8000	60.0000	360,000.00	46,800.00	406,800.00	13.00	RKD10002	CG240102
☑	0103	线圈		个	4,000.00	0.00	67.8000	60.0000	240,000.00	31,200.00	271,200.00	13.00	RKD10003	CG240102
合计														

图 8-23 【拷贝并执行】窗口 2

⑤单击工具栏的【保存】→【复核】按钮，结果如图 8-24 所示。退出当前窗口。

已复核 专用发票

业务类型 普通采购　发票类型 * 专用发票　发票号 * 81235492

开票日期 * 2024-01-05　供应商 * 广州金强　代垫单位 * 广州金强

采购类型 普通采购　税率 13.00　部门名称 采购部

业务员 曾敏慧　币种 * 人民币　汇率 * 1

发票日期　付款条件　备注

存量 价格 关联单据 排序定位 显示格式

	存货编码	存货名称	规格型号	主计量	数量	原币单价	原币金额	原币税额	原币价税合计	税率	订单号	原币含税单价	记账人
1	0103	线圈		个	6000.00	60.0000	360000.00	46800.00	406800.00	13.00	CG240102	67.8000	
2	0103	线圈		个	4000.00	60.0000	240000.00	31200.00	271200.00	13.00	CG240102	67.8000	

图 8-24 【采购专用发票】窗口

(7)填制运费专用发票。

①在采购管理系统中，单击【采购发票】→【专用采购发票】，打开【专用发票】窗口。

②单击工具栏的【增加】按钮，根据实验资料填制运输费的采购专用发票，【发票号】填入“86954435”，【供应商】选择【赣州远邦】，【税率】填入“9%”，【存货】选择【09001】(运输费)，【数量】填入“495”，【原币单价】填入“10”。

③填制完毕依次单击工具栏的【保存】【复核】按钮，结果如图 8-25 所示。关闭当前窗口。

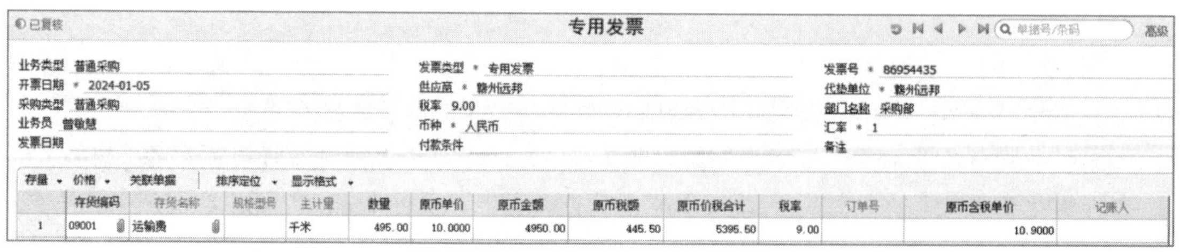

已复核 专用发票

业务类型 普通采购　发票类型 * 专用发票　发票号 * 86954435

开票日期 * 2024-01-05　供应商 * 赣州远邦　代垫单位 * 赣州远邦

采购类型 普通采购　税率 9.00　部门名称 采购部

业务员 曾敏慧　币种 * 人民币　汇率 * 1

发票日期　付款条件　备注

存量 价格 关联单据 排序定位 显示格式

	存货编码	存货名称	规格型号	主计量	数量	原币单价	原币金额	原币税额	原币价税合计	税率	订单号	原币含税单价	记账人
1	09001	运输费		千米	495.00	10.0000	4950.00	445.50	5395.50	9.00		10.9000	

图 8-25 【运费专用发票】窗口

（8）手工采购结算。

①在采购管理系统，依次单击【采购结算】→【手工结算】，打开【手工结算】窗口。

②单击工具栏的【选单】按钮，打开【结算选单】窗口。单击【查询】按钮，打开【查询条件】→【采购手工结算】对话框，单击【确定】按钮。

③单击【查询】按钮，打开【查询条件】→【采购手工结算】对话框，单击【确定】按钮。

④选中本业务涉及的采购专用发票和采购入库单，单击【确定】按钮，系统返回【手工结算】窗口。

⑤在【手工结算】窗口，费用分摊方式选择【按数量】，单击【分摊】按钮，系统弹出“选择按数量分摊，是否开始计算？”提示框，单击【是】按钮，分摊费用完毕。

⑥单击【结算】按钮，系统弹出“完成结算！”提示框，单击【确定】按钮，结果如图 8-26 所示。

我的桌面　手工结算 ×

打印　设置　选项　选单　分摊　结算

结算汇总

单据类型	存货编号	存货名称	单据号	结算数量	发票数量	分摊费用	暂估单价	暂估金额	发票单价	发票金额
采购发票	0103	线圈	81235492		6000.00	0.00		0.00	60.0000	360000.00
采购发票			81235492		4000.00	0.00		0.00	60.0000	240000.00
采购入库单			RKD10002	6000.00		2970.00	60.0000	360000.00		
采购入库单			RKD10003	4000.00		1980.00	60.0000	240000.00		
		合计		10000.00	10000.00	4950.00		600000.00		600000.00

选择费用分摊方式：○按金额　⊙按数量　□相同供应商

费用名称	发票号	开票日期	供货单位	代垫单位	规格型号	计量单位	数量	单价	金额
运输费	86954435	2024-01-05	赣州远邦	赣州远邦		千米	495.00	10.0000	4950.00
合计	—	—	—		—	—	495.00	—	4950.00

图 8-26　【手工结算】窗口

（9）采购发票审核并生成凭证。

①2024 年 1 月 5 日，以陈玉婷（F02）的身份登录 U8 企业应用平台。

②在 U8 企业应用平台，依次单击【业务导航】→【财务会计】→【应付款管理】→【应付处理】→【采购发票】→【采购发票审核】菜单，打开【采购发票审核】窗口。

③单击工具栏【查询】按钮，系统弹出【查询条件】→【发票查询】对话框，单击【确定】按钮。

④选择需要审核的两张采购专用发票，再单击工具栏【审核】按钮，

⑤在应付款管理系统，依次单击【凭证处理】→【生成凭证】按钮，系统弹出【制单查询】对话框，单击【确定】按钮，系统打开【生成凭证】窗口，如图 8-27 所示。

⑥将【凭证类别】改为“转账凭证”，依次单击工具栏的【合并】→【制单】按钮，系统生成一张记账凭证，单击工具栏【保存】按钮，结果如图 8-28 所示。

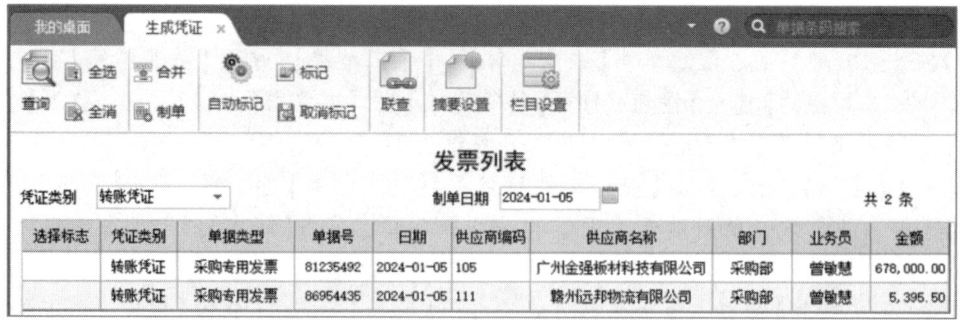

发票列表

凭证类别 转账凭证　　制单日期 2024-01-05　　共 2 条

选择标志	凭证类别	单据类型	单据号	日期	供应商编码	供应商名称	部门	业务员	金额
	转账凭证	采购专用发票	81235492	2024-01-05	105	广州金强板材科技有限公司	采购部	曾敏慧	678,000.00
	转账凭证	采购专用发票	86954435	2024-01-05	111	赣州远邦物流有限公司	采购部	曾敏慧	5,395.50

图 8-27 【生成凭证】窗口

已生成

转账凭证

转 字 0012　　制单日期：2024.01.05　　审核日期：　　附单据数：2

摘要	科目名称	借方金额	贷方金额
采购专用发票	在途物资	60495000	
采购专用发票	应交税费/应交增值税/进项税额	7844550	
采购专用发票	应付账款/一般应付账款		67800000
采购专用发票	应付账款/一般应付账款		539550
票号 日期 数量 单价	合计	68339550	68339550
	陆拾捌万叁仟叁佰玖拾伍元伍角整		

备注 项目　　部门
个人　　客户
业务员

记账　　审核　　出纳　　制单 陈玉婷

图 8-28 【填制凭证】窗口

(10) 正常单据记账并生成凭证。

①在存货核算系统，依次单击【记账】→【正常单据记账】菜单，系统打开【未记账单据一览表】窗口，单击工具栏【查询】按钮，系统打开【查询条件】对话框，单击【确定】按钮，系统显示正常单据记账列表，如图 8-29 所示。

正常单据记账列表

☐	日期	单据号	存货编码	存货名称	单据类型	仓库名称	收发类别	数量	单价	金额	供应商简称	计量单位
☐	2024-01-04	RK010002	0103	线圈	采购入库单	原料及辅料仓	采购入库	6,000.00	60.4950	362,970.00	广州金强	个
☐	2024-01-05	RK010003	0103	线圈	采购入库单	原料及辅料仓	采购入库	4,000.00	60.4950	241,980.00	广州金强	个
小计								10,000.00		604,950.00		

图 8-29 【正常单据记账列表】窗口

②选择要记账的单据，再单击工具栏的【记账】按钮，系统弹出“记账成功。”信息框，单击【确定】按钮。退出【正常单据记账】窗口。

③在存货核算系统，依次单击【凭证处理】→【生成凭证】按钮，系统打开【生成凭证】窗口。单击工具栏的【选单】按钮，系统弹出【查询凭证—生成凭证查询条件】对话框，单击【确定】按钮，系统打开【选择单据】窗口，如图 8-30 所示。

选择单据

打印 · 输出 · 全选 · 全消 · 确定 · 取消 · 单据 · 帮助

☐ 已结算采购入库单自动选择全部结算单上单据(包括入库单、发票、付款单),非本月采购入库单按蓝字报销单制单

未生成凭证单据一览表

选择	记账日期	单据日期	单据类型	单据号	仓库	收发类别	记账人	部门	部门编码	业务类型	计价方式	摘要	供应商
	2024-01-05	2024-01-04	采购入库单	RK010002	原料及辅料	采购入库	陈玉婷	采购部	06	普通采购	全月平均法	采购入库单	广州金强板
	2024-01-05	2024-01-05	采购入库单	RK010003	原料及辅料	采购入库	陈玉婷	采购部	06	普通采购	全月平均法	采购入库单	广州金强板

图 8-30 【未生成凭证单据一览表】窗口

④选择已记账的“RK010002”“RK010003”号两张采购入库单，单击【确定】按钮，系统打开【生成凭证】窗口，如图 8-31 所示。

我的桌面　生成凭证

打印 · 输出 · 选单 · 删除 · 制单 · 合并制单 · 联查单据 · 摘要设置 · 清理互斥

凭证类别 转 转账凭证

选择	单据类型	业务类型	单据号	摘要	科目类型	科目编码	科目名称	借方金额	贷方金额	借方数量	贷方数量	存货编码	存货名称
1	采购入库单	普通采购	RK010002	采购入库单	存货	1403	原材料	362,970.00		6,000.00		0103	线圈
					对方	1402	在途物资		362,970.00		6,000.00	0103	线圈
			RK010003		存货	1403	原材料	241,980.00		4,000.00		0103	线圈
					对方	1402	在途物资		241,980.00		4,000.00	0103	线圈
合计								604,950.00	604,950.00				

图 8-31 【生成凭证】窗口

⑤将【凭证类别】改为“转账凭证”，单击工具栏的【合并制单】按钮，系统打开【填制凭证】窗口，单击工具栏的【保存】按钮，保存此凭证，凭证左上角出现【已生成】标志，结果如图 8-32 所示。

已生成

转 账 凭 证

转 字 0013　　制单日期：2024.01.05　　审核日期：　　附单据数：2

摘要	科目名称	借方金额	贷方金额
采购入库单	原材料	60495000	
采购入库单	在途物资		60495000
票号 日期　　数量 单价	合计	60495000	60495000
	陆拾万零肆仟玖佰伍拾元整		

备注　项 目　　部 门

个 人　　客 户

业务员

记账　　审核　　出纳　　制单 陈玉婷

图 8-32 【填制凭证】窗口

(11)预付冲应付。

①在应付款管理系统，依次单击【转账】→【预付冲应付】菜单，打开【预付冲应付】对话框，【供应商】选择【广州金强】，单击【过滤】按钮，【转账金额】输入“678 000”，如图 8-33 所示。

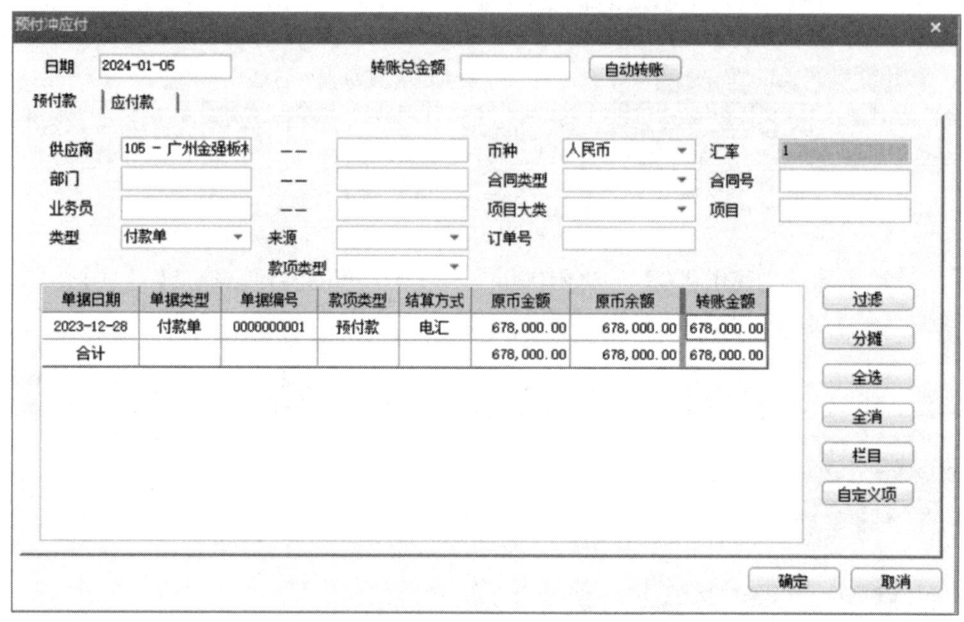

图 8-33 【预付冲应付—预付款】窗口

②再单击【应付款】选项卡，单击【过滤】按钮，转账金额输入“678 000”，如图 8-34 所示。

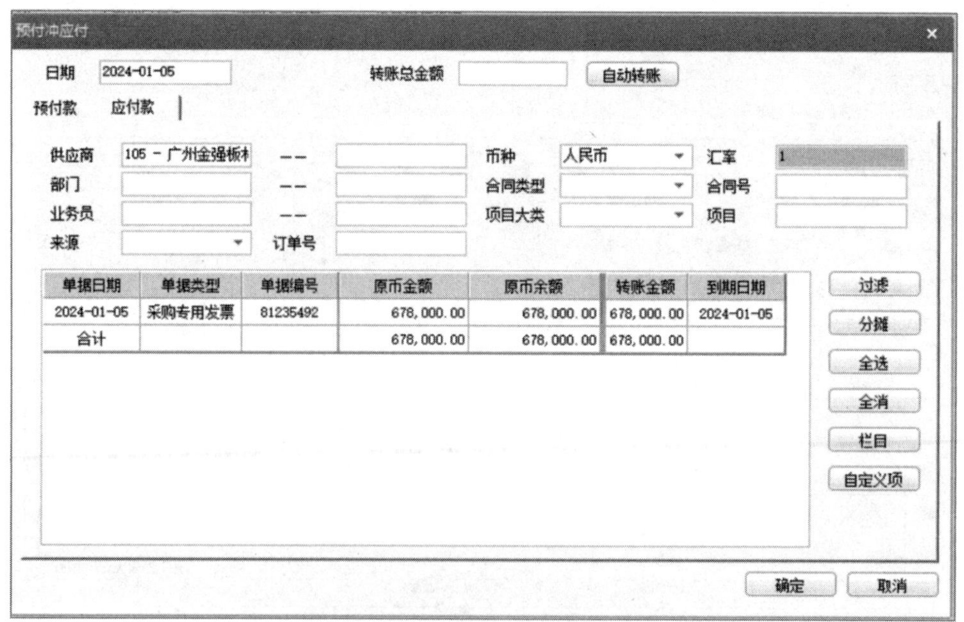

图 8-34 【预付冲应付—应付款】窗口

(12)填制付款单。

①2024 年 1 月 6 日，以朱娟奇(F03)的身份登录 U8 企业应用平台。

②在 U8 企业应用平台，依次单击【业务导航】→【财务会计】→【应付款管理】→【付款处理】→【付款单据录入】菜单，打开【付款单据录入】窗口。

③单击工具栏【增加】按钮，根据实验资料填入信息，【结算方式】选择【电汇】，【供应商】选择【赣州远邦】，【金额】输入“5395.5”，【票据号】输入“9690368158”。

④单击工具栏的【保存】按钮，结果如图 8-35 所示。退出当前窗口。

付款单

单据编号 0000000002	日期 * 2024-01-06	供应商 * 赣州远邦
结算方式 * 电汇	结算科目 10020101	币种 * 人民币
汇率 1	金额 * 5395.50	本币金额 5395.50
供应商银行 赣州农商银行沙河支行	供应商账号 3134280500079014589	票据号 9690368158
部门 采购部	业务员 曾敏慧	项目
摘要		

	款项类型	供应商	科目	金额	本币金额	部门	业务员	项目
1	应付款	赣州远邦	220201	5395.50	5395.50			

图 8-35 【付款单】窗口

(13)付款单据审核。

①2024 年 1 月 6 日，以陈玉婷(F02)的身份登录 U8 企业应用平台。

②在 U8 企业应用平台，依次单击【业务导航】→【财务会计】→【应付款管理】→【付款处理】→【付款单据审核】菜单，打开【付款单据审核】窗口，单击工具栏【查询】按钮，如图 8-36 所示。

收付款单列表

序号	☐	审核人	单据日期	单据类型	单据编号	供应商	部门	业务员	结算方式	票据号	币种	原币金额	本币金额
1	☐		2024-01-06	付款单	0000000002	赣州远邦物流有限公司	采购部	曾敏慧	电汇	9690368158	人民币	5,395.50	5,395.50
2	小计											5,395.50	5,395.50
3	合计											5,395.50	5,395.50

图 8-36 【收付款单列表】窗口

③选择要审核的付款单据，单击工具栏【审核】按钮，系统弹出“该单据审核成功!”提示框，单击【确定】按钮，关闭当前窗口。

(14)手工核销处理并生成凭证。

①2024 年 1 月 6 日，以陈玉婷(F02)的身份登录 U8 企业应用平台。

②在 U8 企业应用平台，依次单击【业务导航】→【财务会计】→【应付款管理】→【核销处理】→【手工核销】菜单，打开【核销条件】窗口，供应商选择【赣州远邦】，单击【确定】按钮，打开【手工核销】窗口，在本张发票的【本次结算】栏输入“5395.50”，单击【确认】按钮，如图 8-37 所示。关闭当前窗口。

我的桌面 | 手工核销

查询 刷新 全选 全消 分摊 预付 确认 汇率 联查 栏目设置

单据日期	单据类型	单据编号	供应商	款项类型	结算方式	币种	汇率	原币金额	原币余额	本次结算	订单号
2024-01-06	付款单	0000000002	赣州远邦	应付款	电汇	人民币	1.00000000	5,395.50	5,395.50	5,395.50	
合计								5,395.50	5,395.50	5,395.50	

单据日期	单据类型	单据编号	到期日	供应商	币种	原币金额	原币余额	可享受折扣	本次折扣	本次结算	订单号	凭证号
2024-01-05	采购专...	86954435	2024-01-05	赣州远邦	人民币	5,395.50	5,395.50	0.00	0.00	5,395.50		转-0012
合计						5,395.50	5,395.50	0.00		5,395.50		

图 8-37 【手工核销】窗口

③在应付款管理系统，依次单击【凭证处理】→【生成凭证】菜单，打开【制单查询】窗口，勾选【核销】选项，单击【确定】，打开【生成凭证】窗口，结果如图 8-38 所示。

核销列表

凭证类别 转账凭证　　制单日期 2024-01-06　　共 1 条

选择标志	凭证类别	单据类型	单据号	日期	供应商编码	供应商名称	部门	业务员	金额
	转账凭证	核销	0000000002	2024-01-06	111	赣州远邦物流有限公司	采购部	曾敏慧	5,395.50

图 8-38 【核销列表】窗口

④选择需要的付款单据，依次单击工具栏的【合并】→【制单】按钮，将【凭证类别】改为“转账凭证”，系统生成一张记账凭证，单击工具栏的【保存】按钮，结果如图 8-39 所示。关闭当前窗口。

已生成

转 账 凭 证

转 字 0015　　制单日期：2024.01.06　　审核日期：　　附单据数：1

摘 要	科目名称	借方金额	贷方金额
采购专用发票	应付账款/一般应付账款	539550	
核销	应付账款/一般应付账款	539550	
票号 日期	数量 单价	合 计	

备注　项 目　　部 门

个 人　　供应商 赣州远邦

业务员 曾敏慧

记账　　审核　　出纳　　制单 陈玉婷

图 8-39 【填制凭证】窗口

【实验提示】

①结算结果可以在“结算单列表”中查询。结算完成后，在“手工结算”窗口中，将看不到已结算的入库单和发票，由于某种原因需要修改或删除入库单、采购发票时，需先取消采购结算。取消采购结算的方法是进入“结算单列表”，删除该业务采购结算单。

②填制运费专用发票时，费用发票上的存货必须具有“应税劳务”属性。

③不管采购入库单上有无单价，采购结算后，其单价都被自动修改为发票上的存货单价。

二、现付采购业务

所谓现付采购业务，是当采购业务发生时，立即付款，由供应商开具发票。现付业务的处理流程如下：在采购管理系统中填制采购订单并审核→在库存管理系统中填制采购入库单并审核→在采购管理系统中填制并审核采购发票，进行现付和结算处理→在应付款管理系统中对采购发票进行审核→在应付款管理系统中对采购发票进行现结制单处理→在存货核算系统中进行记账处理→在存货核算系统中进行凭证生成处理。

【实验资料】2024 年 1 月 7 日，采购部曾敏慧从芜湖克星购入绝缘材料 5 000 千克（采购订单编号：CG240103），不含税价为 40 元/千克，收到增值税专用发票（票号：86541254），当日货物全部验收合格入库（入库单号：RK010004），并通过电汇方式支付全部货款 226 000 元（票号：9690368164）。

【实验过程】

（1）填制采购订单。

①2024 年 1 月 7 日，以曾敏慧（G01）的身份登录 U8 企业应用平台。

②在 U8 企业应用平台，依次点击【业务导航】→【供应链】→【采购管理】→【采购订货】→【采购订单】菜单，打开【采购订单】窗口。

③单击工具栏的【增加】按钮，根据实验资料填制采购订单，【订单编号】输入“CG240103”，【业务员】选择【曾敏慧】，【供应商】选择【芜湖克星】，【存货编码】选择【0106 绝缘材料】，【数量】输入“5 000”。

④填制完毕，依次单击工具栏的【保存】→【审核】按钮，如图 8-40 所示。

图 8-40　【采购订单】窗口

(2)参照采购订单生成采购入库单。

①2023 年 1 月 7 日，以王文杰(C01)的身份登录 U8 企业应用平台

②在 U8 企业应用平台，依次单击【业务导航】→【供应链】→【库存管理】→【采购入库】→【采购入库单】菜单，打开【采购入库单】窗口。

③执行工具栏【增加】→【采购】→【采购订单】命令，打开【查询条件】→【采购订单列表】对话框，单击【确定】按钮，系统打开【订单生单列表】窗口，如图 8-41 所示。

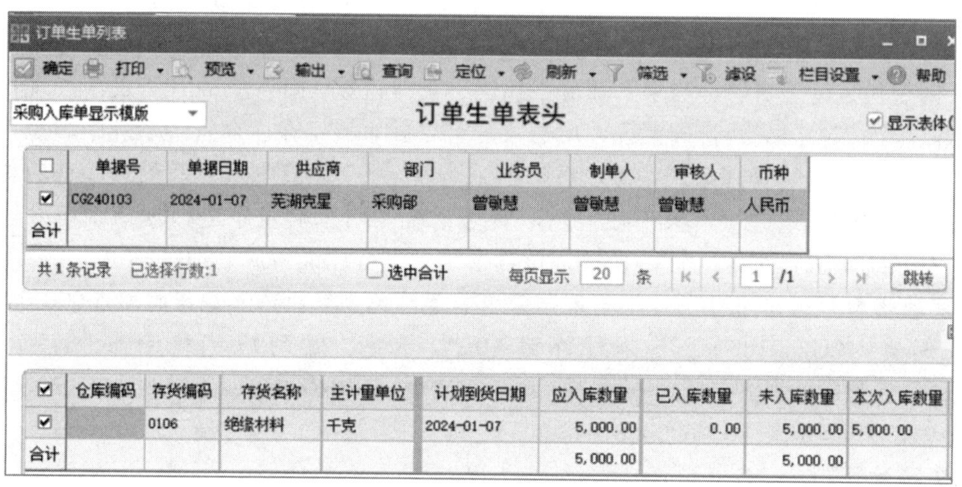

图 8-41 【订单生单列表】窗口

④选择需要参照的采购订单，单击工具栏【确定】按钮，系统返回【采购入库单】窗口。根据实验资料，【仓库】选择【原料及辅料仓】，【入库单号】为“RK010004”，其他项默认。

⑤单击工具栏的【保存】→【审核】按钮，系统弹出“该单据审核成功!”提示框，单击【确定】按钮，结果如图 8-42 所示。退出该窗口。

图 8-42 【采购入库单】窗口

(3)参照采购入库单生成采购专用发票。

①2024 年 1 月 7 日，以曾敏慧(G01)的身份登录 U8 企业应用平台。

②在采购管理系统中，单击【采购发票】→【专用采购发票】，打开【专用发票】窗口。

③执行工具栏【增加】→【入库单】命令，打开【查询条件】→【单据列表过滤】对话框，单击【确定】按钮，进入【拷贝并执行】窗口，如图 8-43 所示。

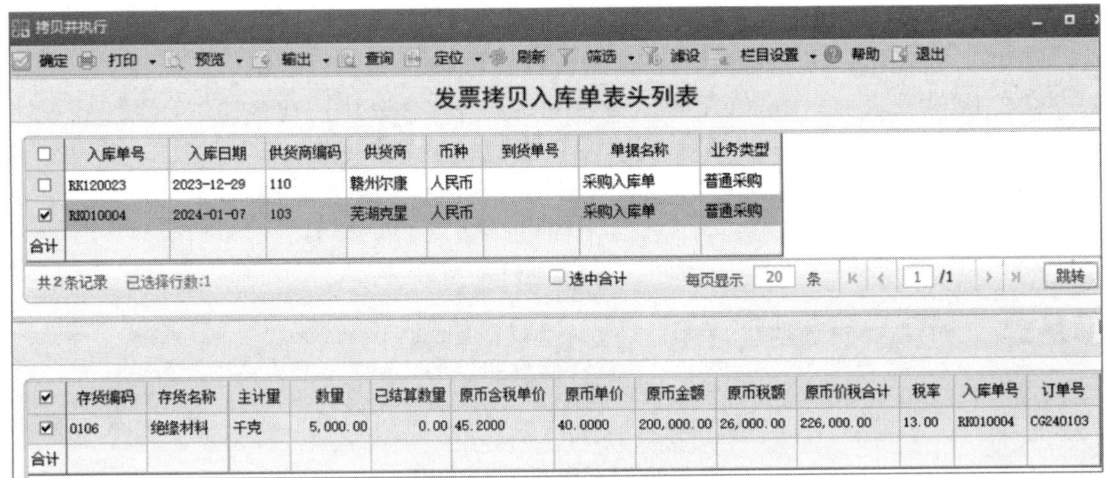

拷贝并执行

确定　打印　预览　输出　查询　定位　刷新　筛选　滤设　栏目设置　帮助　退出

发票拷贝入库单表头列表

☐	入库单号	入库日期	供货商编码	供货商	币种	到货单号	单据名称	业务类型
☐	RK120023	2023-12-29	110	赣州尔康	人民币		采购入库单	普通采购
☑	RK010004	2024-01-07	103	芜湖克星	人民币		采购入库单	普通采购
合计								

共2条记录　已选择行数:1　☐选中合计　每页显示 20 条　1 /1　跳转

☑	存货编码	存货名称	主计量	数量	已结算数量	原币含税单价	原币单价	原币金额	原币税额	原币价税合计	税率	入库单号	订单号
☑	0106	绝缘材料	千克	5,000.00	0.00	45.2000	40.0000	200,000.00	26,000.00	226,000.00	13.00	RK010004	CG240103
合计													

图 8-43　【拷贝并执行】窗口

④选择需要参照的采购入库单，将采购入库单的相关信息带入采购专用发票，【发票号】填入“86541254”。

⑤单击工具栏的【保存】【复核】按钮。

⑥单击工具栏的【现付】按钮，打开【采购现付】窗口，根据实验资料，【结算方式】选择“电汇”，【原币金额】输入“226 000”，【票据号】输入“9690368164”，如图 8-44 所示。单击【确定】按钮，系统返回【专用发票】窗口。

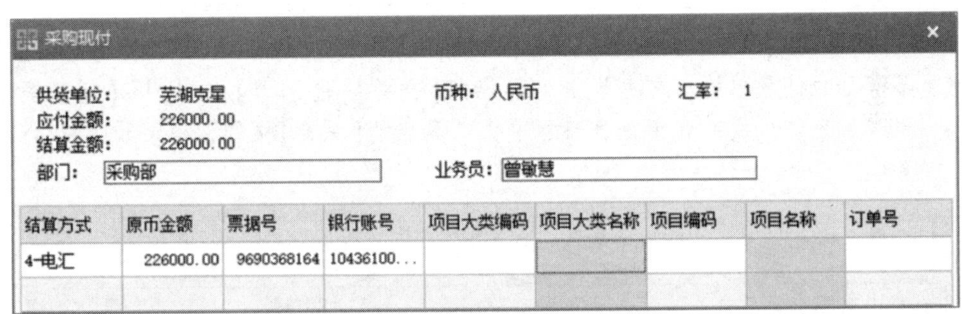

采购现付

供货单位:　芜湖克星　币种:　人民币　汇率:　1

应付金额:　226000.00

结算金额:　226000.00

部门:　采购部　业务员:　曾敏慧

结算方式	原币金额	票据号	银行账号	项目大类编码	项目大类名称	项目编码	项目名称	订单号
4-电汇	226000.00	9690368164	10436100...					

图 8-44　【采购现付】窗口

⑦单击工具栏的【结算】按钮，完成采购专用发票结算处理。结果如图 8-45 所示。

已复核　现付　已结算　专用发票

业务类型　普通采购　发票类型 * 专用发票　发票号 * 86541254

开票日期 * 2024-01-07　供应商 * 芜湖克星　代垫单位 * 芜湖克星

采购类型　普通采购　税率　13.00　部门名称　采购部

业务员　曾敏慧　币种 * 人民币　汇率 * 1

发票日期　付款条件　备注

存量　价格　关联单据　排序定位　显示格式

	存货编码	存货名称	规格型号	主计量	数量	原币单价	原币金额	原币税额	原币价税合计	税率	订单号
1	0106	绝缘材料		千克	5000.00	40.0000	200000.00	26000.00	226000.00	13.00	CG240103

图 8-45　【采购专用发票】窗口

(4)采购专用发票审核并生成凭证。

①2024 年 1 月 7 日，以陈玉婷(F02)的身份登录 U8 企业应用平台。

②在 U8 企业应用平台，依次单击【业务导航】→【财务会计】→【应付款管理】→【应付处理】→【采购发票】→【采购发票审核】菜单，打开【采购发票审核】窗口。

③单击工具栏【查询】按钮，系统弹出【查询条件】→【发票查询】对话框，单击【确定】按钮，如图 8-46 所示。

采购发票列表

序号	□	审核人	单据日期	单据类型	单据号	供应商名称	部门	业务员	制单人	币种	原币金额	本币金额
1	□		2024-01-07	采购专...	86541254	芜湖克星材料科技有限公司	采购部	曾敏慧	曾敏慧	人民币	226,000.00	226,000.00
2	小计										226,000.00	226,000.00
3	合计										226,000.00	226,000.00

图 8-46 【采购发票列表】窗口

④勾选需要审核的采购发票，单击工具栏【审核】按钮，系统弹出“该单据审核成功!”提示框，单击【确定】。关闭当前窗口。

⑤在应付款管理系统，依次单击【凭证处理】→【生成凭证】菜单，打开【制单查询】窗口，勾选【现结】选项，单击【确定】，打开【生成凭证】窗口，如图 8-47 所示。

应付列表

凭证类别 付款凭证　　制单日期 2024-01-07　　共 1 条

选择标志	凭证类别	单据类型	单据号	日期	供应商编码	供应商名称	部门	业务员	金额
	付款凭证	现结	0000000003	2024-01-07	103	芜湖克星材料科技有限公司	采购部	曾敏慧	226,000.00

图 8-47 【应付列表】窗口

⑥选择需要的付款单据，依次单击工具栏的【合并】→【制单】按钮，将【凭证类别】改为“付款凭证”，系统生成一张记账凭证，单击工具栏的【保存】按钮，结果如图 8-48 所示。关闭当前窗口。

已生成

付款凭证

付 字 0013　　制单日期：2024.01.07　　审核日期：　　附单据数：1

摘要	科目名称	借方金额	贷方金额
现结	在途物资	20000000	
现结	应交税费/应交增值税/进项税额	2600000	
现结	银行存款/赣州农商银行/章贡支行		22600000
票号 日期　数量 单价	合计	22600000	22600000
	贰拾贰万陆仟元整		

备注　项 目　　部 门

个 人　　客 户

业务员

记账　　审核　　出纳　　制单 陈玉婷

图 8-48 【填制凭证】窗口

(5)正常单据记账，生成凭证。

①在存货核算系统，依次单击【记账】→【正常单据记账】菜单，系统打开【未记账单据一览表】窗口，单击工具栏【查询】按钮，系统打开【查询条件】对话框，单击【确定】按钮。系统打开【正常单据记账列表】对话框，如图 8-49 所示。

正常单据记账列表

□	日期	单据号	存货编码	存货名称	单据类型	仓库名称	收发类别	数量	单价	金额	供应商简称	计量单位
□	2024-01-07	RK010004	0106	绝缘材料	采购入库单	原料及辅料仓	采购入库	5,000.00	40.0000	200,000.00	芜湖克星	千克
小计								5,000.00		200,000.00		

图 8-49　【正常单据记账列表】窗口

②选择要记账的单据，再单击工具栏的【记账】按钮，系统弹出“记账成功。”信息框，单击【确定】按钮。退出【正常单据记账】窗口。

③在存货核算系统，依次单击【凭证处理】→【生成凭证】按钮，系统打开【生成凭证】窗口。单击工具栏的【选单】按钮，系统弹出【查询凭证】→【生成凭证查询条件】对话框，单击【确定】按钮，系统打开【选择单据】窗口，如图 8-50 所示。

□ 已结算采购入库单自动选择全部结算单上单据(包括入库单、发票、付款单),非本月采购入库单按蓝字报销单制单

未生成凭证单据一览表

选择	记账日期	单据日期	单据类型	单据号	仓库	收发类别	记账人	部门	业务类型	计价方式	摘要	供应商
	2024-01-07	2024-01-07	采购入库单	RK010004	原料及辅料仓	采购入库	陈玉婷	采购部	普通采购	全月平均法	采购入库单	芜湖克星材料科技有限公司

图 8-50　【未生成凭证单据一览表】窗口

④选择要制单的记录行，单击【确定】按钮，系统打开【生成凭证】窗口，如图 8-51 所示。

我的桌面　生成凭证

打印　输出　选单　删除　制单　合并制单　联查单据　摘要设置　清理互斥

凭证类别　转 转账凭证

选择	单据类型	业务类型	单据号	摘要	科目类型	科目编码	科目名称	借方金额	贷方金额	借方数量	贷方数量	存货编码	存货名称
1	采购入库单	普通采购	RK010004	采购入库单	存货	1403	原材料	200,000.00		5,000.00		0106	绝缘材料
					对方	1402	在途物资		200,000.00		5,000.00	0106	绝缘材料
合计								200,000.00	200,000.00				

图 8-51　【生成凭证】窗口

⑤将【凭证类别】改为“转账凭证”，单击工具栏的【合并制单】按钮，系统打开【填制凭证】窗口。单击工具栏的【保存】按钮，保存此凭证，凭证左上角出现【已生成】标志，结果如图 8-52 所示。

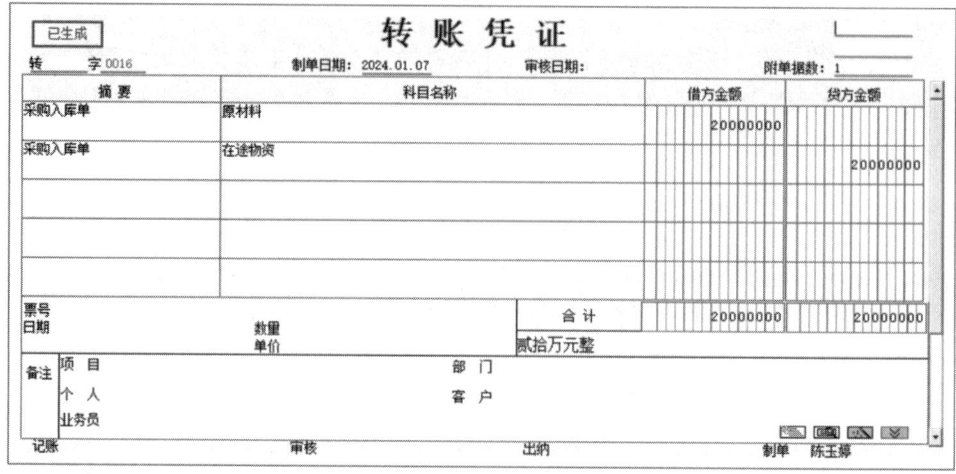

图 8-52 【填制凭证】窗口

三、采购退货业务

由于材料质量不合格、企业转产等原因，企业可能发生退货业务，针对退货业务发生的不同时机，采用不同的解决方法。若虽然货物已经收到，但未做入库手续，即尚未录入采购入库单，此时只要把货退还给供应商即可，软件中不用做任何处理。若已经录入入库单，则分为两种情况。第一种情况是入库单未记账，即已经录入“采购入库单”，但尚未记入存货明细账。此时又分为以下三种具体情形。一是未录入“采购发票”，如果是全部退货，可删除“采购入库单”；如果是部分退货，可直接修改“采购入库单”。二是已录入“采购发票”但尚未结算，如果是全部退货，可删除“采购入库单”和“采购发票”；如果是部分退货，可直接修改“采购入库单”和“采购发票”。三是已经录入“采购发票”并执行了采购结算，若结算后的发票没有付款，此时可取消采购结算，再删除或修改“采购入库单”和“采购发票”，若结算后的发票已付款，则必须录入退货单。第二种情况是入库单已记账。此时无论是否录入“采购发票”，“采购发票”是否结算，结算后的“采购发票”是否付款，都需要录入退货单。

以入库单已记账的采购退货业务为例，采购退货业务的处理流程如下：在库存管理系统中填制红字采购入库单→在采购管理系统中填制并审核红字采购专用发票→对红字采购专用发票进行现付、结算处理→在应付款管理系统对红字采购发票进行审核并制单→在存货核算系统中对红字采购入库单进行记账并生成凭证。

【实验资料】2024 年 1 月 9 日，发现本月 7 日从芜湖克星购入的 2 000 千克绝缘材料存在质量问题，与对方协商后当日办理了退货手续，货物已退回对方（红字采购入库单号：RK01005），收到增值税专用发票（票号：86541258），同时，赣州农商银行章贡支行账户收到对方通过电汇方式转来的货款 90 400 元（票号：9690368297）。

【实验过程】

（1）填制红字采购入库单。

①2024 年 1 月 9 日，以王文杰（C01）的身份登录 U8 企业应用平台。

②在 U8 企业应用平台，依次单击【业务导航】→【供应链】→【库存管理】→【采购入

库】→【红字采购入库单】菜单，打开【红字采购入库单】窗口。

③单击【增加】，根据实验资料，【仓库】选择【原料及辅料仓】，【供货单位】选择【芜湖克星】，【入库单号】输入“RK010005”，【存货】选择【0106 绝缘材料】，【数量】输入【-2 000】，保存并审核该负数采购入库单，结果如图 8-53 所示。

已审核　采购入库单　单据号/条码　高级

入库单号 * RK010005　入库日期 * 2024-01-09　仓库 * 原料及辅料仓
订单号　到货单号　业务号
供货单位 * 芜湖克星　部门 采购部　业务员 曾敏慧
到货日期　业务类型 普通采购　采购类型 普通采购
入库类别 采购入库　审核日期 2024-01-09　备注

存量　货位　关联单据　排序定位　显示格式

	存货编码	存货名称	规格型号	主计量单位	数量	本币单价	本币金额
1	0106	绝缘材料		千克	-2000.00	40.0000	-80000.00

图 8-53 【红字采购入库单】窗口

(2)参照红字采购入库单生成红字采购专用发票。

①2024 年 1 月 9 日，以曾敏慧(G01)的身份登录 U8 企业应用平台。

②在 U8 企业应用平台，依次单击【业务导航】→【供应链】→【采购管理】→【采购发票】→【红字专用采购发票】菜单，打开【专用发票】窗口。

③执行工具栏【增加】→【入库单】命令，打开【查询条件】→【单据列表过滤】对话框，单击【确定】按钮，系统打开【拷贝并执行】窗口，如图 8-54 所示。

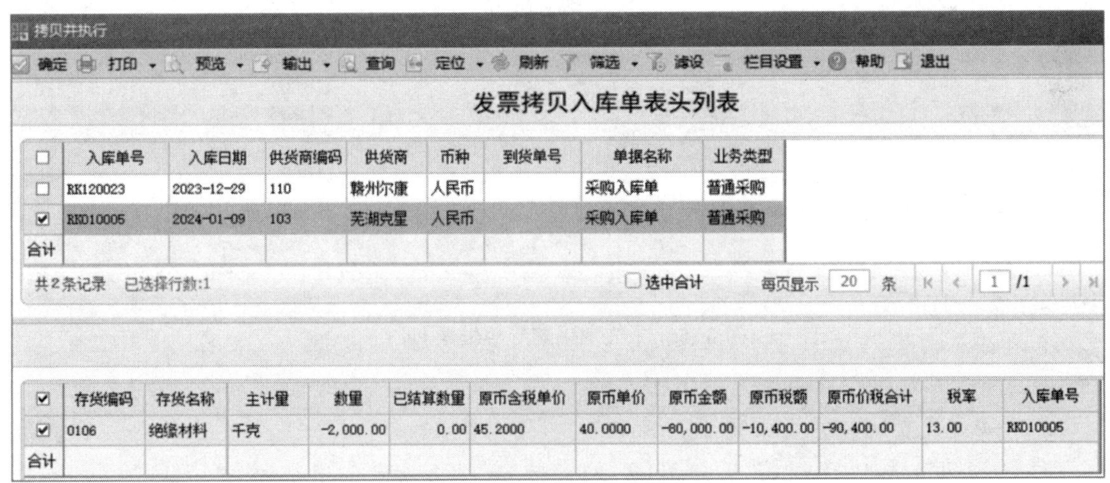

拷贝并执行

确定　打印　预览　输出　查询　定位　刷新　筛选　滤设　栏目设置　帮助　退出

发票拷贝入库单表头列表

☐	入库单号	入库日期	供货商编码	供货商	币种	到货单号	单据名称	业务类型
☐	RK120023	2023-12-29	110	赣州尔康	人民币		采购入库单	普通采购
☑	RK010005	2024-01-09	103	芜湖克星	人民币		采购入库单	普通采购
合计								

共2条记录　已选择行数:1　☐选中合计　每页显示 20 条　1 /1

☑	存货编码	存货名称	主计量	数量	已结算数量	原币含税单价	原币单价	原币金额	原币税额	原币价税合计	税率	入库单号
☑	0106	绝缘材料	千克	-2,000.00	0.00	45.2000	40.0000	-80,000.00	-10,400.00	-90,400.00	13.00	RK010005
合计												

图 8-54 【拷贝并执行】窗口

④在【拷贝并执行】窗口，选择该笔业务的红字采购入库单，单击工具栏的【确定】按钮，返回【专用发票】窗口，【发票号】输入“86541258”，其他项默认。

⑤单击工具栏的【保存】→【复核】按钮。

⑥单击工具栏上的【现付】按钮，打开【采购现付】对话框，如图 8-55 所示。

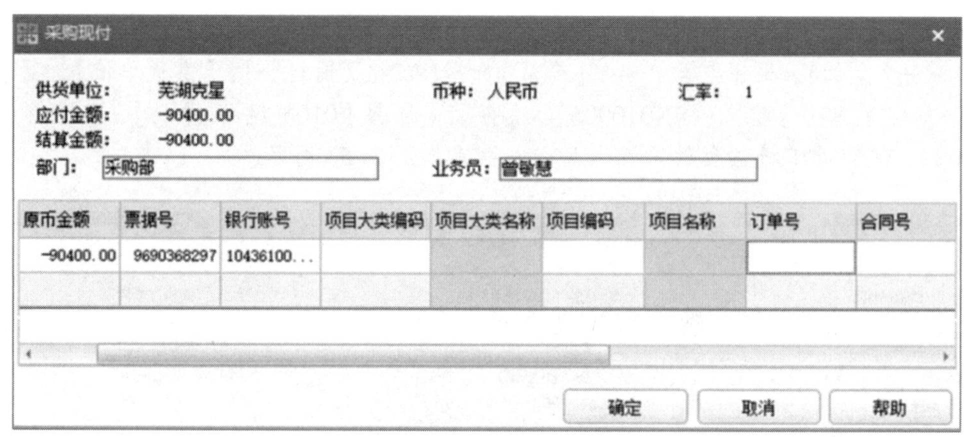

图 8-55 【采购现付】窗口

⑦【结算方式】选择“电汇”,【原币金额】输入“－90 400”,【票据号】输入“9690368297”。单击【确定】按钮,发票左上角显示【已现付】字样。

⑧在【专用发票】窗口,单击工具栏的【结算】按钮,完成采购专用发票结算处理。结果如图 8-56 所示。关闭并退出该窗口。

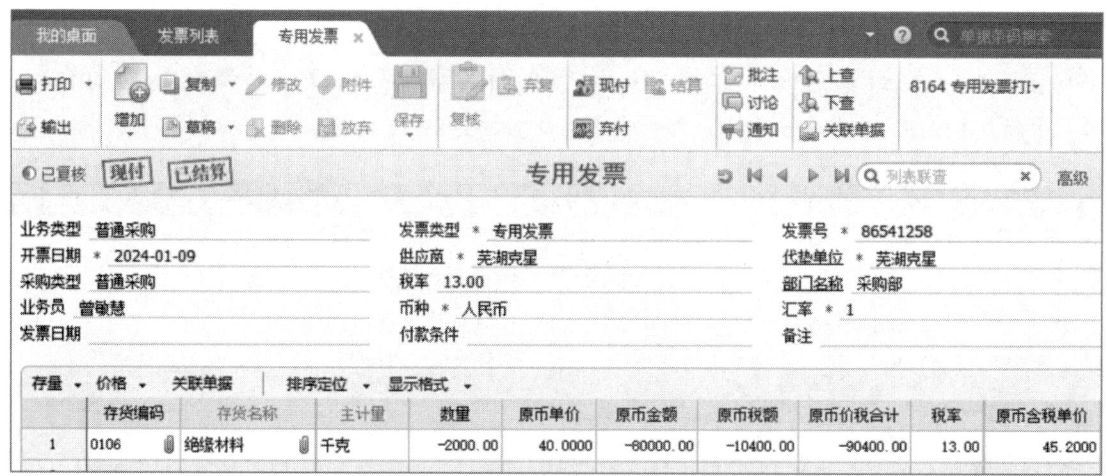

图 8-56 【红字采购专用发票】窗口

(3)采购发票审核并生成凭证。

①2024 年 1 月 9 日,以陈玉婷(F02)的身份登录 U8 企业应用平台。

②在 U8 企业应用平台,依次单击【业务导航】→【财务会计】→【应付款管理】→【应付处理】→【采购发票】→【采购发票审核】菜单,打开【采购发票审核】窗口。

③单击工具栏【查询】按钮,系统弹出【查询条件】→【发票查询】对话框,单击【确定】按钮,如图 8-57 所示。

④双击需要审核的采购专用发票,单击工具栏【审核】按钮,系统弹出“是否立即制单?”提示框,单击【是】,系统自动打开【填制凭证】窗口。

采购发票列表

序号	□	审核人	单据日期	单据类型	单据号	供应商名称	部门	业务员	制单人	币种	原币金额	本币金额
1	□		2024-01-09	采购专…	86541258	芜湖克星材料科技有限公司	采购部	曾敏慧	曾敏慧	人民币	-90,400.00	-90,400.00
2	小计										-90,400.00	-90,400.00
3	合计										-90,400.00	-90,400.00

图 8-57 【采购发票列表】窗口

⑤将【凭证类别】改为“付款凭证”，单击工具栏的【保存】按钮，结果如图 8-58 所示（因黑白打印导致借、贷方金额显示成黑色，实际为红色）。退出当前窗口。

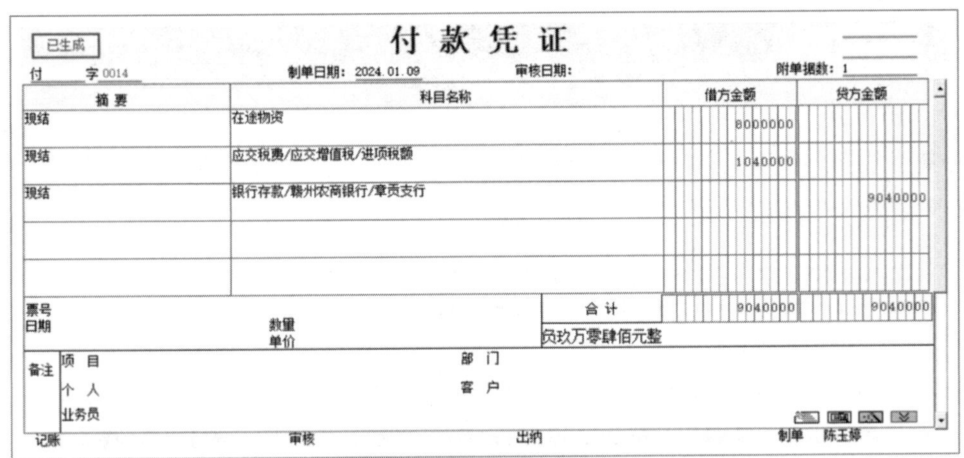
已生成

付款凭证

付　字 0014　　制单日期：2024.01.09　　审核日期：　　附单据数：1

摘要	科目名称	借方金额	贷方金额
现结	在途物资	8000000	
现结	应交税费/应交增值税/进项税额	1040000	
现结	银行存款/赣州农商银行/章贡支行		9040000
票号 日期	数量 单价	合计 9040000	9040000

玖万零肆佰元整

备注　项　目　　部　门

个　人　　客　户

业务员

记账　　审核　　出纳　　制单　陈玉婷

图 8-58 【填制凭证】窗口

（4）正常单据记账并生成凭证。

①在存货核算系统，依次单击【记账】→【正常单据记账】菜单，系统打开【未记账单据一览表】窗口，单击工具栏【查询】按钮，系统打开【查询条件】对话框，单击【确定】按钮，如图 8-59 所示。

正常单据记账列表

□	日期	单据号	存货编码	存货名称	单据类型	仓库名称	收发类别	数量	单价	金额	供应商简称	计量单位
□	2024-01-09	RK010005	0106	绝缘材料	采购入库单	原料及辅料仓	采购入库	-2,000.00	40.0000	-80,000.00	芜湖克星	千克
小计								-2,000.00		-80,000.00		

图 8-59 【正常单据记账列表】窗口

②选择要记账的单据，再单击工具栏的【记账】按钮，系统弹出“记账成功。”信息框，单击【确定】按钮，退出【正常单据记账】窗口。

③在存货核算系统，依次单击【凭证处理】→【生成凭证】按钮，系统打开【生成凭证】窗口。单击工具栏的【选单】按钮，系统弹出【查询凭证】→【生成凭证查询条件】对话框，单击【确定】按钮，系统打开【选择单据】窗口，如图 8-60 所示。

未生成凭证单据一览表

选择	记账日期	单据日期	单据类型	单据号	仓库	收发类别	记账人	部门	部门编码	业务类型	计价方式	摘要	供应商	客户
	2024-01-09	2024-01-09	采购入库单	RK010005	原料及辅料	采购入库	陈玉婷	采购部	06	普通采购	全月平均法	采购入库单	芜湖克星材料科技有限公司	

图 8-60 【未生成凭证单据一览表】窗口

④选择要制单的记录行，单击【确定】按钮，系统打开【生成凭证】窗口，如图 8-61 所示。

凭证类别 转 转账凭证

选择	单据类型	业务类型	单据号	摘要	科目类型	科目编码	科目名称	借方金额	贷方金额	借方数量	贷方数量	存货编码	存货名称
1	采购入库单	普通采购	RK010005	采购入库单	存货	1403	原材料	-80,000.00		-2,000.00		0106	绝缘材料
					对方	1402	在途物资		-80,000.00		-2,000.00	0106	绝缘材料
合计								-80,000.00	-80,000.00				

图 8-61 【生成凭证】窗口

⑤将【凭证类别】改为“转账凭证”，单击工具栏的【合并制单】按钮，系统打开【填制凭证】窗口，单击工具栏的【保存】按钮，保存此凭证，凭证左上角出现【已生成】标志，结果如图 8-62 所示(因黑白打印导致借、贷方金额显示为黑色，实际为红色)。

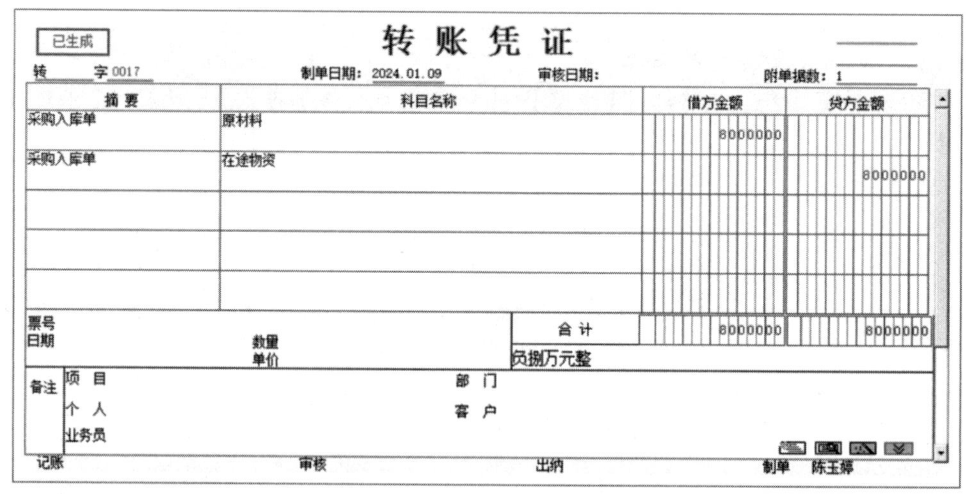

图 8-62 【填制凭证】窗口

四、暂估采购业务

暂估是指本月存货已经入库，但采购发票尚未收到，不能确定存货的入库成本，月底时为了正确核算企业的库存成本，需要将这部分存货暂估入账，形成暂估凭证。暂估入库业务主要包括月初回冲、单到回冲和单到补差三种处理方法。以单到回冲业务为例，暂估采购业务处理流程如下：下月初不作处理，采购发票收到后，在采购管理中录入并进行采购结算→到存货核算中进行“暂估处理”，系统自动生成红字回冲单、蓝字回冲单，同时据此登记存货明细账→在存货核算系统中，选择“红字回冲单”“蓝字回冲单”制单，生成凭证，传递到总账。

【实验资料】2024 年 1 月 10 日，收到上月 29 日从赣州尔康采购货物的增值税专用发票(票号：86168759)，当日通过电汇方式支付全部货款 39 550 元(票号：9690368342)。

【实验过程】

(1)参照期初采购入库单生成采购专用发票。

①2024 年 1 月 10 日，以曾敏慧(G01)的身份登录 U8 企业应用平台。

②在 U8 企业应用平台，依次单击【业务导航】→【供应链】→【采购管理】→【采购发票】→【专用采购发票】菜单，打开【专用发票】窗口。单击【增加】→【入库单】按钮，打开【查询条件—单据列表过滤】对话框，单击【确定】按钮，如图 8-63 所示。

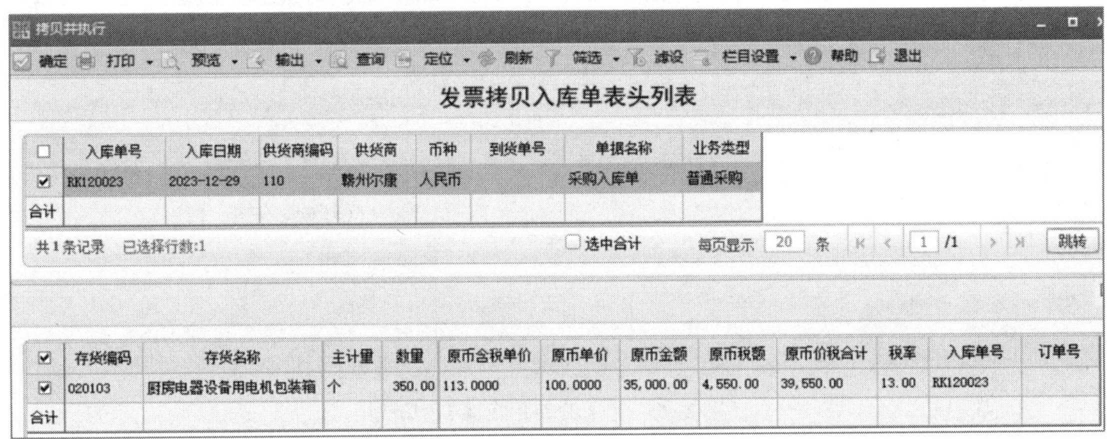

图 8-63 【拷贝并执行】窗口

③在【拷贝并执行】窗口，选择要参照的入库单，再单击工具栏的【确定】按钮，返回【专用发票】窗口。表头【发票号】填入“86168759”，【原币金额】修改为“39 550”。

④依次单击工具栏的【保存】→【复核】按钮。

⑤单击工具栏上的【现付】按钮，打开【采购现付】对话框，【结算方式】选择“电汇”，【原币金额】输入“39 550”，【票据号】输入“9690368342”，如图 8-64 所示。单击【确定】按钮，发票左上角显示【已现付】字样。

⑥在【专用发票】窗口，单击工具栏的【结算】按钮，完成采购专用发票结算处理。结果如图 8-65 所示。关闭并退出该窗口。

(2)采购发票审核并生成凭证。

①2024 年 1 月 10 日，以陈玉婷(F02)的身份登录 U8 企业应用平台。

②在 U8 企业应用平台，依次单击【业务导航】→【财务会计】→【应付款管理】→【应付处理】→【采购发票】→【采购发票审核】菜单，打开【采购发票审核】窗口。

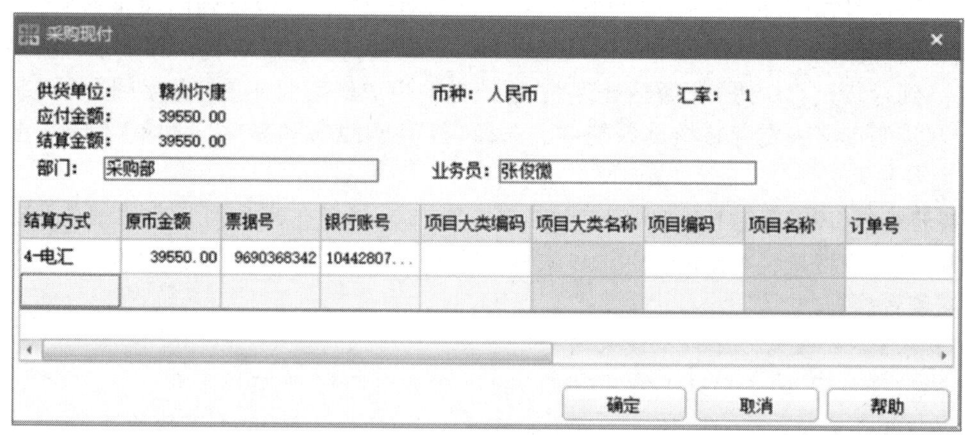

图 8-64 【采购现付】窗口

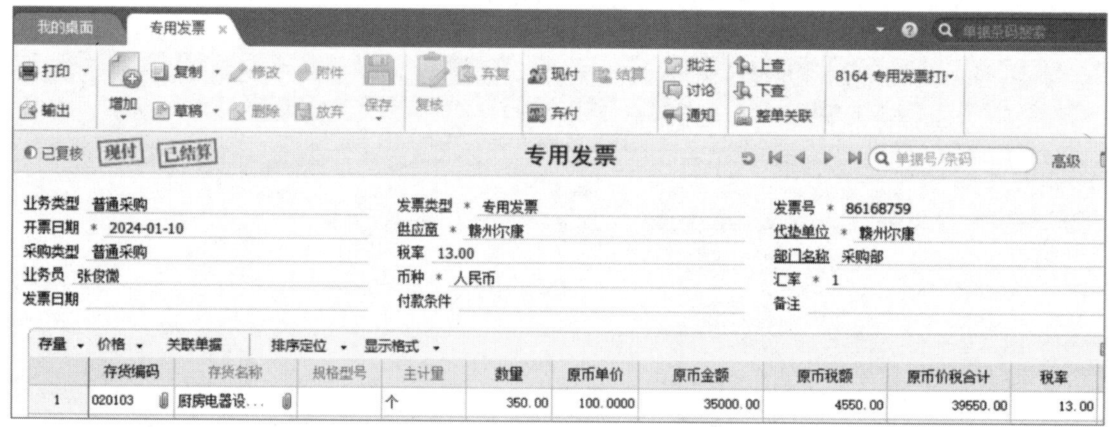

图 8-65 【采购专用发票】窗口

③单击工具栏【查询】按钮，系统弹出【查询条件】→【发票查询】对话框，单击【确定】按钮。结果如图 8-66 所示。

采购发票列表

序号	☐	审核人	单据日期	单据类型	单据号	供应商名称	部门	业务员	制单人	币种	原币金额	本币金额
1	☐		2024-01-10	采购专...	86168759	赣州尔康包装材料有限公司	采购部	张俊微	曾敏慧	人民币	39,550.00	39,550.00
2	小计										39,550.00	39,550.00
3	合计										39,550.00	39,550.00

图 8-66 【采购发票列表】窗口

④双击需要审核的采购发票，系统打开该发票，单击工具栏【审核】按钮，系统弹出“是否立即制单?”提示框。

⑤单击【是】，系统自动打开【填制凭证】窗口，将【凭证类别】改为“付款凭证”，单击工具栏的【保存】按钮，结果如图 8-67 所示。退出当前窗口。

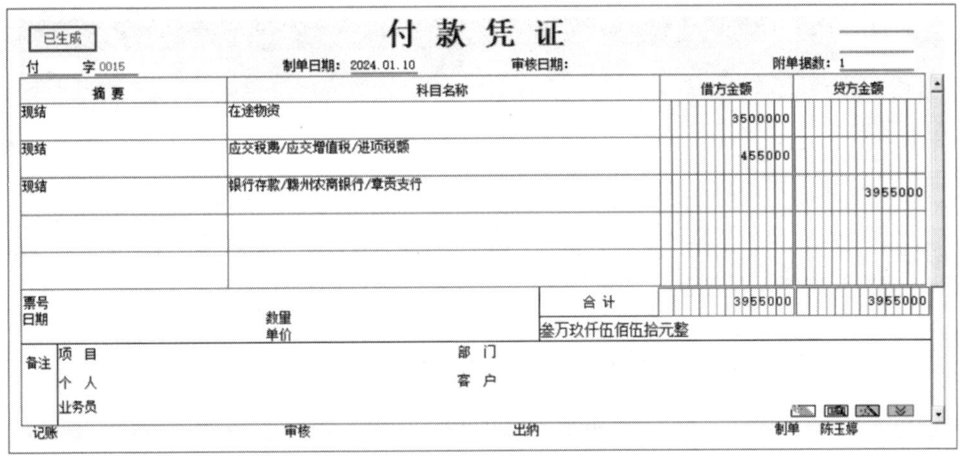

图 8-67 【填制凭证】窗口

(3)结算成本处理。

①在存货核算系统，依次单击【记账】→【结算成本处理】菜单，系统打开【结算成本处理】对话框，如图 8-68 所示。

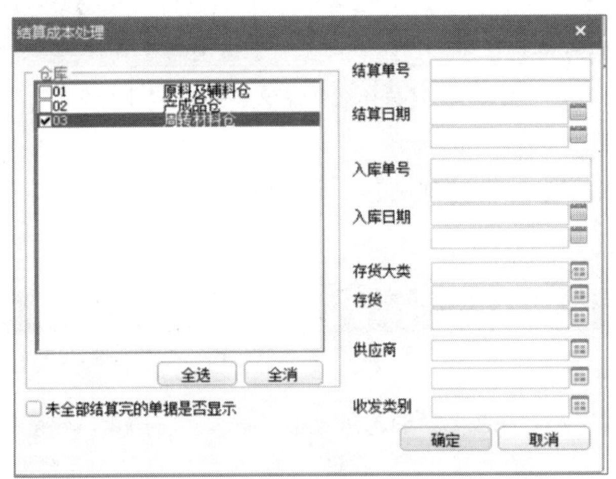

图 8-68 【结算成本处理】窗口

②仓库选择【周转材料仓】，单击【确定】，打开【结算成本处理】窗口，如图 8-69 所示。

③选中所需要的结算记录，再单击工具栏的【结算处理】按钮，系统弹出“结算成本处理完成”提示框。

④单击【确定】按钮，完成结算成本处理。关闭当前窗口。

(4)生成凭证。

①在存货核算系统，依次单击【凭证处理】→【生成凭证】菜单，系统打开【生成凭证】对话框。

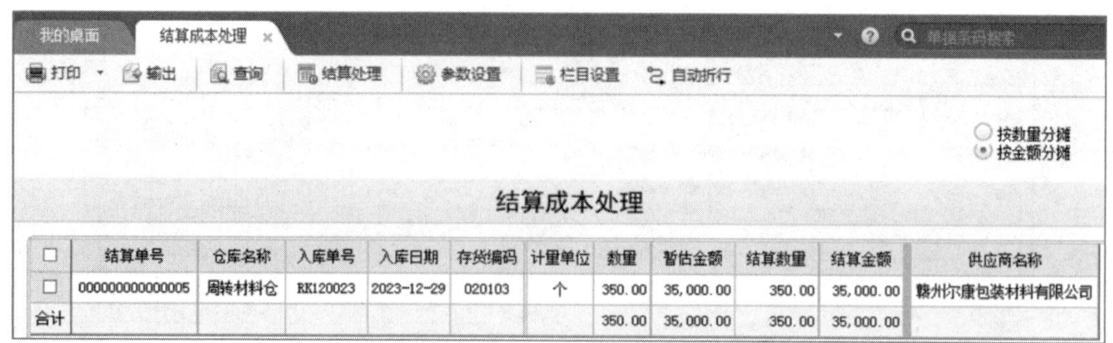

结算成本处理

选择	结算单号	仓库名称	入库单号	入库日期	存货编码	计量单位	数量	暂估金额	结算数量	结算金额	供应商名称
□	0000000000000005	周转材料仓	RK120023	2023-12-29	020103	个	350.00	35,000.00	350.00	35,000.00	赣州尔康包装材料有限公司
合计							350.00	35,000.00	350.00	35,000.00	

图 8-69 【结算成本处理】窗口

②单击工具栏的【确定】，系统弹出【查询凭证】→【生成凭证查询条件】对话框，单击【确定】按钮，系统打开【选择单据】窗口，如图 8-70 所示。

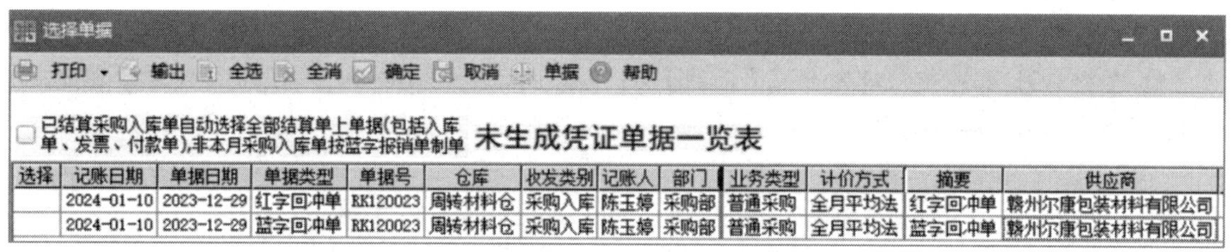

未生成凭证单据一览表

选择	记账日期	单据日期	单据类型	单据号	仓库	收发类别	记账人	部门	业务类型	计价方式	摘要	供应商
	2024-01-10	2023-12-29	红字回冲单	RK120023	周转材料仓	采购入库	陈玉婷	采购部	普通采购	全月平均法	红字回冲单	赣州尔康包装材料有限公司
	2024-01-10	2023-12-29	蓝字回冲单	RK120023	周转材料仓	采购入库	陈玉婷	采购部	普通采购	全月平均法	蓝字回冲单	赣州尔康包装材料有限公司

图 8-70 【未生成凭证单据一览表】窗口

③依次单击工具栏的【全选】【确定】按钮，系统自动关闭【选择单据】窗口返回【生成凭证】窗口，如图 8-71 所示。

凭证类别 转 转账凭证

选择	单据类型	业务类型	单据号	摘要	科目类型	科目编码	科目名称	借方金额	贷方金额	借方数量	贷方数量	存货编码	存货名称
1	红字回冲单	普通采购	RK120023	红字回冲单	存货	141101	包装物	-35,000.00		-350.00		020103	厨房电器设...
					应付暂估	220202	暂估应付账款		-35,000.00		-350.00	020103	厨房电器设...
	蓝字回冲单			蓝字回冲单	存货	141101	包装物	35,000.00		350.00		020103	厨房电器设...
					对方	1402	在途物资		35,000.00		350.00	020103	厨房电器设...
合计								0.00	0.00				

图 8-71 【生成凭证】窗口

④单击工具栏的【合并制单】按钮，打开【填制凭证】窗口自动生成凭证。将【凭证类别】改为“转账凭证”，单击工具栏的【保存】按钮，结果如图 8-72 所示。

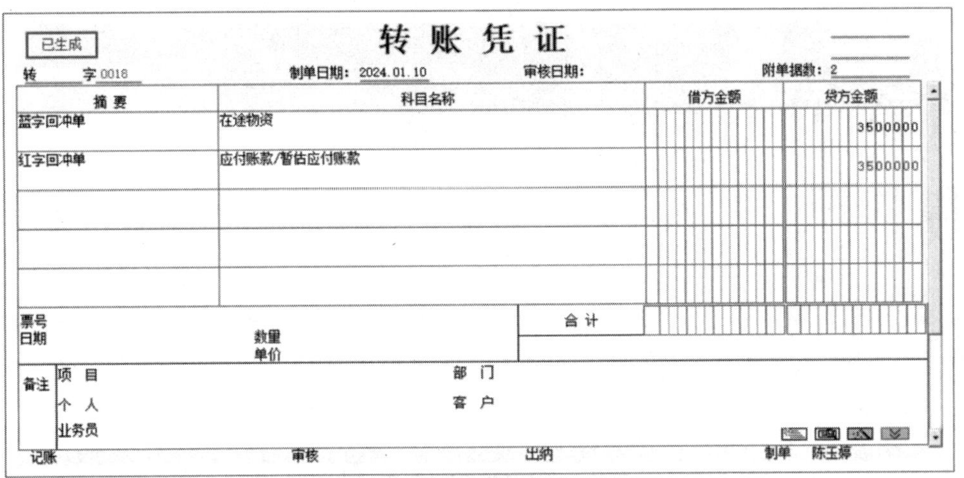

已生成

转账凭证

转　字 0018　　制单日期：2024.01.10　　审核日期：　　附单据数：2

摘要	科目名称	借方金额	贷方金额
蓝字回冲单	在途物资		3500000
红字回冲单	应付账款/暂估应付账款		3500000
票号 日期　　数量 单价		合计	

备注　项　目　　部　门
个　人　　客　户
业务员

记账　　审核　　出纳　　制单　陈玉婷

图 8-72　【填制凭证】窗口

思考题

1. 简述采购管理系统的基本功能。

2. 采购管理系统与其他系统之间存在哪些数据传递关系？

3. 与手工环境下的采购业务相比，利用会计信息系统处理采购业务在流程上有何差异？

4. 采购管理系统日常业务主要包括哪些？主要涉及哪些单据？

5. 简述普通采购业务的处理流程。

第九章 销售管理

第一节 销售管理系统概述

一、销售管理系统功能概述

销售管理系统是供应链管理系统的一个子系统，其主要功能是处理客户的基本档案资料、定制销售计划、销售报价、开具销售订单(销售合同)、销售发货(销售退货)开票；在销售订单、发货、开票时可以检查和控制客户的信用额度和最低售价，减少坏账的发生；其具有强大的统计分析功能，可以根据业务数据，生成各类丰富的统计报表，可按存货、地区、业务员、部门等类别分析销售状况和销售业绩，以便及时调整销售策略。

二、销售管理系统与其他系统的主要关系

采购管理可参照销售管理的销售订单生成采购订单。在直运业务必有订单模式下，直运采购订单必须参照直运销售订单生成；如果直运业务非必有订单，直运采购发票和直运销售发票则可相互参照。根据选项设置，销售出库单既可以在销售管理系统中生成后传递到库存管理系统中审核，也可以在库存管理系统中参照销售管理系统的单据生成销售出库单；库存管理系统为销售管理系统提供可用于销售的存货的可用量。销售发票、销售调拨单、零售日报、代垫费用单在应收款管理系统中审核登记应收明细账，并进行制单生成凭证；应收款系统进行收款并核销相应的应收单据后回写收款核销信息。直运销售发票、委托代销发货单发票、分期收款发货单发票在存货核算系统中登记存货明细账，并制单生成凭证；存货核算系统为销售管理系统提供销售成本。

第二节 销售管理系统日常业务处理

一笔销售业务的发生涉及销售计划的制定、产品出库、收取货款等业务活动。因此，销售管理系统与应收款管理系统集成使用，可以掌握销售业务的收款情况；与库存管理系统集成使用，可以随时掌握存货的现存量信息；与存货核算系统集成使用，可以为存货核

算提供销售出库成本，便于财务部门及时掌握存货销售成本。当销售管理、库存管理、存货核算、应收款管理及总账管理系统集成使用时，一笔销售业务的发生，应根据不同情况在各个不同的系统中完成相应的业务处理和账务处理。在销售管理系统中录入销售发货单和销售发票；在库存管理系统中审核销售出库单；在存货核算系统中对销售出库单进行记账，登记存货明细账，同时依据记账后的销售出库单生成记账凭证，并将凭证传递到总账管理系统；在应收款系统中对销售发票制单，生成应收款凭证并在收款时录入收款单、核销应收款、生成收款凭证并将已生成的凭证传递到总账系统；在总账系统中对凭证审核、记账。

在销售管理系统中，与销售业务有关的单据主要包括销售订单、销售发货单、销售退货单、(红字)销售发票、代垫费用单、销售费用支出单等。

销售订单是反映由购销双方确认的客户需求的单据。企业根据销售订单组织货源，并对订单的执行进行管理、控制和追踪。在先发货后开票业务模式下，发货单可以根据销售订单开具；在开票直接发货业务模式下，销售发票可以根据销售订单开具。

销售发货单是根据销售发货数量填制的单据。在先发货后开票业务模式下，发货单由销售部门根据销售订单产生，经审核后生成销售出库单，通知仓库备货并进行销售出库账务处理。客户通过发货单取得货物的实物所有权。在开票直接发货业务模式下，发货单由销售部门根据销售发票产生，作为货物发出的依据。在此情况下，发货单只能进行浏览，不能进行增加、删除、修改和审核等操作。

销售发票是给客户开具的增值税专用发票、普通发票及其所附清单等原始销售票据，是销售开票业务的主要载体。在先发货后开票业务模式下，发票由销售部门根据发货单汇总产生，经审核后形成应收账款，传递给应收账款管理系统进行制单。在开票直接发货业务模式下，发票由销售部门根据销售订单产生，经审核后生成发货单和销售出库单，通知仓库备货并进行销售出库账务处理。

红字销售发票是销售发票的逆向处理业务单据。客户要求退货或销售折让，但企业已对发票进行账务处理，此时可以开具红字销售发票。与销售发票一样，红字销售发票可以与销售订单相关联。红字销售发票经审核后冲减应收账款余额。在先发货后开票业务模式下，红字销售发票根据退货单产生。在开票直接发货业务模式下，红字销售发票经审核后生成退货单，作为货物退货入库的依据。红字销售发票的单据头栏目基本上与销售发票单据头栏目相同。红字销售发票的单据正文栏目与销售发票单据正文栏目相同。

在销售业务中，有的企业随货物销售有代垫费用的发生，如代垫运杂费、保险费等。其中一部分以应税劳务的方式通过发票进行处理。不通过发票处理而形成的代垫费用，实际上形成了企业对客户的应收款。销售管理系统仅对代垫费用的发生情况进行登记，代垫费用的收款核销由应收账款核算系统完成。代垫费用单可以直接录入，也可以在销售发票中录入，以便用户能将代垫费用单和销售发票关联起来，即确定代垫费用是随同哪张发票发生的。另外，代垫费用金额还可以分摊到各货物中。

销售退货单是发货单的逆向处理业务单据。它反映的是客户因货物质量、品种、数量不符合规定要求而将已购货物退回给本单位的业务。与销售发货单一样，退货单可以与销售订单相关联。在先发货后开票业务模式下，退货单经审核后生成红字销售出库单，增加仓库库存，然后根据退货单开具红字销售发票。在开票直接发货业务模式下，退货单由销售部门根据红字销售发票产生，作为货物退货入库的依据。在此情况下，退货单只能进行浏览，不能进行增加、删除、修改和审核等操作。

一、普通销售业务

普通销售业务模式适用于大多数企业的日常销售业务。销售管理系统与其他系统一起提供对销售订货、销售发货、销售开票、销售出库、销售收款结算、结转销售成本全过程的处理。普通销售业务支持以下两种业务模式：先发货后开票业务模式和开票后直接发货业务模式。

1. 先发货后开票业务

先发货后开票业务是指根据销售订单或其他销售合同，向客户发出货物，发货之后根据发货单开票并结算。先发货后开票销售业务处理流程如下：在销售管理系统中填制并审核销售订单→在销售管理系统中参照销售订单生成并审核发货单→在库存管理系统中参照发货单生成并审核销售出库单→在销售管理系统中参照发货单生成销售发票及处理代垫费用→在应收款管理系统中审核销售发票并生成凭证→在存货核算系统中执行正常单据记账→收到款项后在应收款管理系统中输入收款单并进行核销制单。

【实验资料】2024 年 1 月 11 日，销售部代佳乐与江西力尔签订购销合同（合同编号：XS240101），销售自动库门用电机 80 台，不含税价为 2 100 元/台，价税合计 189 840 元。当日发出全部货物（出库单号：CK240101）。合同约定买方一个月内支付货款。1 月 12 日，向江西力尔开具增值税专用发票（票号：14661001）。

【实验过程】

（1）填制销售订单。2024 年 1 月 11 日，以代佳乐（X01）的身份登录 U8 企业应用平台。在 U8 企业应用平台，依次单击【业务导航】→【供应链】→【销售管理】→【销售订货】→【销售订单】菜单，打开【销售订单】窗口。单击工具栏的【增加】按钮，根据实验资料填制销售订单。单击工具栏的【保存】按钮，再单击【审核】按钮，结果如图 9-1 所示。退出当前窗口。

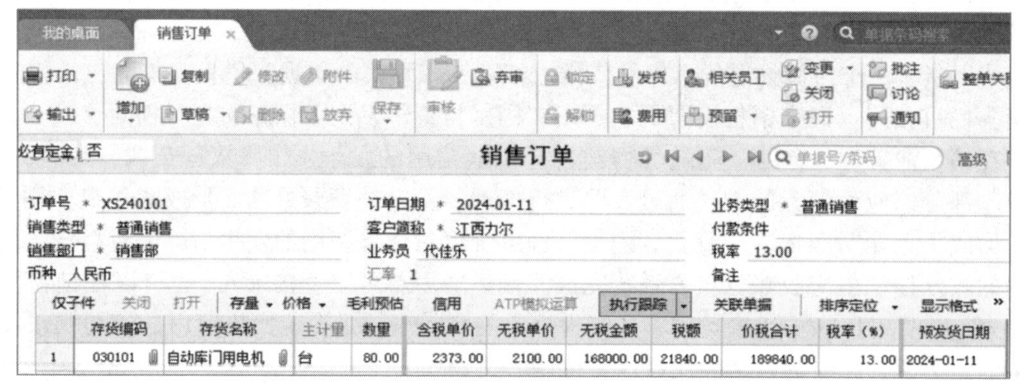

图 9-1 【销售订单】窗口

（2）参照销售订单生成发货单。

①在 U8 企业应用平台，依次单击【业务导航】→【供应链】→【销售发货】→【发货单】

菜单，打开【发货单】窗口。执行工具栏的【增加】→【订单】命令，打开【查询条件—参照订单】对话框，单击【确定】按钮，打开【参照生单】窗口。选中窗口上方的“XS240101”号销售订单，如图 9-2 所示，再单击工具栏的【确定】按钮，系统返回【发货单】窗口。

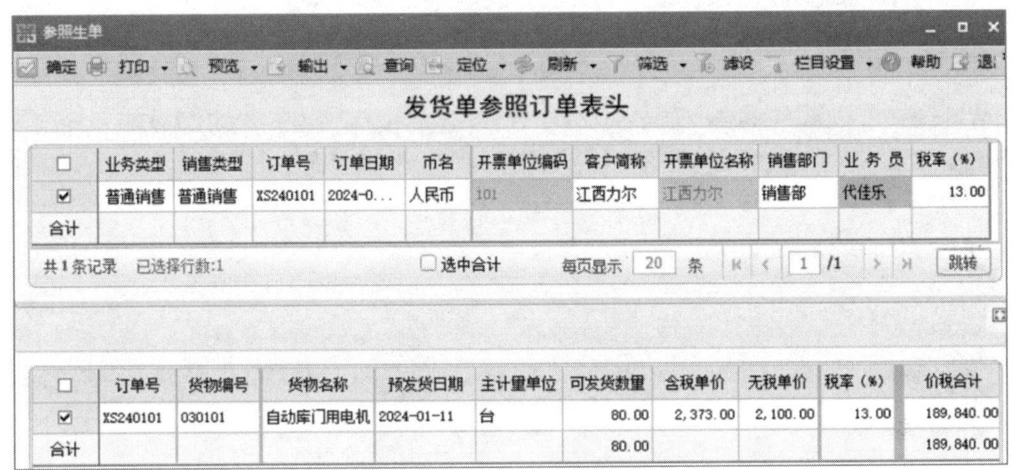

图 9-2　【参照生单】窗口

②在【发货单】窗口，发货单表体第 1 行、第 2 行的“仓库名称”选择“产成品仓”。单击工具栏的【保存】按钮，再单击【审核】按钮，结果如图 9-3 所示。退出当前窗口。

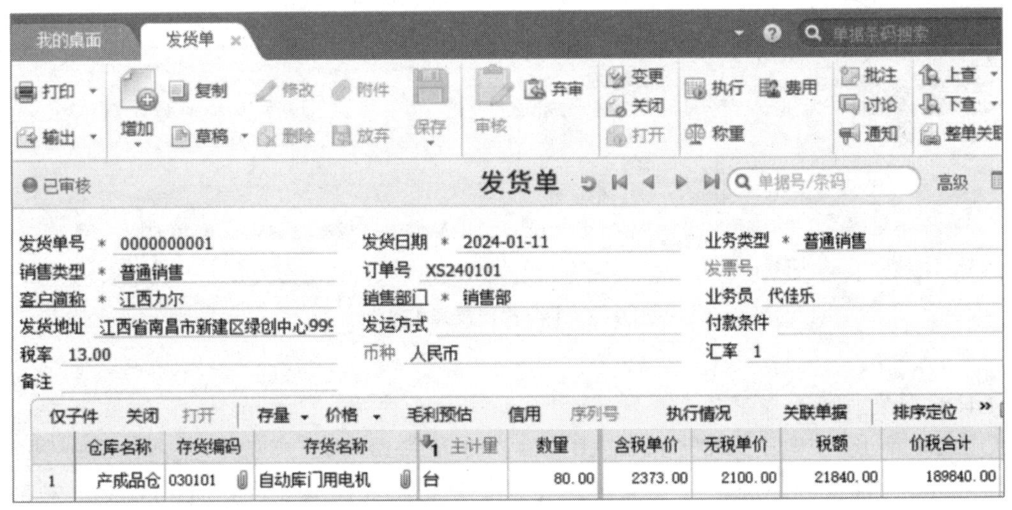

图 9-3　【发货单】窗口

(3) 参照发货单生成销售出库单。

①2024 年 1 月 11 日，以王文杰（C01）的身份登录 U8 企业应用平台。在 U8 企业应用平台，依次单击【业务导航】→【供应链】→【库存管理】→【销售出库】→【销售出库单】菜单，系统打开【销售出库单】窗口。执行工具栏的【增加】→【销售发货单】命令，系统弹出【查询条件—销售发货订单列表】对话框，单击【确定】按钮，系统打开【销售生单】窗口。

单击上一步所生成发货单对应的【选择】栏，如图 9-4 所示。单击工具栏的【确定】按钮，系统返回【销售出库单】窗口。

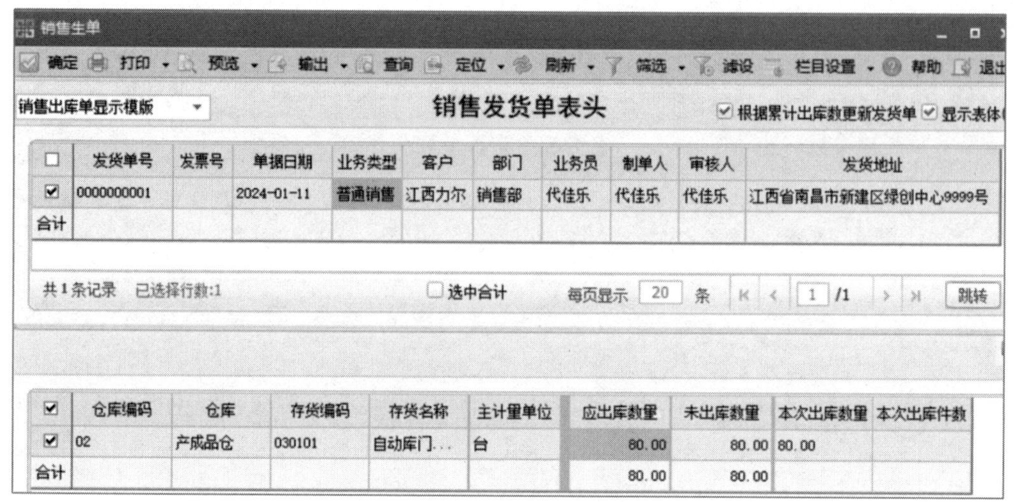

图 9-4 【销售生单】窗口

②根据实验资料，单击【修改】按钮，将表头“出库单号”修改为“CK240101”，其他项默认。单击工具栏的【保存】按钮，再单击【审核】按钮，结果如图 9-5 所示。

已审核　销售出库单　单据号/条码　高级

出库单号 * CK240101　出库日期 * 2024-01-11　仓库 * 产成品仓
出库类别 销售出库　业务类型 普通销售　业务号 0000000001
销售部门 销售部　业务员 代佳乐　客户 * 江西力尔
审核日期 2024-01-11　备注

存量 · 货位 · 关联单据 排序定位 · 显示格式 ·

	存货编码	存货名称	规格型号	主计量单位	库存单位	件数	数量	单价	金额
1	030101	自动库门用电机		台			80.00		

图 9-5 【销售出库单】窗口

(4)参照发货单生成销售专用发票。

①2024 年 1 月 12 日，以代佳乐(X01)的身份登录 U8 企业应用平台。在 U8 企业应用平台，依次单击【业务导航】→【供应链】→【销售管理】→【销售开票】→【销售专用发票】菜单，打开【销售专用发票】窗口。执行工具栏的【增加】→【发货单】命令，系统弹出【查询条件—发票参照发货单】对话框，单击【确定】按钮。在【参照生单】窗口，单击 11 日江西力尔发货单对应的【选择】栏，如图 9-6 所示。单击工具栏的【确定】按钮，系统返回【销售专用发票】窗口。

②根据实验资料，表头“发票号”填入“14661001”，其他项默认。依次单击工具栏的【保存】【复核】按钮，结果如图 9-7 所示。

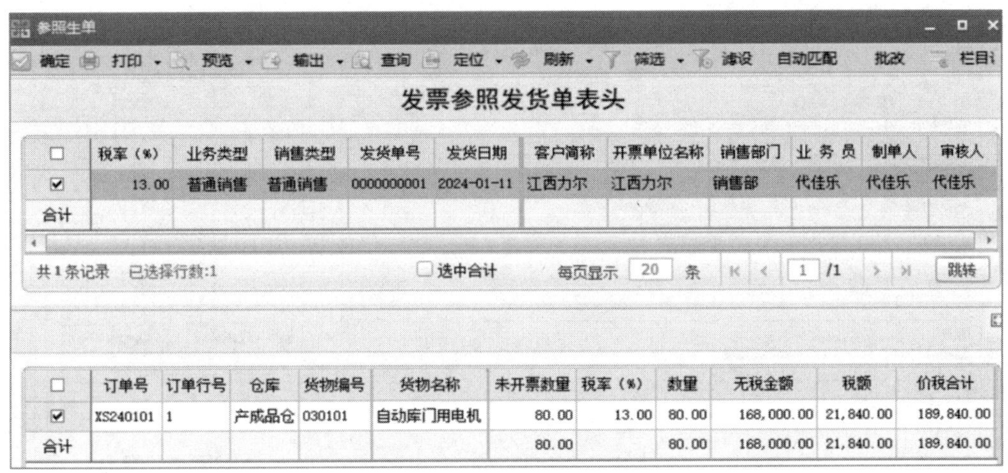

发票参照发货单表头

□	税率（%）	业务类型	销售类型	发货单号	发货日期	客户简称	开票单位名称	销售部门	业务员	制单人	审核人
☑	13.00	普通销售	普通销售	0000000001	2024-01-11	江西力尔	江西力尔	销售部	代佳乐	代佳乐	代佳乐
合计											

□	订单号	订单行号	仓库	货物编号	货物名称	未开票数量	税率（%）	数量	无税金额	税额	价税合计
☑	XS240101	1	产成品仓	030101	自动库门用电机	80.00	13.00	80.00	168,000.00	21,840.00	189,840.00
合计						80.00		80.00	168,000.00	21,840.00	189,840.00

图 9–6 【参照生单】窗口

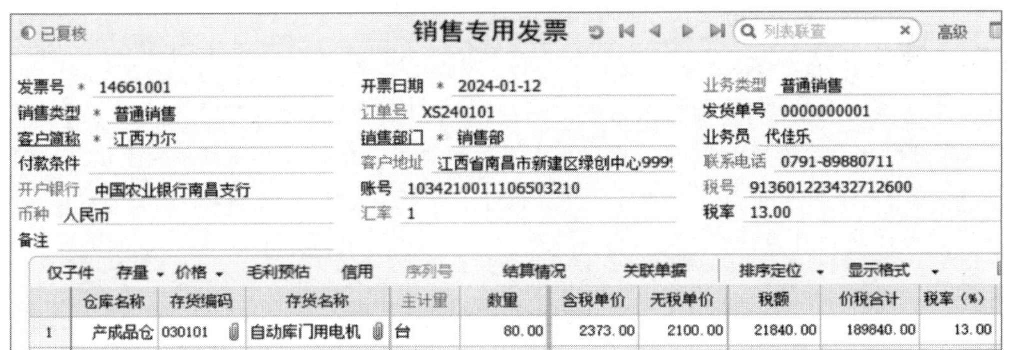

销售专用发票

发票号 * 14661001　开票日期 * 2024-01-12　业务类型 普通销售
销售类型 * 普通销售　订单号 XS240101　发货单号 0000000001
客户简称 * 江西力尔　销售部门 * 销售部　业务员 代佳乐
付款条件　客户地址 江西省南昌市新建区绿创中心999　联系电话 0791-89880711
开户银行 中国农业银行南昌支行　账号 1034210011106503210　税号 913601223432712600
币种 人民币　汇率 1　税率 13.00
备注

	仓库名称	存货编码	存货名称	主计量	数量	含税单价	无税单价	税额	价税合计	税率（%）
1	产成品仓	030101	自动库门用电机	台	80.00	2373.00	2100.00	21840.00	189840.00	13.00

图 9–7 【销售专用发票】窗口

（5）销售发票审核并生成凭证。

①2024 年 1 月 12 日，以陈玉婷（F02）的身份登录 U8 企业应用平台。在 U8 企业应用平台，依次单击【业务导航】→【财务会计】→【应收款管理】→【应收处理】→【销售发票】→【销售发票审核】菜单，打开【销售发票审核】窗口。单击工具栏的【查询】按钮，系统弹出【查询条件—发票查询】对话框，单击【确定】按钮，结果如图 9–8 所示。

销售发票列表

序号	□	审核人	单据日期	单据类型	单据号	客户名称	部门	业务员	制单人	币种	原币金额	本币金额
1	□		2024-01-12	销售专用发票	14661001	江西力尔门业有限公司	销售部	代佳乐	代佳乐	人民币	189,840.00	189,840.00
2	小计										189,840.00	189,840.00
3	合计										189,840.00	189,840.00

图 9–8 【销售发票列表】窗口

②双击江西力尔销售专用发票的单据号“14661001”，系统打开该发票，单击工具栏的【审核】按钮，系统弹出“是否立即制单？”提示框，单击【是】，系统自动打开【填制凭证】窗口。将【凭证类别】改为“转账凭证”，单击工具栏的【保存】按钮，如图 9–9 所示。关闭当前窗口。

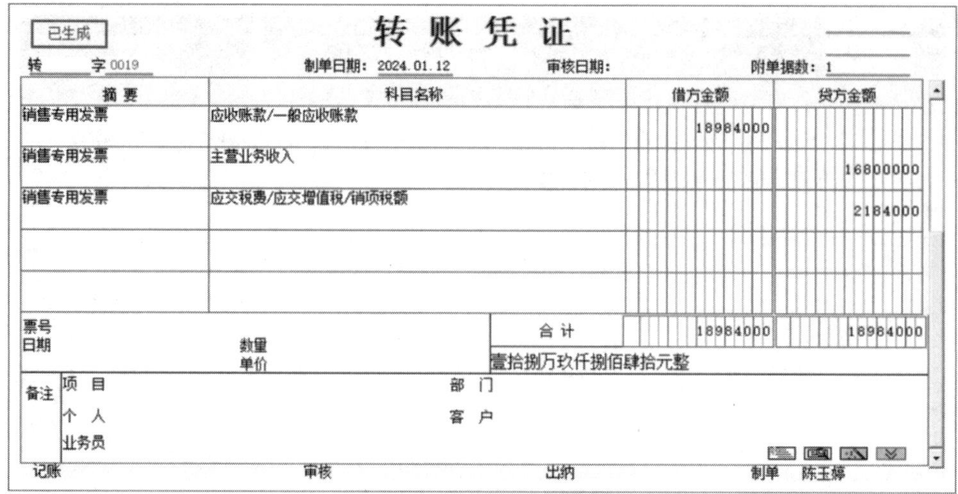

已生成

转账凭证

转 字 0019　　制单日期：2024.01.12　　审核日期：　　附单据数：1

摘要	科目名称	借方金额	贷方金额
销售专用发票	应收账款/一般应收账款	18984000	
销售专用发票	主营业务收入		16800000
销售专用发票	应交税费/应交增值税/销项税额		2184000
票号 日期 数量 单价	合计	18984000	18984000
	壹拾捌万玖仟捌佰肆拾元整		

备注　项目　　部门
　　　个人　　客户
　　　业务员

记账　　审核　　出纳　　制单　陈玉婷

图 9-9 【填制凭证】窗口

(6) 正常单据记账。在存货核算系统，依次单击【记账】→【正常单据记账】菜单，系统打开【未记账单据一览表】窗口，单击工具栏的【查询】按钮，系统打开【查询条件】对话框，单击【确定】按钮，系统显示正常单据记账列表，如图 9-10 所示。单击选中“14661001”号发票的【选择】栏，再单击工具栏的【记账】按钮，系统弹出“记账成功”提示框，单击【确定】按钮。关闭当前窗口。

正常单据记账列表

☐	日期	单据号	存货编码	存货名称	单据类型	仓库名称	收发类别	数量	单价	金额	计量单位
☐	2024-01-12	14661001	030101	自动库门用电机	专用发票	产成品仓	销售出库	80.00			台
小计								80.00			

图 9-10 【正常单据记账列表】窗口

2. 开票后直接发货业务

开票后直接发货业务是指在开具销售发票等单据后向客户发出货物的销售业务。开票后直接发货业务处理流程如下：在销售管理系统中填制并审核销售订单→在销售管理系统中参照销售订单生成销售发票及处理代垫费用→在库存管理系统中参照发货单生成销售出库单→在应收款管理系统中审核销售发票并生成凭证→在应收款管理系统中审核应收单并生成凭证→在存货核算系统中执行正常单据记账→在应收款管理中执行收款单据录入→在应收款管理中对收款单据进行审核→在应收款管理中执行手工核销并生成凭证。

【实验资料】2024 年 1 月 13 日，销售部代佳乐与云南驰爱签订购销合同（编号：XS240102），销售纯电动汽车电驱系统 70 套，不含税价为 49 000 元/台，价税合计 3 875 900 元。合同约定由卖方垫付运输费用。当日开具增值税专用发票（票号：14661065），并发出全部货物（出库单号：CK240102），以电汇方式支付代垫运费 2 180 元（票号：9690369145）。1 月 14 日，云南驰爱通过电汇方式向赣州农商银行章贡支行账户支付全部货款及代垫运费（票号：9690369186）。

【实验过程】

(1)填制销售订单。2024 年 1 月 13 日，以代佳乐(X01)的身份登录 U8 企业应用平台。在 U8 企业应用平台，依次单击【业务导航】→【供应链】→【销售管理】→【销售订货】→【销售订单】菜单，打开【销售订单】窗口。单击工具栏的【增加】按钮，根据实验资料填制销售订单。填制完毕，依次单击工具栏的【保存】→【审核】按钮，结果如图 9-11 所示。

图 9-11 【销售订单】窗口

(2)参照销售订单生成销售专用发票、代垫费用处理。

①在销售管理系统，依次单击【销售开票】→【销售专用发票】菜单，打开【销售专用发票】窗口。执行工具栏的【增加】→【销售订单】命令，系统弹出【查询条件—单据列表过滤】对话框，单击【确定】按钮。在【参照生单】窗口，单击“XS240102”号销售订单对应的【选择】栏，如图 9-12 所示，再单击工具栏的【确定】按钮，系统返回【销售专用发票】窗口。根据实验资料，修改“发票号”为“14661065”，修改表体“仓库名称”为“产成品仓”，单击【保存】按钮。

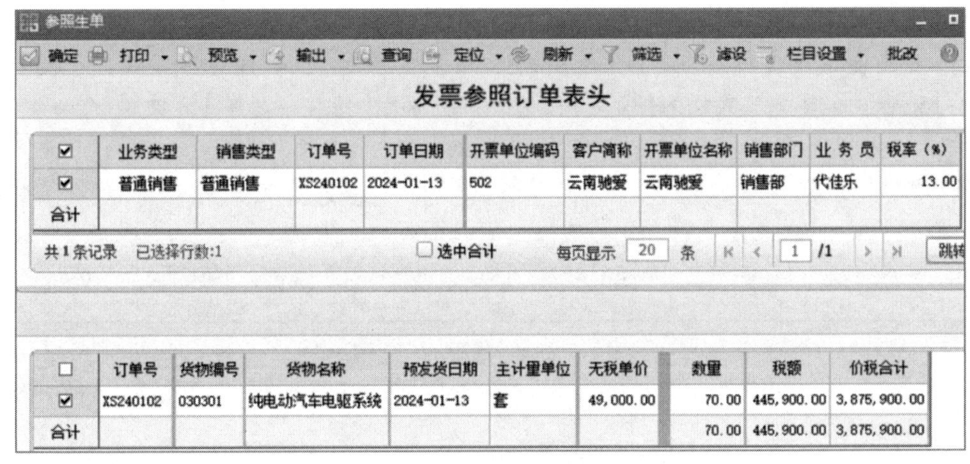

图 9-12 【参照生单】窗口

②在【销售专用发票】窗口，单击【代垫】按钮，打开【代垫费用单】窗口。根据实验资料，输入费用项目和代垫金额，保存并审核代垫费用单，结果如图 9-13 所示。

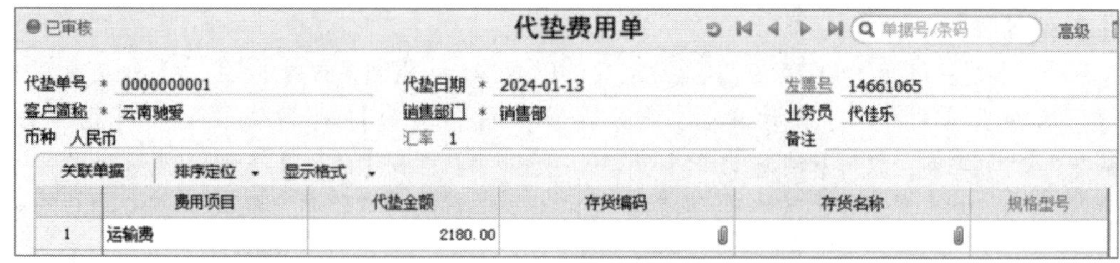

图 9-13 【代垫费用单】窗口

③关闭【代垫费用单】窗口，在【销售专用发票】窗口，单击【复核】按钮，结果如图 9-14 所示。退出当前窗口。

图 9-14 【销售专用发票】窗口

(3)参照发货单生成销售出库单。

①2024 年 1 月 13 日，以王文杰(C01)的身份登录 U8 企业应用平台。在 U8 企业应用平台，依次单击【业务导航】→【供应链】→【库存管理】→【销售出库】→【销售出库单】菜单，系统打开【销售出库单】窗口。执行工具栏的【增加】→【销售发货单】命令，系统弹出【查询条件—销售发货订单列表】对话框，单击【确定】按钮，系统打开【销售生单】窗口。单击上一步所生成发货单对应的【选择】栏，同时取消勾选【根据累计出库数更新发货单】，如图 9-15 所示。单击工具栏的【确定】按钮，系统返回【销售出库单】窗口。

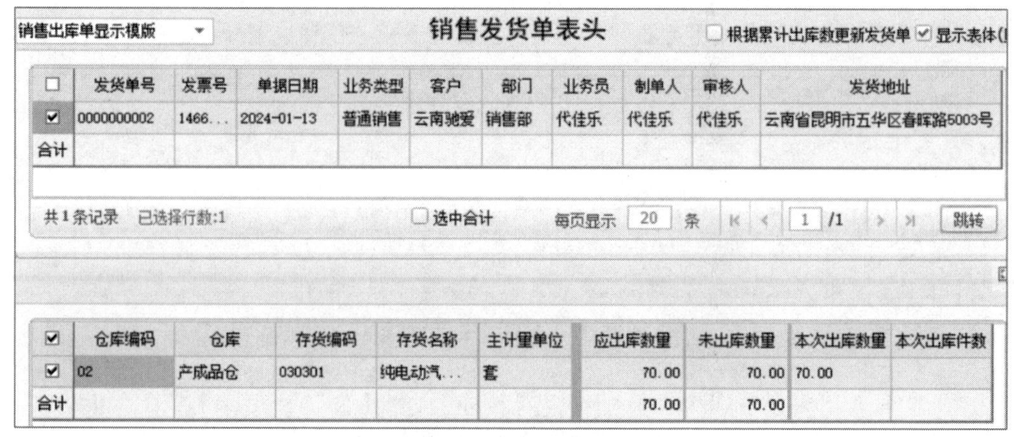

图 9-15 【销售生单】窗口

②根据实验资料，单击【修改】按钮，将表头“出库单号”修改为“CK240102”，其他项默认。单击工具栏的【保存】按钮，再单击【审核】按钮，结果如图 9-16 所示。

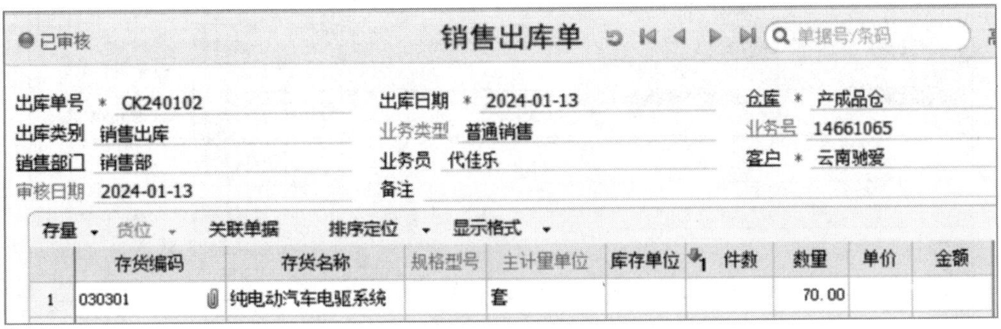
已审核
销售出库单
单据号/条码
出库单号 * CK240102
出库日期 * 2024-01-13
仓库 * 产成品仓
出库类别 销售出库
业务类型 普通销售
业务号 14661065
销售部门 销售部
业务员 代佳乐
客户 * 云南驰爱
审核日期 2024-01-13
备注
存量 货位 关联单据 排序定位 显示格式
存货编码 存货名称 规格型号 主计量单位 库存单位 件数 数量 单价 金额
1 030301 纯电动汽车电驱系统 套 70.00

图 9-16 【销售出库单】窗口

(4) 销售发票审核并生成凭证。

①2024 年 1 月 13 日，以陈玉婷(F02)的身份登录 U8 企业应用平台。在 U8 企业应用平台，依次单击【业务导航】→【财务会计】→【应收款管理】→【应收处理】→【销售发票】→【销售发票审核】菜单，打开【销售发票审核】窗口。单击工具栏的【查询】按钮，系统弹出【查询条件—发票查询】对话框，单击【确定】按钮，结果如图 9-17 所示。

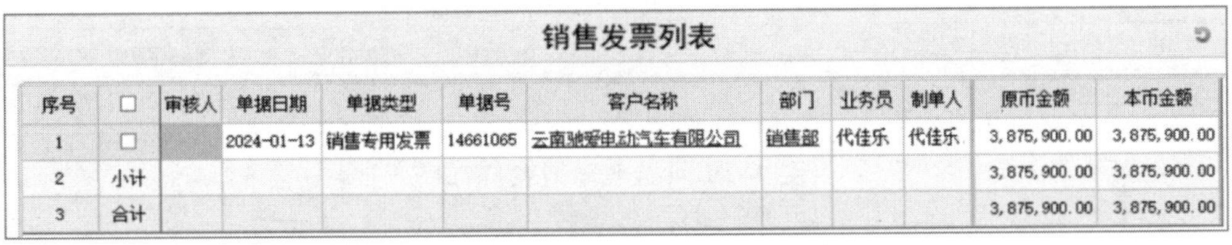

销售发票列表

序号	□	审核人	单据日期	单据类型	单据号	客户名称	部门	业务员	制单人	原币金额	本币金额
1	□		2024-01-13	销售专用发票	14661065	云南驰爱电动汽车有限公司	销售部	代佳乐	代佳乐	3,875,900.00	3,875,900.00
2	小计									3,875,900.00	3,875,900.00
3	合计									3,875,900.00	3,875,900.00

图 9-17 【销售发票列表】窗口

②双击云南驰爱销售专用发票的单据号“14661065”，系统打开该发票，单击工具栏的【审核】按钮，系统弹出“是否立即制单?”提示框，单击【是】，系统自动打开【填制凭证】窗口。将【凭证类别】改为“转账凭证”，单击工具栏的【保存】按钮，如图 9-18 所示。关闭当前窗口。

(5) 其他应收单审核并生成凭证。

①在应收款管理系统，依次单击【应收处理】→【应收单】→【应收单审核】菜单，打开【应收单审核】窗口。单击工具栏的【查询】按钮，系统弹出【查询条件—应收单查询】对话框，单击【确定】按钮，结果如图 9-19 所示。

②双击 13 日云南驰爱其他应收单所在行任意单元格，系统打开该应收单，单击工具栏的【审核】按钮，系统弹出“是否立即制单?”提示框，单击【是】，系统自动打开【填制凭证】窗口。将【凭证类别】改为“付款凭证”，第 2 行分录补充会计科目“银行存款/赣州农商银行/赣州农商银行章贡支行”，同时补充结算方式及票据号，单击【保存】按钮。结果如图 9-20 所示。

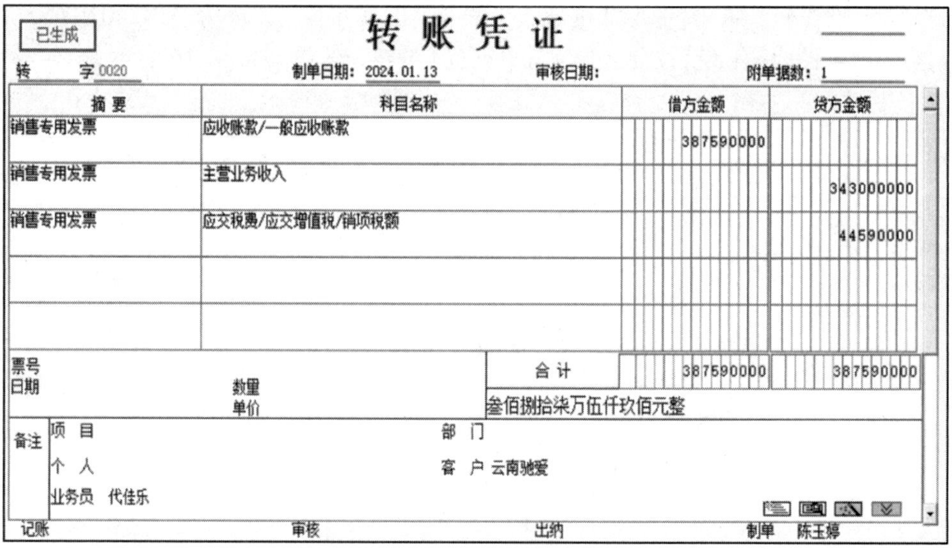

已生成

转 账 凭 证

转 字 0020 制单日期：2024.01.13 审核日期： 附单据数：1

摘 要	科目名称	借方金额	贷方金额
销售专用发票	应收账款/一般应收账款	387590000	
销售专用发票	主营业务收入		343000000
销售专用发票	应交税费/应交增值税/销项税额		44590000
票号 日期 数量 单价	合 计	387590000	387590000
	叁佰捌拾柒万伍仟玖佰元整		

备注 项 目 部 门
个 人 客 户 云南驰爱
业务员 代佳乐

记账 审核 出纳 制单 陈玉婷

图 9-18 【填制凭证】窗口

应收单列表

序号	☐	审核人	单据日期	单据类型	单据号	客户名称	部门	业务员	制单人	原币金额	本币金额
1	☐		2024-01-13	其他应收单	0000000001	云南驰爱电动汽车有限公司	销售部	代佳乐	代佳乐	2,180.00	2,180.00
2	小计									2,180.00	2,180.00
3	合计									2,180.00	2,180.00

图 9-19 【应收单列表】窗口

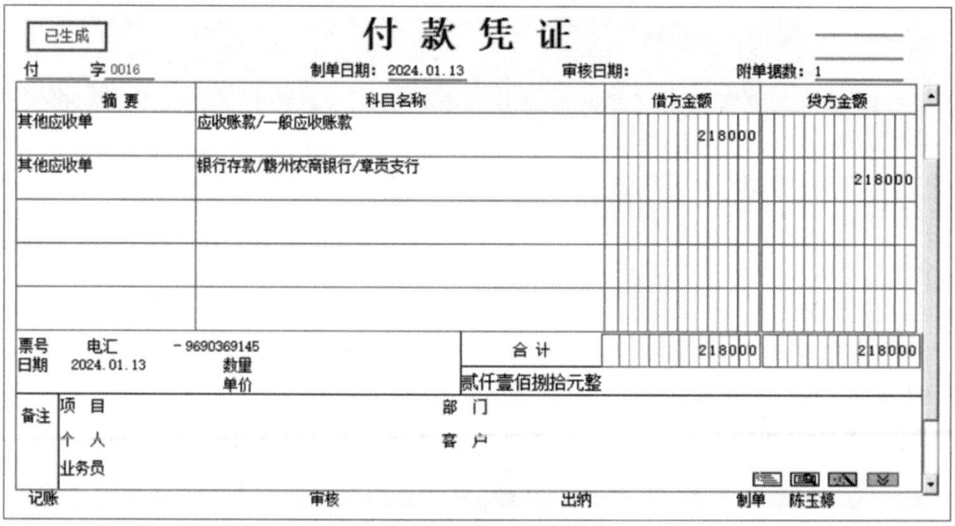

已生成

付 款 凭 证

付 字 0016 制单日期：2024.01.13 审核日期： 附单据数：1

摘 要	科目名称	借方金额	贷方金额
其他应收单	应收账款/一般应收账款	218000	
其他应收单	银行存款/赣州农商银行/章贡支行		218000
票号 电汇 - 9690369145 日期 2024.01.13 数量 单价	合 计	218000	218000
	贰仟壹佰捌拾元整		

备注 项 目 部 门
个 人 客 户
业务员

记账 审核 出纳 制单 陈玉婷

图 9-20 【填制凭证】窗口

(6) 正常单据记账。在存货核算系统，依次单击【记账】→【正常单据记账】菜单，系统打开【未记账单据一览表】窗口，单击工具栏的【查询】按钮，系统打开【查询条件】对话框，单击【确定】按钮，系统显示正常单据记账列表，如图 9-21 所示。单击选中“14661065”号发票的【选择】栏，再单击工具栏的【记账】按钮，系统弹出“记账成功”提示框，单击【确定】按钮。关闭当前窗口。

正常单据记账列表

☐	日期	单据号	存货编码	存货名称	单据类型	仓库名称	收发类别	数量	计量单位
☐	2024-01-13	14661065	030301	纯电动汽车电驱系统	专用发票	产成品仓	销售出库	70.00	套
小计								70.00	

图 9-21 【正常单据记账列表】窗口

(7) 填制银行承兑汇票。2024 年 1 月 14 日，以朱娟奇(F03)的身份登录 U8 企业应用平台。在 U8 企业应用平台，依次单击【业务导航】→【财务会计】→【应收款管理】→【票据管理】→【票据录入】菜单，打开【应收票据录入】窗口。单击【增加】按钮，根据实验资料填制银行承兑汇票并保存，结果如图 9-22 所示。

开立　收款单　单据号/条码　高级

单据编号 0000000001　日期 * 2024-01-14　客户 * 云南驰爱
结算方式 * 电汇　结算科目 10020101　币种 * 人民币
汇率 1　金额 * 3878080.00　本币金额 3878080.00
客户银行 中国农业银行昆明五华支行　客户账号 1037310019395421010　票据号 9690369186
部门 销售部　业务员 代佳乐　项目
摘要　订单号

插行　删行　批改　显示格式　排序定位　关联单据

	款项类型	客户	金额	本币金额	科目		本币余额	余额
1	应收款	云南驰爱	3878080.00	3878080.00	112201		3878080.00	3878080.00

图 9-22 【收款单】窗口

(8) 收款单据审核。2024 年 1 月 14 日，以陈玉婷(F02)的身份登录 U8 企业应用平台。在 U8 企业应用平台，依次单击【业务导航】→【财务会计】→【应收款管理】→【收款处理】→【收款单据审核】菜单，打开【收款单据审核】窗口。单击工具栏的【查询】按钮，系统打开【查询条件—收付单过滤】对话框，单击【确定】按钮，系统返回【收款单据审核】窗口。如图 9-23 所示。依次单击【全选】→【审核】按钮，系统提示“审核成功”，单击【确定】。关闭当前窗口。

收付款单列表

序号	☐	审核人	单据日期	单据类型	单据编号	客户名称	部门	业务员	结算方式	票据号	本币金额
1	☐		2024-01-14	收款单	0000000001	云南驰爱电动汽车有限公司	销售部	代佳乐	电汇	9690369186	3,878,080.00
2	小计										3,878,080.00
3	合计										3,878,080.00

图 9-23 【收付款单列表】窗口

(9)手工核销处理，(合并)生成凭证。

①手工核销处理。在应收款管理系统，依次单击【核销处理】→【手工核销】菜单，打开【核销条件】对话框，客户选择“云南驰爱”，单击【确定】按钮，打开【手工核销】窗口。输入本次结算金额，如图9-24所示，单击【确定】按钮。关闭当前窗口。

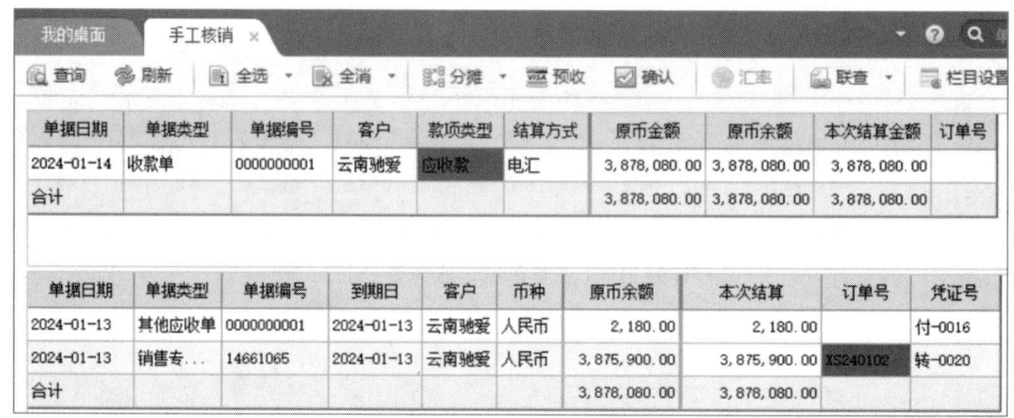

单据日期	单据类型	单据编号	客户	款项类型	结算方式	原币金额	原币余额	本次结算金额	订单号
2024-01-14	收款单	0000000001	云南驰爱	应收款	电汇	3,878,080.00	3,878,080.00	3,878,080.00	
合计						3,878,080.00	3,878,080.00	3,878,080.00	

单据日期	单据类型	单据编号	到期日	客户	币种	原币余额	本次结算	订单号	凭证号
2024-01-13	其他应收单	0000000001	2024-01-13	云南驰爱	人民币	2,180.00	2,180.00		付-0016
2024-01-13	销售专...	14661065	2024-01-13	云南驰爱	人民币	3,875,900.00	3,875,900.00	XS240102	转-0020
合计						3,878,080.00	3,878,080.00		

图9-24 【手工核销】窗口

②合并生成凭证。在应收款管理系统，依次单击【凭证处理】→【生成凭证】菜单，打开【制单查询】窗口，依次勾选【收付款单】→【核销】，单击【确定】，打开【生成凭证】窗口，如图9-25所示。依次单击工具栏的【合并】→【制单】按钮，系统生成一张记账凭证，将【凭证类别】改为“收款凭证”，单击工具栏的【保存】按钮，结果如图9-26所示。关闭当前窗口。

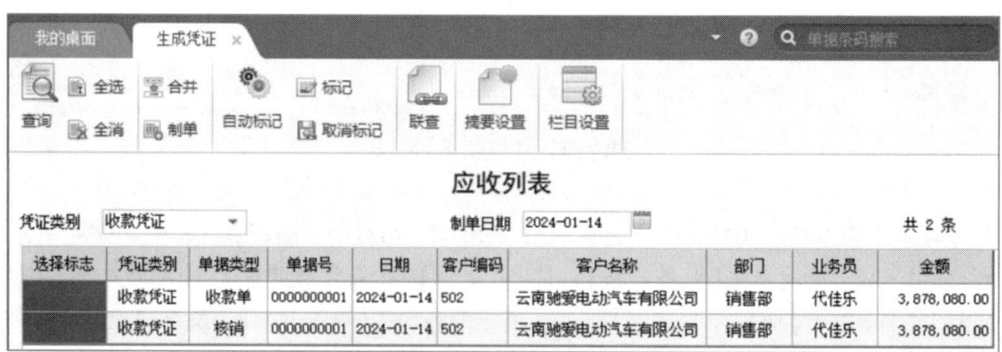

选择标志	凭证类别	单据类型	单据号	日期	客户编码	客户名称	部门	业务员	金额
	收款凭证	收款单	0000000001	2024-01-14	502	云南驰爱电动汽车有限公司	销售部	代佳乐	3,878,080.00
	收款凭证	核销	0000000001	2024-01-14	502	云南驰爱电动汽车有限公司	销售部	代佳乐	3,878,080.00

图9-25 【生成凭证】窗口

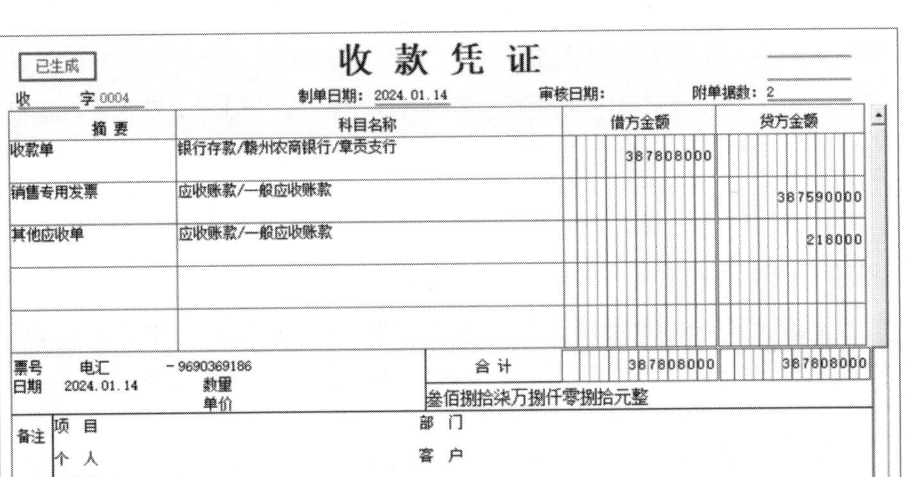

已生成

收款凭证

收 字 0004 制单日期：2024.01.14 审核日期： 附单据数：2

摘要	科目名称	借方金额	贷方金额
收款单	银行存款/赣州农商银行/章贡支行	387808000	
销售专用发票	应收账款/一般应收账款		387590000
其他应收单	应收账款/一般应收账款		218000

票号 电汇 - 9690369186
日期 2024.01.14 数量 单价

合计 387808000 387808000

叁佰捌拾柒万捌仟零捌拾元整

备注 项目 部门
个人 客户
业务员

记账 审核 出纳 制单 陈玉婷

图 9-26 【填制凭证】窗口

二、现收销售业务

现收销售业务是指在销售结算的同时向客户收取货币资金的销售业务。现收业务处理流程如下：在销售管理系统中填制并审核销售发货单→在销售管理系统中参照发货单填制销售发票，执行现结功能→在销售管理系统中审核销售发票→在应收款管理系统中执行现结制单→在存货核算系统中进行正常单据记账

【实验资料】2024 年 1 月 14 日，销售部代佳乐与广东华戴签订购销合同（编号：XS240103），销售空调压缩机用电机 1 200 台，不含税价 588 元/台，价税合计 797 328 元。当天开具增值税专用发票（票号：14661099），并发出所有货物（出库单号：CK240103）。同日，广东华戴通过转账支票方式向赣州农商银行章贡支行账户支付全部货款（票号：9690369399）。

【实验过程】

（1）填制销售发货单。2024 年 1 月 14 日，以代佳乐（X01）的身份登录 U8 企业应用平台，在 U8 企业应用平台，依次单击【业务导航】→【供应链】→【销售发货】→【发货单】菜单，打开【发货单】窗口。执行工具栏的【增加】命令，根据实验资料填制【发货单】。单击工具栏的【保存】按钮，再单击【审核】按钮，结果如图 9-27 所示。退出当前窗口。

已审核 发货单 单据号/条码 高级

发货单号 * 0000000003 发货日期 * 2024-01-14 业务类型 * 普通销售
销售类型 * 普通销售 订单号 发票号
客户简称 * 广东华戴 销售部门 * 销售部 业务员 代佳乐
发货地址 广东省广州市天河区中山大道40 发运方式 付款条件
税率 13.00 币种 人民币 汇率 1
备注

仅子件 关闭 打开 存量 价格 毛利预估 信用 序列号 执行情况 关联单据 排序定位

	仓库名称	存货编码	存货名称	主计量	数量	无税单价	税额	价税合计	税率（%）
1	产成品仓	030202	空调压缩机用电机	台	1200.00	588.00	91728.00	797328.00	13.00

图 9-27 【发货单】窗口

(2)参照发货单生成销售专用发票。

①在U8企业应用平台，依次单击【业务导航】→【供应链】→【销售管理】→【销售开票】→【销售专用发票】菜单，打开【销售专用发票】窗口。执行工具栏的【增加】→【发货单】命令，系统弹出【查询条件—发票参照发货单】对话框，单击【确定】按钮。在【参照生单】窗口，单击14日广东华戴发货单对应的【选择栏】，如图9-28所示。单击工具栏【确定】按钮，系统返回【销售专用发票】窗口。

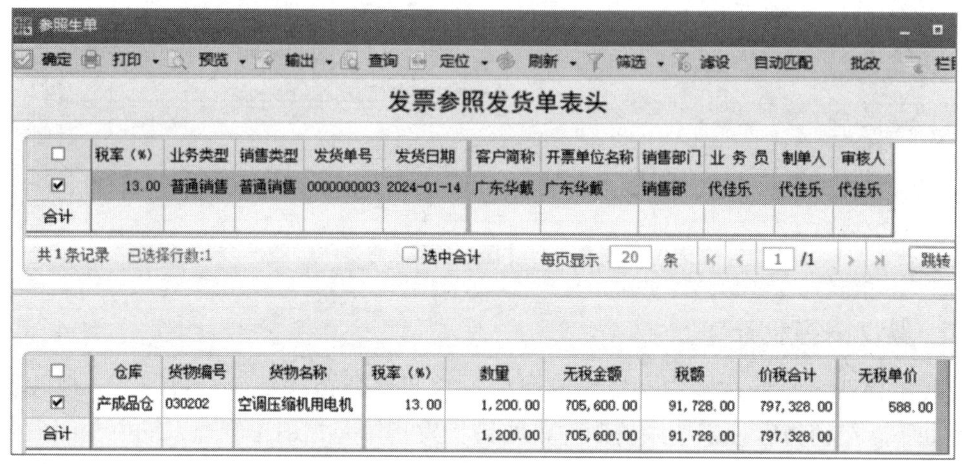

图9-28 【参照生单】窗口

②根据实验资料，表头【发票号】填入“14661099”，其他项默认。依次单击【保存】→【现结】按钮，系统弹出【现结】窗口，根据实验资料，【结算方式】选择“转账支票”，【原币金额】填入“797328”，票据号填入“9690369399”。单击【确定】按钮，退出当前窗口并单击【复核】按钮，结果如图9-29所示。关闭当前窗口。

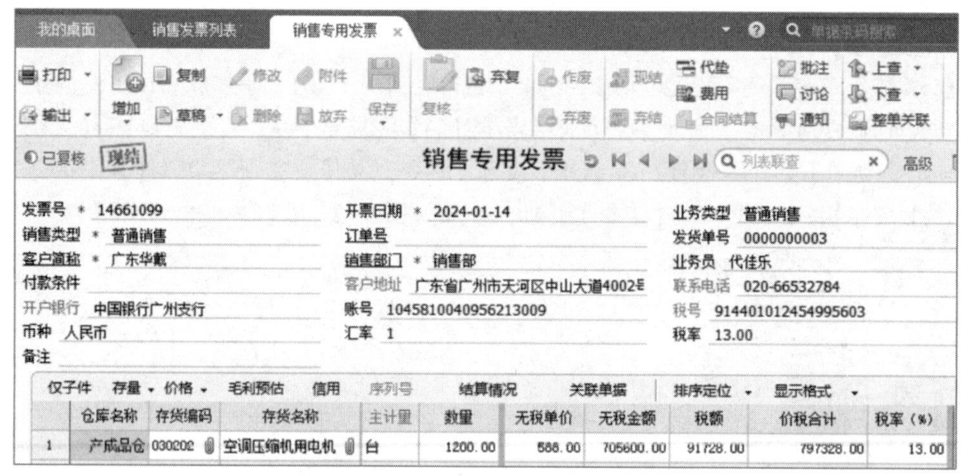

图9-29 【销售专用发票】窗口

(3)销售发票审核并生成凭证。

①2024年1月14日，以陈玉婷(F02)的身份登录U8企业应用平台。在U8企业应用

平台，依次单击【业务导航】→【财务会计】→【应收款管理】→【应收处理】→【销售发票】→【销售发票审核】菜单，打开【销售发票审核】窗口。单击工具栏的【查询】按钮，系统弹出【查询条件—发票查询】对话框，单击【确定】按钮，结果如图 9-30 所示。单击广东华戴销售发票对应的【选择栏】，单击工具栏【审核】按钮。退出当前窗口。

销售发票列表

序号	□	审核人	单据日期	单据类型	单据号	客户名称	部门	业务员	制单人	原币金额	本币金额
1	□		2024-01-14	销售专用发票	14661099	广东华戴厨房设备有限公司	销售部	代佳乐	代佳乐	797,328.00	797,328.00
2	小计									797,328.00	797,328.00
3	合计									797,328.00	797,328.00

图 9-30　【销售发票列表】窗口

②在应收款管理系统中，依次单击【应收处理】→【凭证处理】→【生成凭证】菜单，打开【制单查询】窗口，勾选【现结】，单击【确定】，打开【生成凭证】窗口，如图 9-31 所示。依次单击工具栏的【合并】→【制单】按钮，系统生成一张记账凭证，将【凭证类别】改为“收款凭证”，单击工具栏的【保存】按钮，结果如图 9-32 所示。关闭当前窗口。

现结列表

凭证类别　收款凭证　　制单日期　2024-01-14　　共 1 条

选择标志	凭证类别	单据类型	单据号	日期	客户编码	客户名称	部门	业务员	金额
	收款凭证	现结	0000000002	2024-01-14	302	广东华...	销售部	代佳乐	797,328.00

图 9-31　【生成凭证】窗口

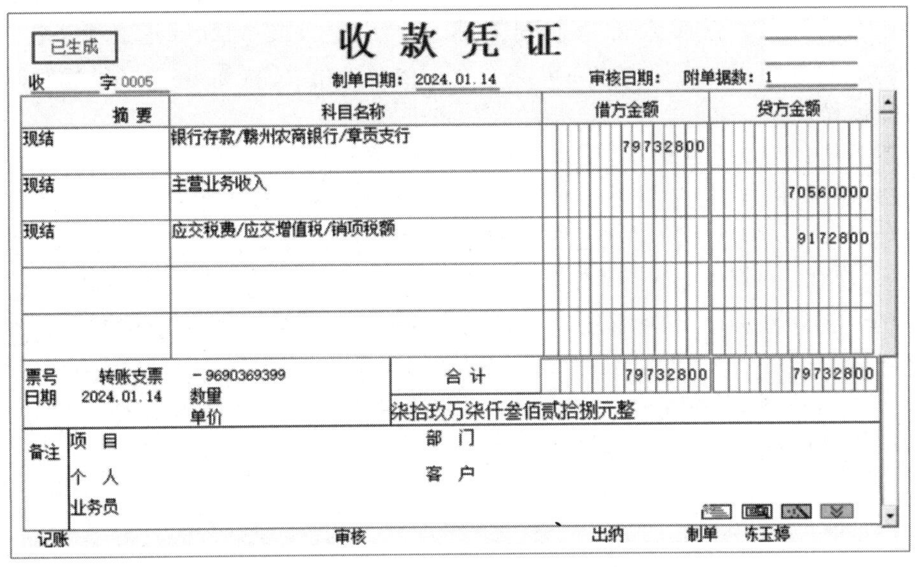

收款凭证

已生成

收　字 0005　　制单日期：2024.01.14　　审核日期：　　附单据数：1

摘要	科目名称	借方金额	贷方金额
现结	银行存款/赣州农商银行/章贡支行	79732800	
现结	主营业务收入		70560000
现结	应交税费/应交增值税/销项税额		9172800
票号 转账支票 - 9690369399 日期 2024.01.14 数量 单价	合计	79732800	79732800
	柒拾玖万柒仟叁佰贰拾捌元整		

备注　项　目　　部　门

个　人　　客　户

业务员

记账　　审核　　出纳　　制单　陈玉婷

图 9-32　【填制凭证】窗口

(4)正常单据记账。在存货核算系统，依次单击【记账】→【正常单据记账】菜单，系统打开【未记账单据一览表】窗口，单击工具栏的【查询】按钮，系统打开【查询条件】对话框，单击【确定】按钮，系统显示【正常单据记账列表】窗口，如图9-33所示。单击选中"14661099"号发票的【选择】栏，再单击工具栏的【记账】按钮，系统弹出"记账成功"提示框，单击【确定】按钮。关闭当前窗口。

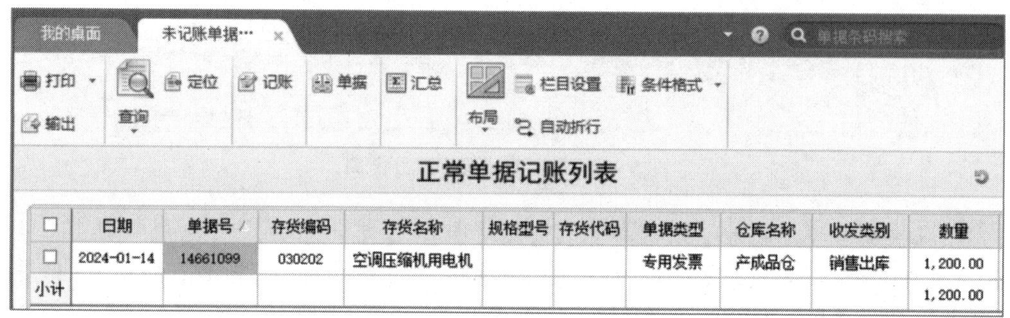

图9-33 【未记账单据一览表】窗口

三、销售退货业务

销售退货业务是指客户因产品质量、品种、数量不符合规定要求而将已购货物退回的销售业务。不同销售模式下，销售退货处理的业务流程也存在一定差异。

1.先发货后开票的退货业务

先发货后开票的退货业务处理流程如下：在销售管理系统中参照销售订单填制并审核退货单→在库存管理系统中参照退货单生成红字销售出库单→在销售管理系统中参照退货单生成红字销售发票→在应收款管理系统中审核销售发票并生成凭证→在应收款管理系统中执行(红票)手工对冲并生成凭证→在存货核算系统中执行正常单据记账。

【实验资料】2024年1月15日，本月11日销售给江西力尔的自动库门用电机中有10台存在质量问题。经双方协商后同意退货，并于当日收到所退货物(出库单号：CK240104)。1月16日，向江西力尔开具红字增值税专用发票(票号：14661125)。

【实验过程】

(1)参照销售订单生成退货单。

①2024年1月15日，以代佳乐(X01)的身份登录U8企业应用平台。在U8企业应用平台，依次单击【业务导航】→【供应链】→【销售管理】→【销售发货】→【退货单】菜单，打开【退货单】窗口。选择工具栏的【增加】→【订单】命令，打开【查询条件—参照订单】对话框，单击【确定】按钮，打开【参照生单】窗口，如图9-34所示。选中"XS240101"号销售订单的【选择】栏，单击【确定】按钮，系统返回【退货单】窗口。

②根据实验资料，表体自动库门用电机的"仓库名称"选择"产成品仓"，"数量"改为"-10"。保存并审核该退货单，结果如图9-35所示。

发货单参照订单表头

□	业务类型	销售类型	订单号	订单日期	开票单位编码	客户简称	开票单位名称	销售部门	业务员	税率(%)
☑	普通销售	普通销售	XS240101	2024-01-11	101	江西力尔	江西力尔	销售部	代佳乐	13.00
□	普通销售	普通销售	XS240102	2024-01-13	502	云南驰爱	云南驰爱	销售部	代佳乐	13.00
合计										

共2条记录 已选择行数:1 □选中合计 每页显示 20 条 1 /1 跳转

□	订单号	货物编号	货物名称	预发货日期	主计量单位	可发货数量	无税单价	可发货税额	税率(%)	价税合计
☑	XS240101	030101	自动库门用电机	2024-01-11	台	-80.00	2,100.00	-21,840.00	13.00	189,840.00
合计						-80.00		-21,840.00		189,840.00

图 9-34 【发货单参照订单表头】窗口

● 已审核　退货单

退货单号 * 0000000004　退货日期 * 2024-01-15　业务类型 * 普通销售
销售类型 * 普通销售　订单号 XS240101　发票号
客户简称 * 江西力尔　销售部门 * 销售部　业务员 代佳乐
发运方式　币种 人民币　汇率 1
税率 13.00　备注

仅子件 关闭 打开 存量 价格 毛利预估 信用 序列号 执行情况 关联单据 排序定位

	仓库名称	货物编码	存货名称	主计量	数量	无税单价	税额	价税合计	税率(%)
1	产成品仓	030101	自动库门用电机	台	-10.00	2100.00	-2730.00	-23730.00	13.00

图 9-35 【退货单】窗口

(2)参照退货单生成负数销售出库单。

①2024 年 1 月 15 日，以王文杰(C01)的身份登录 U8 企业应用平台。在 U8 企业应用平台，依次单击【业务导航】→【供应链】→【库存管理】→【销售出库】→【销售出库单】菜单，系统打开【销售出库单】窗口。执行工具栏的【增加】→【销售发货单】命令，打开【查询条件—销售发货单列表】对话框，单击【确定】按钮，系统打开【销售生单】窗口，如图 9-36 所示。单击江西力尔退货单对应的【选择】栏，再单击工具栏的【确定】按钮，系统返回【销售出库单】窗口。

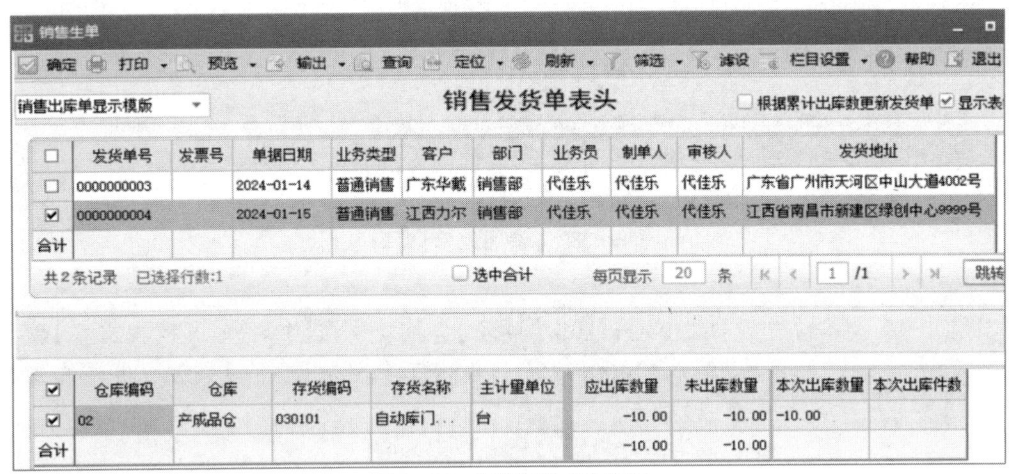

销售生单

确定 打印 预览 输出 查询 定位 刷新 筛选 滤设 栏目设置 帮助 退出

销售出库单显示模版　销售发货单表头　□根据累计出库数更新发货单 ☑显示表

□	发货单号	发票号	单据日期	业务类型	客户	部门	业务员	制单人	审核人	发货地址
□	0000000003		2024-01-14	普通销售	广东华戴	销售部	代佳乐	代佳乐	代佳乐	广东省广州市天河区中山大道4002号
☑	0000000004		2024-01-15	普通销售	江西力尔	销售部	代佳乐	代佳乐	代佳乐	江西省南昌市新建区绿创中心9999号
合计										

共2条记录 已选择行数:1 □选中合计 每页显示 20 条 1 /1 跳转

☑	仓库编码	仓库	存货编码	存货名称	主计量单位	应出库数量	未出库数量	本次出库数量	本次出库件数
☑	02	产成品仓	030101	自动库门...	台	-10.00	-10.00	-10.00	
合计						-10.00	-10.00		

图 9-36 【销售生单】窗口

②根据实验资料，将销售出库单表头中的【出库单号】修改为“CK240104”。保存并审核该负数销售出库单，结果如图 9-37 所示。

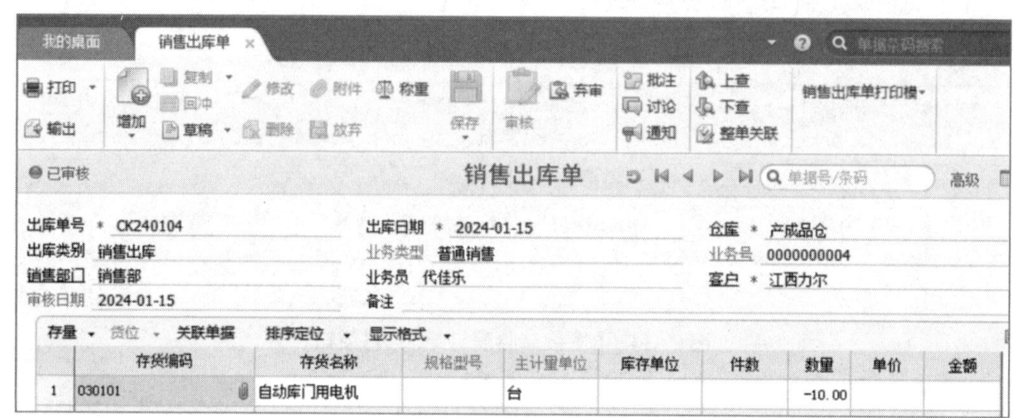

图 9-37 【销售出库单】窗口

(3) 参照退货单生成红字专用发票。

①2024 年 1 月 16 日，以代佳乐(X01)的身份登录 U8 企业应用平台。在 U8 企业应用平台，依次单击【业务导航】→【供应链】→【销售管理】→【销售开票】→【红字专用销售发票】菜单，打开【红字专用销售发票】窗口。选中工具栏的【增加】→【发货单】命令，系统弹出【查询条件—发票参照发货单】对话框，【发货单类型】选择【红字记录】，单击【确定】按钮，打开【参照生单】窗口，如图 9-38 所示。

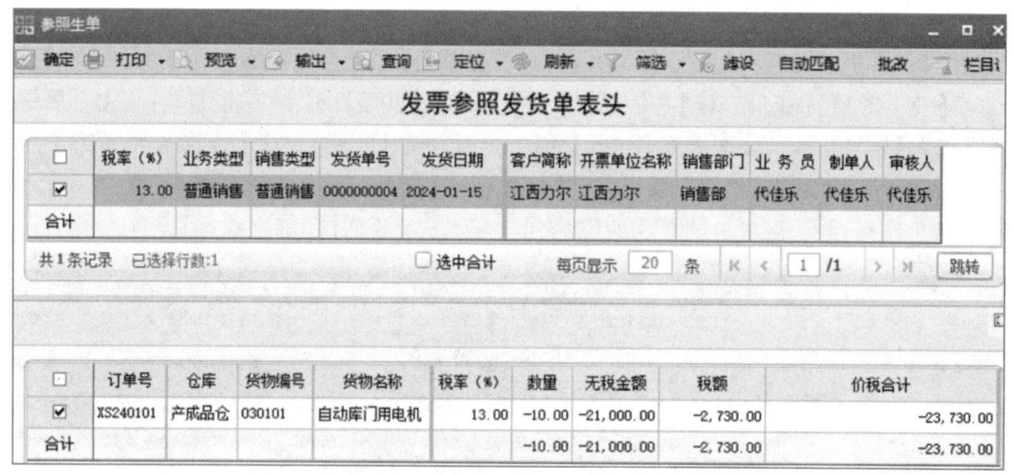

图 9-38 【参照生单】窗口

②选中 15 日江西力尔的退货单，单击【确定】，系统返回【红字专用销售发票】窗口根据实验资料，表头“发票号”填入“14661125”。单击工具栏的【保存】按钮，再单击工具栏的【复核】按钮，结果如图 9-39 所示。

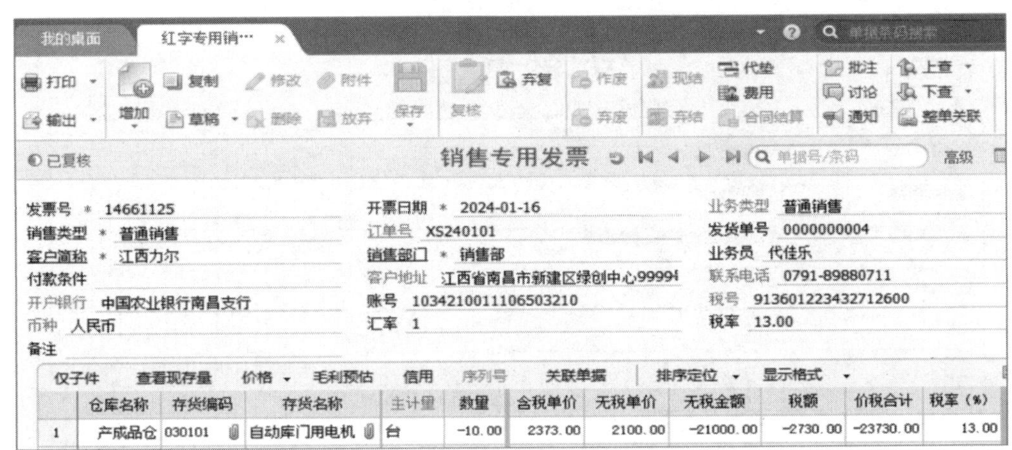

图 9-39 【红字销售专用发票】窗口

(4)销售发票审核并生成凭证。

①2024 年 1 月 16 日，以陈玉婷(F02)的身份登录 U8 企业应用平台。在 U8 企业应用平台，依次单击【业务导航】→【财务会计】→【应收款管理】→【应收处理】→【销售发票】→【销售发票审核】菜单，打开【销售发票审核】窗口。单击工具栏的【查询】按钮，系统弹出【查询条件—发票查询】对话框，单击【确定】按钮，如图 9-40 所示。

销售发票列表

序号	☐	审核人	单据日期	单据类型	单据号	客户名称	部门	业务员	制单人	原币金额	本币金额
1	☐		2024-01-16	销售专用发票	14661125	江西力尔门业有限公司	销售部	代佳乐	代佳乐	-23,730.00	-23,730.00
2	小计							业务员		-23,730.00	-23,730.00
3	合计									-23,730.00	-23,730.00

图 9-40 【销售发票列表】窗口

②双击江西力尔销售发票的单据号“14661125”，系统打开该发票，单击工具栏的【审核】按钮，系统弹出“是否立即制单?”提示框，单击【是】，系统自动打开【填制凭证】将【凭证类别】改为“转账凭证”，单击工具栏的【保存】按钮，如图 9-41 所示(因黑白打印导致借、贷方金额显示成黑色，实际为红色)。关闭已打开窗口。

(5)红票对冲。在应收款管理系统，依次单击【转账】→【红票对冲】→【手工对冲】菜单，系统打开【红票对冲条件】窗口，客户选择“江西力尔”，单击【确定】，打开【手工对冲】窗口。在江西力尔销售专用发票的【对冲金额】栏输入“23 730”，如图 9-42 所示。单击【确认】，系统弹出“是否立即制单?”提示框，单击【是】，系统自动生成一张记账凭证，将【凭证类别】改为“转账凭证”，单击【保存】按钮，如图 9-43 所示(因黑白打印导致第一行借方金额显示成黑色，实际为红色)。关闭当前窗口。

(6)正常单据记账。在存货核算系统，依次单击【记账】→【正常单据记账】菜单，系统打开【未记账单据一览表】窗口，单击工具栏的【查询】按钮，系统打开【查询条件】对话框。单击【确定】按钮，系统显示【正常单据记账列表】窗口，如图 9-44 所示。单击“14661125”号发票那一行记录的【选择】栏，再单击工具栏的【记账】按钮，系统提示“记账成功”，单击【确定】按钮。

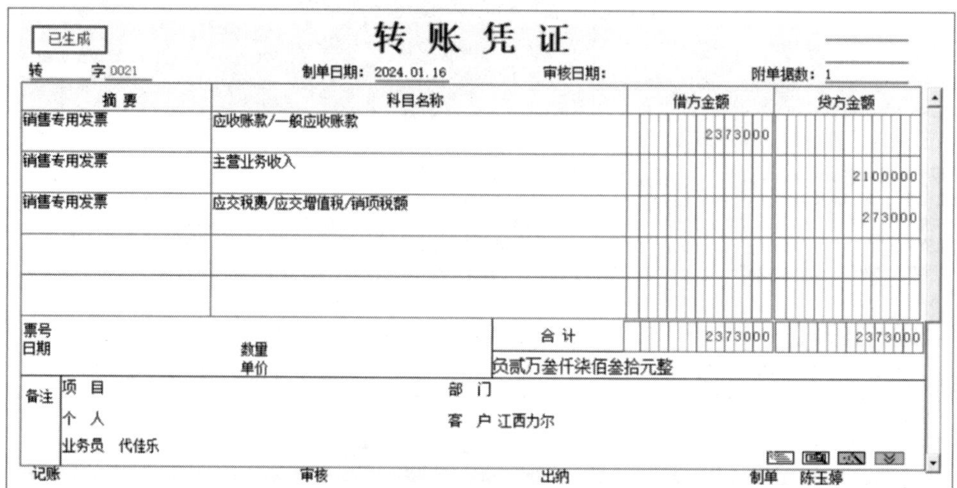

已生成

转账凭证

转 字 0021 制单日期：2024.01.16 审核日期： 附单据数：1

摘要	科目名称	借方金额	贷方金额
销售专用发票	应收账款/一般应收账款	2373000	
销售专用发票	主营业务收入		2100000
销售专用发票	应交税费/应交增值税/销项税额		273000
票号 日期 数量 单价	合计	2373000	2373000
	贰万叁仟柒佰叁拾元整		

备注 项目 部门

个人 客户 江西力尔

业务员 代佳乐

记账 审核 出纳 制单 陈王婷

图 9-41 【填制凭证】窗口

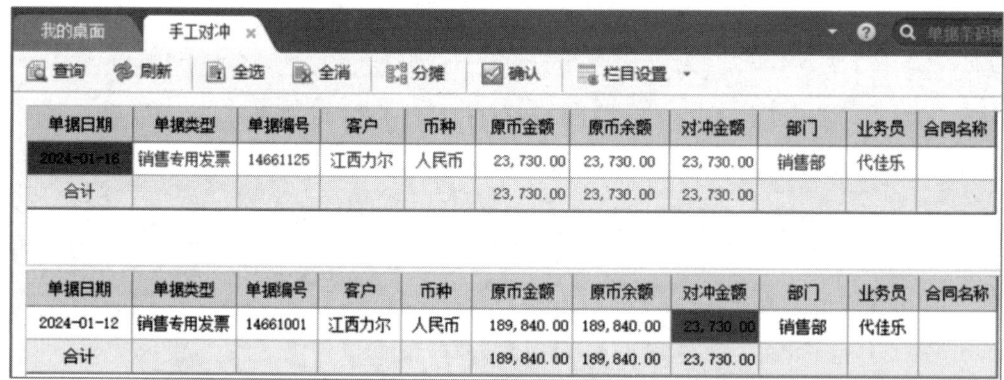

我的桌面 手工对冲

查询 刷新 全选 全消 分摊 确认 栏目设置

单据日期	单据类型	单据编号	客户	币种	原币金额	原币余额	对冲金额	部门	业务员	合同名称
2024-01-16	销售专用发票	14661125	江西力尔	人民币	23,730.00	23,730.00	23,730.00	销售部	代佳乐	
合计					23,730.00	23,730.00	23,730.00			

单据日期	单据类型	单据编号	客户	币种	原币金额	原币余额	对冲金额	部门	业务员	合同名称
2024-01-12	销售专用发票	14661001	江西力尔	人民币	189,840.00	189,840.00	23,730.00	销售部	代佳乐	
合计					189,840.00	189,840.00	23,730.00			

图 9-42 【手工对冲】窗口

已生成

转账凭证

转 字 0022 制单日期：2024.01.16 审核日期： 附单据数：1

摘要	科目名称	借方金额	贷方金额
销售专用发票	应收账款/一般应收账款	2373000	
销售专用发票	应收账款/一般应收账款	2373000	
票号 日期 数量 单价	合计		

备注 项目 部门

个人 客户 江西力尔

业务员 代佳乐

记账 审核 出纳 制单 陈王婷

图 9-43 【填制凭证】窗口

我的桌面　未记账单据…

打印　输出　查询　定位　记账　单据　汇总　布局　栏目设置　条件格式　自动折行

正常单据记账列表

□	日期	单据号	存货编码	存货名称	规格型号	存货代码	单据类型	仓库名称	收发类别	数量
□	2024-01-16	14661125	030101	自动库门用电机			专用发票	产成品仓	销售出库	-10.00
小计										-10.00

图 9-44　【未记账单据一览表】窗口

2. 开票后直接发货的退货业务

开票后直接发货的退货业务处理流程如下：在销售管理系统中参照销售订单生成红字销售发票→在库存管理系统中参照退货单生成红字销售出库单→在应收款管理系统中审核销售发票并生成凭证→在应收款管理系统中执行（红票）手工对冲并生成凭证→在存货核算系统中执行正常单据记账。

【实验资料】2024 年 1 月 16 日，去年 11 月 23 日销售给赣州光华的纯电动汽车电驱系统中有 2 套存在质量问题。经双方协商后同意退货，并于当日收到所退货物（出库单号：CK240105），向赣州光华开具红字增值税专用发票（票号：14661158）。

【实验过程】

（1）参照销售订单生成红字销售专用发票。2024 年 1 月 16 日，以代佳乐（X01）的身份登录 U8 企业应用平台。在 U8 企业应用平台，依次单击【业务导航】→【供应链】→【销售管理】→【销售开票】→【红字专用销售发票】菜单，打开【红字专用销售发票】窗口。选中工具栏的【增加】命令，表头【发票号】输入“14661158”，表体【数量】输入“-2”，其余项按照实验资料填入，如图 9-45 所示。

已复核　销售专用发票

发票号 * 14661158　开票日期 * 2024-01-16　业务类型 普通销售
销售类型 * 普通销售　订单号　发货单号 0000000005
客户简称 * 赣州光华　销售部门 * 销售部　业务员 代佳乐
付款条件　客户地址 江西省赣州市经开区松山下路1005号　联系电话 0797-65489213
开户银行 赣州农商银行开发区科技支行　账号 313428050007400563５　税号 91360703074256746６
币种 人民币　汇率 1　税率 13.00
备注

仅子件　查看现存量　价格　毛利预估　信用　序列号　关联单据　排序定位　显示格式

	仓库名称	存货编码	存货名称	主计量	数量	含税单价	无税单价	无税金额	税额	价税合计	税率（%）
1	产成品仓	030301	纯电动汽车电驱系统	套	-2.00	55370.00	49000.00	-98000.00	-12740.00	-110740.00	13.00

图 9-45　【销售专用发票】窗口

（2）参照退货单生成负数销售出库单。

①2024 年 1 月 16 日，以王文杰（C01）的身份登录 U8 企业应用平台。在 U8 企业应用平台，依次单击【业务导航】→【供应链】→【库存管理】→【销售出库】→【销售出库单】菜单，系统打开【销售出库单】窗口。执行工具栏的【增加】→【销售发货单】命令，打开【查询条件—销售发货单列表】对话框，单击【确定】按钮，系统打开【销售发货单表头】窗口，如

图 9-46 所示。单击"赣州光华"退货单对应的【选择】栏，再单击工具栏的【确定】按钮，系统返回【销售出库单】窗口。

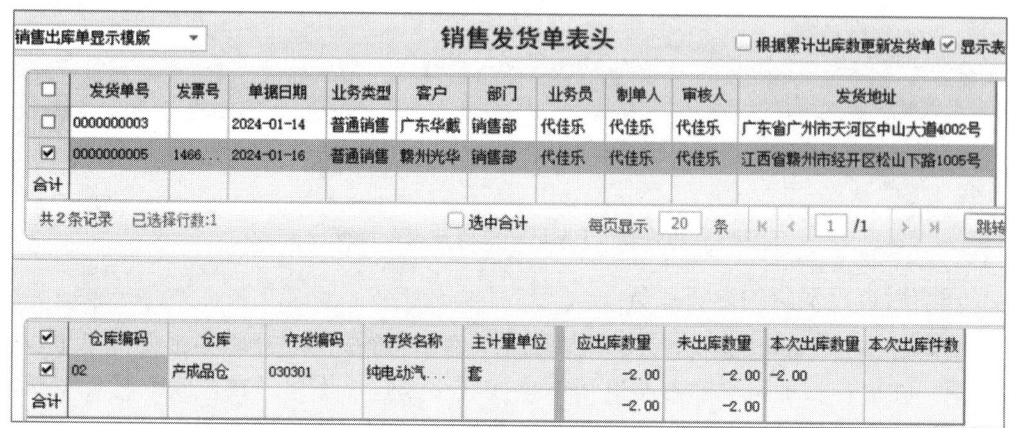

图 9-46 【销售发货单表头】窗口

②根据实验资料，将销售出库单表头中的"出库单号"修改为"CK240105"。保存并审核该负数销售出库单，结果如图 9-47 所示。

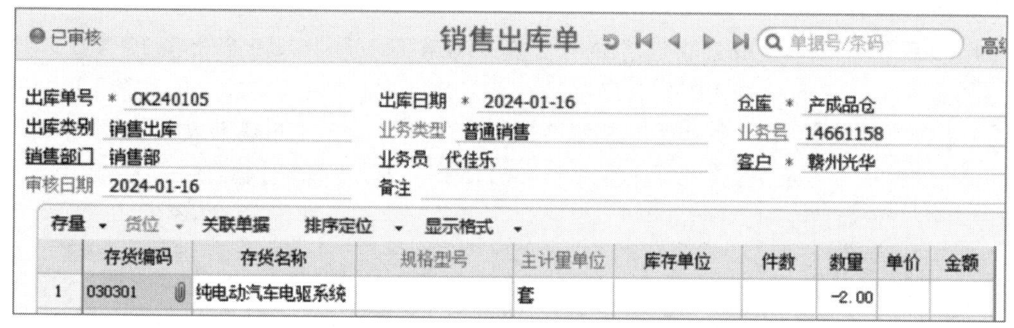

图 9-47 【销售出库单】窗口

(3)销售发票审核并生成凭证。

①2024 年 1 月 16 日，以陈玉婷(F02)的身份登录 U8 企业应用平台。在 U8 企业应用平台，依次单击【业务导航】→【财务会计】→【应收款管理】→【应收处理】→【销售发票】→【销售发票审核】菜单，打开【销售发票审核】窗口。单击工具栏的【查询】按钮，系统弹出【查询条件-发票查询】对话框，单击【确定】按钮，如图 9-48 所示。

②双击赣州光华销售发票的单据号"14661158"，系统打开该发票，单击工具栏的【审核】按钮，系统弹出"是否立即制单?"提示框，单击【是】，系统自动打开【填制凭证】窗口。将【凭证类别】改为"转账凭证"，单击工具栏的【保存】按钮，如图 9-49 所示(因黑白打印导致借、贷方金额显示成黑色，实际为红色)。关闭当前已打开窗口。

(4)红票对冲。在应收款管理系统，依次单击【转账】→【红票对冲】→【手工对冲】菜单，系统打开【红票对冲条件】窗口，客户选择"赣州光华"，单击【确定】，打开【手工对冲】

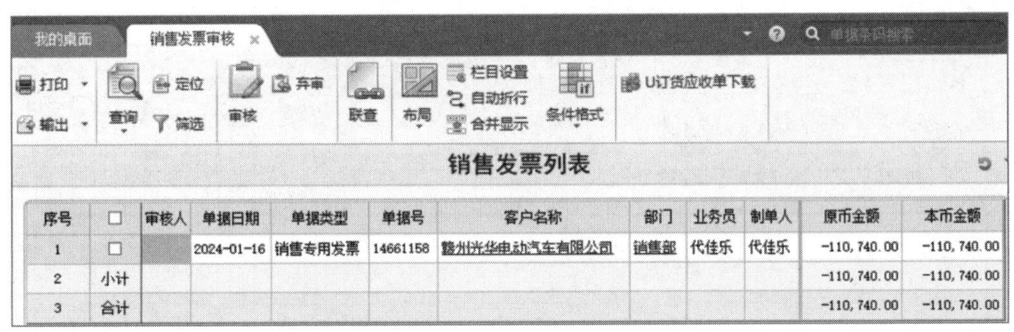

销售发票列表

序号	□	审核人	单据日期	单据类型	单据号	客户名称	部门	业务员	制单人	原币金额	本币金额
1	□		2024-01-16	销售专用发票	14661158	赣州光华电动汽车有限公司	销售部	代佳乐	代佳乐	-110, 740. 00	-110, 740. 00
2	小计									-110, 740. 00	-110, 740. 00
3	合计									-110, 740. 00	-110, 740. 00

图 9-48 【销售发票审核】窗口

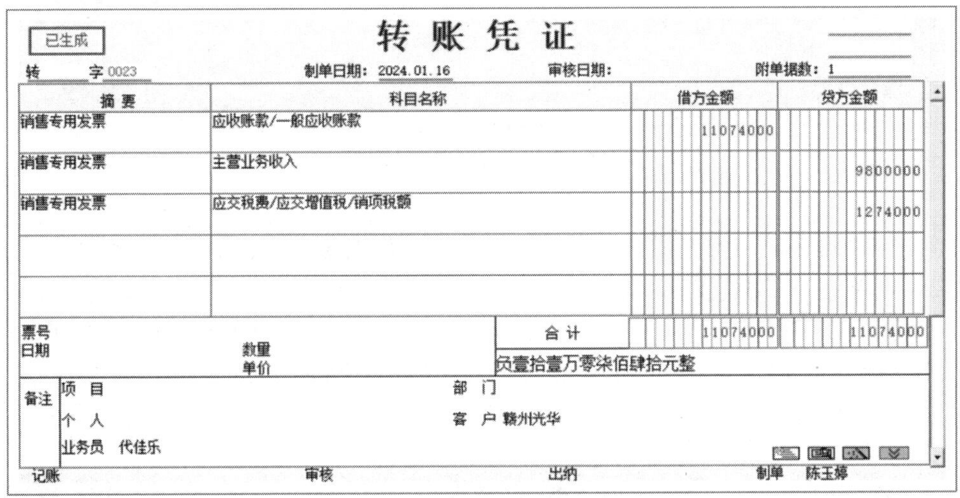

已生成

转账凭证

转　字 0023　　制单日期：2024. 01. 16　　审核日期：　　附单据数：1

摘要	科目名称	借方金额	贷方金额
销售专用发票	应收账款/一般应收账款	11074000	
销售专用发票	主营业务收入		9800000
销售专用发票	应交税费/应交增值税/销项税额		1274000
票号 日期　　数量 单价	合计	11074000	11074000
	负壹拾壹万零柒佰肆拾元整		

备注　项　目　　　　部　门

个　人　　　　客　户　赣州光华

业务员　代佳乐

记账　　审核　　出纳　　制单　陈玉婷

图 9-49 【填制凭证】窗口

窗口。在赣州光华销售专用发票的【对冲金额】栏输入“110 740”，如图 9-50 所示。单击【确认】，系统弹出“是否立即制单?”提示框，单击【是】，系统自动生成一张记账凭证，将【凭证类别】改为“转账凭证”，单击【保存】按钮，如图 9-51 所示(因黑白打印导致第一行借方金额显示成黑色，实际为红色)。关闭当前窗口。

我的桌面　手工对冲

查询　刷新　全选　全消　分摊　确认　栏目设置

单据日期	单据类型	单据编号	客户	币种	原币金额	原币余额	对冲金额	部门	业务员	合同名称
2024-01-16	销售专用发票	14661158	赣州光华	人民币	110, 740. 00	110, 740. 00	110, 740. 00	销售部	代佳乐	
合计					110, 740. 00	110, 740. 00	110, 740. 00			

单据日期	单据类型	单据编号	客户	币种	原币金额	原币余额	对冲金额	部门	业务员	合同名称
2023-11-23	销售专用发票	14659627	赣州光华	人民币	2, 768, 50...	2, 768, 500. 00	110, 740. 00	销售部	代佳乐	
合计					2, 768, 50...	2, 768, 500. 00	110, 740. 00			

图 9-50 【手工对冲】窗口

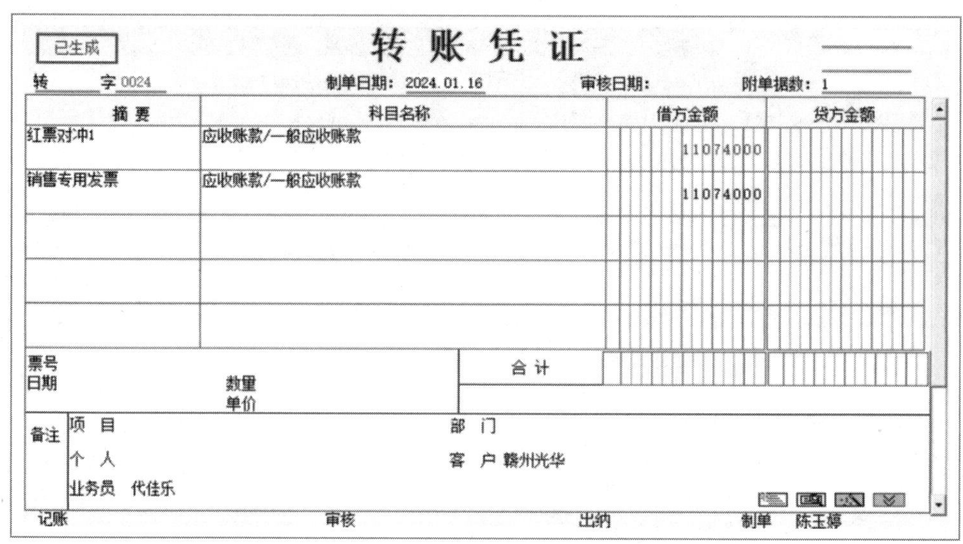

图 9-51 【填制凭证】窗口

(5)正常单据记账。在存货核算系统，依次单击【记账】→【正常单据记账】菜单，系统打开【未记账单据一览表】窗口，单击工具栏的【查询】按钮，系统打开【查询条件】对话框。单击【确定】按钮，系统显示【正常单据记账列表】窗口，如图 9-52 所示。单击“14661158”号发票那一行记录的【选择】栏，再单击工具栏的【记账】按钮，系统弹出“记账成功”提示框，单击【确定】按钮。

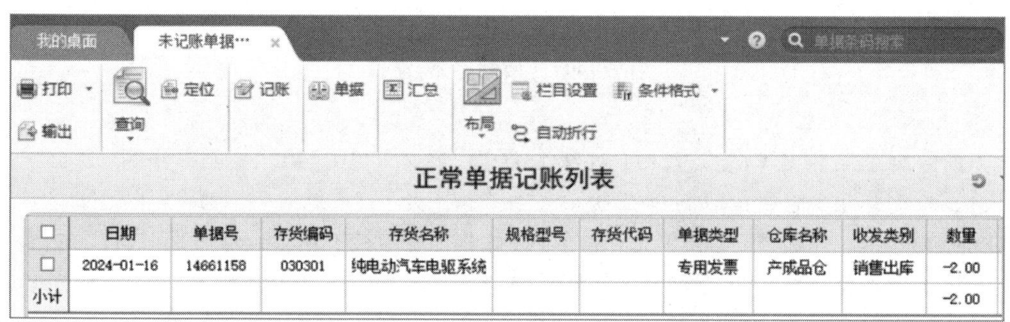

正常单据记账列表

□	日期	单据号	存货编码	存货名称	规格型号	存货代码	单据类型	仓库名称	收发类别	数量
□	2024-01-16	14661158	030301	纯电动汽车电驱系统			专用发票	产成品仓	销售出库	-2.00
小计										-2.00

图 9-52 【未记账单据一览表】窗口

【实验提示】由于退货产品是去年销售的，系统中无该笔销售业务的销售订单，故不参照生成红字销售发票，而是直接填制。

四、直运销售业务

直运业务是指商品无须入库即可完成的购销业务。客户向本公司订购商品，双方签订购销合同；本公司向供应商采购客户所需商品，与供应商签订采购合同；供应商直接将商品发给客户；结算时，企业同时与客户和供应商进行结算。直运销售业务处理流程如下：在销售管理系统中填制并审核销售订单→在采购管理系统中参照销售订单生成并审核采购订单→在应收款管理和应付款管理系统中执行收款单据录入和付款单据录入→分别在应收款管理和应付款管理系统中对收款单据和付款单据进行审核并生成凭证→在采购管理系统中参照采购订单生成采购发票→在销售管理系统中参照销售订单生成销售发票→在应付款管理系统中对采购发票进行审核并生成凭证，同时执行预付冲应付→在应收款管理系统中对销售发票进行审核并生成凭证，同时执行预收冲应收→在存货核算系统中执行直运销售记账并生成凭证→分别在应收款管理系统和应付款管理系统中执行收款处理（选择收款）和付款处理（选择付款）→在应收款管理系统中进行收款单据审核并生成凭证→在应收款管理系统中进行手工核销并制单→在应付款管理系统中选择收付款单和核销进行合并生成凭证处理。

【实验资料】2024 年 1 月 17 日，销售部代佳乐与深圳蓝天签订购销合同（编号：XS240104），销售自动库门用电机 200 台，不含税价 2 100 元/台，价税合计 474 600 元，当日深圳蓝天通过电汇方式向赣州农商银行章贡支行账户支付定金 100 000 元（票号：9690369223）。合同约定次日交货并在 3 天之内结清剩余货款。

同日，采购部曾敏慧与广州金强签订直运购销合同（编号：CG440129），采购自动库门用电机 200 台，不含税单价 1 700 元/台，价税合计 384 200 元，当日签发转账支票向广州金强支付定金 200 000 元（票号：9690373245）。合同约定次日交货并在 3 天之内结清剩余货款。

1 月 18 日，从广州金强采购的自动库门用电机已按约定发给深圳蓝天。当日，收到广州金强开具的增值税专用发票（票号：14752345），并按约定给深圳蓝天开具增值税专用发票（票号：14661281）。

1 月 19 日，深圳蓝天通过电汇方式向赣州农商银行章贡支行账户支付剩余货款（票号：9690369302）。同日，通过电汇方式向广州金强支付剩余货款（票号：9690380026）。

【实验过程】

（1）填制直运销售订单。2024 年 1 月 17 日，以代佳乐（X01）的身份登录 U8 企业应用平台。在 U8 企业应用平台，依次单击【业务导航】→【供应链】→【销售管理】→【销售订货】→【销售订单】菜单，打开【销售订单】窗口。单击工具栏的【增加】按钮，根据实验资料填制销售订单，注意，表头【业务类型】选择“直运销售”，【销售类型】选择“直运销售”。填制完毕，依次单击工具栏的【保存】→【审核】按钮，结果如图 9-53 所示。

必有定金：否　　**销售订单**

订单号 * XS240104　　订单日期 * 2024-01-17　　业务类型 * 直运销售
销售类型 * 直运销售　　客户简称 * 深圳蓝天　　付款条件
销售部门 * 销售部　　业务员 代佳乐　　税率 13.00
币种 人民币　　汇率 1　　备注

仅子件　关闭　打开　存量　价格　毛利预估　信用　ATP模拟运算　执行跟踪　关联单据　排序定位　显示格式

	存货编码	存货名称	主计量	数量	含税单价	无税单价	税额	价税合计	税率（%）	预发货日期
1	030101	自动库门用电机	台	200.00	2373.00	2100.00	54600.00	474600.00	13.00	2024-01-18

图 9-53　【销售订单】窗口

（2）参照直运销售订单生成直运采购订单。

①2023 年 1 月 17 日，以曾敏慧（G01）的身份登录 U8 企业应用平台。在 U8 企业应用

平台，依次单击【业务导航】→【供应链】→【采购管理】→【采购订货】→【采购订单】菜单，打开【采购订单】窗口。执行工具栏的【增加】→【销售订单】命令，系统弹出【查询条件—单据列表过滤】窗口，单击【确定】按钮，系统打开【拷贝并执行】窗口。

②选中“XS240104”号销售订单，再单击【确定】按钮，系统返回【采购订单】窗口。根据实验资料，修改采购订单表头的【订单编号】为“CG440129”，【采购类型】为“直运采购”，【供应商】为“广州金强”，【部门】为“采购部”，【业务员】为“代佳乐”，其他项默认。表体“自动库门用电机”的原币单价输入“1 700”，其他项默认。输入完毕，依次单击工具栏的【保存】→【审核】按钮，结果如图 9-54 所示。关闭当前窗口。

已审核　采购订单　单据号/条码　高级

业务类型 直运采购　订单日期 * 2024-01-17　订单编号 * CG440129
采购类型 直运采购　供应商 * 广州金强　部门 销售部
业务员 代佳乐　税率 13.00　付款条件
币种 * 人民币　汇率 * 1　备注

关闭　打开　存量　价格　需求源　关联单据　排序定位　显示格式

	存货编码	存货名称	主计量	数量	原币税额	原币价税合计	税率	计划到货日期	行关闭人
1	030101	自动库门用电机	台	200.00			13.00	2024-01-18	

图 9-54　【采购订单】窗口

(3) 填制预收款单和预付款单。

①2023 年 1 月 17 日，以朱娟奇(F03)的身份登录 U8 企业应用平台。在 U8 企业应用平台，依次单击【业务导航】→【财务会计】→【应收款管理】→【收款处理】→【收款单据录入】菜单，打开【收款单据录入】窗口。根据实验资料填制收款单，并将表体第 1 行的【款项类型】改为“预收款”。填制完毕单击工具栏的【保存】按钮，结果如图 9-55 所示。

开立　收款单　单据号/条码　高级

单据编号 0000000003　日期 * 2024-01-17　客户 * 深圳蓝天
结算方式 * 电汇　结算科目 10020101　币种 * 人民币
汇率 1　金额 * 100000.00　本币金额 100000.00
客户银行 中国工商银行深圳支行　客户账号 1025840115890642105　票据号 9690369223
部门　业务员　项目
摘要　订单号

插行　删行　批改　显示格式　排序定位　关联单据

	款项类型	客户	部门	业务员	金额	本币金额	科目	项目	本币余额	余额
1	预收款	深圳蓝天			100000.00	100000.00	220301		100000.00	100000.00

图 9-55　【收款单】窗口

②在应付款管理系统，依次单击【付款处理】→【付款单据录入】菜单，打开【付款单据录入】窗口。单击【增加】按钮，根据实验资料填制付款单，并将表体第 1 行的【款项类型】改为“预付款”。保存该预付款单，结果如图 9-56 所示。

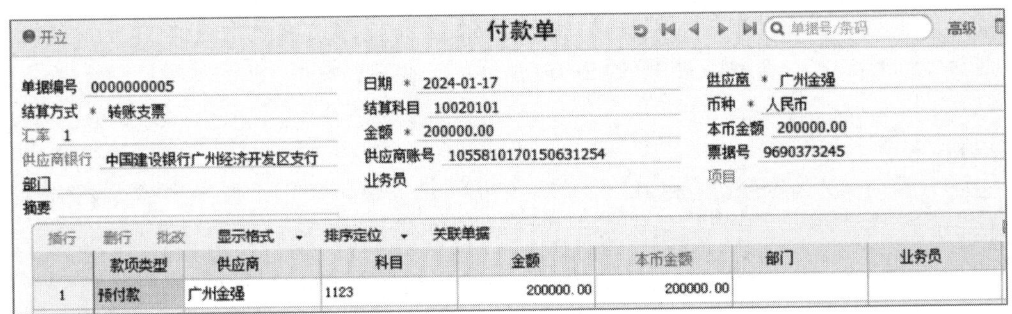

付款单

单据编号 0000000005	日期 * 2024-01-17	供应商 * 广州金强
结算方式 * 转账支票	结算科目 10020101	币种 * 人民币
汇率 1	金额 * 200000.00	本币金额 200000.00
供应商银行 中国建设银行广州经济开发区支行	供应商账号 1055810170150631254	票据号 9690373245
部门	业务员	项目
摘要		

	款项类型	供应商	科目	金额	本币金额	部门	业务员
1	预付款	广州金强	1123	200000.00	200000.00		

图 9-56 【付款单】窗口

(4)收付款单审核并生成凭证。

①2023 年 1 月 17 日，以陈玉婷(F03)的身份登录 U8 企业应用平台。在 U8 企业应用平台，依次单击【业务导航】→【财务会计】→【应收款管理】→【收款处理】→【收款单据审核】菜单，打开【收款单据审核】窗口。单击工具栏的【查询】按钮，系统打开【查询条件—收付款单过滤】对话框，单击【确定】按钮，系统返回【收款单据审核】窗口。如图 9-57 所示。

收付款单列表

序号	☐	审核人	单据日期	单据类型	单据编号	客户名称	结算方式	票据号	本币金额
1	☐		2024-01-17	收款单	0000000003	深圳蓝天智能设备有限公司	电汇	9690369223	100,000.00
2	小计								100,000.00
3	合计								100,000.00

图 9-57 【收付款单列表】窗口

②双击深圳蓝天收款单的【单据编号】栏，打开该收款单。单击工具栏的【审核】按钮，系统弹出“是否立即制单?”提示框，单击【是】，系统打开【填制凭证】窗口并生成一张记账凭证，将【凭证类别】改为“收款凭证”，单击【保存】按钮，如图 9-58 所示。关闭当前窗口。

已生成

收 款 凭 证

收 字 0006　　制单日期：2024.01.17　　审核日期：　　附单据数：1

摘 要	科目名称	借方金额	贷方金额
收款单	银行存款/赣州农商银行/章贡支行	10000000	
收款单	预收账款/一般预收账款		10000000
票号 电汇 - 9690369223 日期 2024.01.17 数量 单价	合 计	10000000	10000000
	壹拾万元整		

备注　项 目　　部 门
个 人　　客 户
业务员

记账　　审核　　出纳　　制单 陈玉婷

图 9-58 【填制凭证】窗口

③参照上述方法，到应付款管理系统审核应付广州金强货款的付款单并生成凭证，凭证类别为“付款凭证”，如图 9-59、图 9-60 所示。

收付款单列表

序号	☐	审核人	单据日期	单据类型	单据编号	供应商	结算方式	票据号	币种	原币金额	本币金额
1	☐		2024-01-17	付款单	0000000005	广州金强板材科技...	转账支票	9690373245	人民币	200,000.00	200,000.00
2	小计									200,000.00	200,000.00
3	合计									200,000.00	200,000.00

图 9-59 【收款单列表】窗口

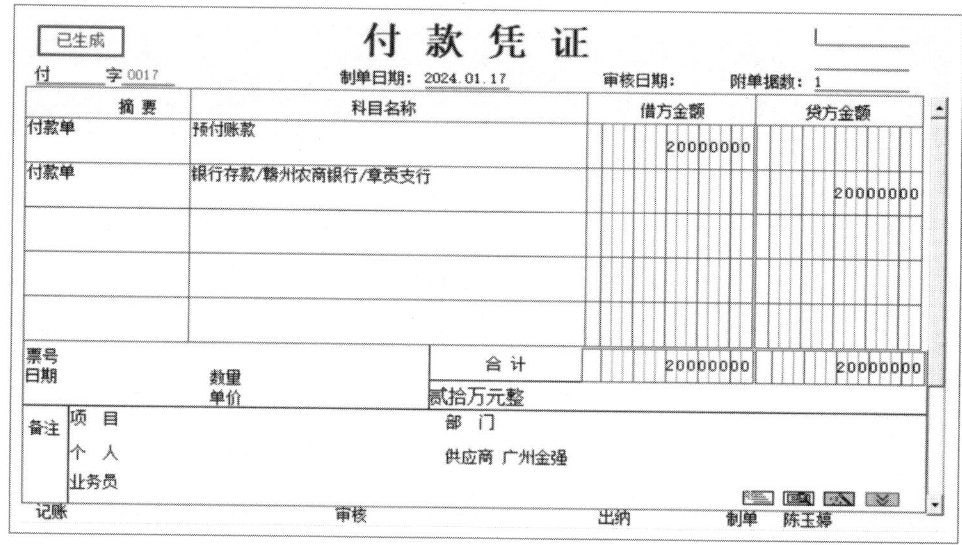

已生成

付款凭证

付 字 0017　　制单日期：2024.01.17　　审核日期：　　附单据数：1

摘要	科目名称	借方金额	贷方金额
付款单	预付账款	20000000	
付款单	银行存款/赣州农商银行/章贡支行		20000000
票号 日期　数量 单价	合计	20000000	20000000
	贰拾万元整		

备注　项目　　部门

个人　　供应商 广州金强

业务员

记账　　审核　　出纳　　制单 陈玉婷

图 9-60 【填制凭证】窗口

(5) 参照直运采购订单生成采购专用发票。

①2023 年 1 月 18 日，以曾敏慧（G01）的身份登录 U8 企业应用平台。在采购管理系统，依次单击【采购发票】→【专用采购发票】菜单，打开【专用发票】窗口。执行工具栏的【增加】→【采购订单】命令，打开【查询条件—单据列表过滤】对话框，单击“确定”按钮。

②在【拷贝并执行】窗口，单击 CG440129 号采购订单对应的【选择】栏、再单击工具栏的【确定】按钮，返回【专用发票】窗口。根据实验资料，表头【发票号】填入“14752345”，其他项默认。单击工具栏的【保存】【复核】按钮，结果如图 9-61 所示。

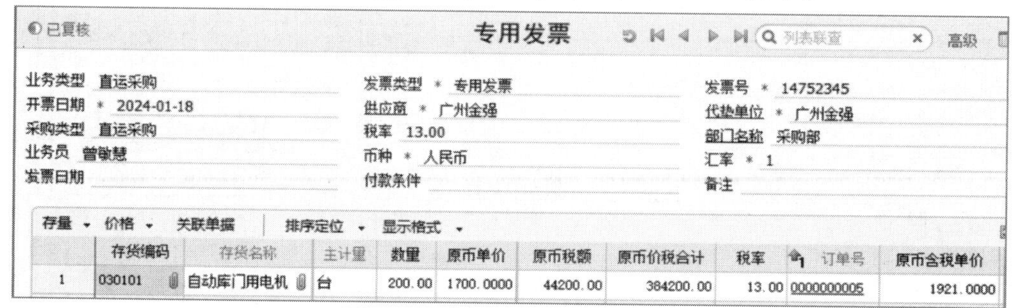

已复核　　专用发票

业务类型 直运采购　　发票类型 * 专用发票　　发票号 * 14752345

开票日期 * 2024-01-18　　供应商 * 广州金强　　代垫单位 * 广州金强

采购类型 直运采购　　税率 13.00　　部门名称 采购部

业务员 曾敏慧　　币种 * 人民币　　汇率 * 1

发票日期　　付款条件　　备注

	存货编码	存货名称	主计量	数量	原币单价	原币税额	原币价税合计	税率	订单号	原币含税单价
1	030101	自动库门用电机	台	200.00	1700.0000	44200.00	384200.00	13.00	0000000005	1921.0000

图 9-61 【专用采购发票】窗口

(6)参照直运销售订单生成销售专用发票。

①2023 年 1 月 18 日，以代佳乐(X01)的身份登录 U8 企业应用平台。在 U8 企业应用平台，依次单击【业务导航】→【供应链】→【销售管理】→【销售开票】→【销售专用发票】菜单，打开【销售专用发票】窗口。选中工具栏的【增加】→【订单】命令，系统弹出【查询条件—参照订单】对话框，【业务类型】选择“直运销售”，单击【确定】按钮，打开【参照生单】窗口，如图 9-62 所示。

参照生单

确定　打印　预览　输出　查询　定位　刷新　筛选　滤设　栏目设置　批改　帮

发票参照订单表头

选择	业务类型	销售类型	订单号	订单日期	开票单位编码	客户简称	开票单位名称	销售部门	业务员	税率(%)
☐	普通销售	普通销售	XS240101	2024-01-11	101	江西力尔	江西力尔	销售部	代佳乐	13.00
☑	普通销售	直运销售	XS240104	2024-01-17	103	深圳蓝天	深圳蓝天	销售部	代佳乐	13.00
合计										

共2条记录　已选择行数:1　☐选中合计　每页显示 20 条　1 /1　跳转

选择	订单号	货物编号	货物名称	预发货日期	主计量单位	可开票数量	无税单价	税率(%)	价税合计
☑	XS240104	030101	自动库门用电机	2024-01-18	台	200.00	2,100.00	13.00	474,600.00
合计						200.00			474,600.00

图 9-62　【参照生单】窗口

②选中 17 日深圳蓝天的直运销售订单，单击【确定】，系统返回【销售专用发票】窗口。根据实验资料，表头“发票号”填入“14661281”，单击工具栏的【保存】【复核】按钮，结果如图 9-63 所示。

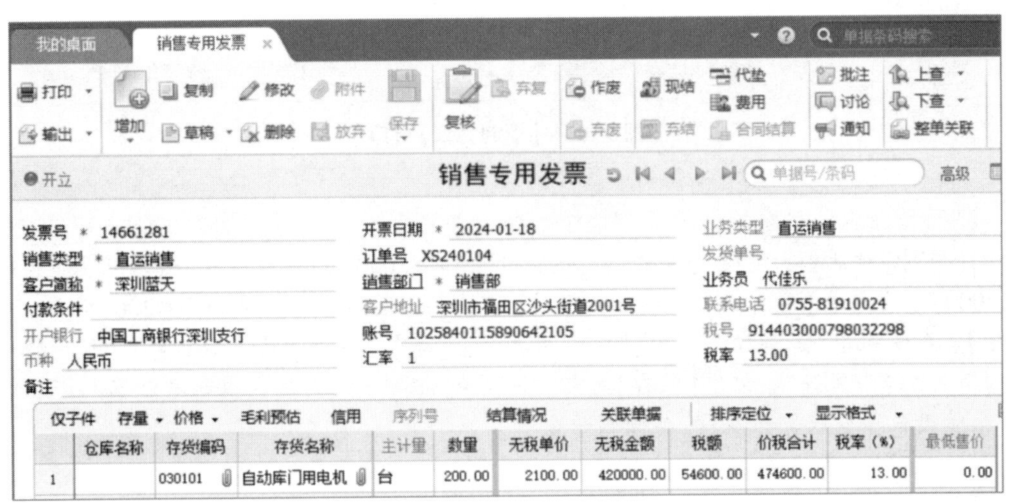

销售专用发票

发票号 * 14661281　开票日期 * 2024-01-18　业务类型 直运销售
销售类型 * 直运销售　订单号 XS240104　发货单号
客户简称 * 深圳蓝天　销售部门 * 销售部　业务员 代佳乐
付款条件　客户地址 深圳市福田区沙头街道2001号　联系电话 0755-81910024
开户银行 中国工商银行深圳支行　账号 1025840115890642105　税号 914403000798032298
币种 人民币　汇率 1　税率 13.00
备注

	仓库名称	存货编码	存货名称	主计量	数量	无税单价	无税金额	税额	价税合计	税率(%)	最低售价
1		030101	自动库门用电机	台	200.00	2100.00	420000.00	54600.00	474600.00	13.00	0.00

图 9-63　【销售专用发票】窗口

(7) 直运采购发票审核并生成凭证。

①2023 年 1 月 18 日，以陈玉婷(F02)的身份登录 U8 企业应用平台。在 U8 企业应用平台，依次单击【业务导航】→【财务会计】→【应付款管理】→【应付处理】→【采购发票】→【采购发票审核】菜单，打开【采购发票审核】窗口。单击工具栏的【查询】按钮，系统弹出【查询条件—发票查询】对话框，【结算状态】选择“未结算完”，单击【确定】按钮，如图 9-64 所示。

采购发票列表

序号	□	审核人	单据日期	单据类型	单据号	供应商名称	部门	业务员	制单人	币种	原币金额	本币金额
1	□		2024-01-18	采购专用发票	14752345	广州金强板材科技有限公司	销售部	代佳乐	曾敏慧	人民币	384,200.00	384,200.00
2	小计										384,200.00	384,200.00
3	合计										384,200.00	384,200.00

图 9-64 【采购发票列表】窗口

②双击广州金强采购发票的单据号“14752345”，系统打开该发票，单击工具栏的【审核】按钮，系统提示“是否立即制单?”，单击【是】，系统自动打开【填制凭证】窗口。将【凭证类别】改为“转账凭证”，单击工具栏的【保存】按钮，如图 9-65 所示。关闭已打开窗口。

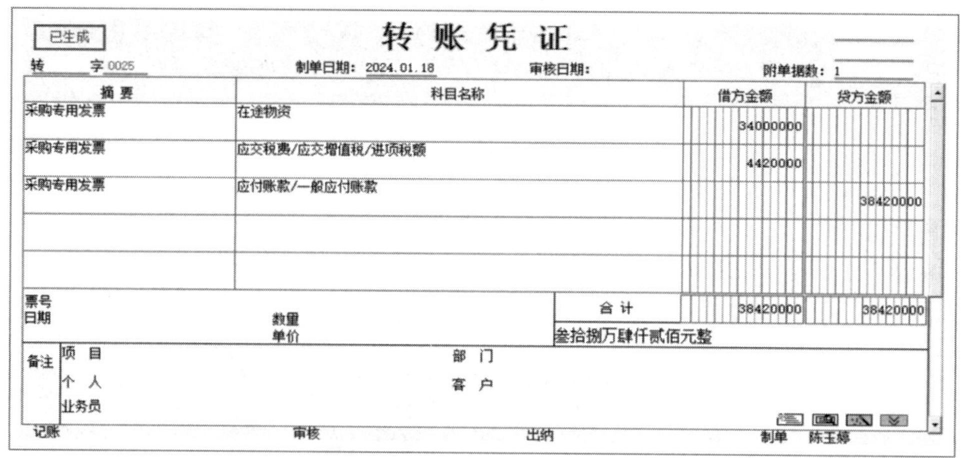
已生成
转账凭证
转 字 0025 制单日期：2024.01.18 审核日期： 附单据数：1

摘要	科目名称	借方金额	贷方金额
采购专用发票	在途物资	34000000	
采购专用发票	应交税费/应交增值税/进项税额	4420000	
采购专用发票	应付账款/一般应付账款		38420000
票号 日期 数量 单价	合计	38420000	38420000
	叁拾捌万肆仟贰佰元整		

备注 项目 部门
个人 客户
业务员
记账 审核 出纳 制单 陈玉婷

图 9-65 【填制凭证】窗口

(8) 预付冲应付。在应付款管理系统，依次单击【转账】→【预付冲应付】菜单，打开【预付冲应付】对话框，供应商选择“广州金强”，单击【过滤】按钮，在“转账金额”栏输入“200 000”。再单击【应付款】选项卡，单击【过滤】按钮，转账金额输入“200 000”，单击【确定】，系统弹出“是否立即制单?”提示框，单击【是】，系统生成一张记账凭证，将【凭证类别】改为“转账凭证”，单击【保存】按钮，如图 9-66 所示(因黑白打印导致第一行借方金额显示成黑色，实际为红色)。关闭当前窗口。

(9) 直运销售发票审核并生成凭证。

①在 U8 企业应用平台，依次单击【业务导航】→【财务会计】→【应收款管理】→【应收处理】→【销售发票】→【销售发票审核】菜单，打开【销售发票审核】窗口。单击工具栏的【查询】按钮，系统弹出【查询条件—发票查询】对话框，单击【确定】按钮，如图 9-67 所示。

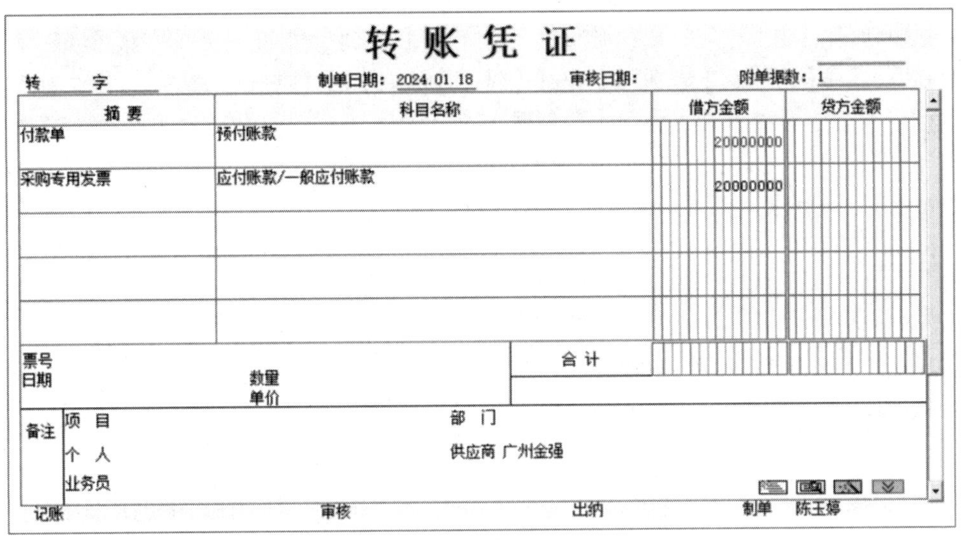

图 9-66 【填制凭证】窗口

销售发票列表

序号	☐	审核人	单据日期	单据类型	单据号	客户名称	部门	业务员	制单人	币种	本币金额
1	☐		2024-01-18	销售专用发票	14661281	深圳蓝天智能设备有限公司	销售部	代佳乐	代佳乐	人民币	474,600.00
2	小计										474,600.00
3	合计										474,600.00

图 9-67 【销售发票列表】窗口

②双击深圳蓝天的单据号“14661281”，系统打开该发票，单击工具栏的【审核】按钮，系统弹出“是否立即制单?”提示框，单击【是】，系统自动打开【填制凭证】窗口。将【凭证类别】改为“转账凭证”，单击工具栏的【保存】按钮，如图 9-68 所示。关闭已打开窗口。

已生成

转账凭证

转　字 0027　　制单日期：2024.01.18　　审核日期：　　附单据数：1

摘要	科目名称	借方金额	贷方金额
销售专用发票	应收账款/一般应收账款	47460000	
销售专用发票	主营业务收入		42000000
销售专用发票	应交税费/应交增值税/销项税额		5460000
票号 日期　数量 单价	合计　肆拾柒万肆仟陆佰元整	47460000	47460000

备注　项目　　部门

个人　　客户 深圳蓝天

业务员 代佳乐

记账　　审核　　出纳　　制单 陈玉婷

图 9-68 【填制凭证】窗口

（10）预收冲应收。在应收款管理系统，单击【转账】→【预收冲应收】菜单，打开【预收冲应收】对话框。选择客户“深圳蓝天”，单击【过滤】按钮，在“转账金额”栏录入“100 000”。单击【应收款】选项卡，单击【过滤】按钮，在“转账金额”栏录入“100 000”。单击【确定】按钮，系统弹出“是否立即制单？”提示框，单击【是】，将【凭证类别】改为“转账凭证”。保存记账凭证，如图 9-69 所示（因黑白打印导致第一行借方金额显示成黑色，实际为红色）。关闭当前窗口。

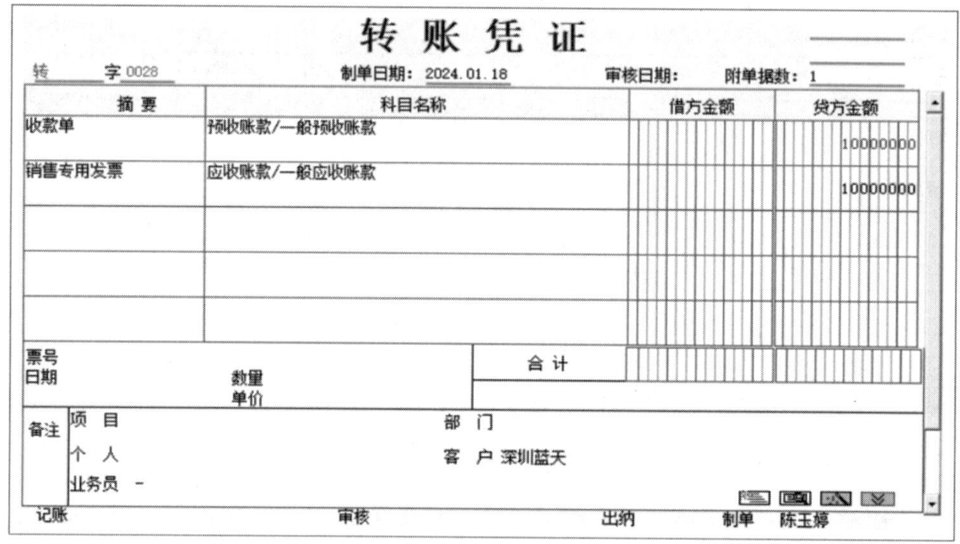

转账凭证

转 字 0028 制单日期：2024.01.18 审核日期： 附单据数：1

摘要	科目名称	借方金额	贷方金额
收款单	预收账款/一般预收账款		10000000
销售专用发票	应收账款/一般应收账款		10000000
票号 日期	数量 单价	合计	

备注 项目 部门

个人 客户 深圳蓝天

业务员 -

记账 审核 出纳 制单 陈玉婷

图 9-69 【填制凭证】窗口

（11）直运销售记账并生成凭证。

①直运销售记账。在存货核算系统，依次单击【记账】→【直运销售记账】菜单，系统打开【直运采购发票核算查询条件】对话框，单击【确定】按钮，系统打开【未记账单据一览表】窗口，如图 9-70 所示。选中“14752345”“14661281”号两张发票、再单击工具栏的【记账】按钮，系统弹出“记账成功。”提示框，单击【确定】按钮。关闭当前窗口。

直运销售记账

□	日期	单据号	存货编码	存货名称	收发类别	单据类型	数量	单价	金额
□	2024-01-18	14752345	030101	自动库门用电机	直运采购	采购发票	200.00	1,700.0000	340,000.00
□	2024-01-18	14661281	030101	自动库门用电机	直运销售	专用发票	200.00		
小计							400.00		340,000.00

图 9-70 【直运销售记账】窗口

②生成凭证。在存货核算系统，依次单击【凭证处理】→【生成凭证】菜单，系统打开【生成凭证】窗口。单击工具栏的【选单】按钮，系统弹出【查询条件—生成凭证查询条件】对话框，【业务类型】选择“直运销售”，单击【确定】按钮，系统打开【未生成凭证单据一览表】窗口，如图 9-71 所示。单击“14661281”号直运销售发票的【选择】栏，再单击工具栏

的【确定】按钮，系统返回【生成凭证】窗口。单击工具栏的【合并制单】按钮，系统打开【填制凭证】窗口并自动生成凭证。将【凭证类别】改为"转账凭证"，单击工具栏的【保存】按钮，如图 9-72 所示。

☐已结算采购入库单自动选择全部结算单上单据(包括入库单、发票、付款单),非本月采购入库单按蓝字报销单制单　**未生成凭证单据一览表**

选择	记账日期	单据日期	单据类型	单据号	收发类别	记账人	部门	部门编码	业务类型	摘要	客户
	2024-01-18	2024-01-18	专用发票	14661281	直运销售	陈玉婷	销售部	07	直运销售	专用发票	深圳蓝天智

图 9-71 【未生成单据一览表】窗口

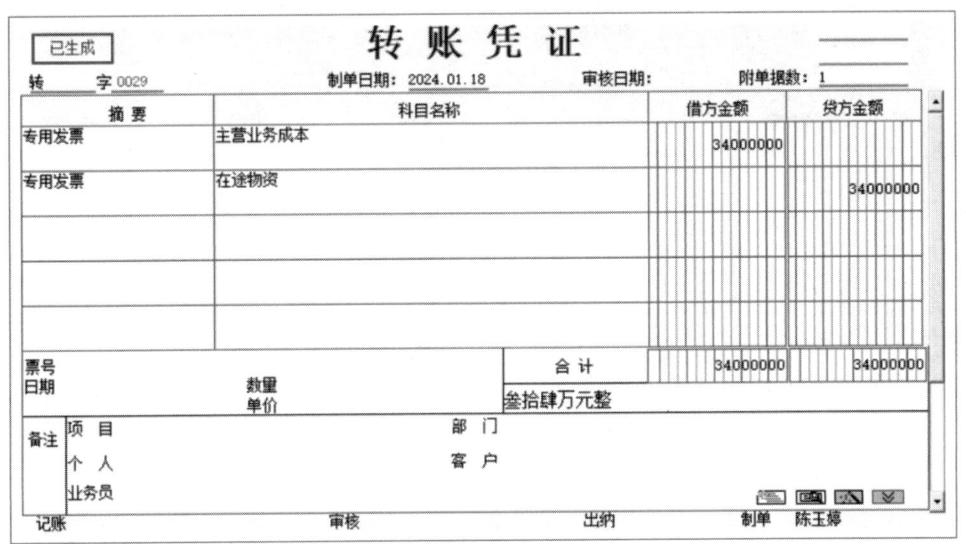

已生成

转账凭证

转 字 0029　制单日期：2024.01.18　审核日期：　附单据数：1

摘要	科目名称	借方金额	贷方金额
专用发票	主营业务成本	34000000	
专用发票	在途物资		34000000
票号 日期　数量 单价	合计	34000000	34000000
	叁拾肆万元整		

备注　项目　部门　个人　客户　业务员

记账　审核　出纳　制单　陈玉婷

图 9-72 【填制凭证】窗口

(12)填制收付款单据。

2023 年 1 月 19 日，以朱娟奇(F03)的身份登录 U8 企业应用平台。

①在 U8 企业应用平台，依次单击【业务导航】→【财务会计】→【应收款管理】→【收款处理】→【收款单据录入】菜单，打开【收款单据录入】窗口。单击【增加】按钮，根据实验资料，【结算方式】选择"电汇"，【金额】填入"374 600"，同时将表体【款项类型】改为"应收款"，填制完毕单击工具栏的【保存】按钮，结果如图 9-73 所示。

开立　**收款单**　单据号/条码　高级

单据编号 0000000005　日期 * 2024-01-19　客户 * 深圳蓝天
结算方式 * 电汇　结算科目 10020101　币种 * 人民币
汇率 1　金额 * 374600.00　本币金额 374600.00
客户银行 中国工商银行深圳支行　客户账号 1025840115890642105　票据号 9690369302
部门　业务员　项目
摘要　订单号

插行　删行　批改　显示格式　排序定位　关联单据

	款项类型	客户	金额	本币金额	科目	本币余额	余额
1	应收款	深圳蓝天	374600.00	374600.00	112201	374600.00	374600.00

图 9-73 【收款单】窗口

②在应付款管理系统，依次单击【付款处理】→【付款单据录入】菜单，打开【付款单据录入】窗口。单击【增加】按钮，根据实验资料，【结算方式】选择“电汇”，【金额】填入“184 200”，并将表体第 1 行的【款项类型】改为“应付款”。保存该应付款单，结果如图 9-74 所示。

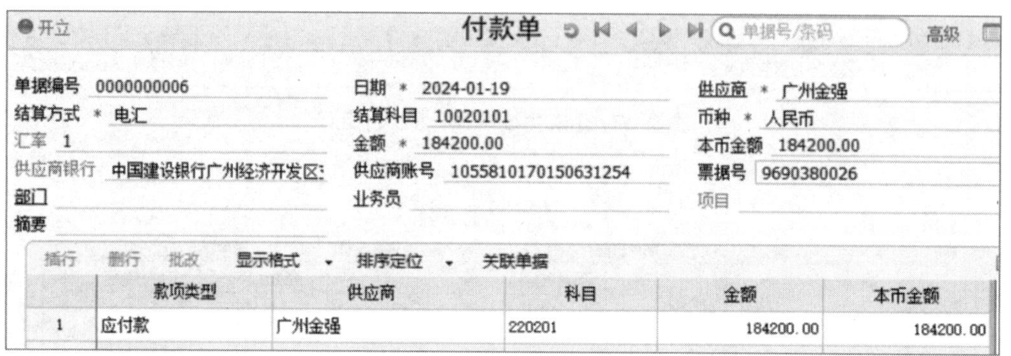

图 9-74 【付款单】窗口

(13) 收款单据审核并手工核销处理，合并生成凭证。

2023 年 1 月 19 日，以陈玉婷(F02)的身份登录 U8 企业应用平台。

①收款单据审核并手工核销处理。在应收款管理系统，依次单击【收款处理】→【收款单据审核】菜单，打开【收款单据审核】窗口。单击工具栏的【查询】按钮，系统打开【查询条件—收付款单过滤】对话框，单击【确定】按钮，系统返回【收款单据审核】窗口，如图 9-75 所示。

收付款单列表

序号	☐	审核人	单据日期	单据类型	单据编号	客户名称	结算方式	票据号	币种	本币金额
1	☐		2024-01-19	收款单	0000000005	深圳蓝天智能设备有限公司	电汇	9690369302	人民币	374,600.00
2	小计									374,600.00
3	合计									374,600.00

图 9-75 【收付款单列表】窗口

②双击深圳蓝天收款单的【单据编号】栏，打开该收款单。单击工具栏的【审核】按钮，系统弹出“是否立即制单?”提示框，单击【否】。再单击工具栏的【核销】按钮，系统弹出【核销条件】对话框，单击【确定】，打开【手工核销】窗口。在深圳蓝天销售专用发票的【本次结算】栏输入“374 600”，如图 9-76 所示，单击【确认】按钮。关闭已打开窗口。

③生成凭证。在应收款管理系统，依次单击【凭证处理】→【生成凭证】菜单，打开【制单查询】窗口，依次勾选【收付款单】→【核销】→【票据处理】、单击【确定】，打开【生成凭证】窗口。依次单击工具栏的【合并】→【制单】按钮，系统生成一张记账凭证，将【凭证类别】改为“转账凭证”，单击工具栏的【保存】按钮，如图 9-77 所示(因黑白打印导致第二行贷方金额显示成黑色，实际为红色)。关闭当前窗口。

我的桌面　手工核销　单据条码搜索

查询　刷新　全选　全消　分摊　预收　确认　汇率　联查

单据日期	单据类型	单据编号	客户	款项类型	结算方式	币种	原币金额	原币余额	本次结算金额
2024-01-19	收款单	0000000005	深圳蓝天	应收款	电汇	人民币	374,600.00	374,600.00	374,600.00
合计							374,600.00	374,600.00	374,600.00

单据日期	单据类型	单据编号	到期日	客户	币种	原币金额	原币余额	本次结算	订单号	凭证号
2024-01-18	销售专用发票	14661281	2024-01-18	深圳蓝天	人民币	474,600.00	374,600.00	374,600.00	XS240104	转-0027
合计						474,600.00	374,600.00	374,600.00		

图 9–76　【手工核销】窗口

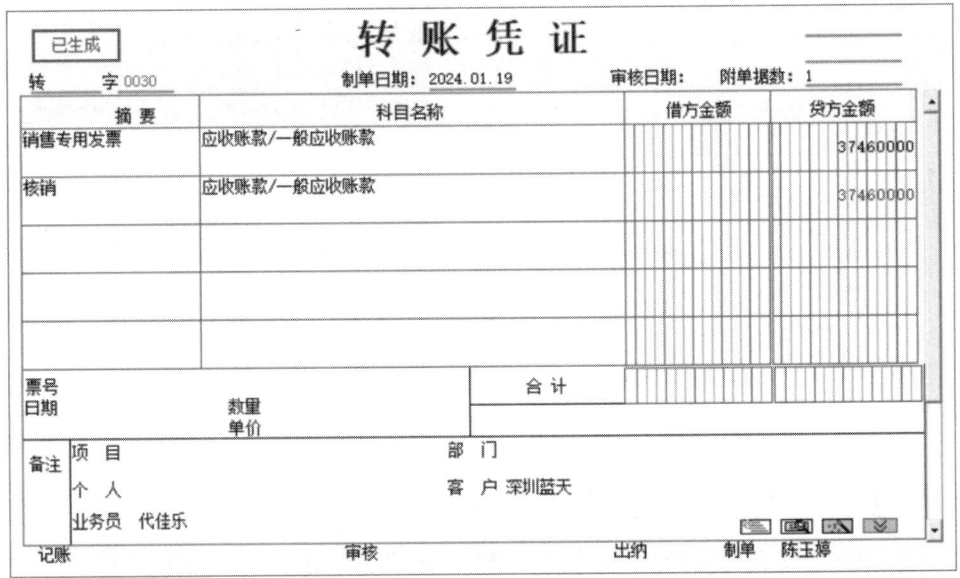

已生成

转 账 凭 证

转　字 0030　制单日期：2024.01.19　审核日期：　附单据数：1

摘要	科目名称	借方金额	贷方金额
销售专用发票	应收账款/一般应收账款		37460000
核销	应收账款/一般应收账款		37460000

票号　日期　数量　单价　合计

备注　项目　部门　个人　客户 深圳蓝天　业务员 代佳乐

记账　审核　出纳　制单 陈玉婷

图 9–77　【填制凭证】窗口

(14) 应付系统生成凭证。

①在 U8 企业应用平台，依次单击【业务导航】→【财务会计】→【应付款管理】→【付款处理】→【付款单据审核】菜单，打开【付款单据审核】窗口。单击工具栏的【查询】按钮，系统打开【查询条件—收付款单过滤】对话框，单击【确定】按钮，系统返回【付款单据审核】窗口，如图 9–78 所示。

收付款单列表

序号	☐	审核人	单据日期	单据类型	单据编号	供应商	结算方式	票据号	币种	本币金额
1	☐		2024-01-19	付款单	0000000006	广州金强...	电汇	9690380026	人民币	184,200.00
2	小计									184,200.00
3	合计									184,200.00

图 9–78　【收付款单列表】窗口

②双击广州金强付款单的【单据编号】栏，打开该付款单。单击工具栏的【审核】按钮，系统弹出“是否立即制单?”提示框，单击【是】，系统打开【填制凭证】窗口并生成一张记账凭证，将【凭证类别】改为“付款凭证”，单击【保存】按钮，如图 9-79 所示。关闭当前窗口。

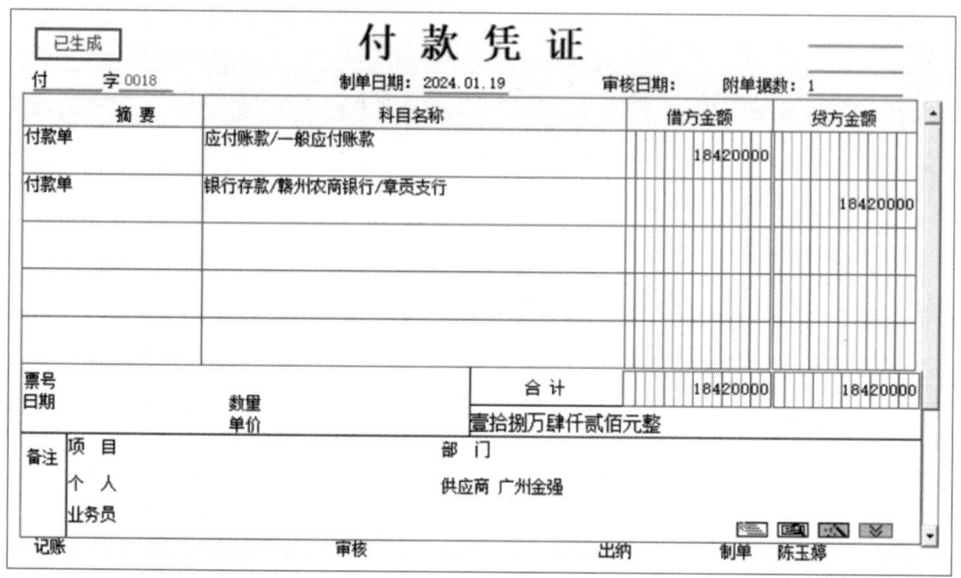

已生成

付款凭证

付 字 0018　　制单日期：2024.01.19　　审核日期：　　附单据数：1

摘要	科目名称	借方金额	贷方金额
付款单	应付账款/一般应付账款	18420000	
付款单	银行存款/赣州农商银行/章贡支行		18420000
票号 日期　数量 单价	合计	18420000	18420000
	壹拾捌万肆仟贰佰元整		

备注　项目　　部门

个人　　供应商 广州金强

业务员

记账　　审核　　出纳　　制单 陈玉婷

图 9-79 【填制凭证】窗口

③手工核销处理。在应收款管理系统，依次单击【核销处理】→【手工核销】菜单，打开【核销条件】对话框，客户选择“广州金强”，单击【确定】按钮，打开【手工核销】窗口。输入本次结算金额，如图 9-80 所示，单击【确定】按钮。关闭当前窗口。

我的桌面　手工核销

查询　刷新　全选　全消　分摊　预付　确认　汇率　联查

单据日期	单据类型	单据编号	供应商	款项类型	结算方式	原币金额	原币余额	本次结算	订单号
2024-01-19	付款单	0000000006	广州金强	应付款	电汇	184,200.00	184,200.00	184,200.00	
合计						184,200.00	184,200.00	184,200.00	

单据日期	单据类型	单据编号	到期日	供应商	币种	原币金额	原币余额	本次结算	订单号	凭证号
2024-01-18	采购专用发票	14752345	2024-01-18	广州金强	人民币	384,200.00	184,200.00	184,200.00	CG440129	转-0025
合计						384,200.00	184,200.00	184,200.00		

图 9-80 【手工核销】窗口

④合并生成凭证。在应收款管理系统，依次单击【凭证处理】→【生成凭证】菜单，打开【制单查询】窗口，依次勾选【收付款单】→【核销】，单击【确定】，打开【生成凭证】窗口。依次单击工具栏的【合并】→【制单】按钮，系统生成一张记账凭证，将【凭证类别】改为“转账凭证”，单击工具栏的【保存】按钮。结果如图 9-81 所示(因黑白打印导致第二行借方金

额显示成黑色，实际为红色）。关闭当前窗口。

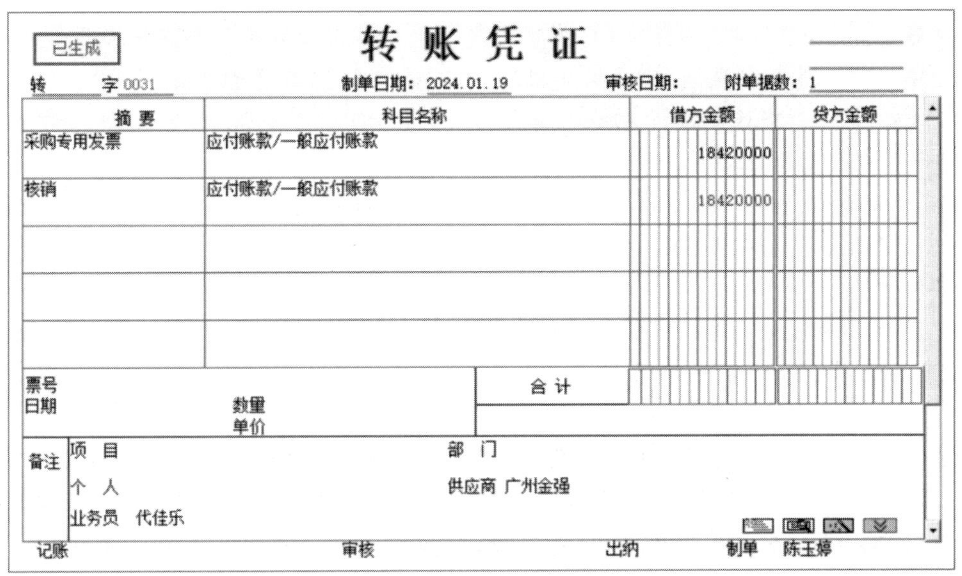
已生成

转账凭证

转　字 0031　制单日期：2024.01.19　审核日期：　附单据数：1

摘要	科目名称	借方金额	贷方金额
采购专用发票	应付账款/一般应付账款	18420000	
核销	应付账款/一般应付账款	18420000	
票号 日期　数量 单价	合计		

备注　项目　部门
个人　供应商 广州金强
业务员 代佳乐

记账　审核　出纳　制单 陈玉婷

图 9-81 【填制凭证】窗口

【实验提示】

①对于直运业务，销售订单、采购订单，采购和销售发票，采购类型为直运采购；销售类型为直运销售。

②如果在选项中设置了“直运销售必有订单”，则直运销售发票和直运采购发票都只能参照销售订单生成发票；若要手工开具发票，则应先取消“直运销售必有订单”，同时还必须删掉销售订单。

③直运采购和直运销售发票上都不能输入仓库。

④直运采购业务生成的直运采购发票在应付款管理系统审核，但不能在此制单，其制单操作在存货核算系统进行。

⑤直运销售业务生成的直运销售发票在应收款管理系统审核并制单，其销售成本的结转需要在存货核算系统进行。

⑥根据直运采购发票生成的直运销售发票，必须在直运采购发票记账后再对直运销售发票记账。

⑦在销售发票制单时，借方取收发类别对应的科目，贷方取存货对应的科目。

五、分期收款销售业务

分期收款销售业务是指将货物提前一次发给客户，分期收回货款。其特点是一次发货，分次收款。分期收款销售业务的订单、发货、出库、开票等处理与普通销售业务相同，只是业务类型选择的是“分期收款”。分期收款销售业务处理流程如下：在销售管理系统中填制并审核分期收款销售订单，生成分期收款发货单→在库存管理系统中参照分期收款发货单生成并审核销售出库单→在存货核算系统中执行发出商品记账→在销售管理系统中参照分期收款发货单生成分期收款销售发票→在应收款管理系统中对销售发票进行审核并生成凭证→在存货核算系统中执行发出商品记账→填制收款单据→在应收款管理系统中对收款单进行审核并制单→在应收款管理系统中进行手工核销并制单。

【实验资料】 2024 年 1 月 19 日，销售部代佳乐与四川长虹签订分期收款购销合同(编号：XS240105)，销售空调压缩机用电机 1 000 台，不含税价为 588 元/台，价税合计 664 440 元。当日发出全部货物(出库单号：CK240106)。合同约定次日收回货款 300 000 元，剩余货款下个月 19 日之前支付。1 月 20 日，收到四川长虹通过电汇方式向赣州农商银行章贡支行账户支付的第一期货款(票号：9690370009)，并向四川长虹开具增值税专用发票(票号：14661345)。

【实验过程】

(1)填制分期收款销售订单并生成分期收款发货单。

2023 年 1 月 19 日，以代佳乐(X01)的身份登录 U8 企业应用平台。

①填制(分期收款)销售订单。在 U8 企业应用平台，依次单击【业务导航】→【供应链】→【销售管理】→【销售订货】→【销售订单】菜单，打开【销售订单】窗口。单击工具栏的【增加】按钮，根据实验资料填制销售订单。注意，表头【业务类型】选择“分期收款”，【销售类型】选择“分期收款销售”。填制完毕，依次单击工具栏的【保存】【审核】按钮，结果如图 9-82 所示。

图 9-82 【销售订单】窗口

②生成分期收款发货单。在【销售订单】窗口，单击工具栏的【发货】按钮，系统自动参照销售订单生成发货单。发货单表体【仓库名称】选择“产成品仓”。依次单击工具栏的【保存】→【审核】按钮，结果如图 9-83 所示。关闭当前窗口。

图 9-83 【发货单】窗口

(2)参照分期收款发货单生成销售出库单。

①2023 年 1 月 19 日，以王文杰(C01)的身份登录 U8 企业应用平台。在 U8 企业应用平台，依次单击【业务导航】→【供应链】→【库存管理】→【销售出库】→【销售出库单】菜单，系统打开【销售出库单】窗口。执行工具栏的【增加】→【销售发货单】命令，系统弹出【查询条件—销售发货单列表】对话框，单击【确定】按钮，系统打开【销售生单】窗口，如图 9-84 所示。

销售出库单显示模版　　销售发货单表头　　□根据累计出库数更新发货单 ☑显示表体

□	发货单号	单据日期	业务类型	客户	部门	业务员	制单人	审核人	发货地址
□	0000000003	2024-01-14	普通销售	广东华戴	销售部	代佳乐	代佳乐	代佳乐	广东省广州市天河区中山大道4002号
☑	0000000006	2024-01-19	分期收款	四川长虹	销售部	代佳乐	代佳乐	代佳乐	四川省绵阳市经开区三江大道1020号
合计									

共2条记录　已选择行数:1　□选中合计　每页显示 20 条　1 /1　跳转

☑	仓库编码	仓库	存货编码	存货名称	主计量单位	应出库数量	未出库数量	本次出库数量	本次出库件数
☑	02	产成品仓	030202	空调压缩机用电机	台	1,000.00	1,000.00	1,000.00	
合计						1,000.00	1,000.00		

图 9-84 【销售发货单表头】窗口

②单击 19 日四川长虹分期收款发货单对应的【选择】栏，再单击工具栏的【确定】按钮，系统返回【销售出库单】窗口。根据实验资料，将表头【出库单号】修改为“CK240106”，其他项默认。单击工具栏的【保存】按钮，再单击【审核】按钮，结果如图 9-85 所示。

已审核　　销售出库单　　单据号/条码　高级

出库单号 * CK240106　　出库日期 * 2024-01-19　　仓库 * 产成品仓
出库类别 分期收款销售出库　　业务类型 分期收款　　业务号 0000000006
销售部门 销售部　　业务员 代佳乐　　客户 * 四川长虹
审核日期 2024-01-19　　备注

存量 · 货位 · 关联单据　排序定位 · 显示格式 ·

	存货编码	存货名称	规格型号	主计量单位	库存单位	件数	数量	单价	金额
1	030202	空调压缩机用电机		台			1000.00		

图 9-85 【销售出库单】窗口

(3)发出商品记账。2023 年 1 月 19 日，以陈玉婷(F02)的身份登录 U8 企业应用平台。在存货核算系统，依次单击【记账】→【发出商品记账】菜单，系统打开【未记账单据一览表】窗口，单击工具栏的【查询】按钮，系统打开【查询条件】对话框，单击【确定】按钮，系统显示正常单据记账列表，如图 9-86 所示。单击 19 日四川长虹分期收款发货单的【选择】栏，再单击工具栏的【记账】按钮，系统弹出“记账成功。”提示框，单击【确定】按钮。关闭当前窗口。

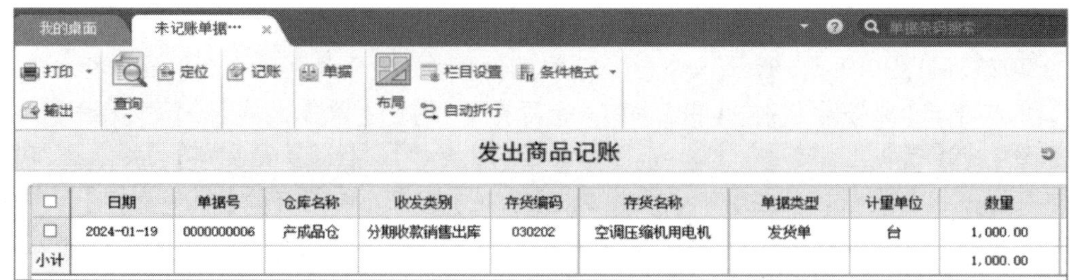

日期	单据号	仓库名称	收发类别	存货编码	存货名称	单据类型	计量单位	数量
2024-01-19	0000000006	产成品仓	分期收款销售出库	030202	空调压缩机用电机	发货单	台	1,000.00
小计								1,000.00

图 9-86 【未记账单据一览表】

(4)参照分期收款发货单生成分期收款销售专用发票。

2023 年 1 月 20 日，以代佳乐(X01)的身份登录 U8 企业应用平台。

①生成销售专用发票。在 U8 企业应用平台，依次单击【业务导航】→【供应链】→【销售管理】→【销售开票】→【销售专用发票】菜单，打开【销售专用发票】窗口。选中工具栏的【增加】→【发货单】命令，系统弹出【查询条件—发票参照发货单】对话框，【业务类型】选择“分期收款”，单击【确定】按钮，打开“参照生单”窗口，如图 9-87 所示。

税率(%)	业务类型	销售类型	发货单号	发货日期	开票单位编码	客户简称	销售部门	业务员	制单人	审核人
13.00	分期收款	分期收款销售	0000000006	2024-01-19	402	四川长虹	销售部	代佳乐	代佳乐	代佳乐
合计										

订单号	仓库	货物名称	税率(%)	数量	税额	价税合计	无税单价	未开票价税合计
XS240105	产成品仓	空调压缩机用电机	13.00	1,000.00	76,440.00	664,440.00	588.00	664,440.00
合计				1,000.00	76,440.00	664,440.00		664,440.00

图 9-87 【发票参照发货单表头】窗口

②选中 19 日四川长虹分期收款发货单，单击【确定】，系统返回【销售专用发票】窗口。根据实验资料，表头【发票号】填入“14661345”，表体【数量】修改为“1 000”，单击工具栏的【保存】按钮，如图 9-88 所示。

	仓库名称	存货编码	存货名称	主计量	数量	无税单价	税额	价税合计	税率(%)
1	产成品仓	030202	空调压缩机用电机	台	1000.00	588.00	76440.00	664440.00	13.00

图 9-88 【销售专用发票】窗口

(5)销售发票审核并生成凭证。

①2023 年 1 月 20 日，以陈玉婷(F02)的身份登录 U8 企业应用平台。在 U8 企业应用平台，依次单击【业务导航】→【财务会计】→【应收款管理】→【应收处理】→【销售发票】→【销售发票审核】菜单，打开【销售发票审核】窗口。单击工具栏的【查询】按钮，系统弹出【查询条件—发票查询】对话框，单击【确定】按钮，如图 9-89 所示。

销售发票列表

序号	□	审核人	单据日期	单据类型	单据号	客户名称	部门	业务员	制单人	本币金额
1	□		2024-01-20	销售专用发票	14661345	四川长虹空调有限公司	销售部	代佳乐	代佳乐	664,440.00
2	小计									664,440.00
3	合计									664,440.00

图 9-89　【销售发票列表】窗口

②双击 20 日四川长虹销售专用发票的单据号“14661345”，系统打开该发票，单击工具栏的【审核】按钮，系统弹出“是否立即制单?”提示框，单击【是】，系统自动打开【填制凭证】窗口。将【凭证类别】改为“转账凭证”，单击工具栏的【保存】按钮，如图 9-90 所示。关闭当前已打开窗口。

已生成

转 账 凭 证

转　字 0032　　制单日期：2024.01.20　　审核日期：　　附单据数：1

摘要	科目名称	借方金额	贷方金额
销售专用发票	应收账款/一般应收账款	66444000	
销售专用发票	主营业务收入		58800000
销售专用发票	应交税费/应交增值税/销项税额		7644000
票号 日期　数量 单价	合计	66444000	66444000
	陆拾陆万肆仟肆佰肆拾元整		

备注　项　目　　部　门

个　人　　客　户 四川长虹

业务员 代佳乐

记账　审核　出纳　制单 陈玉婷

图 9-90　【填制凭证】窗口

(6)发出商品记账。在存货核算系统，依次单击【记账】→【发出商品记账】菜单，系统打开【未记账单据一览表】窗口，单击工具栏的【查询】按钮，系统打开【查询条件】对话框，单击【确定】按钮，系统显示正常单据记账列表，如图 9-91 所示。单击 20 日四川长虹销售专用发票的【选择】栏，再单击工具栏的【记账】按钮，系统提示记账成功，单击【确定】按钮。关闭当前窗口。

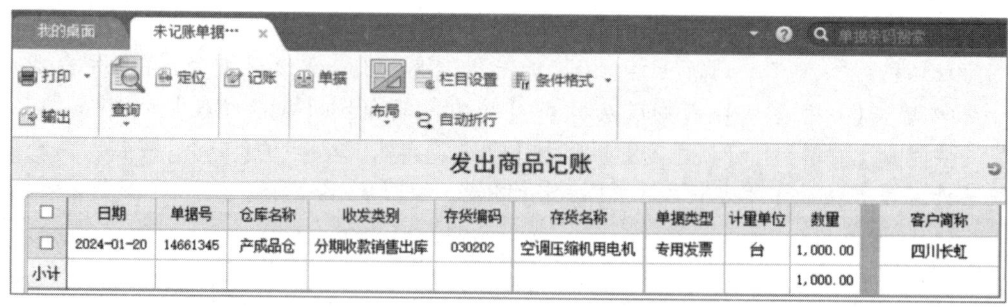

发出商品记账

	日期	单据号	仓库名称	收发类别	存货编码	存货名称	单据类型	计量单位	数量	客户简称
☐	2024-01-20	14661345	产成品仓	分期收款销售出库	030202	空调压缩机用电机	专用发票	台	1,000.00	四川长虹
小计									1,000.00	

图 9-91 【未记账单据一览表】窗口

(7)填制收款单据。

①2023 年 1 月 20 日，以朱娟奇(F03)的身份登录 U8 企业应用平台。在 U8 企业应用平台，依次单击【业务导航】→【财务会计】→【应收款管理】→【收款处理】→【收款单据录入】菜单，打开【收款单据录入】窗口。根据实验资料填制收款单，并将表体第 1 行的【款项类型】改为“应收款”。填制完毕单击工具栏的【保存】按钮，结果如图 9-92 所示。

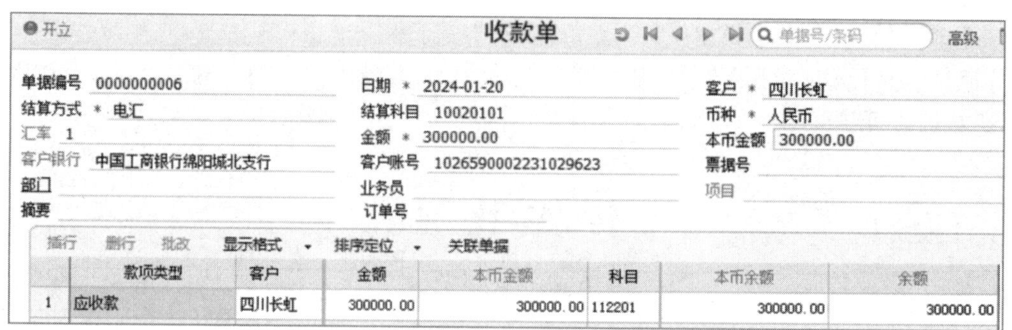

收款单

单据编号 0000000006　日期 * 2024-01-20　客户 * 四川长虹
结算方式 * 电汇　结算科目 10020101　币种 * 人民币
汇率 1　金额 * 300000.00　本币金额 300000.00
客户银行 中国工商银行绵阳城北支行　客户账号 102659000223102962З　票据号
部门　业务员　项目
摘要　订单号

	款项类型	客户	金额	本币金额	科目	本币余额	余额
1	应收款	四川长虹	300000.00	300000.00	112201	300000.00	300000.00

图 9-92 【收款单】窗口

②2024 年 1 月 20 日，以陈玉婷(F02)的身份登录 U8 企业应用平台。在 U8 企业应用平台，依次单击【业务导航】→【财务会计】→【应收款管理】→【收款处理】→【收款单据审核】菜单，打开【收款单据审核】窗口。单击工具栏的【查询】按钮，系统打开【查询条件—收付单过滤】对话框，单击【确定】按钮，系统返回【收款单据审核】窗口。如图 9-93 所示。单击四川长虹收款单前【选择】栏，再单击【审核】按钮，系统提示审核成功，单击【确定】。关闭当前窗口。

收付款单列表

序号	☐	审核人	单据日期	单据类型	单据编号	客户名称	结算方式	票据号	币种	本币金额
1	☐		2024-01-20	收款单	0000000006	四川长虹空调有限公司	电汇		人民币	300,000.00
2	小计									300,000.00
3	合计									300,000.00

图 9-93 【收款单据审核】窗口

(8)手工核销处理，合并生成凭证。

①手工核销处理。在应收款管理系统，依次单击【核销处理】→【手工核销】菜单，打开【核销条件】对话框，客户选择“四川长虹”，单击【确定】按钮，打开【手工核销】窗口。输入本次结算金额，如图 9-94 所示，单击【确定】按钮。关闭当前窗口。

单据日期	单据类型	单据编号	客户	款项类型	结算方式	币种	原币金额	原币余额	本次结算金额
2024-01-20	收款单	0000000006	四川长虹	应收款	电汇	人民币	300,000.00	300,000.00	300,000.00
合计							300,000.00	300,000.00	300,000.00

单据日期	单据类型	单据编号	到期日	客户	币种	原币金额	原币余额	本次结算	订单号	凭证号
2024-01-20	销售专用发票	14661345	2024-01-20	四川长虹	人民币	664,440.00	664,440.00	300,000.00	XS240105	转-0032
合计						664,440.00	664,440.00	300,000.00		

图 9-94 【手工核销】窗口

②合并生成凭证。在应收款管理系统，依次单击【凭证处理】→【生成凭证】，打开【制单查询】窗口，依次勾选【收付款单】→【核销】，单击【确定】，打开【生成凭证】窗口。依次单击工具栏的【合并】→【制单】按钮，系统生成一张记账凭证，将【凭证类别】改为“转账凭证”，单击工具栏的【保存】按钮。结果如图 9-95 所示(因黑白打印导致第二行贷方金额显示成黑色，实际为红色)。关闭当前窗口。

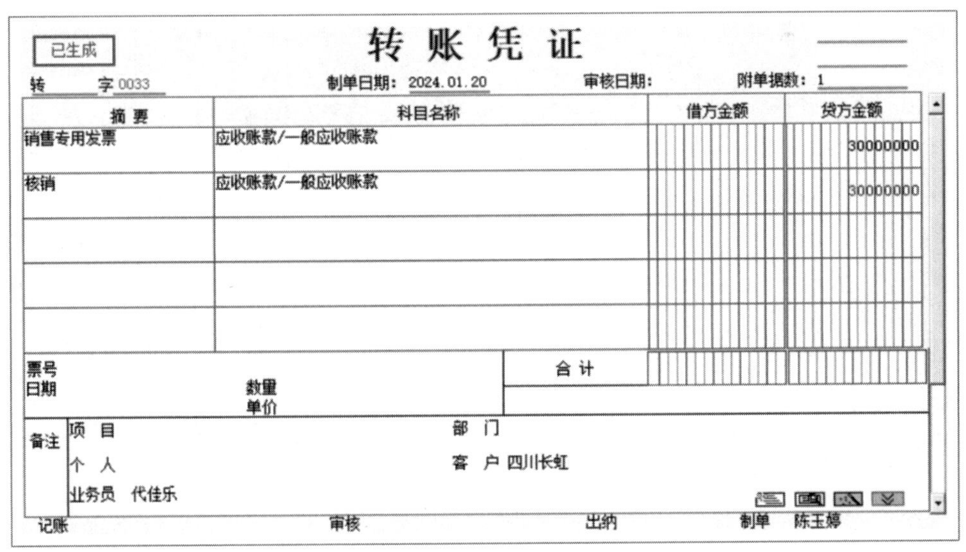

已生成

转账凭证

转 字 0033 制单日期：2024.01.20 审核日期： 附单据数：1

摘要	科目名称	借方金额	贷方金额
销售专用发票	应收账款/一般应收账款		30000000
核销	应收账款/一般应收账款		30000000
票号 日期	数量 单价	合计	

备注 项目 部门

个人 客户 四川长虹

业务员 代佳乐

记账 审核 出纳 制单 陈玉婷

图 9-95 【填制凭证】窗口

【实验提示】

①分期收款销售方式发出商品、开具销售专用发票确认收入后，应立即结转销售成本。

②分期收款销售业务成本有关单据需要在存货核算中进行记账，才能结转销售成本。

③分期收款销售如果采用多次发货，一次收款，则在应收款中输入收款单后，还需要进行核销处理，即对同一客户的应收单和收款单进行核销，以冲销应收账款。

④如果采用的是全月平均法核算成本，在月末才能结转销售成本(期末处理后结存货物单价金额才能核算出来)。

⑤如果采用的是先进先出法，随时都可以结转销售成本的核算，每次出库后，应该结转销售成本。

思考题

1. 简述销售管理系统的基本功能。

2. 销售管理系统与其他系统之间存在哪些数据传递关系?

3. 与手工环境下的销售业务相比，利用会计信息系统处理销售业务在流程上有何差异?

4. 销售管理系统日常业务主要包括哪些? 主要涉及哪些单据?

5. 简述直运销售业务的处理流程。

第十章
库存管理

第一节　库存管理系统概述

一、库存管理系统功能概述

库存管理系统是供应链管理系统的一个子系统，其主要功能是处理由采购部门传递过来的采购到货单，进行验收入库；销售部门传过来的销售发货单，审核之后销售出库；处理材料领用业务（配比出库、限额领料），半成品、产成品入库，处理调拨、盘点等工作，查询各种库存账表（如库存台账、出入库流水账、收发存汇总表等），提供最高库存、最低库存、安全库存报警等工作；以及组装拆卸业务等。

二、库存管理系统与其他系统的主要关系

库存管理系统既可以和采购管理、销售管理、存货核算集成使用，也可以单独使用。库存管理系统可以参照采购管理系统的采购订单、采购到货单生成采购入库单。库存管理系统将入库情况反馈到采购管理系统，采购管理系统向库存管理系统提供预计入库量。库存管理系统与销售管理系统密切配合，根据选项设置，销售出库单可以在库存管理系统中填制、生成，也可以在销售管理系统中生成后传递到库存管理系统，由库存管理系统再进行审核。如果在库存管理系统中生成销售出库单，则需要参照销售管理系统的发货单、销售发票。销售管理系统为库存管理系统提供预计出库量，库存管理系统为销售管理系统提供可用于销售的存货的可用量。通过销售预测和销售订单，动态调整库存水平，以满足销售需求，同时防止过多的库存积压。同时，库存管理系统会与存货核算系统紧密相连，库存管理系统为存货核算系统提供各种出入库单据，所有出入库单均由库存管理系统填制；存货核算系统只能填写出入库单的单价、金额，并可对出入库单进行记账操作，核算出入库的成本。

第二节　库存管理系统日常业务处理

一、出库业务

库存管理系统的出库业务主要包括销售出库、材料出库及其他出库等。销售出库在第九章销售管理中已经有所介绍。本章主要介绍材料出库。材料出库单是工业企业出库单据的主要部分，是工业企业领用材料时所填制的出库单据。在库存管理系统中，材料出库单是进行日常业务处理和记账的主要原始单据之一。

【实验资料】2024 年 1 月 21 日，一车间、二车间、三车间均领用一批原材料，明细清单分别见表 10-1、表 10-2 和表 10-3。同日，一车间、二车间、三车间均领用一批包装材料，明细清单分别见表 10-4、表 10-5 和表 10-6。

表 10-1　一车间领用原材料明细表(出库单号：CK240201)

仓库	材料编码及名称	单位	领用数量	用途	
				自动库门用电机	建筑通风设备用电机
原料及辅料仓	0101 稀土永磁材料	千克	500	250	250
	0102 铁芯	个	2000	1 000	1 000
	0103 线圈	个	2000	1 000	1 000
	0104 轴承	个	2000	1 000	1 000
	0105 塑料	千克	2000	1 000	1 000
	0106 绝缘材料	千克	2000	1 000	1 000

表 10-2　二车间领用原材料明细表(出库单号：CK240202)

仓库	材料编码及名称	单位	领用数量	用途	
				厨房电器设备用电机	空调压缩机用电机
原料及辅料仓	0101 稀土永磁材料	千克	800	400	400
	0102 铁芯	个	3 000	1 500	1 500
	0103 线圈	个	3 000	1 500	1 500
	0104 轴承	个	3 000	1 500	1 500
	0105 塑料	千克	3 000	1 500	1 500
	0106 绝缘材料	千克	3 000	1 500	1 500

表 10-3　三车间领用原材料明细表(出库单号：CK240203)

仓库	材料编码及名称	单位	领用数量	用途			
				纯电动汽车电驱系统	燃油车启动机	燃油车发电机	汽车空调用电机
原料及辅料仓	0101 稀土永磁材料	千克	3 000	1 200	600	600	600
	0102 铁芯	个	4 000	1 000	1 000	1 000	1 000
	0103 线圈	个	4 000	1 000	1 000	1 000	1 000
	0104 轴承	个	6 000	1 500	1 500	1 500	1 500
	0105 塑料	千克	8 000	2 000	2 000	2 000	2 000
	0106 绝缘材料	千克	8 000	2 000	2 000	2 000	2 000

表 10-4　一车间领用包装材料明细表(出库单号：CK240301)

仓库	材料编码及名称存货名称	单位	数量	用途
周转材料仓	020101 自动库门用电机包装箱	个	150.00	自动库门用电机
	020102 建筑通风设备用电机包装箱	个	400.00	建筑通风设备用电机

表 10-5　二车间领用包装材料明细表(出库单号：CK240302)

仓库	材料编码及名称存货名称	单位	数量	用途
周转材料仓	020103 厨房电器设备用电机包装箱	个	1 000.00	厨房电器设备用电机
	020104 空调压缩机用电机包装箱	个	2 000.00	空调压缩机用电机

表 10-6　三车间领用包装材料明细表(出库单号：CK240303)

仓库	材料编码及名称存货名称	单位	数量	用途
周转材料仓	020105 纯电动汽车电驱系统包装箱	个	120.00	纯电动汽车电驱系统
	020106 燃油车启动机包装箱	个	100.00	燃油车启动机
	020107 燃油车发电机包装箱	个	100.00	燃油车发电机
	020108 汽车空调用电机包装箱	个	500.00	汽车空调用电机

【实验过程】

(1)填制材料出库单。

①2024 年 1 月 21 日，以王文杰(C01)的身份登录 U8 企业应用平台。

②在 U8 企业应用平台，依次单击【业务工作→供应链→库存管理→材料出库→材料出库单】菜单，系统打开【材料出库单】窗口。

③单击工具栏的【增加】按钮，根据实验资料，将表头项目【出库单号】改为【CK240201】，【仓库】选择【原料及辅料仓】，【出库类别】选择【材料领用出库】，【部门】选择【一车间】，其他项默认。在表体第 1 行，【材料编码】选择【0101 稀土永磁材料】，【数

量】输入【250】,【项目大类编码】选择【00】(生产成本核算),【项目编码】选择【01001 自动库门用电机】;按此方法继续录入其他各行的信息。填制完毕依次单击工具栏的【保存】【审核】按钮,结果如图 10-1 所示。参照上述方法填制后面 5 张材料出库单并审核。

材料出库单

出库单号 * CK240201　　出库日期 * 2024-01-21　　仓库 * 原料及辅料仓
订单号　　产品编码　　产量 0.00
生产批号　　业务类型 领料　　业务号
出库类别 材料领用出库　　部门 一车间　　委外商
审核日期　　备注

	材料编码	材料名称	规格型号	主计量单位	数量	单价	金额	项目	项目编码	项目大类编码	项目大类名称
1	0101	稀土永磁材料		千克	250.00			自动库门用电机	01001	00	生产成本核算
2	0101	稀土永磁材料		千克	250.00			建筑通风设备用电机	01002	00	生产成本核算
3	0102	铁芯		个	1000.00			自动库门用电机	01001	00	生产成本核算
4	0102	铁芯		个	1000.00			建筑通风设备用电机	01002	00	生产成本核算
5	0103	线圈		个	1000.00			自动库门用电机	01001	00	生产成本核算
6	0103	线圈		个	1000.00			建筑通风设备用电机	01002	00	生产成本核算
7	0104	轴承		个	1000.00			自动库门用电机	01001	00	生产成本核算
8	0104	轴承		个	1000.00			建筑通风设备用电机	01002	00	生产成本核算
9	0105	塑料		千克	1000.00			自动库门用电机	01001	00	生产成本核算
10	0105	塑料		千克	1000.00			建筑通风设备用电机	01002	00	生产成本核算
11	0106	绝缘材料		千克	1000.00			自动库门用电机	01001	00	生产成本核算
12	0106	绝缘材料		千克	1000.00			建筑通风设备用电机	01002	00	生产成本核算
13											
14											
合计					10500.00						

图 10-1　材料出库单

(2)正常单据记账。

①2024 年 1 月 21 日,以陈玉婷(F02)的身份登录 U8 企业应用平台。

②在存货核算系统,依次单击【记账→正常单据记账】菜单,系统打开【未记账单据一览表】窗口,单击工具栏的【查询】按钮,系统打开【查询条件】对话框,单击【确定】按钮,系统显示正常单据记账列表。如图 10-2 选中 CK240201 至 CK240303 对应的 6 张材料出库单并记账。记账完毕退出该窗口。

正常单据记账列表

☐	日期	单据号	存货编码	存货名称	单据类型	仓库名称	收发类别	数量
☐	2024-01-21	CK240201	0103	线圈	材料出库单	原料及辅料仓	材料领用出库	1,000.00
☐	2024-01-21	CK240201	0104	轴承	材料出库单	原料及辅料仓	材料领用出库	1,000.00
☐	2024-01-21	CK240201	0104	轴承	材料出库单	原料及辅料仓	材料领用出库	1,000.00
☐	2024-01-21	CK240201	0105	塑料	材料出库单	原料及辅料仓	材料领用出库	1,000.00
☐	2024-01-21	CK240201	0105	塑料	材料出库单	原料及辅料仓	材料领用出库	1,000.00
☐	2024-01-21	CK240201	0106	绝缘材料	材料出库单	原料及辅料仓	材料领用出库	1,000.00
☐	2024-01-21	CK240201	0106	绝缘材料	材料出库单	原料及辅料仓	材料领用出库	1,000.00
☐	2024-01-21	CK240202	0101	稀土永磁材料	材料出库单	原料及辅料仓	材料领用出库	400.00
☐	2024-01-21	CK240202	0101	稀土永磁材料	材料出库单	原料及辅料仓	材料领用出库	400.00
☐	2024-01-21	CK240202	0102	铁芯	材料出库单	原料及辅料仓	材料领用出库	1,500.00
☐	2024-01-21	CK240202	0102	铁芯	材料出库单	原料及辅料仓	材料领用出库	1,500.00
☐	2024-01-21	CK240202	0103	线圈	材料出库单	原料及辅料仓	材料领用出库	1,500.00
☐	2024-01-21	CK240202	0103	线圈	材料出库单	原料及辅料仓	材料领用出库	1,500.00
☐	2024-01-21	CK240202	0104	轴承	材料出库单	原料及辅料仓	材料领用出库	1,500.00
☐	2024-01-21	CK240202	0104	轴承	材料出库单	原料及辅料仓	材料领用出库	1,500.00
☐	2024-01-21	CK240202	0105	塑料	材料出库单	原料及辅料仓	材料领用出库	1,500.00
☐	2024-01-21	CK240202	0105	塑料	材料出库单	原料及辅料仓	材料领用出库	1,500.00
☐	2024-01-21	CK240202	0106	绝缘材料	材料出库单	原料及辅料仓	材料领用出库	1,500.00
☐	2024-01-21	CK240202	0106	绝缘材料	材料出库单	原料及辅料仓	材料领用出库	1,500.00

共 56 条记录

图 10-2　正常单据记账表

二、入库业务

入库业务是指仓库收到采购或生产的货物，仓库保管员验收货物的数量、质量、规格型号等，确认验收无误后入库，并记库存账。在库存管理系统中，入库业务主要包括采购入库、产成品入库和其他入库等。采购入库在第八章采购管理中已经有所介绍，本章主要介绍产成品入库。产成品入库单是工业企业入库单据的主要部分。只有工业企业才有产成品入库单，商业企业没有此单据。一般情况下，产成品在入库时无法确定产品的总成本和单位成本。因此，在填制产成品入库单时，一般只有数量，没有单价和金额。

【实验资料】2023 年 1 月 25 日，一车间、二车间、三车间月初至本日生产的部分产品完工入库，明细清单分别见表 10-7、表 10-8 和表 10-9。

表 10-7　一车间产成品入库单(入库单号：RK020001)

仓库	产品编码及名称存货名称	单位	数量
产成品仓	030101 自动库门用电机	台	150.00
	030102 建筑通风设备用电机	台	400.00

表 10-8　二车间产成品入库单(入库单号：RK020002)

仓库	产品编码及名称存货名称	单位	数量
产成品仓	030201 厨房电器设备用电机	台	1 000.00
	030202 空调压缩机用电机	台	1 000.00

表 10-9　三车间产成品入库单(入库单号：RK020003)

仓库	产品编码及名称存货名称	单位	数量
产成品仓	030301 纯电动汽车电驱系统	套	20.00
	030302 燃油车启动机	台	100.00
	030303 燃油车发电机	台	100.00
	030304 汽车空调用电机	台	500.00

【实验过程】

(1)2023 年 1 月 25 日，以王文杰(C01)的身份登录 U8 企业应用平台。

(2)在 U8 企业应用平台，依次单击【业务工作→供应链→库存管理→生产入库→产成品入库单】菜单，系统打开【产成品入库单】窗口。

(3)单击【增加】按钮，根据实验资料，将表头【入库单号】改为【RK020001】，【仓库】选择【产成品仓】，【部门】选择【一车间】，【入库类别】选择【产成品入库】，其他项默认。在表体第 1 行，【产品编码】选择【030101 自动库门用电机】，【数量】输入【150】。继续录入建筑通风设备用电机、厨房电器设备用电机、空调压缩机用电机、纯电动汽车电驱系统、燃油车启动机、燃油车发电机、汽车空调用电机的入库信息。填制完毕依次单击工具栏的

【保存】【审核】按钮，结果如图 10-3 所示。参照上述方法填制其他产成品入库单并审核。

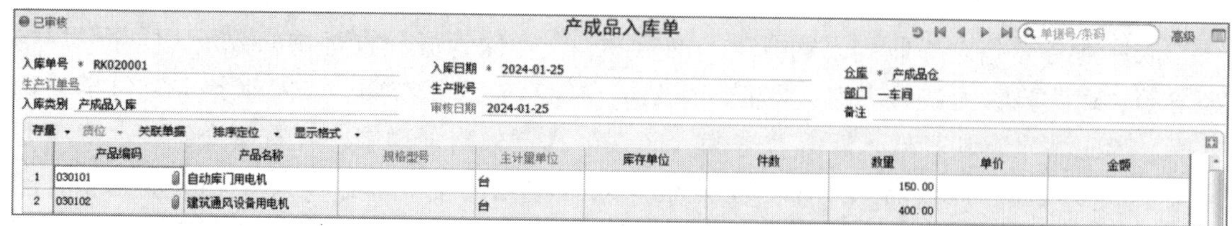
已审核

产成品入库单

入库单号 * RK020001
生产订单号
入库类别 产成品入库
入库日期 * 2024-01-25
生产批号
审核日期 2024-01-25
仓库 * 产成品仓
部门 一车间
备注

存量 货位 关联单据 排序定位 显示格式

	产品编码	产品名称	规格型号	主计量单位	库存单位	件数	数量	单价	金额
1	030101	自动库门用电机		台			150.00		
2	030102	建筑通风设备用电机		台			400.00		

图 10-3 产成品入库单

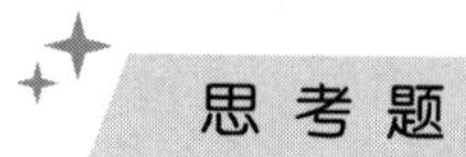

思考题

1. 简述库存管理系统的基本功能。
2. 库存管理系统与其他系统之间存在哪些数据传递关系?
3. 与手工环境下的库存业务相比，利用会计信息系统处理库存业务在流程上有何差异?
4. 库存管理系统的业务主要包括哪些? 主要涉及哪些单据?
5. 分别阐述出库业务和入库业务的处理流程。

第十一章
存货核算

第一节　存货核算系统概述

一、存货核算系统功能概述

存货核算系统是用友 U8 供应链管理系统的一个子系统，主要针对企业存货的收发存业务进行核算，掌握存货的耗用情况，及时准确地把各类存货成本归集到各成本项目和成本对象上，为企业的成本核算提供基础数据，是一款全面的存货核算、控制与库存管理解决方案，它涵盖了从采购、入库、销售、出库到库存管理和盘点等一系列环节。存货核算系统的主要功能包括存货出入库成本的核算、暂估入库业务处理、出入库成本的调整、存货跌价准备的处理等。

二、存货核算系统与其他系统的主要关系

存货核算系统可对采购管理系统生成的采购入库单记账，对采购暂估入库单进行暂估报销处理。存货核算系统可对库存管理系统生成的各种出入库单据记账核算。企业发生的正常销售业务的销售成本可以在存货核算系统中根据所选的计价方法自动计算；企业发生分期收款业务和委托代销业务时，存货核算系统可以对销售管理系统生成的发货单和发票记账并确认成本。在存货核算系统中，进行了出入库成本记账的单据可以生成一系列的物流凭证传入总账管理系统，实现财务和业务的一体化。存货核算系统是企业管理的核心，它负责对企业的存货进行管理和核算，包括库存盘点、入库管理、出库管理以及销售管理等。存货核算系统能够帮助企业实现库存管理和存货核算自动化系统。达到库存监控、降低存储成本等目的。

第二节　存货核算系统日常业务处理

一、分配本月材料费用

【实验资料】2023 年 1 月 31 日，计算并分配本月材料费用。

【实验过程】

2023 年 1 月 31 日，以陈玉婷(F02)的身份登录 U8 企业应用平台。

(1)期末处理。

①在存货核算系统，依次单击【记账】→【期末处理】菜单，系统弹出【期末处理—1 月】对话框。

②在【未期末处理仓库】栏取消勾选【02 产成品仓】，只勾选 01、03 两个仓库，单击【处理】按钮，系统打开【仓库平均单价计算表】，该表展示了前两个仓库在全月平均法下当月平均单价的计算过程，单击【确定】按钮，系统弹出“期末处理完毕!”提示框。再单击【确定】按钮，结果如图 11-1 所示，退出当前窗口。

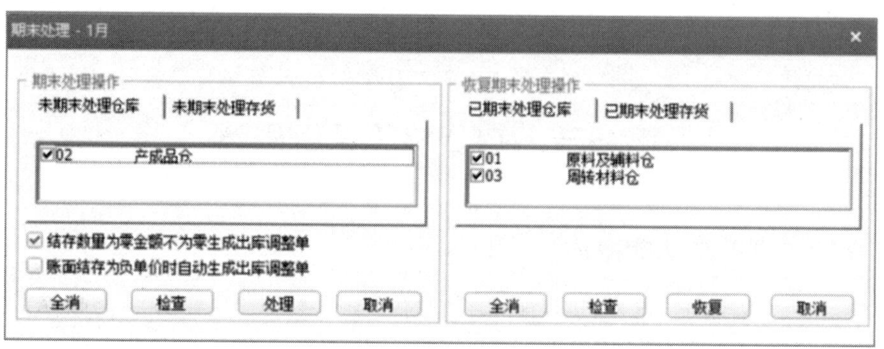

图 11-1　期末处理

(2)生成凭证。

①在存货核算系统，依次单击【凭证处理】→【生成凭证】菜单，系统打开“生成凭证”窗口。单击工具栏的【选单】按钮，系统弹出【查询条件—生成凭证查询条件】对话框，“业务类型”选择“领料”，单击【确定】按钮，系统打开【选择单据】窗口，如图 11-2 所示。

已结算采购入库单自动选择全部结算单上单据(包括入库单、发票、付款单),非本月采购入库单按蓝字报销单制单　**未生成凭证单据一览表**

选择	记账日期	单据日期	单据类型	单据号	仓库	收发类别	记账人	部门	部门编码	业务类型	计价方式	摘要
	2024-01-21	2024-01-21	材料出库单	CK240201	原料及辅料	材料领用出	陈玉婷	一车间	0901	领料	全月平均法	材料出库单
	2024-01-21	2024-01-21	材料出库单	CK240202	原料及辅料	材料领用出	陈玉婷	二车间	0902	领料	全月平均法	材料出库单
	2024-01-21	2024-01-21	材料出库单	CK240203	原料及辅料	材料领用出	陈玉婷	三车间	0903	领料	全月平均法	材料出库单
	2024-01-21	2024-01-21	材料出库单	CK240301	周转材料仓	材料领用出	陈玉婷	一车间	0901	领料	全月平均法	材料出库单
	2024-01-21	2024-01-21	材料出库单	CK240302	周转材料仓	材料领用出	陈玉婷	二车间	0902	领料	全月平均法	材料出库单
	2024-01-21	2024-01-21	材料出库单	CK240303	周转材料仓	材料领用出	陈玉婷	三车间	0903	领料	全月平均法	材料出库单

图 11-2　未生成凭证单据一览表

②单击工具栏的【全选】按钮，选中已记账的 6 张材料出库单，再单击【确定】按钮，系统返回【生成凭证】窗口。将【凭证类别】改为“转账凭证”，单击工具栏的【合并制单】按钮，系统打开【填制凭证】窗口，保存该记账凭证。关闭当前窗口。

借：生产成本/直接材料/自动库门用电机　　348 689.28
　　生产成本/直接材料/建筑通风设备用电机　　367 439.28
　　生产成本/直接材料/厨房电器设备用电机　　627 980.34
　　生产成本/直接材料/空调压缩机用电机　　607 980.34
　　生产成本/直接材料/纯电动汽车电驱系统　　923 053.52
　　生产成本/直接材料/燃油车启动机　　617 439.26

生产成本/直接材料/燃油车发电机　　617 439.26
生产成本/直接材料/汽车空调用电机　　622 939.26
贷：原材料　　4 502 310.54
　　周转材料/包装物　　230 650.00

二、分配本月制造费用

【实验资料】2023 年 1 月 31 日，按照本月投产量分配本月一车间、二车间、三车间的制造费用。

【实验过程】

(1)设置自定义转账。

①1 月 31 日，由陈玉婷(F02)登录 U8 企业应用平台。

②在 U8 企业应用平台，依次单击【业务导航】→【财务会计】→【总账】→【期末】→【转账定义】→【自定义转账】菜单，打开【自定义转账设置】窗口。

③单击工具栏的【增加】按钮，系统弹出【转账目录】对话框。根据实验资料，【转账序号】栏录入“0001”，【转账说明】栏录入“结转本月制造费用”，【凭证类别】选择“转账凭证”，如图 11-3 所示。

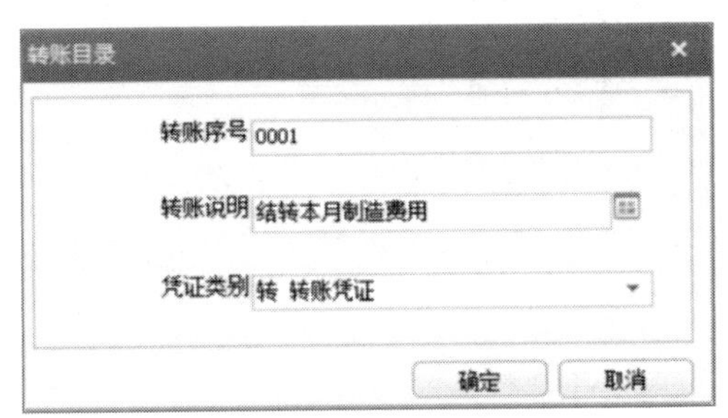

图 11-3 【转账目录】对话框

④单击【确定】按钮，返回【自定义转账设置】窗口。单击工具栏的【增行】按钮，“科目编码”参照选择“500103”，双击【金额公式】栏，按 F2 键进【公式向导】窗口，在函数名列表中选择“FS( )”(期末余额)。单击【下一步】按钮，将“科目”修改成 5101，单击完成按钮，在“FS(5101，月，借，0901)”后面输入“＊0.45”，依次输入自定义公式，如图 11-4 所示，完成自定义转账的设置。

自定义转账设置

打印　输出　增加　修改　删除　复制　保存　放弃　增行　删行　插行　复制行　粘贴行

转账序号 0001　　转账说明 结转本月制造费用　　凭证类别 转账凭证

摘要	科目编码	部门	个人	客户	供应商	项目	方向	金额公式
结转本月制造费用	500103					自动库...	借	FS(5101,月,借,0901)*0.45
结转本月制造费用	500103					建筑通...	借	FS(5101,月,借,0901)*0.55
结转本月制造费用	500103					厨房电...	借	FS(5101,月,借,0902)*0.3
结转本月制造费用	500103					空调压...	借	FS(5101,月,借,0902)*0.7
结转本月制造费用	500103					纯电动...	借	FS(5101,月,借,0903)*0.4
结转本月制造费用	500103					燃油车...	借	FS(5101,月,借,0903)*0.3
结转本月制造费用	500103					燃油车...	借	FS(5101,月,借,0903)*0.2
结转本月制造费用	500103					汽车空...	借	FS(5101,月,借,0903)*0.1
结转本月制造费用	510101						贷	FS(510101,月,借)
结转本月制造费用	510102						贷	FS(510102,月,借)
结转本月制造费用	510103						贷	FS(510103,月,借)
结转本月制造费用	510104						贷	FS(510104,月,借)
结转本月制造费用	510105						贷	FS(510105,月,借)

图 11-4 自定义转账—结转本月制造费用

(2)转账生成。

①在总账系统，依次双击【期末】→【转账生成】菜单，打开【转账生成】窗口，双击“0001”号自定义转账凭证的【是否结转】栏，如图 11-5 所示。

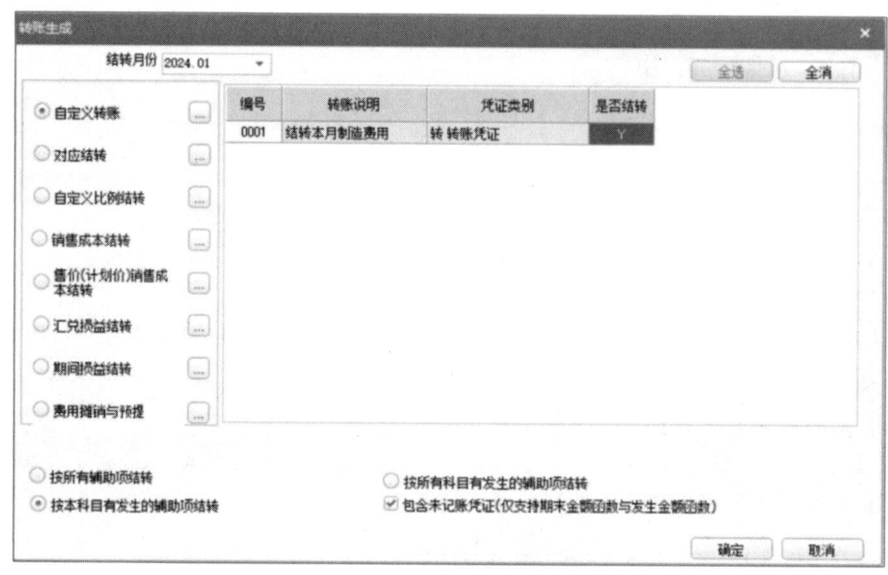

图 11-5 【转账生成】窗口

②生成凭证。

单击【确定】按钮，弹出记账凭证窗口，单击【保存】按钮，保存该记账凭证，结果如下所示。关闭当前窗口。

	借方	贷方
借：生产成本/制造费用/自动库门用电机	25 158.01	
生产成本/制造费用/建筑通风设备用电机	30 748.67	
生产成本/制造费用/厨房电器设备用电机	13 692.05	
生产成本/制造费用/空调压缩机用电机	31 948.11	
生产成本/制造费用/纯电动汽车电驱系统	23 811.44	
生产成本/制造费用/燃油车启动机	17 858.58	
生产成本/制造费用/燃油车发电机	11 905.72	
生产成本/制造费用/汽车空调用电机	5 952.86	
贷：制造费用/折旧费/一车间		14 697.6
制造费用/折旧费/二车间		11 497.6
制造费用/折旧费/三车间		33 897.6
制造费用/职工薪酬/一车间		19 209.08
制造费用/职工薪酬/二车间		18 142.56
制造费用/职工薪酬/三车间		19 631.00
制造费用/水电费/一车间		22 000.00
制造费用/水电费/二车间		16 000.00
制造费用/水电费/三车间		6 000.00

三、结转完工产品成本

【实验过程】

(1)成本数据查询。

①2024 年 1 月 31 日，以陈玉婷(F02)的身份登录 U8 企业应用平台。

②在总账系统，依次双击【账表】→【项目辅助账】→【项目成本一览表】菜单，依次打开【项目成本一览表查询条件】→【项目大类】，选择“生产成本核算”，点击“>”按钮将进行成本统计的科目“500101 直接材料”“500102 直接人工”“500103 制造费用”移入右侧，结果如 11-6 所示。单击【确定】按钮，结果如图 11-7 所示。

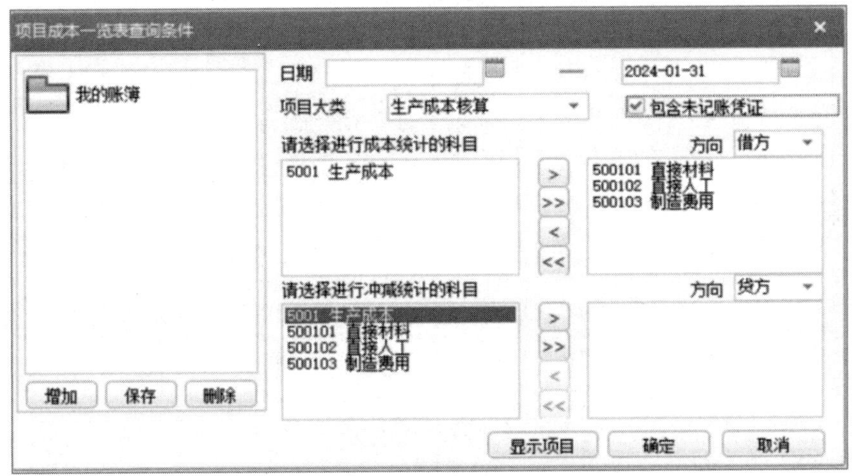

图 11-6　项目成本一览表查询条件

项目成本一览表

日期：－2024-01-31

项目代码	项目名称	成本支出			
		小计	直接材料(500101)	直接人工(500102)	制造费用(500103)
01001	自动库门用电机	387,823.39	348,689.28	13,976.10	25,158.01
01002	建筑通风设备用电机	415,269.85	367,439.28	17,081.90	30,748.67
02001	厨房电器设备用电机	650,590.72	627,980.34	8,918.33	13,692.05
02002	空调压缩机用电机	660,737.90	607,980.34	20,809.45	31,948.11
03001	纯电动汽车电驱系统	959,424.12	923,053.52	12,559.16	23,811.44
03002	燃油车启动机	644,717.20	617,439.26	9,419.36	17,858.58
03003	燃油车发电机	635,624.56	617,439.26	6,279.58	11,905.72
03004	汽车空调用电机	632,031.90	622,939.26	3,139.78	5,952.86
合计		4,986,219.64	4,732,960.54	92,183.66	161,075.44

图 11-7　项目成本一览表

(2)产成品成本分配。

在存货核算系统，依次单击【记账—产成品成本分配】菜单，系统打开【产成品成本分配表】窗口，单击工具栏的【查询】按钮，系统弹出【产成品成本分配表查询】对话框，勾选“02 产成品仓”，结果如图 11-8 所示，单击【确定】按钮。

根据图 11-7 的数据输入各产品的【金额】栏，结果如图 11-9 所示。输入完毕，单击工具栏的【分配】按钮，系统提示分配操作顺利完成。关闭当前窗口。

(3) 正常单据记账，生成凭证。

①在存货核算系统，依次单击【记账】→【正常单据记账】菜单，系统打开【未记账单据一览表】窗口，单击工具栏的【查询】按钮，系统打开【查询条件】对话框，单击【确定】按钮，系统显示正常单据记账列表。如图 11-10 所示，选中 3 张产成品入库单并对其进行记账。记账完毕关闭该窗口。

②在存货核算系统，依次单击【凭证处理】→【生成凭证】菜单，系统打开【凭证】窗口。单击工具栏的【选单】按钮，系统弹出【查询条件—生成凭证查询条话框】，【业务类型】选择“成品

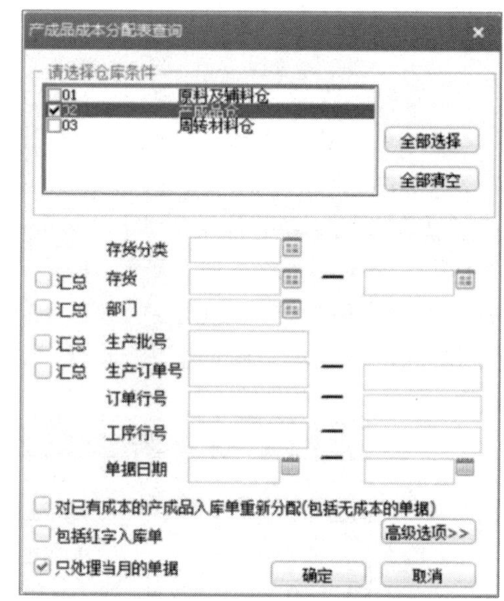

图 11-8 产成品成本分配表查询

我的桌面 产成品成本… 打印 输出 查询 全取 取价 清空 分配 明细

产成品成本分配

存货/分类编码	存货/分类名称	存货代码	规格型号	计量单位	数量	金额	单价
	存货 合计				3270.00	2,655,000.00	811.9266
03	产成品小计				3270.00	2,655,000.00	811.9266
0301	建筑类电机小计				550.00	485,000.00	881.8182
030101	自动库门用电机			台	150.00	225,000.00	1500.0000
030102	建筑通风设备用...			台	400.00	260,000.00	650.0000
0302	家居电器类电机...				2000.00	620,000.00	310.0000
030201	厨房电器设备用...			台	1000.00	200,000.00	200.0000
030202	空调压缩机用电机			台	1000.00	420,000.00	420.0000
0303	汽车产业类电机...				720.00	1,550,000.00	2152.7778
030301	纯电动汽车电驱...			套	20.00	700,000.00	35000.0000
030302	燃油车启动机			台	100.00	400,000.00	4000.0000
030303	燃油车发电机			台	100.00	300,000.00	3000.0000
030304	汽车空调用电机			台	500.00	150,000.00	300.0000

图 11-9 产成品成本分配

入库】，单击【确定】按钮，系统打开【选择单据】如图 11-11 所示。单击工具栏的【全选】按钮，选中已记账的 3 张产成品入库单，【确定】按钮，系统返回【生成凭证】窗口。

③单击工具栏的【全选】按钮，选中 3 张产成品入库单，再单击工具栏的【确定】按系统自动关闭【选择单据】窗口并返回【生成凭证】窗口。将【凭证类别】改为“转账凭证”，单击工具栏的【合并制单】按钮，系统打开【填制凭证】窗口。参照图 11-7 将第 2 行分录进行分拆，结果如下所示，分拆完毕单击工具栏的【保存】按钮，保存该记账凭证。关闭当前窗口。

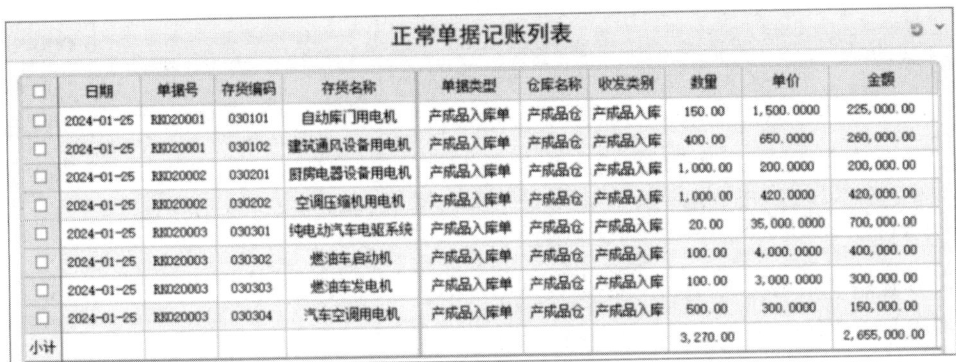

正常单据记账列表

	日期	单据号	存货编码	存货名称	单据类型	仓库名称	收发类别	数量	单价	金额
□	2024-01-25	RKD20001	030101	自动库门用电机	产成品入库单	产成品仓	产成品入库	150.00	1,500.0000	225,000.00
□	2024-01-25	RKD20001	030102	建筑通风设备用电机	产成品入库单	产成品仓	产成品入库	400.00	650.0000	260,000.00
□	2024-01-25	RKD20002	030201	厨房电器设备用电机	产成品入库单	产成品仓	产成品入库	1,000.00	200.0000	200,000.00
□	2024-01-25	RKD20002	030202	空调压缩机用电机	产成品入库单	产成品仓	产成品入库	1,000.00	420.0000	420,000.00
□	2024-01-25	RKD20003	030301	纯电动汽车电驱系统	产成品入库单	产成品仓	产成品入库	20.00	35,000.0000	700,000.00
□	2024-01-25	RKD20003	030302	燃油车启动机	产成品入库单	产成品仓	产成品入库	100.00	4,000.0000	400,000.00
□	2024-01-25	RKD20003	030303	燃油车发电机	产成品入库单	产成品仓	产成品入库	100.00	3,000.0000	300,000.00
□	2024-01-25	RKD20003	030304	汽车空调用电机	产成品入库单	产成品仓	产成品入库	500.00	300.0000	150,000.00
小计								3,270.00		2,655,000.00

图 11-10　正常单据记账列表

选择单据

打印　输出　全选　全消　确定　取消　单据　帮助

□已结算采购入库单自动选择全部结算单上单据(包括入库单、发票、付款单),非本月采购入库单按蓝字报销单制单　未生成凭证单据一览表

选择	记账日期	单据日期	单据类型	单据号	仓库	收发类别	记账人	部门	部门编码	业务类型	计价方式	摘要
	2024-01-31	2024-01-25	产成品入库	RKD20001	产成品仓	产成品入库	陈玉婷	一车间	0901	成品入库	全月平均法	产成品入库单
	2024-01-31	2024-01-25	产成品入库	RKD20002	产成品仓	产成品入库	陈玉婷	二车间	0902	成品入库	全月平均法	产成品入库单
	2024-01-31	2024-01-25	产成品入库	RKD20003	产成品仓	产成品入库	陈玉婷	三车间	0903	成品入库	全月平均法	产成品入库单

图 11-11　未生成凭证单据一览表

借：库存商品　　2 655 000.00

　贷：生产成本/直接材料/自动库门用电机　　202 500.00

　　生产成本/直接人工/自动库门用电机　　11 250.00

　　生产成本/制造费用/自动库门用电机　　11 250.00

　　生产成本/直接材料/建筑通风设备用电机　　234 000.00

　　生产成本/直接人工/建筑通风设备用电机　　13 000.00

　　生产成本/制造费用/建筑通风设备用电机　　13 000.00

　　生产成本/直接材料/厨房电器设备用电机　　184 000.00

　　生产成本/直接人工/厨房电器设备用电机　　6 000.00

　　生产成本/制造费用/厨房电器设备用电机　　10 000.00

　　生产成本/直接材料/空调压缩机用电机　　386 400.00

　　生产成本/直接人工/空调压缩机用电机　　12 600.00

　　生产成本/制造费用/空调压缩机用电机　　21 000.00

　　生产成本/直接材料/纯电动汽车电驱系统　　679 000.00

　　生产成本/直接人工/纯电动汽车电驱系统　　7 000.00

　　生产成本/制造费用/纯电动汽车电驱系统　　14 000.00

　　生产成本/直接材料/燃油车启动机　　388 000.00

　　生产成本/直接人工/燃油车启动机　　4 000.00

　　生产成本/制造费用/燃油车启动机　　8 000.00

　　生产成本/直接材料/燃油车发电机　　291 000.00

生产成本/直接人工/燃油车发电机　　3 000.00
生产成本/制造费用/燃油车发电机　　6 000.00
生产成本/直接材料/汽车空调用电机　　145 500.00
生产成本/直接人工/汽车空调用电机　　1 500.00
生产成本/制造费用/汽车空调用电机　　3 000.00

四、结转存货成本

【实验资料】结转本月已出库存货成本。

【实验过程】

(1)期末处理。

①2024 年 1 月 31 日，由陈玉婷(F02)登录 U8 企业应用平台。在存货核算系统，依次单击【记账】→【期末处理】菜单，系统弹出【期末处理—1 月】对话框。

②在【未期末处理仓库】栏，系统默认已勾选【02 产成品仓】，单击【处理】按钮，系统打开【仓库平均单价计算表】，该表展示了产成品仓在全月平均法下当月平均单价的计算过程。单击【确定】按钮，系统弹出"期末处理完毕!"提示框，再单击【确定】按钮，结果如图 11-12 所示。关闭当前窗口。

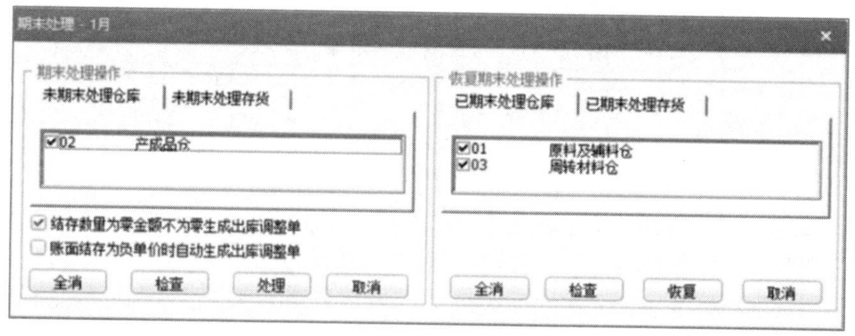

图 11-12　期末处理

(2)生成凭证。

①在存货核算系统，依次单击【凭证处理—生成凭证】菜单，系统打开【生成凭证】窗口。单击工具栏的【选择】按钮，系统弹出【查询条件】对话框，单击【确定】按钮，系统打开【选择单据】窗口，如图 11-13 所示。

选择单据

打印　输出　全选　全消　确定　取消　单据　帮助

已结算采购入库单自动选择全部结算单上单据(包括入库单、发票、付款单),非本月采购入库单按蓝字报销单制单

未生成凭证单据一览表

选择	记账日期	单据日期	单据类型	单据号	仓库	收发类别	记账人	业务类型	计价方式	摘要	客户
	2024-01-12	2024-01-12	专用发票	14661001	产成品仓	材料领用出	陈玉婷	普通销售	全月平均法	专用发票	江西力尔
	2024-01-13	2024-01-13	专用发票	14661065	产成品仓	材料领用出	陈玉婷	普通销售	全月平均法	专用发票	云南驰骏
	2024-01-14	2024-01-14	专用发票	14661099	产成品仓	材料领用出	陈玉婷	普通销售	全月平均法	专用发票	广东华戴
	2024-01-16	2024-01-16	专用发票	14661125	产成品仓	材料领用出	陈玉婷	普通销售	全月平均法	专用发票	江西力尔
	2024-01-16	2024-01-16	专用发票	14661158	产成品仓	材料领用出	陈玉婷	普通销售	全月平均法	专用发票	赣州光华
	2024-01-19	2024-01-19	发货单	0000000006	产成品仓	分期收款销	陈玉婷	分期收款	全月平均法	发货单	四川长虹
	2024-01-20	2024-01-20	专用发票	14661345	产成品仓	分期收款销	陈玉婷	分期收款	全月平均法	专用发票	四川长虹

图 11-13　未生成凭证单据一览表

②单击工具栏的【全选】按钮，再单击工具栏的【确定】按钮，系统自动关闭【选择单据】窗口打开【生成凭证】窗口。将【凭证类别】改为“转账凭证”，如图 11-14 所示，单击工具栏的【合单】按钮，系统打开【填制凭证】窗口。单击工具栏的【保存】按钮，保存该记账凭证，结果如图 11-15 所示。

我的桌面　生成凭证

打印　输出　选单　删除　制单　合并制单　联查单据　摘要设置　清理互斥

凭证类别 转 转账凭证

选择	单据类型	业务类型	单据号	摘要	科目类型	科目编码	科目名称	借方金额	贷方金额	科目方向	存货名称
1	发货单	分期收款	0000000006	发货单	发出商品	1406	发出商品	420,000.00		1	空调压缩机用电机
					存货	1405	库存商品		420,000.00	2	空调压缩机用电机
	专用发票	普通销售	14661001	专用发票	对方	6401	主营业务成本	120,000.00		1	自动库门用电机
					存货	1405	库存商品		120,000.00	2	自动库门用电机
			14661065		对方	6401	主营业务成本	2,450,000.00		1	纯电动汽车电驱系统
					存货	1405	库存商品		2,450,000.00	2	纯电动汽车电驱系统
			14661099		对方	6401	主营业务成本	504,000.00		1	空调压缩机用电机
					存货	1405	库存商品		504,000.00	2	空调压缩机用电机
			14661125		对方	6401	主营业务成本	-15,000.00		1	自动库门用电机
					存货	1405	库存商品		-15,000.00	2	自动库门用电机
			14661158		对方	6401	主营业务成本	-70,000.00		1	纯电动汽车电驱系统
					存货	1405	库存商品		-70,000.00	2	纯电动汽车电驱系统
		分期收款	14661345		对方	6401	主营业务成本	420,000.00		1	空调压缩机用电机
					发出商品	1406	发出商品		420,000.00	2	空调压缩机用电机
合计								3,829,000.00	3,829,000.00		

图 11-14 【生成凭证】窗口

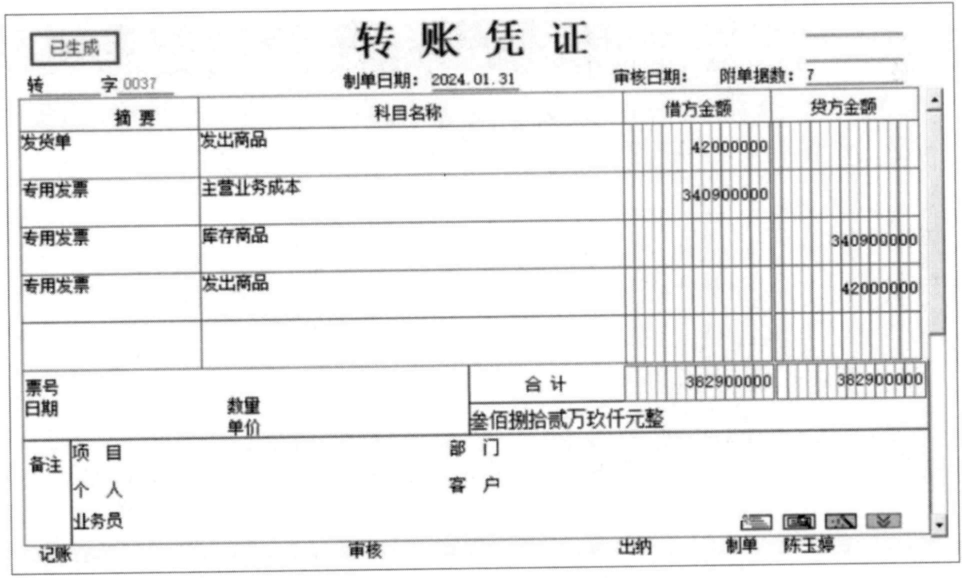

已生成

转账凭证

转 字 0037　制单日期：2024.01.31　审核日期：　附单据数：7

摘要	科目名称	借方金额	贷方金额
发货单	发出商品	42000000	
专用发票	主营业务成本	340900000	
专用发票	库存商品		340900000
专用发票	发出商品		42000000
票号 日期	数量 单价 合计	382900000	382900000

叁佰捌拾贰万玖仟元整

备注　项目　部门

个人　客户

业务员

记账　审核　出纳　制单 陈玉婷

图 11-15 【填制凭证】窗口

五、存货减值业务

【实验资料】2023 年 1 月 31 日，根据财务部减值测试，铁芯的可变现净值为 30 元/个，请进行减值处理。

【实验过程】

(1)计提跌价准备。

在存货核算系统，依次单击【跌价准备】→【计提跌价准备】菜单，系统打开【计提跌价处理单】。单击【增加】，表头项目【部门】选择“财务部”。根据实验资料，表体项目【存货编码】选择“0102 铁芯”，【可变现价格】输入“30”。输入完毕，保存并审核该处理单，结果如图 11-16 所示。

已审核　计提跌价处理单

单据号 * 0000000001　单据日期 * 2024-01-31　部门 财务部
凭证号　凭证日期　凭证摘要

	存货编码	存货名称	计量单位	结存数量	结存单价	结存金额	可变现价格	可变现金额	应计提金额	已计提金额	本次计提金额
1	0102	铁芯	个	1000.00	35.0000	35000.00	30.0000	30000.00	5000.00	0.00	5000.00

图 11-16　计提跌价处理单

(2)跌价准备制单。

①在存货核算系统，依次单击【跌价准备】→【跌价准备制单】窗口。单击工具栏的【选单】按钮，打开【选择单据】窗口，如图 11-17 所示。

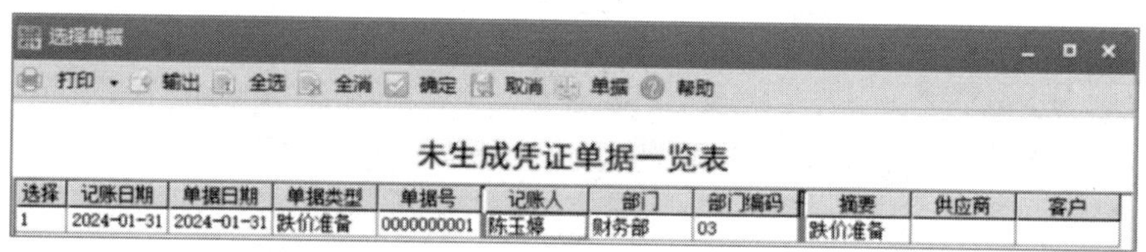

未生成凭证单据一览表

选择	记账日期	单据日期	单据类型	单据号	记账人	部门	部门编码	摘要	供应商	客户
1	2024-01-31	2024-01-31	跌价准备	0000000001	陈玉婷	财务部	03	跌价准备		

图 11-17　未生成凭证单据一览表

②单击【全选】，再单击【确定】，系统返回【生成凭证】窗口，如图 11-18 所示。单击工具栏的【合并制单】按钮，系统打开【填制凭证】窗口并自动生成凭证。将【凭证类别】改为“转账凭证”，将该记账凭证保存。

凭证类别　转 转账凭证

选择	单据类型	单据号	摘要	科目类型	科目编码	科目名称	借方金额	贷方金额	科目方向	存货名称
1	跌价准备	0000000001	跌价准备	对方	6701	资产减值损失	5,000.00		1	铁芯
				计提	1471	存货跌价准备		5,000.00	2	铁芯
合计							5,000.00	5,000.00		

图 11-18　【生成凭证】窗口

思考题

1. 简述存货核算系统的基本功能。

2. 存货核算系统与其他系统之间存在哪些数据传递关系？

3. 与手工环境下的存货核算业务相比，利用会计信息系统处理存货核算业务在流程上有何差异？

4. 存货核算系统的业务主要包括哪些？主要涉及哪些单据？

5. 在会计信息系统环境下，企业应该如何加强存货管理？

第十二章 期末处理

第一节 系统期末处理概述

期末业务都是比较固定的，凭证摘要是固定的，涉及的会计科目基本上是固定的，会计分录中的资金来源和计算方法也是固定的。期末会计业务处理工作主要包括凭证记账与审核、账项调整、结转损益及确认本期财务成果、计算所得税、期末账目结转，以及对账、结账等。本书中涉及的期末业务可以细分为如下几类：

(1)记账凭证的审核与记账业务。记账凭证的审核与记账是会计核算中的重要环节，其中记账凭证的审核应做到准确、完整、合法、逻辑和一致。

(2)账项调整业务。账项调整业务主要包括：

①计提借款利息。它是指企业按照权责发生制原则，根据借款合同或协议的约定，在会计期间内预估并记录应当支付的借款利息费用。

②计提应收账款等资产的减值。

③交易性金融资产期末计量交易。交易性金融资产是指企业为了近期内出售而持有的金融资产，如股票、债券、基金等。在期末，需要对交易性金融资产按照公允价值进行计量，以反映其在该时点的公允价值。

(3)应交税费业务。企业期末除根据实现的毛利润计算企业所得税外，还涉及一些其他应交税费的计算处理，如结转本月未交增值税计算、计算应交城市维护建设税、应交教育费附加等。

(4)确认汇兑损益业务。汇兑损益亦称汇兑差额，是由于汇率的浮动所产生的。企业在发生外币交易、兑换业务和期末账户调整及外币报表换算时，由于采用不同货币，或同一货币不同比价的汇率核算时产生的、按记账本位币折算的差额。

(5)结转费用化研发支出。期末需要将本月计入研发支出的费用化支出，结转到“管理费用/研发费用”账户中。

(6)损益计算与结转业务根据相关规定，企业应分期结算账目，计算当期损益。其中包括以下三类：

①将本期取得的各项收入结转到“本年利润”账户。

②将本期发生的费用结转到“本年利润”账户。

③计算并结转企业所得税。根据本期的利润总额，按本企业适用的所得税税率计算并结转本月应交企业所得税。

第二节　期末业务处理

一、记账凭证审核与记账

【实验资料】对已填制但尚未审核的所有记账凭证进行审核与记账。

【实验过程】

(1)2024 年 1 月 31 日，以朱娟奇(F03)的身份登录 U8 企业应用平台，对已填制但尚未审核的所有收付款凭证进行出纳签字，如图 12-1 所示。

出纳签字列表

□	制单日期	凭证编号	摘要	借方金额合计	贷方金额合计	制单人	审核人	系统名
□	2024-01-31	收 - 0003	资产减少 - 清...	7,100.00	7,100.00	陈玉婷		固定资产系统
□	2024-01-14	收 - 0004	收款单	3,878,080.00	3,878,080.00	陈玉婷		应收系统
□	2024-01-14	收 - 0005	现结	797,328.00	797,328.00	陈玉婷		应收系统
□	2024-01-17	收 - 0006	收款单	100,000.00	100,000.00	陈玉婷		应收系统
□	2024-01-19	收 - 0007	收款单	374,600.00	374,600.00	陈玉婷		应收系统
□	2024-01-20	收 - 0008	收款单	300,000.00	300,000.00	陈玉婷		应收系统
□	2024-01-05	付 - 0011	直接购入资产.	395,500.00	395,500.00	陈玉婷		固定资产系统
□	2024-01-06	付 - 0012	付款单	5,395.50	5,395.50	陈玉婷		应付系统
□	2024-01-07	付 - 0013	现结	226,000.00	226,000.00	陈玉婷		应付系统
□	2024-01-09	付 - 0014	现结	-90,400.00	-90,400.00	陈玉婷		应付系统
□	2024-01-10	付 - 0015	现结	39,550.00	39,550.00	陈玉婷		应付系统
□	2024-01-13	付 - 0016	其他应收单	2,180.00	2,180.00	陈玉婷		应收系统
□	2024-01-17	付 - 0017	付款单	200,000.00	200,000.00	陈玉婷		应付系统
□	2024-01-19	付 - 0018	付款单	184,200.00	184,200.00	陈玉婷		应付系统
合计				6,419,533.50	6,419,533.50			

图 12-1　【出纳签字列表】窗口

(2)2024 年 1 月 31 日，以何璇(F01)的身份登录 U8 企业应用平台，对已填制但尚未审核的所有凭证进行审核，如图 12-2 所示。

(3)2024 年 1 月 31 日，以陈玉婷(F02)的身份登录 U8 企业应用平台，对尚未记账的所有凭证进行记账，如图 12-3 所示。

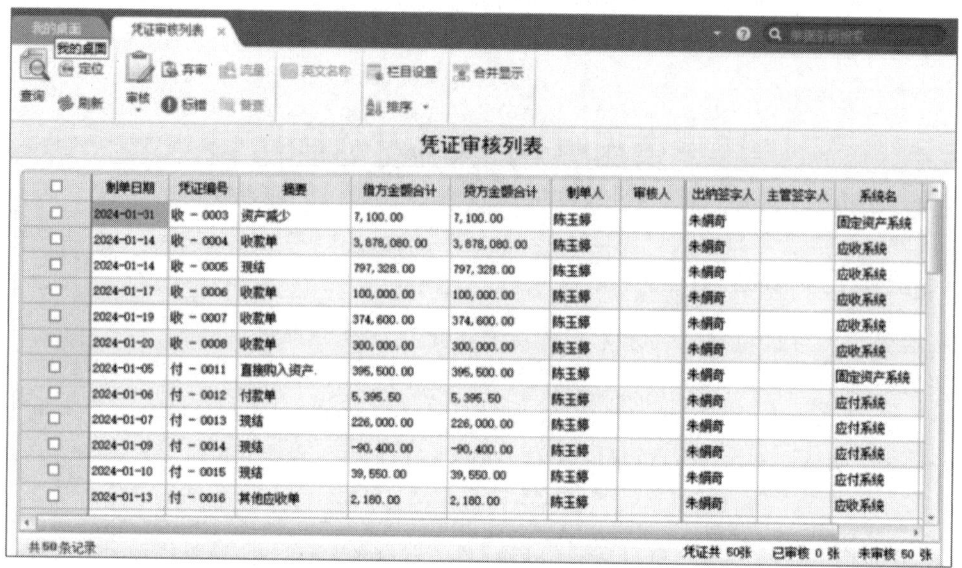

图 12-2 【凭证审核列表】窗口

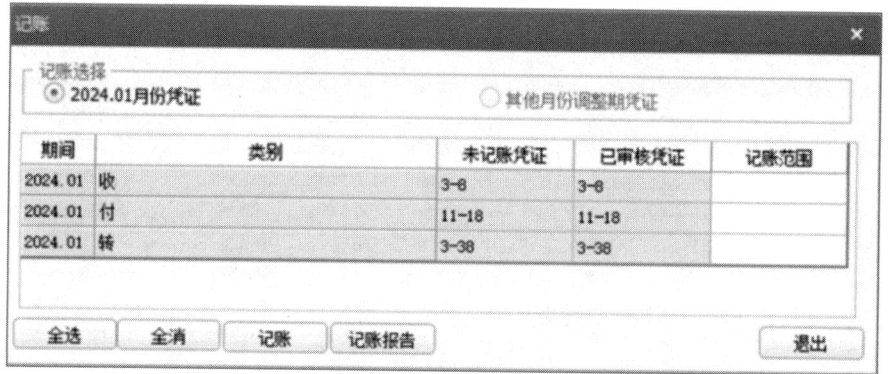

图 12-3 【记账】窗口

二、计提借款利息

计提借款利息是指企业按照借款合同约定的利率和期限，对借款所产生的利息进行计算和确认的过程。计提借款利息的目的是准确反映企业的财务状况和经营成果，同时也是遵守会计准则和税法规定的要求。通过定期计提利息，可以使企业的财务报表更加真实地反映其债务负担和利息支出情况，有助于管理层做出合理的财务决策。计提借款利息包括计提短期借款利息和计提长期借款利息。

【实验资料】

（1）2024 年 1 月 31 日，计提本月短期借款利息，假定年利率为 6%，根据表 12-1 设置自定义转账，并生成凭证。

（2）2024 年 1 月 31 日，计提本月长期借款利息，假定年利率为 5%，根据表 12-2 设置自定义转账，并生成凭证。

表 12-1　自定义转账设置

转账序号	摘要	凭证类别	科目编码	方向	金额公式
0002	计提本月短期借款利息	转账凭证	660301	借	QM(2001，月)*0.06/12
			2231	贷	JG()

表 12-2　自定义转账设置

转账序号	摘要	凭证类别	科目编码	方向	金额公式
0003	计提本月长期借款利息	转账凭证	660301	借	QM(2501，月)*0.05/12
			2231	贷	JG()

【实验过程】

2024 年 1 月 31 日，以陈玉婷(F02)的身份登录 U8 企业应用平台。

(1)设置【计提短期借款利息】自定义转账。

①在 U8 企业应用平台，依次单击【业务导航】→【财务会计】→【总账】→【期末】→【转账定义】→【自定义转账】菜单，打开【自定义转账设置】窗口。

②单击工具栏的【增加】按钮，系统弹出【转账目录】对话框。根据实验资料，【转账序号】栏录入“0002”，【转账说明】栏录入“计提本月短期借款利息”，【凭证类别】选择“转账凭证”。

③单击【确定】按钮，返回【自定义转账设置】窗口。单击工具栏的【增行】按钮，【科目编码】参照选择“660301 财务费用/利息支出”，双击【金额公式】栏，按 F2 键进入【公式向导】窗口，在函数名列表中选择“QM()”，即期末余额。

④单击【下一步】按钮，将【科目】修改为【2001 短期借款】。

⑤单击【完成】按钮，在“QM(2001，月)”后面输入“*0.06/12”，完成自定义转账凭证借方的设置。

⑥单击工具栏的【增行】按钮，第 2 行【科目编码】参照选择“2231/应付利息”，双击【方向】栏，将其改为“贷”，双击【金额公式】栏，按 F2 键进入【公式向导】窗口，选择“JG()”，即取对方科目计算结果。

⑦单击【下一步】按钮，再单击【完成】按钮，结果如图 12-4 所示。

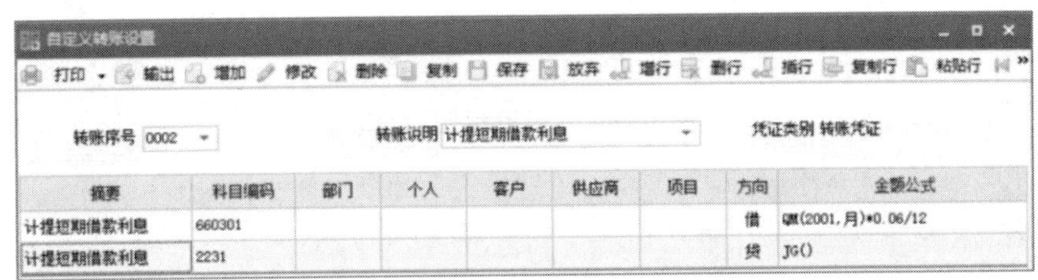

图 12-4　【自定义转账—计提短期借款利息】窗口

(2)生成凭证。

①在总账系统，依次双击【期末】→【转账生成】菜单，打开【转账生成】窗口，双击【0002】号自定义转账凭证的【是否转账】栏，如图 12-5 所示。

②单击【确定】按钮，弹出【转账凭证】窗口，单击【保存】按钮，保存该记账凭证，如图 12-6 所示。

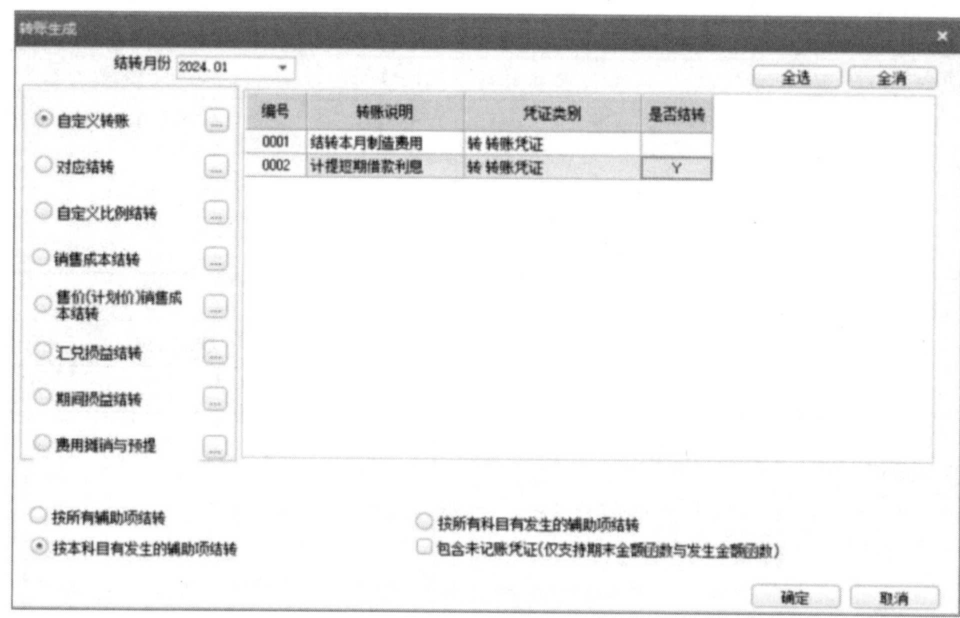

图 12-5 【转账生成】窗口

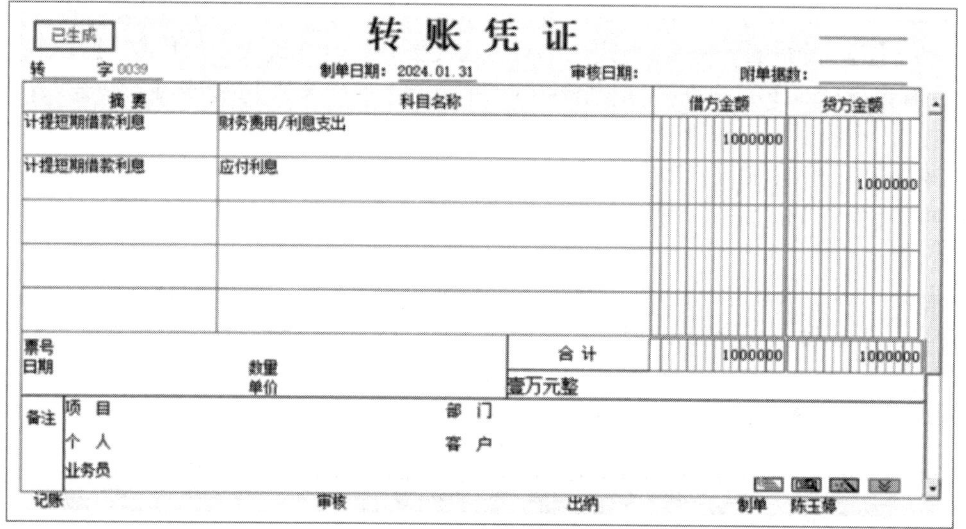

图 12-6 【转账凭证】窗口

(3)参照计提短期借款利息，设置【计提长期借款利息】自定义转账，结果如图 12-7 所示。

(4)在总账系统，依次双击【期末】→【转账生成】菜单，打开【转账生成】窗口，双击【0003】号自定义转账凭证的【是否转账】栏，如图 12-8 所示。

(5)单击【确定】按钮，弹出记账凭证窗口，单击【保存】按钮，保存该记账凭证，如图 12-9 所示。

(6)对计提借款利息凭证进行审核(F01)与记账(F02)，结果如图 12-10 所示。

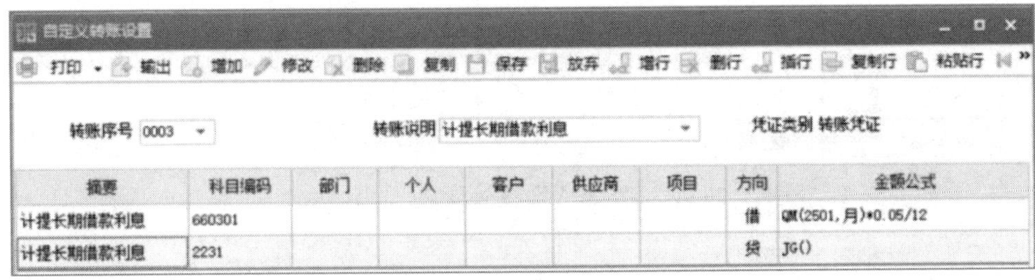

自定义转账设置

打印　输出　增加　修改　删除　复制　保存　放弃　增行　删行　插行　复制行　粘贴行

转账序号 0003　　转账说明 计提长期借款利息　　凭证类别 转账凭证

摘要	科目编码	部门	个人	客户	供应商	项目	方向	金额公式
计提长期借款利息	660301						借	QM(2501,月)*0.05/12
计提长期借款利息	2231						贷	JG()

图 12-7 【自定义转账—计提长期借款利息】窗口

转账生成

结转月份 2024.01　　全选　全消

◉ 自定义转账
○ 对应结转
○ 自定义比例结转
○ 销售成本结转
○ 售价(计划价)销售成本结转
○ 汇兑损益结转
○ 期间损益结转
○ 费用摊销与预提

编号	转账说明	凭证类别	是否结转
0001	结转本月制造费用	转 转账凭证	
0002	计提短期借款利息	转 转账凭证	
0003	计提长期借款利息	转 转账凭证	Y

○ 按所有辅助项结转　　○ 按所有科目有发生的辅助项结转
◉ 按本科目有发生的辅助项结转　　☐ 包含未记账凭证(仅支持期末金额函数与发生金额函数)

确定　取消

图 12-8 【转账生成】窗口

已生成

转账凭证

转　字 0040　　制单日期：2024.01.31　　审核日期：　　附单据数：

摘要	科目名称	借方金额	贷方金额
计提长期借款利息	财务费用/利息支出	2083333	
计提长期借款利息	应付利息		2083333
票号 日期	数量 单价	合计 2083333	2083333
	贰万零捌佰叁拾叁元叁角叁分		

备注　项　目　　　部　门
　　　个　人　　　客　户
　　　业务员

记账　　审核　　出纳　　制单　陈玉婷

图 12-9 【转账凭证】窗口

凭证审核列表

□	制单日期	凭证编号	摘要	借方金额合计	贷方金额合计	制单人	审核人	备注	年度
□	2024-01-31	转 - 0039	计提短期借款利息	10,000.00	10,000.00	陈玉婷			2024
□	2024-01-31	转 - 0040	计提长期借款利息	20,833.33	20,833.33	陈玉婷			2024
合计				30,833.33	30,833.33				

图 12-10 【凭证审核列表】窗口

三、应收账款减值业务

应收账款减值业务是指企业对其应收账款进行评估，并根据评估结果确定是否需要对可能无法收回的部分进行减值准备的过程。应收账款减值业务的目的是更准确地反映企业的财务状况和经营成果。通过及时识别和处理可能的坏账损失，企业可以避免高估应收账款的价值，同时也为管理层提供决策依据，如加强应收账款管理、优化信用政策等。此外，合理的减值准备也有助于提高财务报表的可靠性和可比性。

【实验资料】2024 年 1 月 31 日，计提坏账准备。

【实验过程】

(1)2024 年 1 月 31 日，由陈玉婷(F02)登录 U8 企业应用平台。在 U8 企业应用平台，依次单击【业务导航】→【财务会计】→【应收款管理】→【坏账处理】→【计提坏账准备】菜单，打开【计提坏账准备】窗口，如图 12-11 所示。

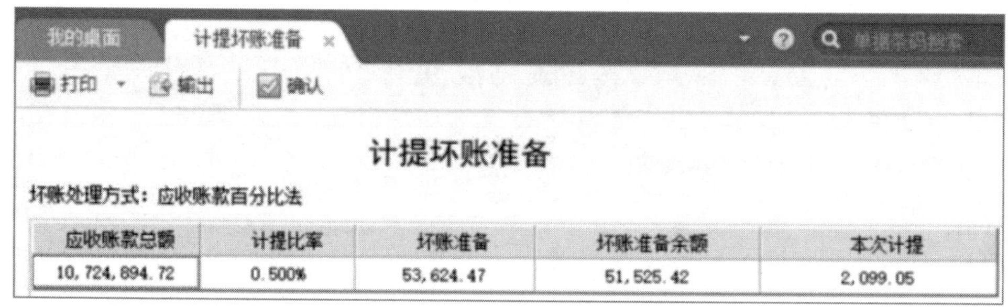

计提坏账准备

坏账处理方式：应收账款百分比法

应收账款总额	计提比率	坏账准备	坏账准备余额	本次计提
10,724,894.72	0.500%	53,624.47	51,525.42	2,099.05

图 12-11 【计提坏账准备】窗口

(2)单击工具栏的【确认】按钮，系统弹出“是否立即制单?”提示框，单击【是】，进入【填制凭证】界面，将【凭证类别】改为“转账凭证”，单击【保存】按钮，保存该记账凭证，如图 12-12 所示。

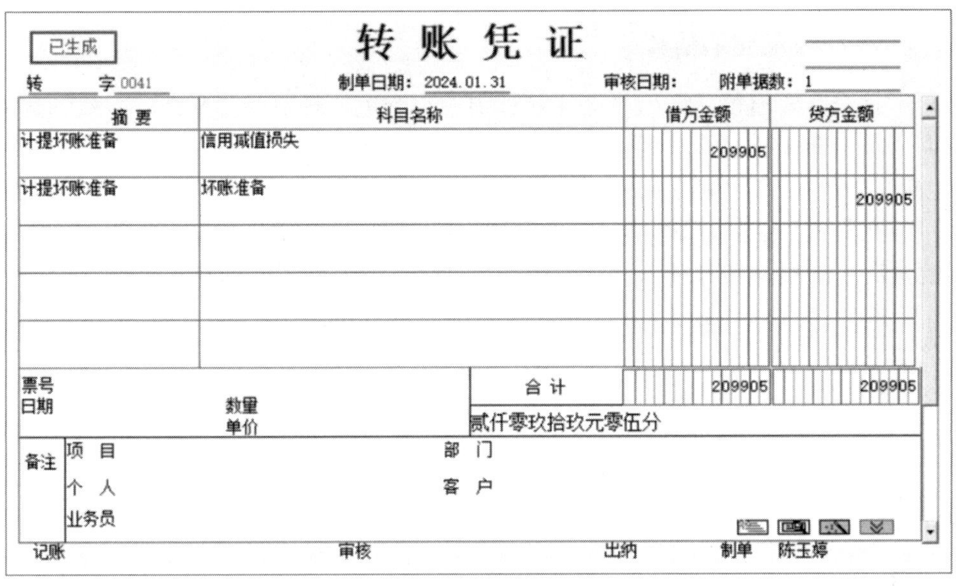

已生成

转账凭证

转　字 0041　　制单日期：2024.01.31　　审核日期：　　附单据数：1

摘要	科目名称	借方金额	贷方金额
计提坏账准备	信用减值损失	209905	
计提坏账准备	坏账准备		209905
票号 日期　　数量 单价	合计	209905	209905
	贰仟零玖拾玖元零伍分		

备注　项目　　部门
个人　　客户
业务员

记账　　审核　　出纳　　制单　陈玉婷

图 12-12　记账凭证

四、交易性金融资产期末计量

交易性金融资产在取得时按公允价值计量，然而在交易市场上的价格会不断地发生变化。期末当交易性金融资产的公允价值高于其账面余额时，将两者之间的差额借记"交易性金融资产/公允价值变动"账户，贷记"公允价值变动损益"账户；期末当公允价值低于其账面余额时，将两者之间的差额借记"公允价值变动损益"账户，贷记"交易性金融资产/公允价值变动"账户。

【实验资料】 本月所持有中国稀土的股票价格下降至 24 元/股，确认公允价值变动损失 264 240 元。

【实验过程】 以陈玉婷（F02）的身份直接在总账系统中填制记账凭证。结果如图 12-13 所示。

转账凭证

转　字 0042　　制单日期：2024.01.31　　审核日期：　　附单据数：

摘要	科目名称	借方金额	贷方金额
确认交易性金融资产公允价值变动	公允价值变动损益	26424000	
确认交易性金融资产公允价值变动	交易性金融资产/公允价值变动		26424000
票号 日期　　数量 单价	合计	26424000	26424000
	贰拾陆万肆仟贰佰肆拾元整		

备注　项目　　部门
个人　　客户
业务员

记账　　审核　　出纳　　制单　陈玉婷

图 12-13　【转账凭证】窗口

五、结转本月未交增值税

结转本月未交增值税是增值税会计核算中的一个重要环节，它涉及将本月应交未交的增值税额从一个会计科目结转到另一个会计科目。一般来说，企业在进行增值税核算时，会设置“应交增值税”明细科目，用于记录增值税的进项税额、销项税额、进项税额转出等明细项目。在月末，企业需要将“应交增值税”明细科目的余额进行结转，以反映本月未交的增值税情况。通过结转本月未交增值税，企业可以清晰地了解到本月应交而未交的增值税金额，并将其正确反映在财务报表中。这有助于管理层做出决策，同时也满足了税务部门的监管要求。

【实验资料】根据表 12-3 进行自定义转账设置，并生成凭证。

表 12-3 自定义转账设置

转账序号	摘要	凭证类别	科目编码	方向	金额公式
0004	结转本月应交未交增值税	转账凭证	22210105	借	QM(222101，月)
			222102	贷	JG()

【实验过程】

2024 年 1 月 31 日，以陈玉婷(F02)的身份登录 U8 企业应用平台。

(1)自定义转账设置。参照计提短期借款利息设置【结转本月未交增值税】自定义结转，结果如图 12-14 所示。

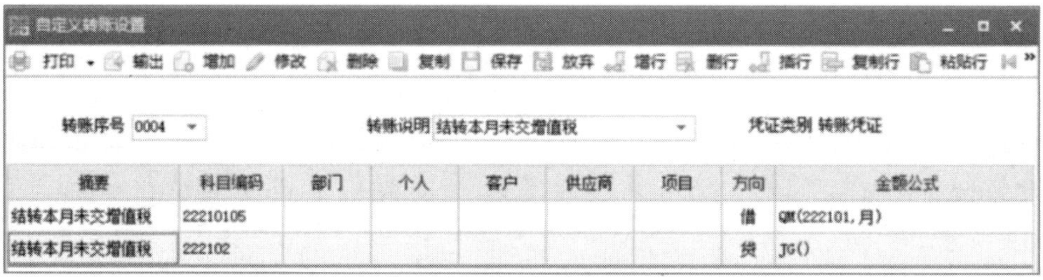

自定义转账设置

打印 输出 增加 修改 删除 复制 保存 放弃 增行 删行 插行 复制行 粘贴行

转账序号 0004　转账说明 结转本月未交增值税　凭证类别 转账凭证

摘要	科目编码	部门	个人	客户	供应商	项目	方向	金额公式
结转本月未交增值税	22210105						借	QM(222101,月)
结转本月未交增值税	222102						贷	JG()

图 12-14 【自定义转账设置】窗口

(2)生成凭证。对本月所有记账凭证进行审核(F01)、记账(F02)。

①在总账系统，依次单击【期末】→【转账生成】菜单，打开【转账生成】窗口，双击【0004】号自定义转账凭证的【是否结转】栏，如图 12-15 所示。

②单击【确定】按钮，弹出记账凭证窗口，单击【保存】按钮，保存该记账凭证，结果如图 12-16 所示。

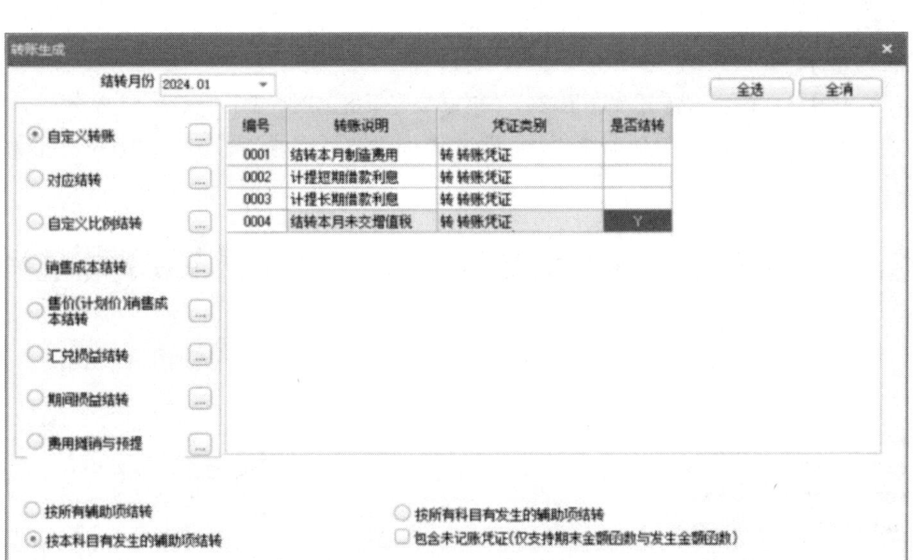

图 12-15 【转账生成】窗口

图 12-16 【转账凭证】窗口

六、计提城建税、教育费附加和地方教育附加

【**实验资料**】根据表 12-4 进行自定义转账设置，并生成凭证。

表 12-4 自定义转账设置

转账序号	摘要	凭证类别	科目编码	方向	金额公式
0005	计提城建税、教育费附加和地方教育附加	转账凭证	6403	借	JG()
			222124	贷	FS(222102, 月, 贷) * 0.07
			222125	贷	FS(222102, 月, 贷) * 0.03
			222126	贷	FS(222102, 月, 贷) * 0.02

【实验过程】

2024 年 1 月 31 日，以陈玉婷(F02)的身份登录 U8 企业应用平台。

(1)自定义转账设置。参照计提短期借款利息设置【计提城建税、教育费附加和地方教育附加】自定义结转，结果如图 12-17 所示。

自定义转账设置

打印 输出 增加 修改 删除 复制 保存 放弃 增行 删行 插行 复制行 粘贴行

转账序号 0005　　转账说明 计提城建税、教育费附加和地方教　　凭证类别 转账凭证

摘要	科目编码	部门	个人	客户	供应商	项目	方向	金额公式
计提城建税、教育费附加和地方教育附加	6403						借	JG()
计提城建税、教育费附加和地方教育附加	222124						贷	FS(222102,月,贷)*0.07
计提城建税、教育费附加和地方教育附加	222125						贷	FS(222102,月,贷)*0.03
计提城建税、教育费附加和地方教育附加	222126						贷	FS(222102,月,贷)*0.02

图 12-17 【自定义转账设置—计提城建税、教育费附加和地方教育附加】窗口

(2)生成凭证。

①对本月所有记账凭证进行审核(F01)、记账(F02)。

②在总账系统，依次单击【期末】→【转账生成】菜单，打开【转账生成】窗口，双击【0005】号自定义转账凭证的【是否结转】栏，结果如图 12-18 所示。

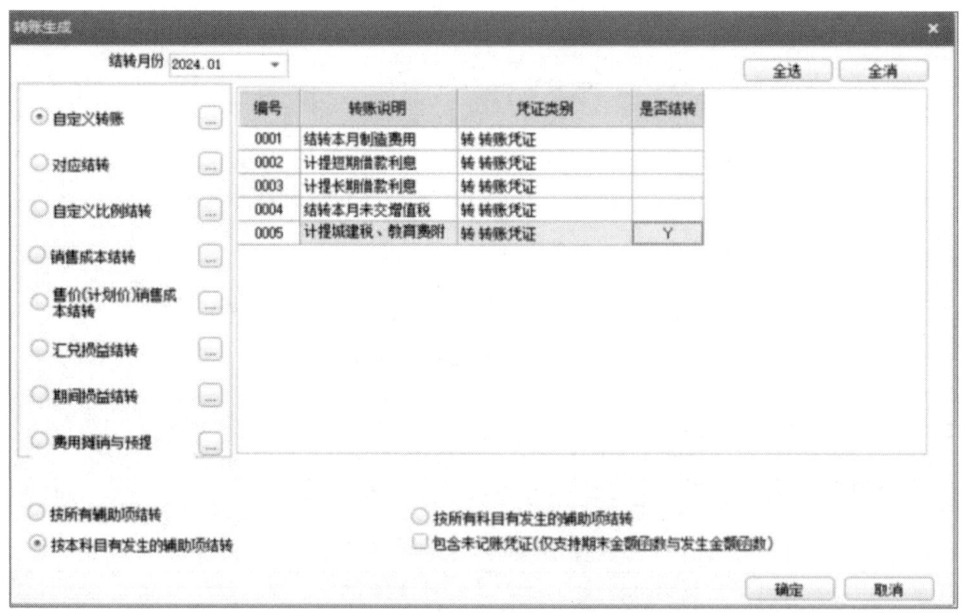

图 12-18 【转账生成】窗口

③单击【确定】按钮，弹出记账凭证窗口，单击【保存】按钮，保存该记账凭证，结果如图 12-19 所示。

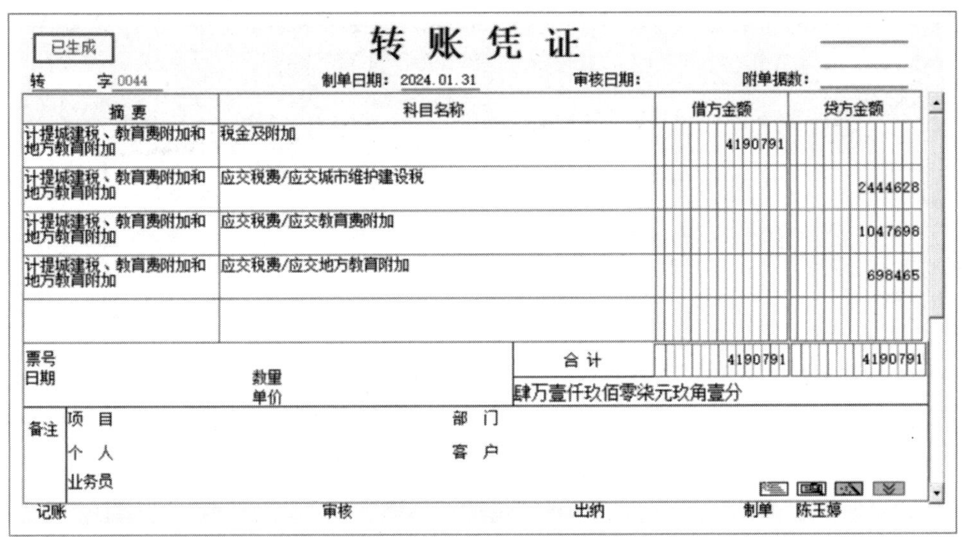

图 12-19　【转账凭证】窗口

七、确认汇兑损益

【实验资料】2024 年 1 月 31 日的调整汇率为 1：7. 1039。

【实验过程】

(1)输入调整汇率。2024 年 1 月 31 日，以黄业峻(A01)的身份登录 U8 企业应用平台。在 U8 企业应用平台，依次单击【基础设置】→【基础档案】→【财务】→【外币设置】菜单，打开【外币设置】窗口。根据实验资料，在 1 月 31 日的【调整汇率】栏输入“7. 1039”，如图 12-20 所示。关闭当前窗口。

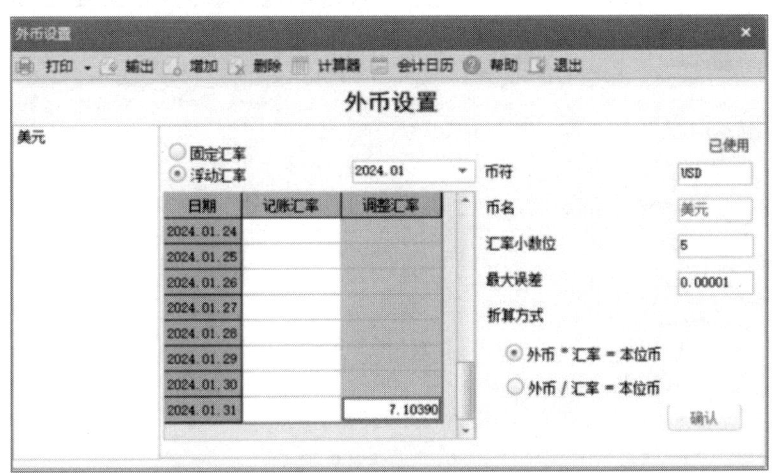

图 12-20　【外币设置】窗口

(2)汇兑损益结转设置。2024 年 1 月 31 日，以陈玉婷(F02)的身份登录 U8 企业应用平台。在 U8 企业应用平台，依次单击【业务导航】→【财务会计】→【总账】→【期末】→【转账定义】→【汇兑损益】菜单，打开【汇兑损益结转设置】窗口。在【凭证类别】下拉列表中选择“收款凭证”,【汇兑损益入账科目】选择“660302 财务费用/汇兑损益”, 双击第 1 行的【是否计算汇兑损益】栏, 如图 12-21 所示。单击【确定】按钮。

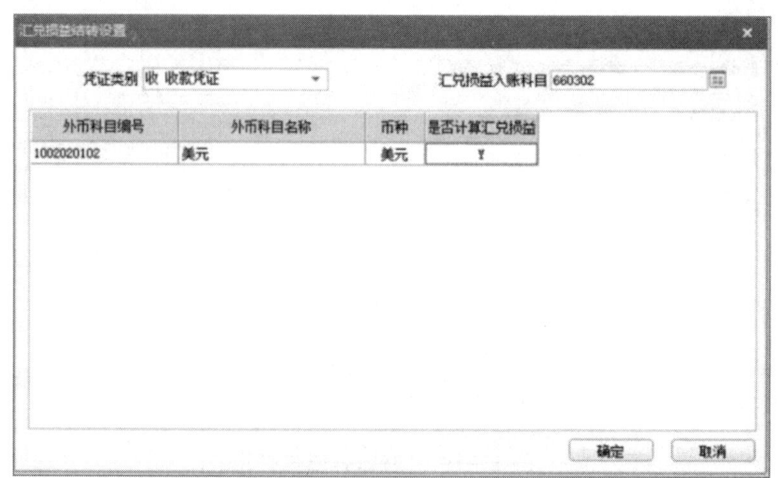

图 12-21 【汇兑损益结转设置】窗口

(3) 转账生成。

①对上一步所生成凭证进行审核(F01)、记账(F02)。

②在总账系统, 依次单击【期末】→【转账生成】菜单, 打开【转账生成】窗口。单击左侧的【汇兑损益结转】, 窗口上方的【币种核算】选择“美元”, 单击【全选】按钮, 如图 12-22 所示。

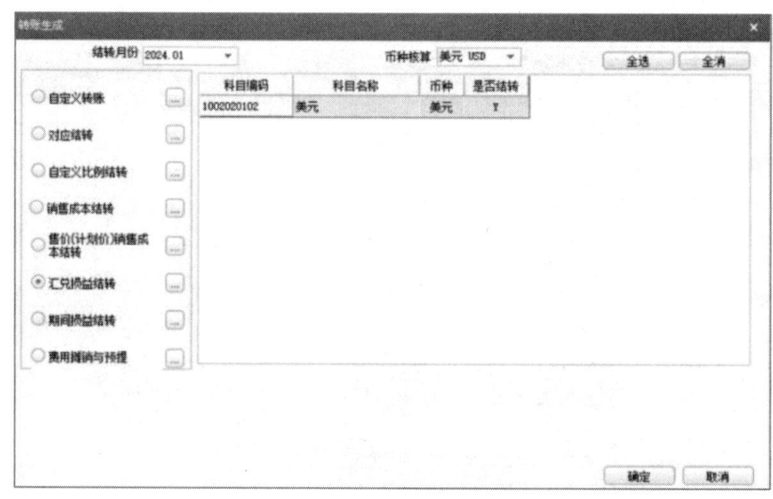

图 12-22 【转账生成】窗口

(4) 单击【确定】按钮, 打开【汇兑损益试算表】, 如图 12-23 所示。

(5) 单击【确定】按钮, 系统自动打开【填制凭证】窗口并生成一张记账凭证, 单击【保存】按钮, 保存记账凭证, 如图 12-24 所示。

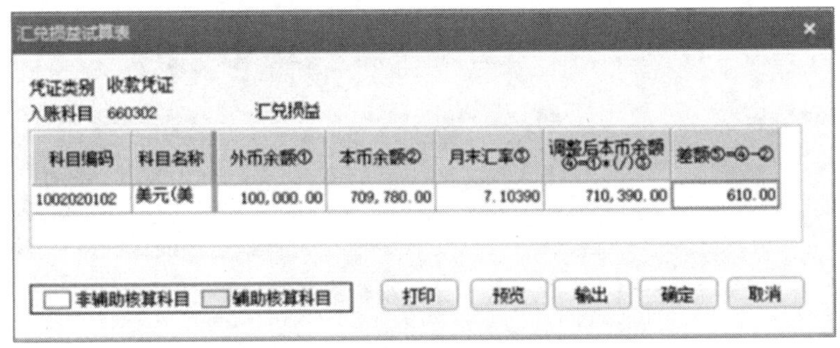

图 12-23 【汇兑损益试算表】窗口

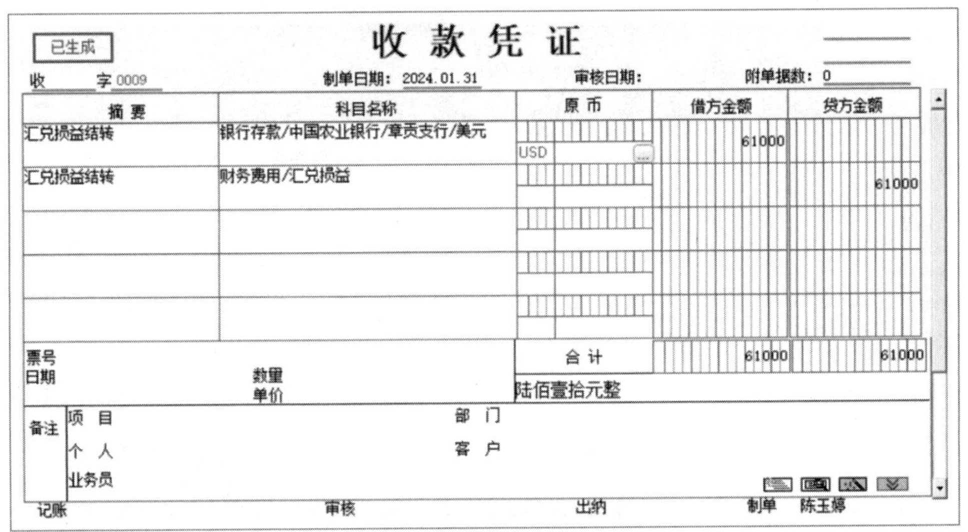

图 12-24 【收款凭证】窗口

八、结转费用化研发支出

【实验资料】根据表 12-5 进行自定义转账设置，并生成凭证。

表 12-5 自定义转账设置

转账序号	摘要	凭证类别	科目编码	方向	金额公式
0006	结转费用化研发支出	转账凭证	660211	借	JG()
			530101	贷	FS(530101，月，借)

【实验过程】

(1)自定义转账设置。2024 年 1 月 31 日，以陈玉婷(F02)的身份登录 U8 企业应用平台。参照计提短期借款利息设置【结转费用化研发支出】自定义结转，结果如图 12-25 所示。

(2)生成凭证。

①对本月所有记账凭证进行审核(F01)、记账(F02)。

②在总账系统，依次单击【期末】→【转账生成】菜单，打开【转账生成】窗口，双击【0006】号自定义转账凭证的【是否结转】栏，如图 12-26 所示。

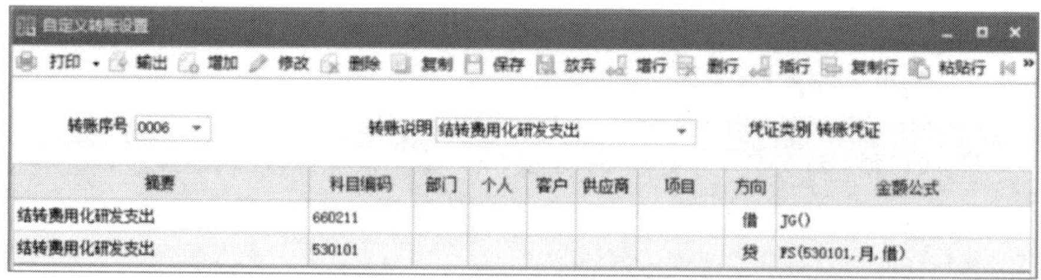

自定义转账设置

打印 输出 增加 修改 删除 复制 保存 放弃 增行 删行 插行 复制行 粘贴行

转账序号 0006　　转账说明 结转费用化研发支出　　凭证类别 转账凭证

摘要	科目编码	部门	个人	客户	供应商	项目	方向	金额公式
结转费用化研发支出	660211						借	JG()
结转费用化研发支出	530101						贷	FS(530101,月,借)

图 12-25 【自定义转账设置—结转费用化研发支出】窗口

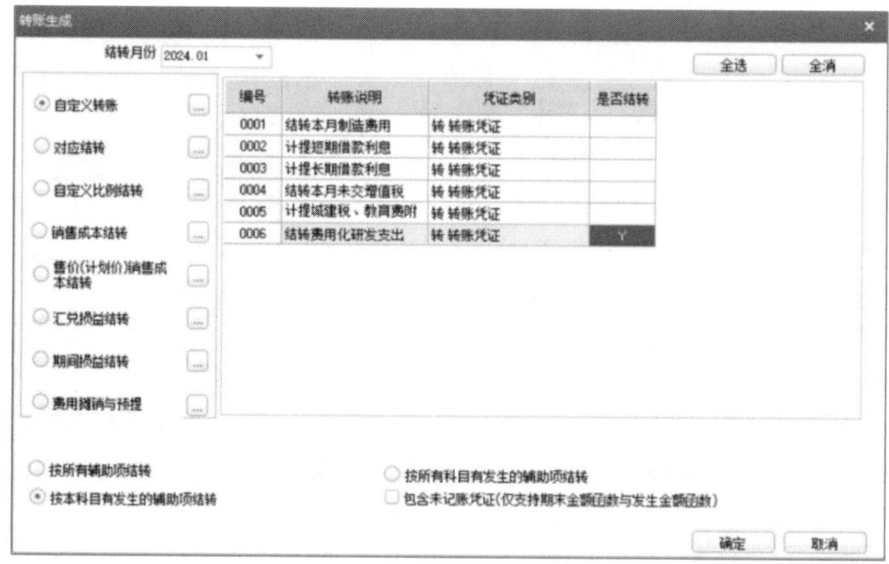

转账生成

结转月份 2024.01　　全选　全消

自定义转账
对应结转
自定义比例结转
销售成本结转
售价(计划价)销售成本结转
汇兑损益结转
期间损益结转
费用摊销与预提

编号	转账说明	凭证类别	是否结转
0001	结转本月制造费用	转 转账凭证	
0002	计提短期借款利息	转 转账凭证	
0003	计提长期借款利息	转 转账凭证	
0004	结转本月未交增值税	转 转账凭证	
0005	计提城建税、教育费附	转 转账凭证	
0006	结转费用化研发支出	转 转账凭证	Y

按所有辅助项结转　　按所有科目有发生的辅助项结转
按本科目有发生的辅助项结转　　包含未记账凭证(仅支持期末金额函数与发生金额函数)

确定　取消

图 12-26 【转账生成】窗口

③单击【确定】按钮，弹出记账凭证窗口，单击【保存】按钮，保存该记账凭证，结果如图 12-27 所示。

转 账 凭 证

转　字 0045　　制单日期：2024.01.31　　审核日期：2024.01.31　　附单据数：

摘要	科目名称	借方金额	贷方金额
结转费用化研发支出	管理费用/研发费用	8535518	
结转费用化研发支出	研发支出/费用化支出		8535518
票号 日期　数量 单价	合计	8535518	8535518
	捌万伍仟叁佰伍拾伍元壹角捌分		

备注　项　目　　部　门
个　人　　客　户
业务员

记账 陈玉婷　　审核 何璇　　出纳　　制单 陈玉婷

图 12-27 【转账凭证】窗口

九、结转期间损益

结转期间损益是会计核算中的一个重要步骤，它涉及将企业在某一会计期间内的收入、费用、利得和损失等损益类科目余额结转到本年利润科目中。期间损益结转的目的是准确计算企业在特定期间的盈利或亏损情况。通过将各损益类科目的余额结转到本年利润科目，能够汇总收入和支出，从而反映出企业在该期间的财务业绩。期间损益结转通常在每个会计期末进行，一般是月末或年末。通过这一过程，企业可以清楚地了解本期的经营成果，并为编制财务报表提供准确的信息。

【实验资料】设置期间损益结转凭证的凭证类别为转账凭证，本年利润科目为“4103”。

【实验过程】

(1)转账定义。在U8企业应用平台，依次单击【业务导航】→【财务会计】→【总账】→【期末】→【转结转期间损益账定义】→【期间损益】菜单，打开【期间损益结转设置】窗口。在【凭证类别】下拉框中选择“转账凭证”，【本年利润科目】参照选择“4103”，单击窗口中任意单元格，如图12-28所示。单击【确定】按钮。

期间损益结转设置

凭证类别　转 转账凭证　　本年利润科目　4103

损益科目编号	损益科目名称	损益科目账类	本年利润科目编码	本年利润科目名称	本年利润科目账类
6001	主营业务收入		4103	本年利润	
6011	利息收入		4103	本年利润	
6021	手续费及佣金收入		4103	本年利润	
6031	保费收入		4103	本年利润	
6041	租赁收入		4103	本年利润	
605101	出售原材料收入		4103	本年利润	
605102	出售包装物收入		4103	本年利润	
6061	汇兑损益		4103	本年利润	
6101	公允价值变动损益		4103	本年利润	
6111	投资收益		4103	本年利润	
6115	资产处置损益		4103	本年利润	
6201	摊回保险责任准备金		4103	本年利润	
6202	摊回赔付支出		4103	本年利润	
6203	摊回分保费用		4103	本年利润	

每个损益科目的期末余额将结转到与其同一行的本年利润科目中。若损益科目与之对应的本年利润科目都有辅助核算，那么两个科目的辅助账类必须相同 。损益科目为空的期间损益结转将不参与

打印　预览　确定　取消

图12-28　【期间损益结转设置】窗口

(2)转账生成。

①对上一步所生成凭证进行出纳签字(F03)、审核(F01)、记账(F02)。

②在总账系统，依次单击【期末】→【转账生成】菜单，打开【转账生成】窗口。单击左侧的【期间损益结转】，窗口上方的【类型】选择“收入”，单击【全选】按钮，如图12-29所示。

图 12-29 【转账生成】窗口

③单击【确定】按钮，弹出凭证窗口，单击【保存】按钮，保存该凭证，结果如图 12-30 所示。

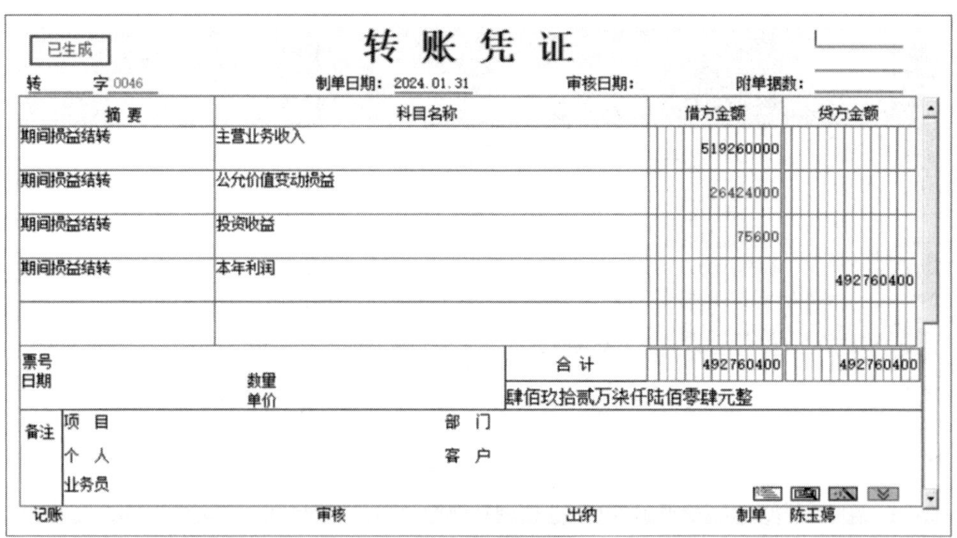

图 12-30 【转账凭证】窗口

④退出记账凭证窗口，返回【转账生成】窗口，将窗口上方的【类型】选择“支出”，单击【全选】按钮，如图 12-31 所示。

⑤单击【确定】按钮，弹出系统提示，单击【是】，弹出【转账凭证】窗口，单击【保存】按钮，保存转账凭证，结果如图 12-32 所示。

转账生成

结转月份 2024.01　　类型 支出　　全选　全消

○自定义转账　○对应结转　○自定义比例结转　○销售成本结转　○售价(计划价)销售成本结转　○汇兑损益结转　◉期间损益结转　○费用摊销与预提

损益科目编码	损益科目名称	损益科目账类	利润科目编码	利润科目名称	利润科目账类	是否结转
6401	主营业务成本		4103	本年利润		Y
6402	其他业务成本		4103	本年利润		Y
6403	税金及附加		4103	本年利润		Y
6411	利息支出		4103	本年利润		Y
6421	手续费及佣金		4103	本年利润		Y
6501	提取未到期责		4103	本年利润		Y
6502	提取保险责任		4103	本年利润		Y
6511	赔付支出		4103	本年利润		Y
6521	保单红利支出		4103	本年利润		Y
6531	退保金		4103	本年利润		Y
6541	分出保费		4103	本年利润		Y
6542	分保费用		4103	本年利润		Y
660101	折旧费	部门核算	4103	本年利润		Y

□按科目+辅助核算+自定义项展开　□客商往来科目按照业务员生成凭证
□包含未记账凭证

确定　取消

图 12-31 【转账生成】窗口

转账凭证

已生成

转 字 0047　0001/0009　制单日期：2024.01.31　审核日期：　附单据数：

摘要	科目名称	借方金额	贷方金额
期间损益结转	本年利润	444458580	
期间损益结转	主营业务成本		374900000
期间损益结转	税金及附加		4190791
期间损益结转	销售费用/折旧费		644800
期间损益结转	销售费用/职工薪酬		4174027
票号 日期	数量 单价	合计 444458580	444458580

肆佰肆拾肆万肆仟伍佰捌拾伍元捌角整

备注　项目　部门　个人　客户　业务员

记账　审核　出纳　制单 陈玉婷

图 12-32 【转账凭证】窗口

十、计提并结转所得税费用

【实验资料】2024 年 1 月 31 日，计提并结转本月所得税费用 120 754.55 元。

【实验过程】

(1)以陈玉婷(F02)的身份直接在总账系统中填制转账凭证即可，结果如图 12-33 所示。

(2)对上一步所生成凭证进行审核(F01)记账(F02)，再进行所得税费用的期间损益结转，得到凭证，结果如图 12-34 所示。

转账凭证

转 字 0048　　制单日期：2024.01.31　　审核日期：2024.01.31　　附单据数：

摘要	科目名称	借方金额	贷方金额
计提所得税费用	所得税费用/当期所得税费用	12075455	
计提所得税费用	应交税费/应交企业所得税		12075455
票号 日期	数量 单价 合计	12075455	12075455
	壹拾贰万零柒佰伍拾肆元伍角伍分		

备注　项 目　　部 门
　　　个 人　　客 户
　　　业务员

记账 陈玉婷　　审核 何璇　　出纳　　制单 陈玉婷

图 12-33 【转账凭证】窗口

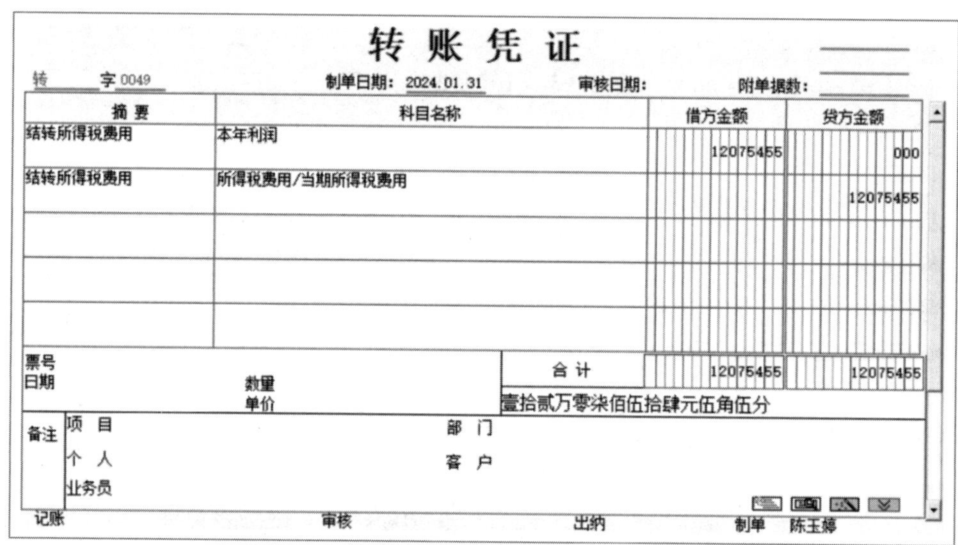

转账凭证

转 字 0049　　制单日期：2024.01.31　　审核日期：　　附单据数：

摘要	科目名称	借方金额	贷方金额
结转所得税费用	本年利润	12075455	000
结转所得税费用	所得税费用/当期所得税费用		12075455
票号 日期	数量 单价 合计	12075455	12075455
	壹拾贰万零柒佰伍拾肆元伍角伍分		

备注　项 目　　部 门
　　　个 人　　客 户
　　　业务员

记账　　审核　　出纳　　制单 陈玉婷

图 12-34 【转账凭证】窗口

第三节　出纳管理

出纳管理是财会核算管理的最基本、最重要的工作之一。在手工条件下，按照内部控制制度的要求，一般单独设立出纳进行库存现金和银行存款的核算和管理工作。在账务处理系统中，为了辅助出纳的管理工作，也设置了出纳管理功能，它主要进行银行对账工作。

由于每个企业的银行存款收付款业务都比较频繁，而且企业与银行之间的账务处理和入账时间不一致，往往会发生双方账面记录不一致的情况，产生未达账项。为了防止记账发生差错，准确掌握银行存款的实际余额，了解企业可以运用的货币资金余额，企业必须定期将企业的银行存款日记账与银行对账单进行核对，并编制银行存款余额调节表，这就是银行对账。

为辅助企业出纳人员完成银行对账工作，账务系统提供了银行对账功能，即将系统登记的银行存款日记账与银行对账单进行核对。凡在会计科目设置时，设置为银行账的会计科目均可以进行银行对账。为了保证银行对账的正确性，在使用银行对账功能进行对账之前，必须在开始对账的月初先将日记账、银行对账单未达项输入系统中，即利用计算机账务处理系统进行对账前，将手工对账所编制的最后一张银行存款余额调节表输入到计算机系统中。银行对账工作包括对账期初数据、输入银行对账单、对账、查询详细的银行存款余额调节表等。

一、银行对账期初输入

进行期初未达账项的初始输入，必须在第一次使用系统且科目余额已经输入以后进行。在账务系统下，期初未达账项是指账务系统启用日期前的未达账项，即在完成手工账向计算机账转化后，手工方式所编制的最后一张银行存款余额调节表上的未达账项。为了确保银行对账的准确性，顺利完成手工对账向计算机账务处理系统对账的转换，在使用银行对账功能前，必须将银行未达账项和企业未达账项输入到计算机账务处理系统中。只有手工银行对账向账务处理系统银行对账转化时，即首次使用银行对账模块时，才需要输入银行对账期初未达账项。在使用银行对账模块后，一般不再需要输入银行对账期初余额。在输入未达账项时，一般输入未达账项发生时所填制凭证的日期、结算凭证的类别、结算凭证号、借贷金额等。同时将银行存款与单位银行账的账面余额调整平衡，否则系统将无法进行银行对账处理。

【实验资料】录入银行对账期初数据。银行存款日记账期初余额 4 933 195. 33 元，银行对账单期初余额 6 220 431. 98 元，期初未达账项见表 12-6。

表 12-6　期初未达账项

凭证日期	结算方式	票号	借方金额/元	票据日期	摘要
2023. 12. 31	转账支票	9690360539	3 000 000. 00	2023-12-31	收到投资款

【实验过程】

(1) 对账前准备工作 2024 年 1 月 31 日，以朱娟奇(F03)的身份登录 U8 企业应用平台，对所有凭证进行出纳签字。2024 年 1 月 31 日，以何璇(F01)的身份登录 U8 企业应用平台，对所有凭证进行审核。2024 年 1 月 31 日，以陈玉婷(F02)的身份登录 U8 企业应用平台，对所有凭证进行记账。

(2) 录入银行对账期初数据。2024 年 1 月 31 日，以朱娟奇(F03)的身份登录 U8 企业应用平台。在 U8 企业应用平台，依次单击【业务导航】→【财务会计】→【总账】→【出纳】→【银行对账】→【银行对账期初录入】菜单，系统弹出【银行科目选择】对话框，单击【确定】按钮，打开【银行对账期初】窗口。根据实验资料，在单位日记账的【调整前余额】栏输入“3 220 431. 98”，在银行对账单的【调整前余额】栏录入“6 220 431. 98”，结果如图 12-35 所示。

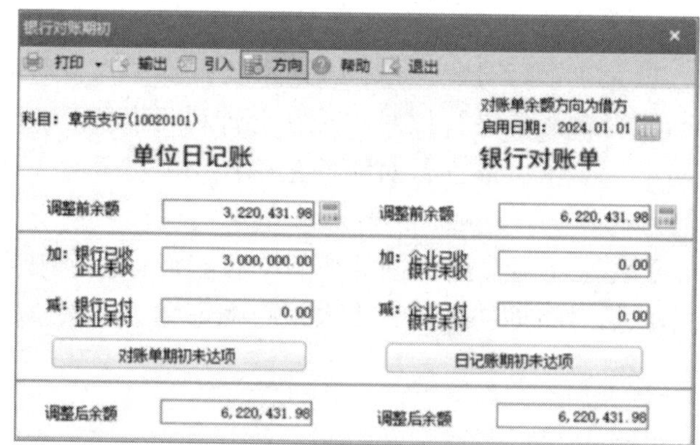

图 12-35 【银行对账期初】窗口

二、录入银行对账单

在每次银行对账前，必须将银行开具的银行对账单的内容输入到计算机账务系统中并加以保存，这样才能够进行银行对账。输入的内容主要包括对账单上的每一笔业务银行入账时间、结算方式、结算的凭证编号、借贷金额、银行账户的余额等。输入完毕后，系统按照"企业银行日记账期末余额+企业未达账借方金额-企业未达账贷方余额-开户银行对账单期末余额+对账单未达账借方金额-对账单未达账贷方金额"的公式进行平衡校验，需检查修正直到平衡。

【实验资料】根据表 12-7 录入 1 月份赣州农商银行章贡支行银行对账单。

表 12-7 银行对账单

日期	结算方式	票号	借方金额/元	贷方金额/元	余额/元
2024-01-03	202	9690360157		1 287 236.65	4 933 195.33
2024-01-04	4	9690360201		261 287.28	4 671 908.05
2024-01-05	202	9690362147		31 800.00	4 640 108.05
2024-01-05	202	9690362206		395 500.00	4 244 608.05
2024-01-06	1		20 000.00		4 264 608.05
2024-01-06	4	9690368158		5 395.50	4 259 212.55
2024-01-07	202	9690366257		297 568.31	3 961 644.24
2024-01-07	4	9690368164		226 000.00	3 735 644.24
2024-01-09	4	9690368297		-90 400.00	3 826 044.24
2024-01-10	4	9690368342		39 550.00	3 786 494.24
2024-01-13	4	9690369145		2 180.00	3 784 314.24
2024-01-14	4	9690369186	3 878 080.00		7 662 394.24
2024-01-14	202	9690369399	797 328.00		8 459 722.24
2024-01-15	202	9690368542		1 300.00	8 458 422.24
2024-01-15	202	9690369687		100 000.00	8 358 422.24
2024-01-17	4	9690369223	100 000.00		8 458 422.24

续表 12-7

日期	结算方式	票号	借方金额/元	贷方金额/元	余额/元
2024-01-17	202	9690373245		200 000.00	8 258 422.24
2024-01-18	202	9690370124		3 710.00	8 254 712.24
2024-01-19	4	9690369302	374 600.00		8 629 312.24
2024-01-19	4	9690380026		184 200.00	8 445 112.24
2024-01-20	4	9690370009	300 000.00		8 745 112.24
2024-01-25	4	9690371987	320.00		8 745 432.24
2024-01-31	202	9690375741		12 000.00	8 733 432.24
2024-01-31	202	9690376284		51 000.00	8 682 432.24

【实验过程】

(1)在总账系统，依次单击【出纳】→【银行对账】→【银行对账单】菜单，系统弹出【银行科目选择】对话框，单击【确定】按钮，打开【银行对账单】窗口。单击【增行】按钮，根据表手工录入银行对账单，结果如图 12-36 所示。

银行对账单

科目：章贡支行(10020101)　　对账单账面余额:8,682,432.24

日期	结算方式	票号	备注	借方金额	贷方金额	余额
2023.12.31	202	9690360539		3,000,000.00		6,220,431.98
2024.01.03	202	9690360157			1,287,236.65	4,933,195.33
2024.01.04	4	9690360201			261,287.28	4,671,908.05
2024.01.05	202	9690362147			31,800.00	4,640,108.05
2024.01.05	202	9690362206			395,500.00	4,244,608.05
2024.01.06	1			20,000.00		4,264,608.05
2024.01.06	4	9690368158			5,395.50	4,259,212.55
2024.01.07	202	9690366257			297,568.31	3,961,644.24
2024.01.07	4	9690368164			226,000.00	3,735,644.24
2024.01.09	4	9690368297			-90,400.00	3,826,044.24
2024.01.10	4	9690368342			39,550.00	3,786,494.24
2024.01.13	4	9690369145			2,180.00	3,784,314.24
2024.01.14	4	9690369186		3,878,080.00		7,662,394.24
2024.01.14	202	9690369399		797,328.00		8,459,722.24
2024.01.15	202	9690368542			1,300.00	8,458,422.24
2024.01.15	202	9690369687			100,000.00	8,358,422.24
2024.01.17	4	9690369223		100,000.00		8,458,422.24
2024.01.17	202	9690373245			200,000.00	8,258,422.24
2024.01.18	202	9690370124			3,710.00	8,254,712.24
2024.01.19	4	9690369302		374,600.00		8,629,312.24
2024.01.19	4	9690380026			184,200.00	8,445,112.24
2024.01.20	4	9690370009		300,000.00		8,745,112.24
2024.01.25	4	9690371987		320.00		8,745,432.24
2024.01.31	202	9690375741			12,000.00	8,733,432.24
2024.01.31	202	9690376284			51,000.00	8,682,432.24

图 12-36　【银行对账单】窗口

三、银行对账

企业大量经济业务需要通过银行结算，银行要为每个单位记载这些经济业务，银行对账是指银行记载的银行存款收付记录和单位自己记载的银行存款日记账相互核对。目的就是将单位银行账与对账单进行核对，不仅要找出相同的经济业务进行核销，而且还要找出未达账项和造成未达账项的根源，防止有意无意的错误。对于长期未达账项更应引起警惕。在账务处理系统中，为了提高银行对账速度和效率，系统提供了两种对账方式：自动对账和手工对账。

1. 自动对账

自动对账就是由计算机自动在“单位银行对账文件”和“银行对账单文件”中寻找完全相同的经济业务进行核对或勾销。所谓完全相同的经济业务是指经济业务发生的时间、内容、摘要、结算方式、结算号、金额等均相同的经济业务。由于同一笔经济业务在银行和企业间分别由不同的操作员进行记载，经济业务发生的时间、摘要等不可能完全一样，因此，经济业务是否相同，需要由对账操作员来进行设置，一般而言，其对账依据主要有两种。一是支票号+金额，即“单位银行对账文件”和“银行对账单文件”中支票号和金额完全相同的业务。二是结算方式+结算号+金额，即“单位银行对账文件”和“银行对账单文件”中结算方式、结算号和金额完全相同的业务。自动对账后，可能还有一些特殊的已达账项没有核对出来，仍列入未达账项中，这时可以采用手工对账加以补充。

2. 手工对账

手工对账的目的是核对自动对账未能找到的已达账项。由于同一项经济业务在单位银行日记账和银行对账单上的记录内容有可能不会完全相同。自动对账不能核销这些本来相同的业务，从而无法实现全面彻底对账，需要通过手工核销这些特殊业务。在计算机账务处理系统中往往是采用自动对账与手工对账相结合的方式。自动对账是计算机根据对账依据自动进行核对、勾销，对于已核对上的银行业务，系统将自动在银行存款日记账和银行对账单双方写上两清标志，并视为已达账项，对于在两清栏未写上两清符号的记录，系统则视其为未达账项。手工对账是对自动对账的补充，使用完自动对账后，可能还有一些特殊的已达账没有对出来，而被视为未达账项，为了保证对账更彻底正确，可用手工对账来进行调整。

【实验资料】进行银行对账。

【实验过程】

(1)在总账系统，依次单击【出纳】→【银行对账】→【银行对账】菜单，打开【银行科目选择】对话框，单击【确定】按钮，打开【银行对账】窗口。单击工具栏的【对账】按钮，系统弹出【自动对账】窗口，结果如图 12-37 所示。

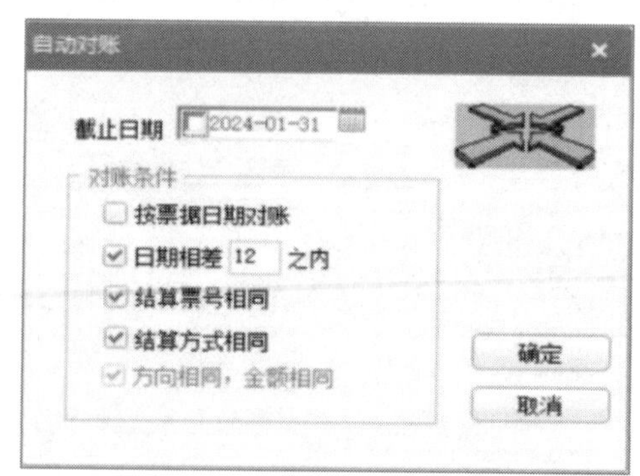

图 12-37 【自动对账】窗口

(2)单击【确定】按钮，显示自动对账结果，检查自动对账不成功记录，分析原因后进行手工对账处理并保存，结果如图 12-38 所示。

我的桌面　银行对账

对账　取消　保存　查询　对照　检查　布局　过滤　定时设置

科目：10020101（章贡支行）

单位日记账

凭证日期	票据日期	结算方式	票号	方向	金额	两清	凭证号数	摘要	对账序号
2024.01.02	2024.01.02	202	9690360539	借	3,000,000.00	◇	收-0001	收到留睿集团投	2024013100008
2024.01.25	2024.01.25	4	9690371987	借	320.00	◇	收-0002	收到活期存款利	2024013100002
2024.01.14	2024.01.14	4	9690369186	借	3,878,080.00	◇	收-0004	收款单	2024013100009
2024.01.14	2024.01.14	202	9690369399	借	797,328.00	◇	收-0005	现结	2024013100007
2024.01.17	2024.01.17	4	9690369223	借	100,000.00	◇	收-0006	收款单	2024013100004
2024.01.19	2024.01.19	4	9690369302	借	374,600.00	◇	收-0007	收款单	2024013100006
2024.01.20	2024.01.20	4		借	300,000.00	◇	收-0008	收款单	2024013100005
2024.01.03	2024.01.03	202	9690360157	贷	1,287,236.65	◇	付-0001	缴纳上月税费	2024013100025
2024.01.04	2024.01.04	4	9690360201	贷	261,287.28	◇	付-0002	缴纳五险一金	2024013100022
2024.01.05	2024.01.05	202	9690362148	贷	31,800.00	◇	付-0003	支付本月广告费	2024013100015
2024.01.06	2024.01.06	1		借	20,000.00	◇	付-0004	现金存入银行	2024013100003
2024.01.07	2024.01.07	202	9690366257	贷	297,568.31	◇	付-0005	发放上月工资	2024013100023
2024.01.15	2024.01.15	202	9690368542	贷	1,300.00	◇	付-0006	报销差旅费	2024013100010
2024.01.15	2024.01.15	202	9690369687	贷	100,000.00	◇	付-0007	向灾区捐赠	2024013100018
2024.01.18	2024.01.18	202	9690370124	贷	3,710.00	◇	付-0008	报销办公用品费	2024013100012
2024.01.31	2024.01.31	202	9690375741	贷	12,000.00	◇	付-0009	支付本月业务招	2024013100014
2024.01.31	2024.01.31	202	9690376284	贷	51,000.00	◇	付-0010	支付本月水电费	2024013100017
2024.01.05	2024.01.05	202	9690362206	贷	395,500.00	◇	付-0011	直接购入资产.	2024013100024
2024.01.06	2024.01.06	4	9690368158	贷	5,395.50	◇	付-0012	付款单	2024013100013
2024.01.07	2024.01.07	4	9690368164	贷	226,000.00	◇	付-0013	现结	2024013100021
2024.01.09	2024.01.09	4	9690368297	贷	-90,400.00	◇	付-0014	现结	2024013100001
2024.01.10	2024.01.10	4	9690368342	贷	39,550.00	◇	付-0015	现结	2024013100016
2024.01.13	2024.01.13	4	9690369145	贷	2,180.00	◇	付-0016	其他应收单	2024013100011
2024.01.17	2024.01.17	202	9690373245	贷	200,000.00	◇	付-0017	付款单	2024013100020
2024.01.19	2024.01.19	4	9690380026	贷	184,200.00	◇	付-0018	付款单	2024013100019

银行对账单

日期	结算方式	票号	方向	金额	两清	对账序号
2023.12.31	202	9690360539	借	3,000,000.0	◇	202401310000
2024.01.03	202	9690360157	贷	1,287,236.6	◇	202401310002
2024.01.04	4	9690360201	贷	261,287.28	◇	202401310002
2024.01.05	202	9690362147	贷	31,800.00	◇	202401310001
2024.01.05	202	9690362206	贷	395,500.00	◇	202401310002
2024.01.06	1		借	20,000.00	◇	202401310000
2024.01.06	4	9690368158	贷	5,395.50	◇	202401310001
2024.01.07	202	9690366257	贷	297,568.31	◇	202401310002
2024.01.07	4	9690368164	贷	226,000.00	◇	202401310002
2024.01.09	4	9690368297	贷	-90,400.00	◇	202401310000
2024.01.10	4	9690368342	贷	39,550.00	◇	202401310001
2024.01.13	4	9690369145	贷	2,180.00	◇	202401310001
2024.01.14	4	9690369186	借	3,878,080.0	◇	202401310000
2024.01.14	202	9690369399	借	797,328.00	◇	202401310000
2024.01.15	202	9690368542	贷	1,300.00	◇	202401310001
2024.01.15	202	9690369687	贷	100,000.00	◇	202401310001
2024.01.17	4	9690369223	借	100,000.00	◇	202401310000
2024.01.17	202	9690373245	贷	200,000.00	◇	202401310002
2024.01.18	202	9690370124	贷	3,710.00	◇	202401310001
2024.01.19	4	9690369302	借	374,600.00	◇	202401310000
2024.01.19	4	9690380026	贷	184,200.00	◇	202401310001
2024.01.20	4	9690370009	借	300,000.00	◇	202401310000
2024.01.25	4	9690371987	借	320.00	◇	202401310000
2024.01.31	202	9690375741	贷	12,000.00	◇	202401310001
2024.01.31	202	9690376284	贷	51,000.00	◇	202401310001

图 12-38 【银行对账结果】窗口

四、核对银行存款余额调节表

银行存款余额调节表是一种用于核对企业银行存款日记账与银行对账单余额是否一致的工具。它记录了企业和银行之间在特定时期内的资金往来情况，以及可能导致两者余额不一致的原因。通过编制银行存款余额调节表，企业可以及时发现并解决账户余额不一致的问题，保证资金的安全与准确记录。

【实验资料】查询银行存款余额调节表。

【实验过程】

（1）在总账系统，依次双击【出纳】→【银行对账】→【余额调节表查询】菜单，打开【银行存款余额调节表】窗口，如图 12-39 所示。

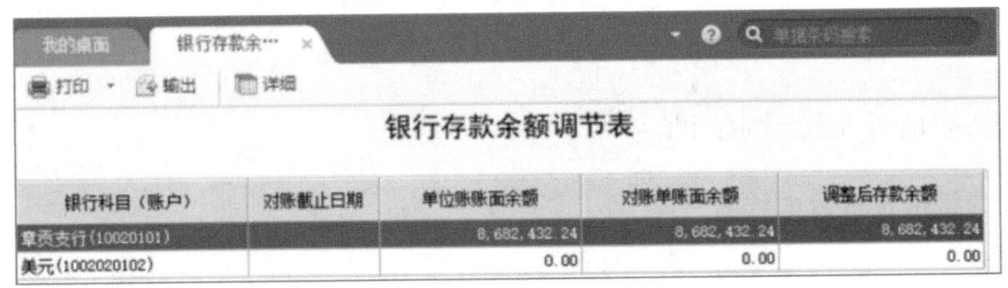

银行存款余额调节表

银行科目（账户）	对账截止日期	单位账账面余额	对账单账面余额	调整后存款余额
章贡支行(10020101)		8,682,432.24	8,682,432.24	8,682,432.24
美元(1002020102)		0.00	0.00	0.00

图 12-39 【银行存款余额调节表查询】窗口

（2）双击【章贡支行】那一行，打开【银行存款余额调节表】对话框，单击【详细】按钮，可查看详细的银行存款余额调节表，如图 12-40 所示。

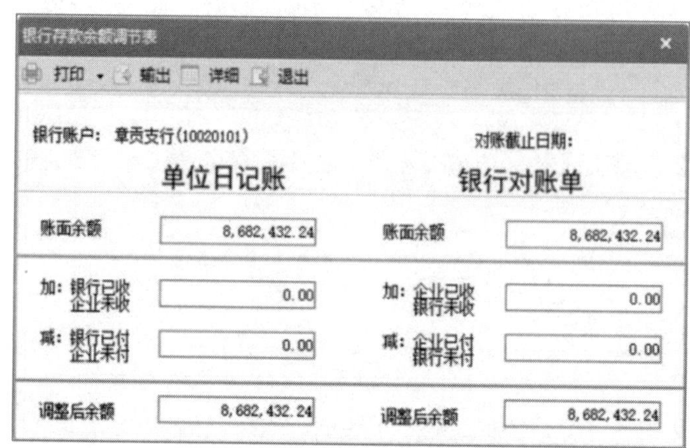

图 12-40 【银行存款余额调节表结果】窗口

【实验提示】

①在启用日期处单击日期参照按钮可以调整银行账户的启用日期。输入的银行对账单、单位日记账的期初未达项的发生日期不能大于等于此银行科目的启用日期。

②“银行对账期初”功能是用于第一次使用银行对账模块前输入日记账及对账单未达项，在开始使用银行对账之后一般不再使用。在输入完单位日记账、银行对账单期初未达项后，请不要随意调整启用日期，尤其是向前调，否则可能会造成启用日期后的期初数不能再参与对账。

③若某银行科目已进行过对账，在期初未达项输入中，对于已勾兑或已核销的记录不能再修改。

④银行对账单余额方向为借方时，借方发生表示银行存款增加，贷方发生表示银行存款减少；反之，借方发生表示银行存款减少，贷方发生表示银行存款增加。系统默认银行对账单余额方向为借方，单击【方向】按钮可调整银行对账单余额方向。已进行过银行对账勾兑的银行科目不能调整银行对账单余额方向。在执行对账功能之前，应将【银行期初】中的【调整后余额】调平，即单位日记账的调整后余额等于银行对账单的调整后余额，否则，在对账后编制银行存款余额调节表时，会造成银行存款与单位银行账的账面余额不平。

第四节 月末结账

一、供应链各系统月末结账

1. 采购管理系统月末结账

2024 年 1 月 31 日，以曾敏慧（G01）的身份登录 U8 企业应用平台。在 U8 企业应用平台，依次单击【业务导航】→【供应链】→【采购管理】→【月末结账】→【月末结账】菜单，打开【结账】对话框，如图 12-41 所示。单击【结账】按钮，系统弹出【月末结账】对话框，提示“是否关闭订单?”，单击【否】，完成月末结账。

结账

会计月份	起始日期	结束日期	是否结账
1	2024-01-01	2024-01-31	否
2	2024-02-01	2024-02-29	否
3	2024-03-01	2024-03-31	否
4	2024-04-01	2024-04-30	否
5	2024-05-01	2024-05-31	否
6	2024-06-01	2024-06-30	否
7	2024-07-01	2024-07-31	否
8	2024-08-01	2024-08-31	否
9	2024-09-01	2024-09-30	否
10	2024-10-01	2024-10-31	否
11	2024-11-01	2024-11-30	否
12	2024-12-01	2024-12-31	否

结账

取消结账

帮助

退出

为保证采购系统的暂估余额表和存货核算系统的暂估余额表数据一致，建议在月末结账前将未填单价、金额的采购入库单填上单价、金额。

图 12-41　【采购管理系统月末结账】窗口

2. 销售管理系统月末结账

2024 年 1 月 31 日，以代佳乐(X01)的身份登录 U8 企业应用平台。在 U8 企业应用平台，依次单击【业务导航】→【供应链】→【销售管理】→【月末结账】→【月末结账】菜单，打开【结账】对话框，如图 12-42 所示。单击【结账】按钮，系统弹出【销售管理】对话框，提示“是否关闭订单?”，单击【否】，完成月末结账。

会计月份	起始日期	结束日期	是否结账
1	2024-01-01	2024-01-31	否
2	2024-02-01	2024-02-29	否
3	2024-03-01	2024-03-31	否
4	2024-04-01	2024-04-30	否
5	2024-05-01	2024-05-31	否
6	2024-06-01	2024-06-30	否
7	2024-07-01	2024-07-31	否
8	2024-08-01	2024-08-31	否
9	2024-09-01	2024-09-30	否
10	2024-10-01	2024-10-31	否
11	2024-11-01	2024-11-30	否
12	2024-12-01	2024-12-31	否

图 12-42　【销售管理系统月末结账】窗口

3. 库存管理系统月末结账

2024 年 1 月 31 日，以王文杰(C01)的身份登录 U8 企业应用平台。在 U8 企业应用平台，依次单击【业务导航】→【供应链】→【库存管理】→【月末结账】→【月末结账】菜单，打开【结账】对话框，如图 12-43 所示。单击【结账】按钮，系统弹出【库存管理】对话框，提示“库存启用月份结账后将不能修改期初数据，是否继续结账”，单击【是】，完成月末结账。

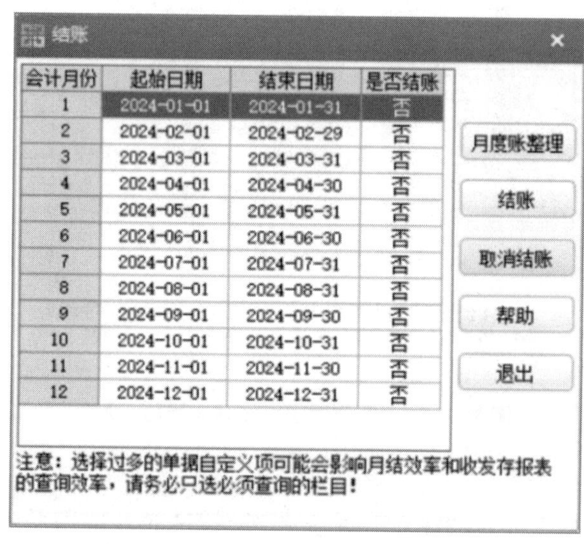

结账

会计月份	起始日期	结束日期	是否结账
1	2024-01-01	2024-01-31	否
2	2024-02-01	2024-02-29	否
3	2024-03-01	2024-03-31	否
4	2024-04-01	2024-04-30	否
5	2024-05-01	2024-05-31	否
6	2024-06-01	2024-06-30	否
7	2024-07-01	2024-07-31	否
8	2024-08-01	2024-08-31	否
9	2024-09-01	2024-09-30	否
10	2024-10-01	2024-10-31	否
11	2024-11-01	2024-11-30	否
12	2024-12-01	2024-12-31	否

月度账整理

结账

取消结账

帮助

退出

注意：选择过多的单据自定义项可能会影响月结效率和收发存报表的查询效率，请务必只选必须查询的栏目！

图 12-43 【库存管理系统月末结账】窗口

4. 存货核算系统月末结账

2024 年 1 月 31 日，以陈玉婷(F02)的身份登录 U8 企业应用平台。在 U8 企业应用平台，依次单击【业务导航】→【供应链】→【存货核算】→【记账】→【月末结账】菜单，打开【结账】对话框，如图 12-44 所示。单击【结账】按钮，打开【结账】对话框，如图所示。单击【结账】，系统提示“月末结账完成！”。

结账

会计月份	起始日期	结束日期	是否结账
1	2024-01-01	2024-01-31	否
2	2024-02-01	2024-02-29	否
3	2024-03-01	2024-03-31	否
4	2024-04-01	2024-04-30	否
5	2024-05-01	2024-05-31	否
6	2024-06-01	2024-06-30	否
7	2024-07-01	2024-07-31	否
8	2024-08-01	2024-08-31	否
9	2024-09-01	2024-09-30	否
10	2024-10-01	2024-10-31	否
11	2024-11-01	2024-11-30	否
12	2024-12-01	2024-12-31	否

月结检查

取消月结检查

结账

取消结账

帮助

退出

☑ 本期存货科目发生不平允许结账

☑ 本期存货科目余额不平允许结账

图 12-44 【存货核算系统月末结账】窗口

二、财务会计各系统月末结账

1. 应付款管理系统月末结账

在应付款管理系统，依次单击【期末处理】→【月末结账】菜单，打开【月末处理】对话框，如图 12-45 所示。双击 1 月份(一月)的【结账标志】栏，单击【下一步】，再单击【完成】，系统提示“1 月份结账成功”。

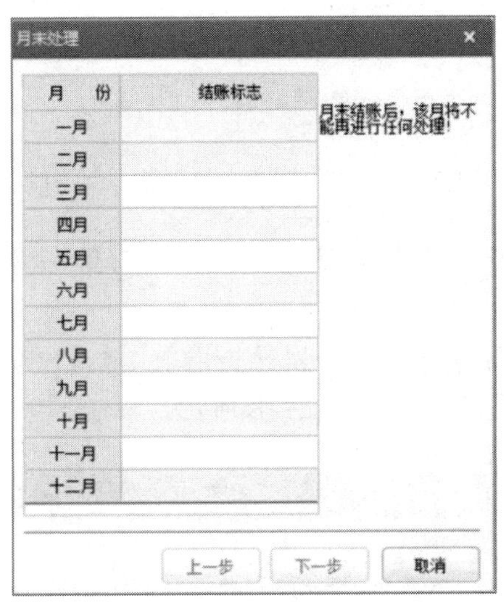

图 12-45　【应付款管理系统月末处理】窗口

2. 应收款管理系统月末结账

在应收款管理系统，依次单击【期末处理】→【月末结账】菜单，打开【月末处理】对话框，如图 12-46 所示。双击 1 月份(一月)的【结账标志】栏，单击【下一步】，再单击【完成】，系统提示“1 月份结账成功”。

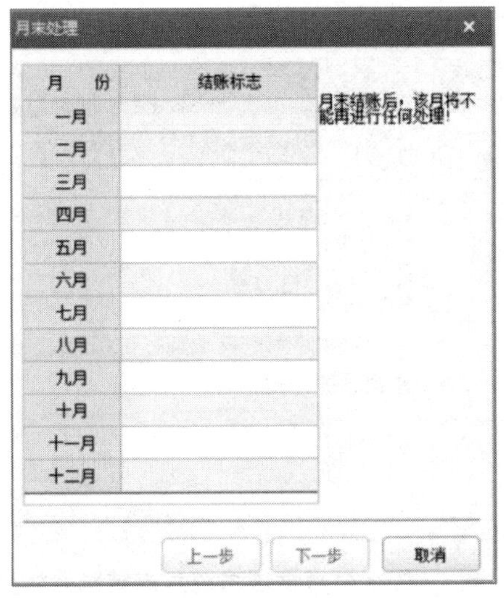

图 12-46　【应收款管理系统月末处理】窗口

3. 固定资产管理系统月末结账

（1）月末对账。在固定资产管理系统，依次单击【资产对账】→【对账】，打开【对账条件】提示框，如图 12-47 所示。

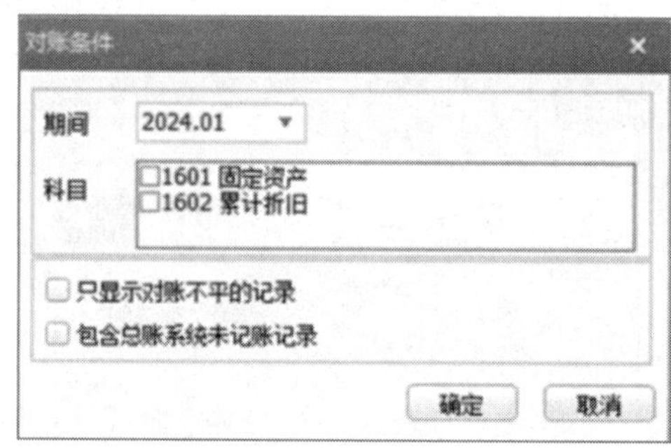

图 12-47 【固定资产管理系统月末对账条件选择】窗口

（2）在【科目】栏勾选【固定资产】和【累计折旧】，单击【确定】按钮，系统打开【对账】窗口，系统提示对账结果【平衡】，如图 12-48 所示。

打印 输出 查询 刷新 明细

与总账对账结果

对账不平

科目		固定资产				总账				对账差异			
编码	名称	期初余额	借方金额	贷方金额	期末余额	期初余额	借方金额	贷方金额	期末余额	期初余额	借方金额	贷方金额	期末余额
1601	固定资产	14402200.00	350000.00	5600.00	14746600.00	14402200.00	350000.00	5600.00	14746600.00	0.00	0.00	0.00	0.00
1602	累计折旧	3506508.80	4032.00	94645.52	3597122.32	3506508.80	4032.00	94645.52	3597122.32	0.00	0.00	0.00	0.00

图 12-48 【固定资产管理系统与总账对账结果】窗口

（3）在固定资产管理系统，依次单击【期末处理】→【月末结账】菜单，打开【月末结账】对话框，如图 12-49 所示。

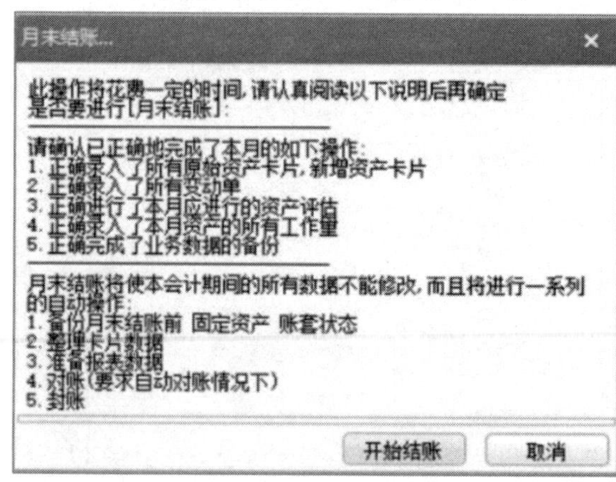

图 12-49 【固定资产管理系统月末结账开始】窗口

(4)单击【开始结账】，弹出【与账务对账结果】对话框，如图 12－50 所示，单击【确定】。

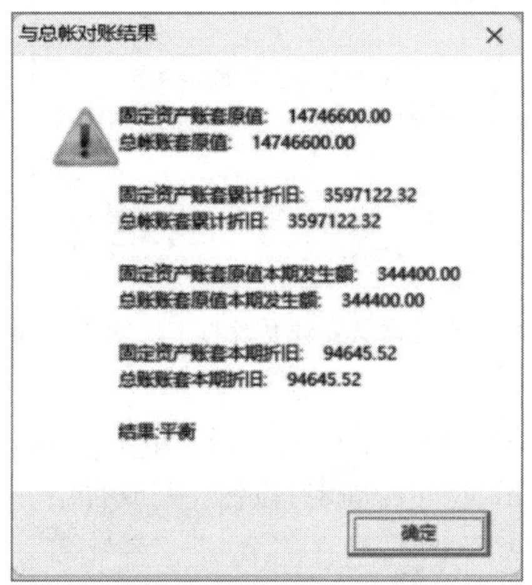

图 12－50　【固定资产管理系统与总账对账结果】窗口

(5)系统提示“月末结账成功！”，如图 12－51 所示，单击【确定】按钮。

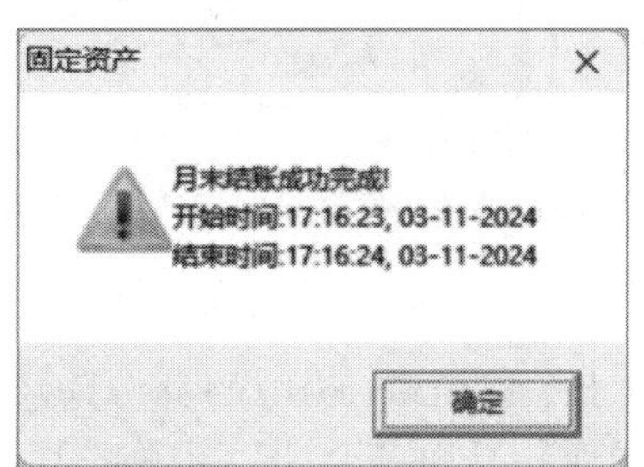

图 12－51　【固定资产管理系统完成结账】窗口

4. 薪资管理系统月末结账

(1)在薪资管理系统，依次单击【业务处理】→【月末处理】菜单，打开【月末处理】对话框，如图 12－52 所示。

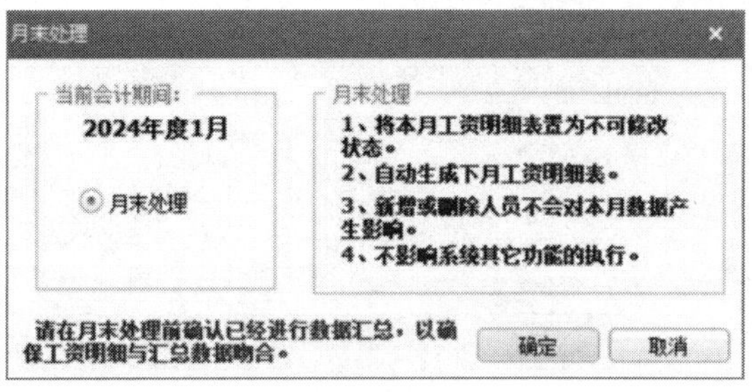

图 12－52　【薪资管理系统月末处理】窗口

(2)单击【确定】按钮，系统提示“是否继续月末处理?”，如图 12-53 所示，单击【是】。

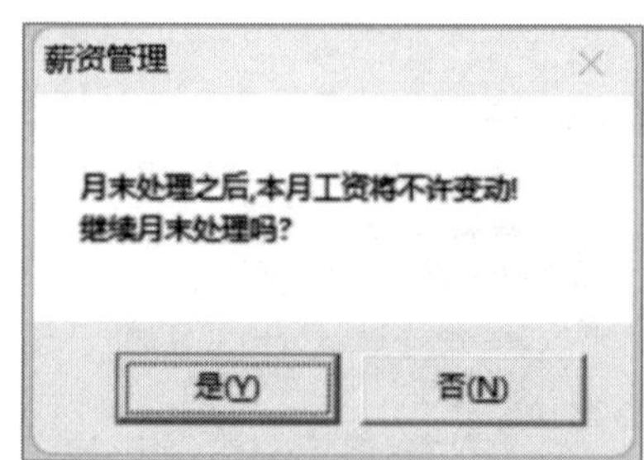

图 12-53 【薪资管理系统月末处理体式】窗口

(3)系统提示“是否选择清零项?”，单击【否】，单击【确定】按钮，系统提示“月末处理完毕!”，如图所示 12-54 所示，单击【确定】按钮，完成月结。

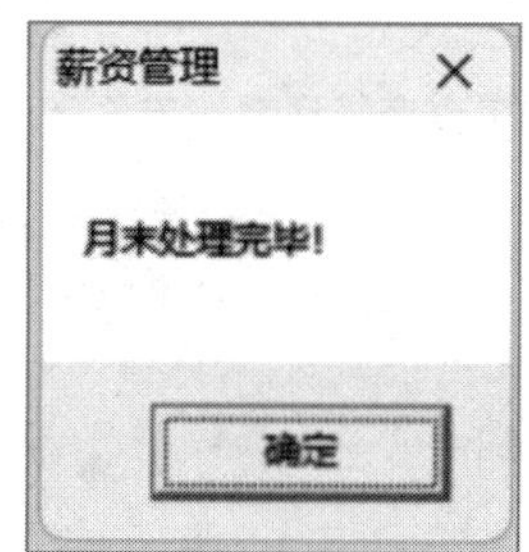

图 12-54 【薪资管理系统完成结账】窗口

5. 总账管理系统月末结账

(1)对账。2024 年 1 月 31 日，以何璇(F01)的身份登录 U8 企业应用平台。在 U8 企业应用平台，依次单击【业务导航】→【财务会计】→【总账】→【期末】→【对账】菜单，打开【对账】窗口，如图 12-55 所示。

月份	对账日期	对账结果	是否结账	是否对账
2024期初	2024.01.01	正确	Y	
2024.01				
2024.02				
2024.03				
2024.04				
2024.05				
2024.06				
2024.07				
2024.08				
2024.09				
2024.10				
2024.11				
2024.12				

图 12-55 【对账】窗口

(2)单击【选择】按钮，再单击【对账】按钮，系统开始自动对账，对账完毕，窗口显示对账结果正确，如图 12-56 所示。退出对账窗口。

图 12-56 【对账】窗口

(3)结账。在 U8 企业应用平台，依次单击【业务导航】→【财务会计】→【总账】→【期末】→【结账】菜单，打开【结账—开始结账】窗口，如图 12-57 所示。

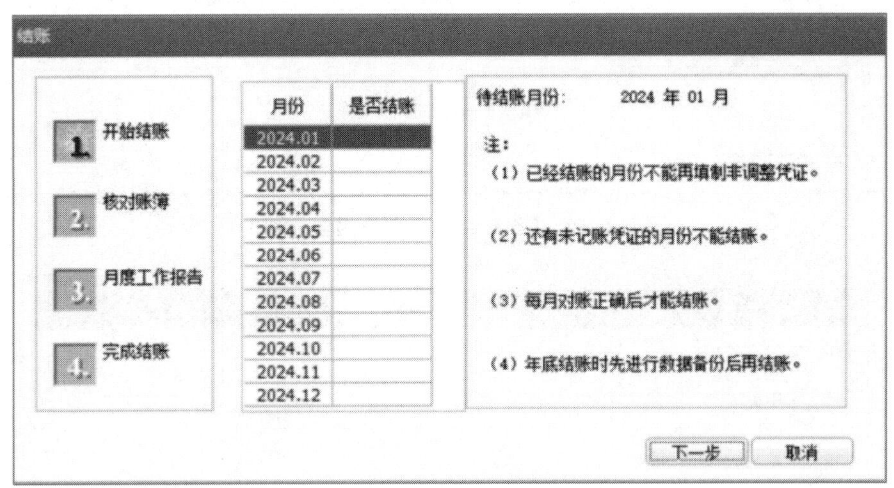

图 12-57 【结账—开始结账】窗口

(4)单击【下一步】按钮，打开【结账—核对账簿】窗口。单击【对账】按钮，系统进行对账，如图 12-58 所示。

(5)对账完毕，单击【下一步】按钮，打开【结账—月度工作报告】窗口，如图 12-59 所示。

(6)单击【结账】按钮，1 月份结账完毕，结果如图 12-60 所示。

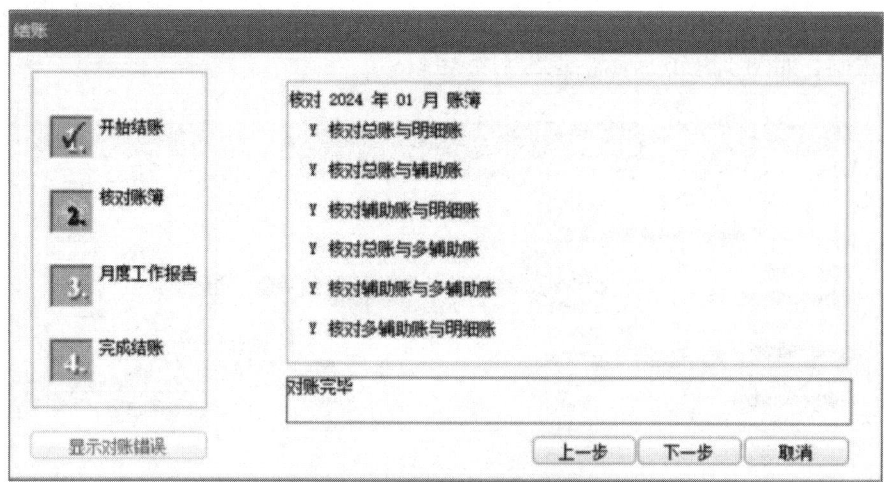

图 12-58 【结账—核对账簿】窗口

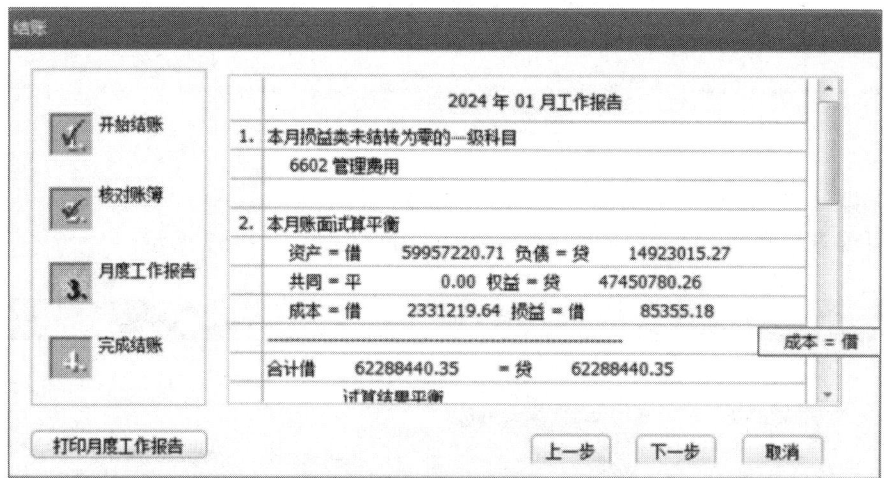

图 12-59 【结账—月度工作报告】窗口

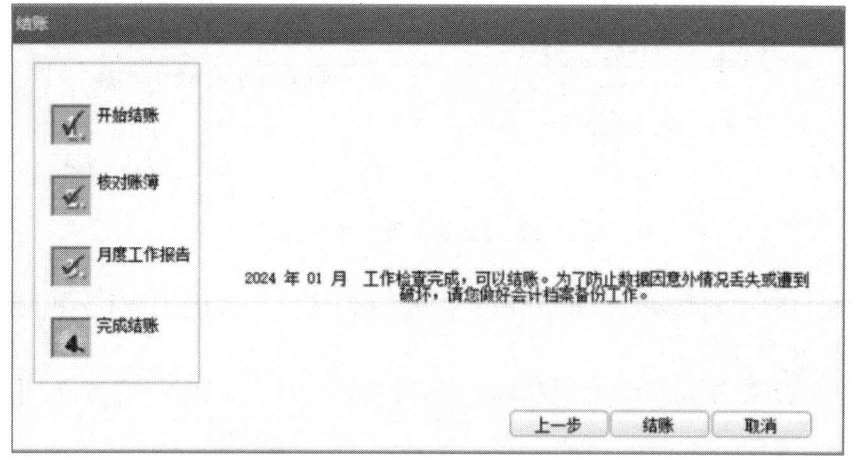

图 12-60 【结账—完成结账】窗口

【实验提示】

①若对账结果为账账相符，则对账月份的对账结果处显示【正确】；若对账结果为账账不符，则对账月份的对账结果处显示【错误】，单击【错误】按钮可查看引起账账不符的原因。

②若客户往来业务选定由【应收系统】核算或供应商往来业务由【应付系统】核算，则不能对往来客户账、供应商往来账进行对账。

③在【结账】向导中，选择要取消结账的月份，按“Shift+Ctrl+F6”或“Shift+Ctrl+Fn+F6”组合键可进行反结账。

④结账必须逐月连续进行，上月未结账，则本月不能结账。

⑤上月未结账，则本月不能记账，但可以填制、复核凭证。

⑥本月还有未记账凭证时，则本月不能结账。

⑦已结账月份不能再填制凭证。

⑧结账只能由有结账权限的操作员进行，若总账与明细账对账不符，则不能结账。

思考题

1. 简述系统期末处理涉及的主要业务。

2. 简述确定汇兑损益的处理流程。

3. 简述银行对账的处理流程。

4. 月末结账时应注意哪些要点？

5. 自定义转账的情形主要有哪些？设置时应注意哪些问题？哪些期末处理业务不需要进行自定义转账？

第十三章 报表管理

第一节 报表管理系统概述

一、报表管理系统功能概述

会计报表是以日常会计核算资料为依据，总括地反映会计主体在一定时期内的财务状况、经营成果的报告文件，它是会计核算的最终结果。我国现行会计制度规定，企业必须编制并报送的会计报表，包括资产负债表、利润表、现金流量表、所有者权益变动表和附注等。

会计报表系统的目的是编制、输出会计报表和进行会计报表分析。企业实现电算化后并没有改变会计报表编制和分析的目的以及最终结果，但在会计报表的编制过程、报表数据输入形式、报表分析的手段、报表信息的传递方式及其使用管理等方面与手工会计系统有很大的区别。

1. 报表结构设置

会计报表的主要目的是向企业的有关各方反映企业的财务状况和经营成果。报表结构设置主要包括报表登记、格式设置和公式定义等。

每一张报表在计算机中都有一个登记项，登记项包括报表编号、表名、附注等信息。报表文件名是报表的唯一外部标识。登记后的报表，其表名在各功能模块中提示或供用户选择，表名通常与表标题一致。报表编号是报表的唯一内部标识，主要用于系统内部处理报表时的报表识别，附注是报表的附加说明信息，根据需要可有可无。报表格式设计主要是对报表格式进行设置，以及利用公式定义报表内经济指标的生成公式。

2. 报表数据处理

提供了丰富的格式设计功能，如设计组合单元、画表格线（包括斜线）、调整行高列宽、设置字体和颜色、设置显示比例等，可以制作各种要求的报表。UFO 以固定的格式管理大量不同的表页，能将多达 99 999 张具有相同格式的报表资料统一在一个报表文件中管理，并且在每张表页之间建立有机的联系。提供了排序、审核、舍位平衡、汇总功能；提供了绝对单元公式和相对单元公式，可以方便、迅速地定义计算公式；提供了种类丰富的函数，可以从账务、应收、应付、薪资、固定资产、销售、采购、库存等用友产品中提取数据，生成财务报表。

3. 图表处理功能

图表具有比数据报表直观的优势。UFO 的图表处理功能能够方便地对报表数据进行图形组织，制作包括直方图、立体图、圆饼图、折线图等多种分析图表，并能够编辑图表的位置、大小、标题、字体、颜色等，打印输出各种图表。

4. 文件管理功能

利用文件管理功能可以方便地完成报表文件的创建、保存等一般文件管理功能；能够进行不同文件的格式转换，包括文本文件、MDB 文件、Excel 文件等，提供标准财务数据的导入、导出功能。

5. 行业报表模板

UFO 系统中按照会计制度提供了不同行业的标准财务报表模板，简化了用户的报表格式设计工作。如果标准行业模板仍不能满足需要，系统还提供了自定义模板的功能。

6. 打印功能

采用“所见即所得”的打印，报表和图形都可以打印输出。提供“打印预览”，可以随时观看报表或图形的打印效果。报表打印时，可以打印格式或数据，可以设置财务表头和表尾，可以在 0.3~3 倍之间缩放打印，可以横向或纵向打印等。支持对象的打印及预览，包括 UFO 生成的图表对象和插入 UFO 中的嵌入和链接对象。

7. 二次开发功能

提供批处理命令和功能菜单，可将有规律性的操作过程编制成批处理文件，进一步利用功能菜单开发出适合本单位实际情况的专用系统。

二、报表管理系统与其他系统的主要关系

计算机在会计应用的早期，总账子系统的应用和会计报表系统的应用是分离的。会计报表系统的应用仅仅是设计报表的格式，将基础数据(手工编制)输入到系统中，由计算机系统对报表中的小计、合计、总计等进行简单的运算，并可打印输出。

随着总账子系统应用的成熟，会计报表系统的设计也能够做到由用户自行设计报表格式、定义基本的数据关联关系，从相应总账系统的账簿数据中取得会计报表编制。

所需的基础数据，经过会计报表数据的关联运算，生成会计报表数据。通过总账子系统和会计报表系统的集成应用，实现了编制会计报表的自动化。这种将总账子系统和会计报表系统集成应用，根据总账子系统账簿数据自动生成会计报表数据的过程就是账表一体化。

当总账子系统与会计报表系统集成应用时，会计报表的编制就有了现成的数据来源，不再需要输入大量的数据，只需采用一定的方法将总账子系统的账簿数据连接到会计报表系统，就可以自动生成会计报表数据，完成会计报表的编制。

从企业编制对外报送的会计报表的角度看，由于会计报表编制的数据来源是总账子系

统中的账簿数据，编制会计对外报送的会计报表必须有总账子系统的支持。当经济业务发生时，总账子系统通过填制凭证、审核凭证、记账等处理，生成会计账簿数据，成为会计报表数据处理来源。所以，在总账子系统进行会计科目设置时，就需要考虑到会计报表编制的要求，以便在业务处理时进行适当的分类。如果总账子系统不能正确、完整地处理会计业务，会计报表系统将不能提供符合会计信息质量要求的会计报表信息。

从企业编制内部管理所需的会计报表的角度看，企业内部管理用会计报表的格式和内容不像对外报送的会计报表那样规范性强，而是根据用户对管理问题的分析构造的报表。用户可以采用自定义的方法，利用目前应用的各子系统中的数据，通过自定义报表的格式和数据来源的方法，生成用户需要的管理会计报表。从会计报表分析的角度看，会计报表分析是将大量的报表数据转换成对特定决策有用的信息，所以，会计报表分析除了对主要会计报表进行数据处理，还需要对报表的主要项目数据进行详尽的分析，对会计报表项目数据进行正确的解释和说明，因此，就需要总账子系统以外的其他子系统数据的支持。也可以将会计报表系统的数据输出到 Excel 或从 Excel 引入数据进行报表分析。

第二节　自定义货币资金表

一、设计表样

【实验资料】设计如图 13-1 所示的货币资金表。基本要求：第 1 行行高 16 毫米，第 1 列列宽 36 毫米；表头字体为黑体，字号为 18 号；前 3 行和第 1 列单元文字居中显示，第 3 行为粗体字。

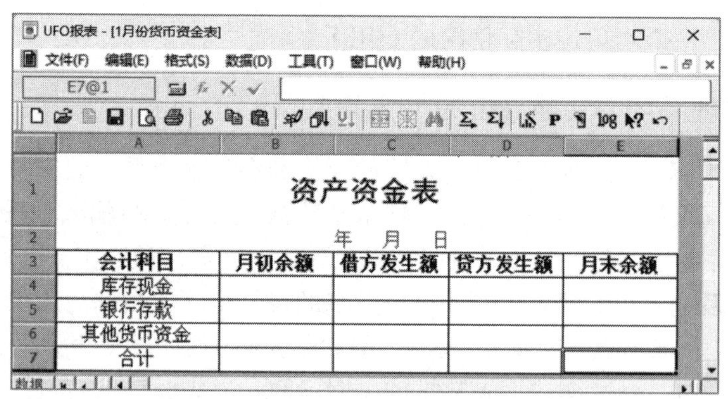

图 13-1　货币资金表

【实验过程】

(1)新建一张空白报表。

①2024 年 1 月 31 日，以何璇(F01)的身份登录 U8 企业应用平台。

②在 U8 企业应用平台，依次单击【业务导航】→【财务会计】→【UFO 报表】菜单，打开【UFO 报表】窗口，同时弹出如图 13-2 所示的“日积月累”提示框。

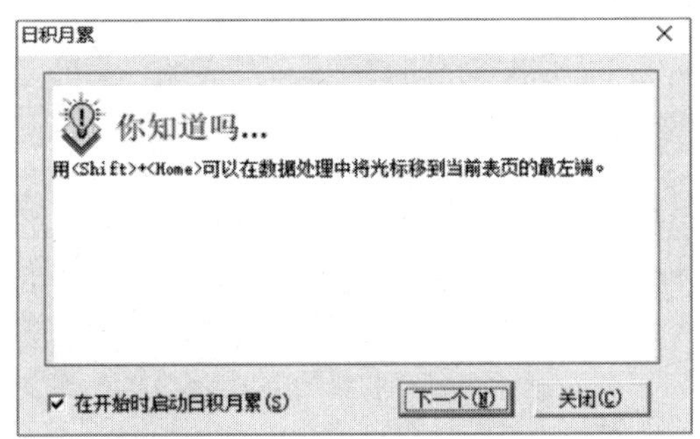

图 13-2　“日积月累”提示框

③单击【关闭】按钮，返回【UFO 报表】窗口，如图 13-3 所示。

图 13-3　“UFO 报表”窗口

④单击工具栏的“ ”按钮，新建一张空白报表，结果如图 13-4 所示。

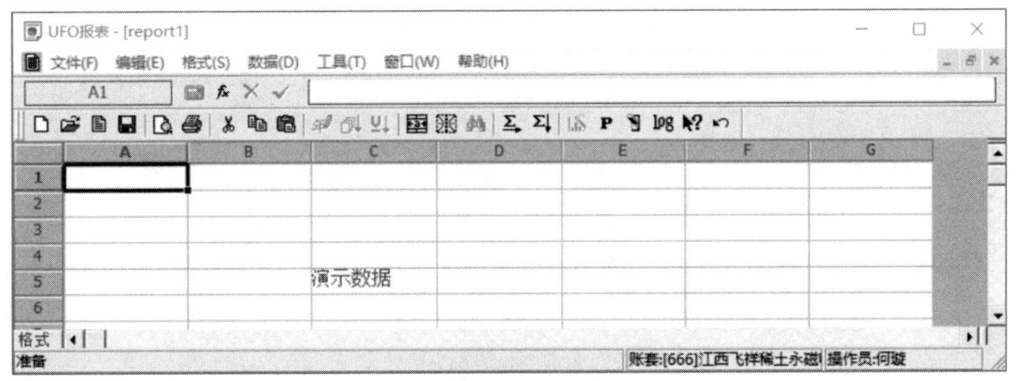

图 13-4　空白 UFO 报表

【实验提示】

①新建 UFO 报表名称系统默认为“report1. rep”。

②空白报表建立后，系统默认状态为格式状态，所有单元的类型默认为数值单元。

(2)设置表尺寸。

点击【格式】菜单下的【表尺寸】命令，弹出【表尺寸】对话框，行数设为【7】，列数设为

【5】，如图 13-5 所示。单击【确认】按钮。

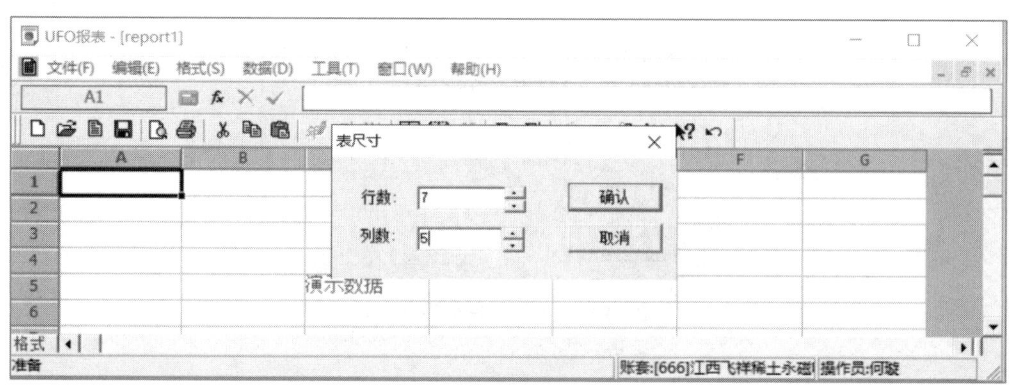

图 13-5 “表尺寸”对话框

(3) 组合单元格。

①选中 A1：E1 单元区域，点击【格式】菜单下的【组合单元】命令，弹出【组合单元】对话框，如图 13-6 所示。

②单击【整体组合】按钮，完成单元合并。

③参照上述方法，对 A2：E2 单元区域进行整体组合，如图 13-7 所示。

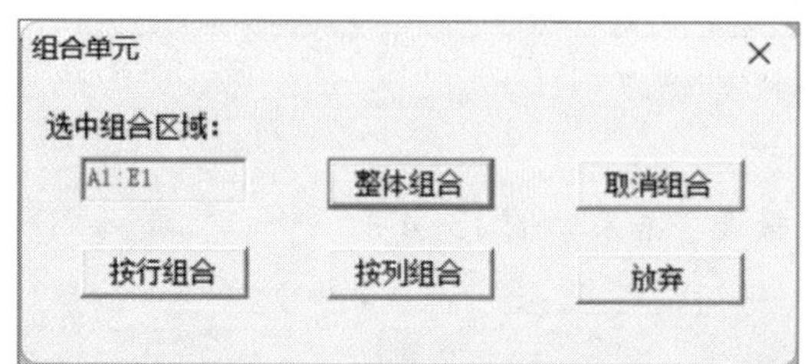

图 13-6 “组合单元”对话框

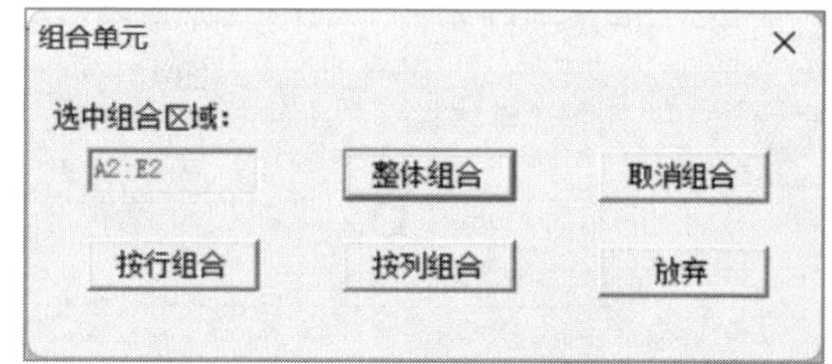

图 13-7 “组合单元”对话框

(4) 录入报表文字内容。

根据实验资料，录入除第 2 行以外的文字内容，结果如图 13-8 所示。

UFO报表 - [report1]

文件(F) 编辑(E) 格式(S) 数据(D) 工具(T) 窗口(W) 帮助(H)

E4

	A	B	C	D	E
1	资产资金表				
2		演示数据			
3	会计科目	月初余额	借方发生额	贷方发生额	月末余额
4	库存现金				
5	银行存款				
6	其他货币资金				
7	合计				

图 13-8 输入报表文字内容

(5)设置单元属性。

①选中前三行，执行【格式】菜单下的【单元属性】命令，打开【单元格属性】对话框，点击【对齐】页签，对齐方式均选【居中】，如图13-9所示，单击【确定】按钮。

②参照上述方法，将A列的对齐方式也设置为【居中】。

③选中第1行，执行【格式】菜单下的【单元属性】命令，打开【单元格属性】对话框，点击【字体图案】页签，将字体改为【黑体】，字号改为【18】，如图13-10所示，单击【确定】按钮。

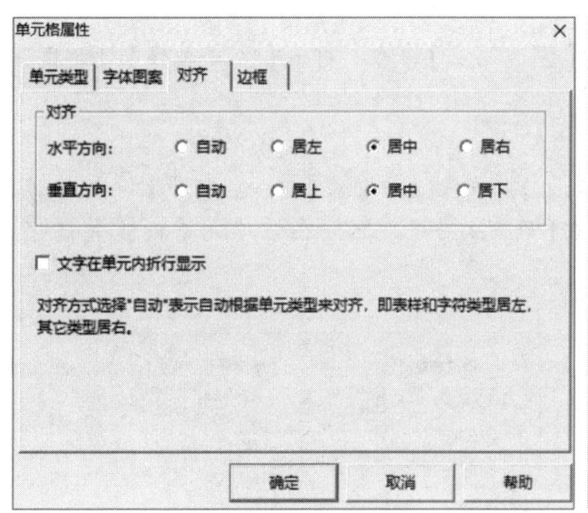

图13-9　对齐方式

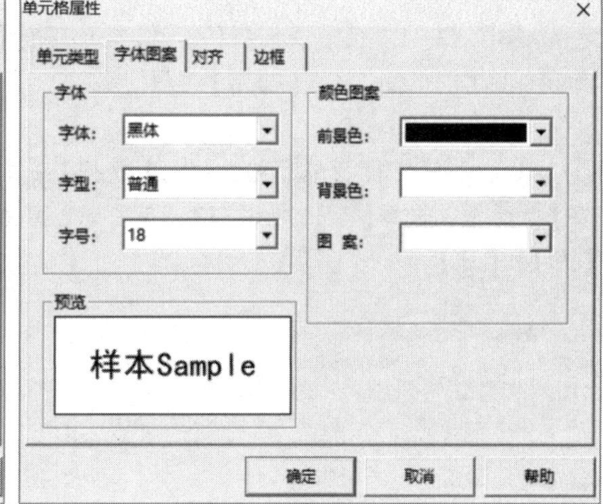

图13-10　调整字体、字号

④选中第3行，执行【格式】菜单下的【单元属性】命令，打开【单元格属性】对话框，点击【字体图案】页签，将【字型】改为【粗体】，单击【确定】按钮。

⑤选B4:E7区域，执行【格式】菜单下的【单元属性】命令，打开【单元格属性】对话框，在【格式】项勾选【逗号】，如图13-11所示，单击【确定】按钮。

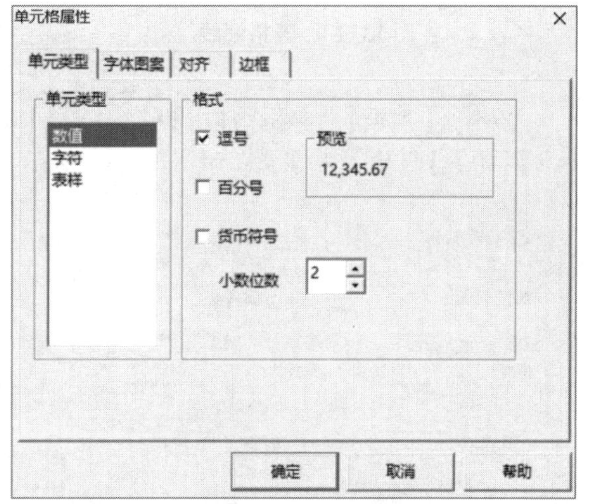

图13-11　设置单元格中数值的格式

(6)设置行高与列宽。

①单击第1行，执行【格式】菜单下的【行高】命令，打开【行高】对话框，在【行高】栏输入【16】，如图13-12所示，单击【确定】按钮。

②单击A列的列标，执行【格式】菜单下的【列宽】命令，打开【列宽】对话框，在【列宽】栏输入【36】，如图13-13所示，单击【确定】按钮。

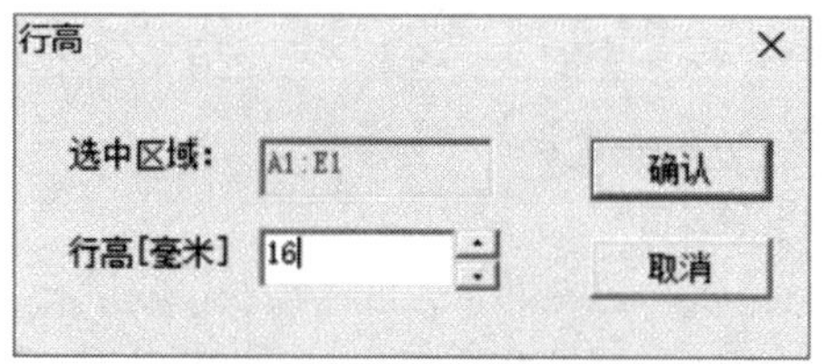

图 13-12 设置行高

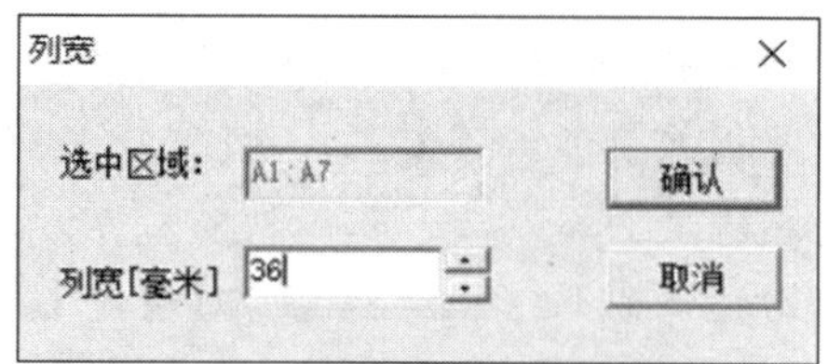

图 13-13 设置列宽

(7)表格画线。

选中 A3：E7 区域，执行【格式】菜单下的【区域画线】命令，打开【区域画线】对话框，如图 13-14 所示，单击【确定】按钮。

(8)设置关键字。

①单击第 2 行的单元格，执行【数据】菜单下的【关键字-设置】命令，打开【设置关键字】对话框，选择【年】，如图 13-15 所示，单击【确定】按钮。然后在该单元格设置关键字【月】和【日】。

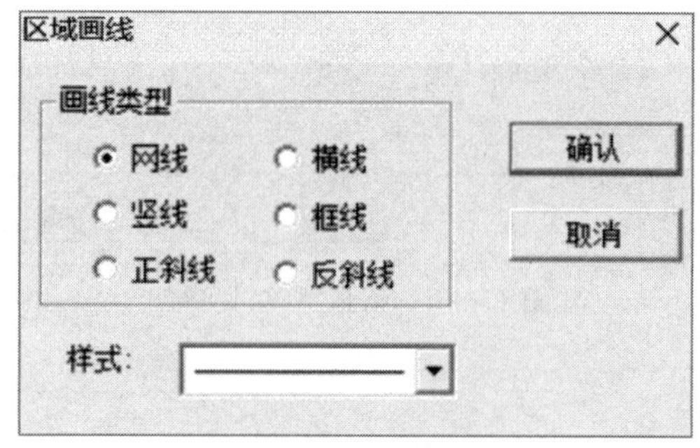

图 13-14 表格划线

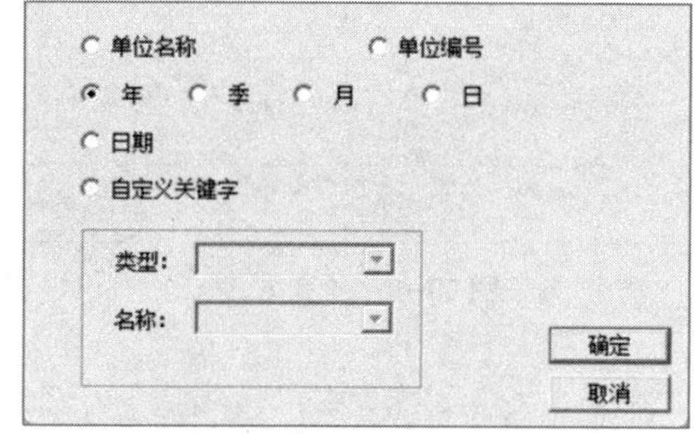

图 13-15 设置“年”关键字

②执行【数据】菜单下的【关键字-偏移】命令，打开【定义关键字偏移】对话框在【年】【月】和【日】栏输入偏移量，如图 13-16 所示，单击【确定】按钮，结果如图 13-17 所示。

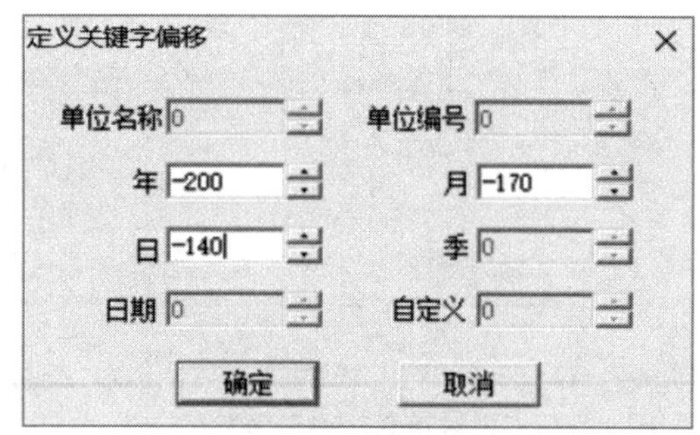

图 13-16 关键字偏移

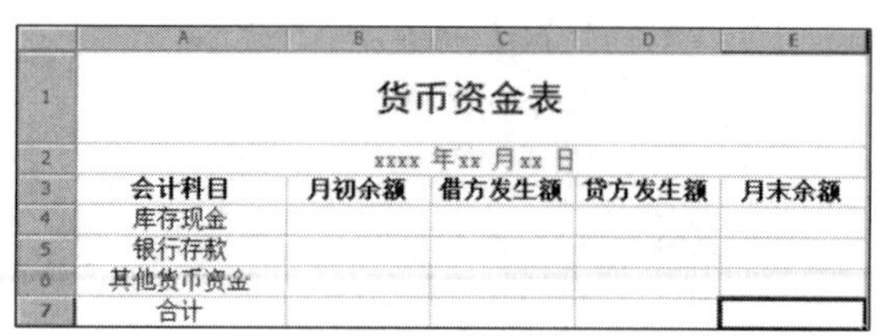

图 13-17 设计完毕的货币资金表

二、定义公式

【实验资料】设置 B4：E7 区域单元格的计算公式。

【实验过程】

(1)单击 B4 单元格，单击工具栏的“*fx*”按钮，或者执行【数据】菜单的【编辑公式—单元公式】命令，打开【定义公式】对话框。

(2)单击【函数向导】按钮，打开【函数向导】对话框，在【函数分类】列表中选择【用友账务函数】，在【函数名】列表中选择【期初(QC)】，如图 13-18 所示。

(3)单击【下一步】按钮，打开【用友账务函数】窗口，单击【参照】按钮，打开【账务函数】对话框，如图 13-19 所示。

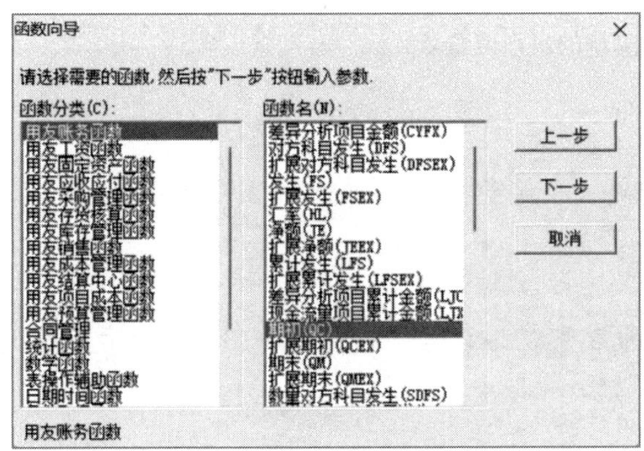

图 13-18 单元格中数值的格式

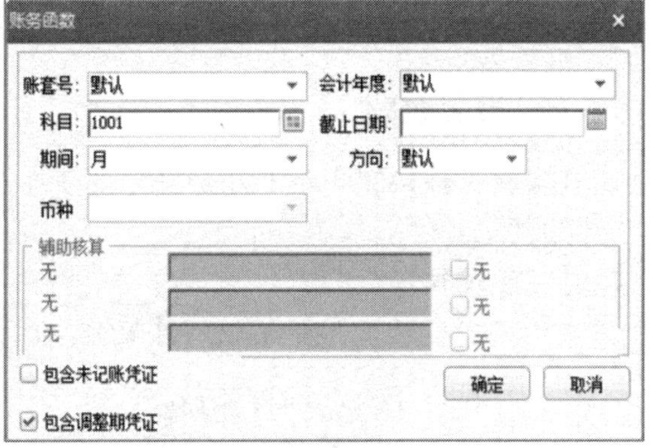

图 13-19 “财务函数”窗口

【实验提示】

①用友账务取数函数参数较多，定义时一个也不能缺少，取默认值时用“，”分隔体现。

②可通过“+”“-”“ * ”“/”运算符连接账务函数形成较复杂的账务取数公式。

③直接输入公式时，注意标点符号应为英文标点。

(4)单击【确定】按钮，返回【用友账务函数】对话框，单击【确定】按钮，返回【定义公式】对话框，如图 13-20 所示。

(5)单击【确认】按钮，完成 B4 单元格的公式设置。

(6)参照上述方法设置 B5、B6 及 C4：E6 区域单元格的计算公式。

(7)单击 B7 单元格，单击工具栏的“*fx*”按钮，在【定义公式】对话框手工输入【B4+B5+B6】，如图 13-21 所示。

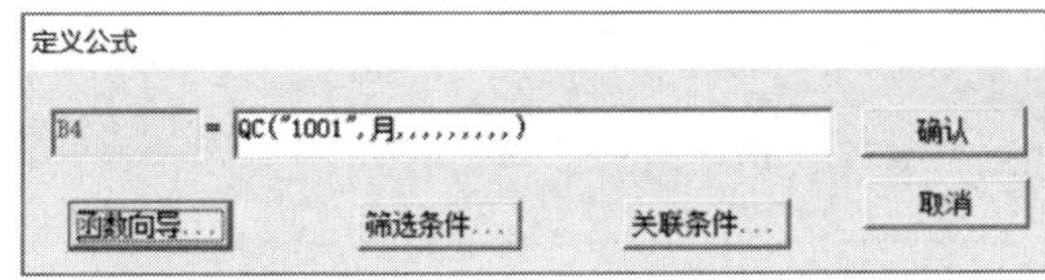

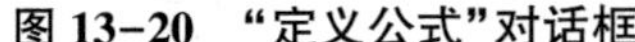
图 13-20 “定义公式”对话框

图 13-21 “定义公式”对话框

(8)参照上述方法设置 C7：E7 区域单元格的计算公式。货币资金表设置完毕，结果如图 13-22 所示。

图 13-22　公式设置完毕的货币资金表

三、报表取数

【实验资料】2024 年 1 月 31 日，将货币资金表数据重算后保存至 C 盘根目录下，文件名为"1 月份货币资金表. rep"。

【实验过程】

(1)单击窗口左下角的【格式】按钮，此时报表切换为数据状态，如图 13-23 所示。

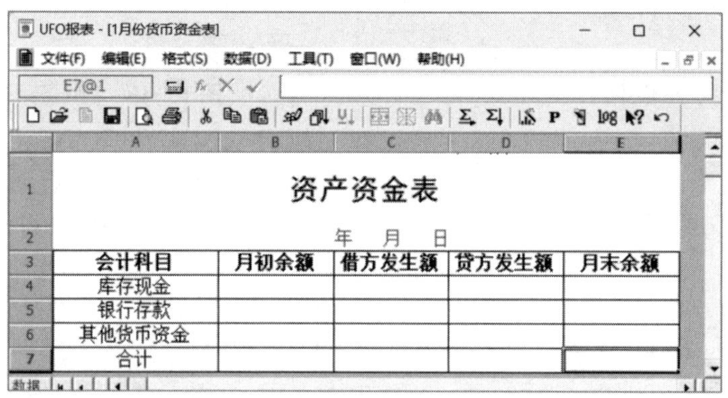

图 13-23　数据状态的货币资金表

(2)执行【数据】菜单下的【关键字—录入】命令，打开【录入关键字】对话框，录入关键字【2024 年 1 月 31 日】，如图 13-24 所示。单击【确认】按钮，系统弹出"是否重算第 1 页？"提示框，单击【是】，结果如图 13-25 所示。

(3)单击工具栏的"💾"按钮，打开【另存为】对话框，存储位置选择 C 盘根

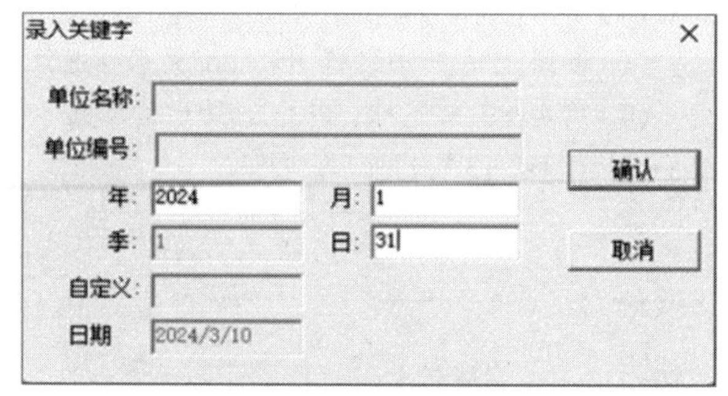

图 13-24　录入关键字

目录，【文件名】栏输入【1 月份货币资金表】，如图 13-26 所示。单击【另存为】按钮，完成保存。

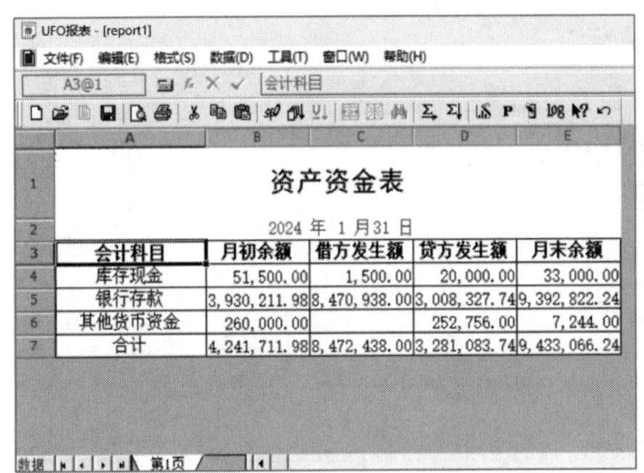

资产资金表

2024 年 1 月31 日

会计科目	月初余额	借方发生额	贷方发生额	月末余额
库存现金	51,500.00	1,500.00	20,000.00	33,000.00
银行存款	3,930,211.98	8,470,938.00	3,008,327.74	9,392,822.24
其他货币资金	260,000.00		252,756.00	7,244.00
合计	4,241,711.98	8,472,438.00	3,281,083.74	9,433,066.24

图 13-25　重算完毕的资产资金表

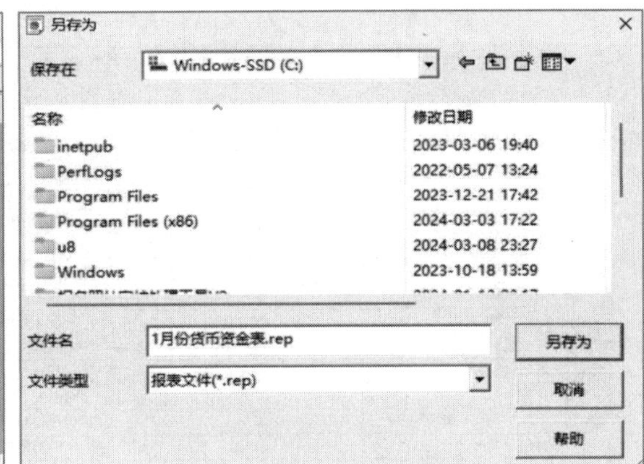

图 13-26　保存报表

第三节　编制财务报表

一、编制资产负债表

【实验资料】 2024 年 1 月 31 日，利用报表模板生成资产负债表，根据最新会计准则调整报表项目。

【实验过程】

(1) 新建空白报表。

①2024 年 1 月 31 日，以何璇(F01)的身份登录 U8 企业应用平台。

②在 U8 企业应用平台，依次单击【业务导航】→【财务会计】→【UFO 报表】命令，打开【UFO 报表】窗口。单击工具栏的"🗋"，新建一张空白报表。

(2) 调用模板生成资产负债表。

①点击【格式】菜单下的【报表模板】命令，打开【报表模板】对话框，在【您所在的行业】下拉框中选择"2007 年新会计准则科目"，【财务报表】下拉框中选择"资产负债表"，如图 13-27 所示。

②单击【确认】按钮，系统弹出"模板格式将覆盖本表格式！是否继续？"提示框，单击【确定】按钮，结果如图 13-28 所示。

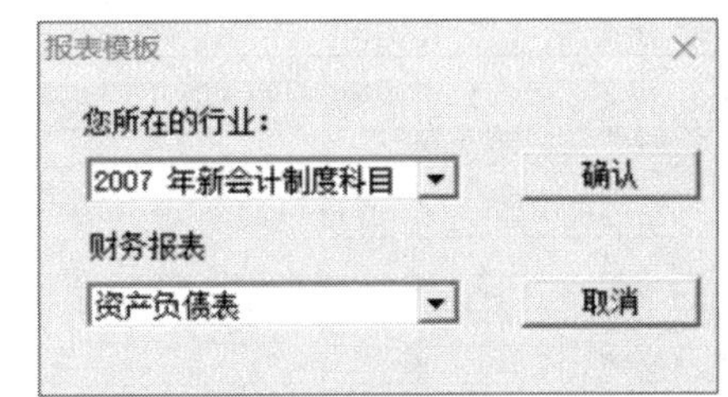

图 13-27　选择报表模板

(3) 调整报表项目。按照下文图 13-30 资产负债表中的报表项目及其列报方法，对报表模板中的项目及公式进行调整。

资 产	行次	期末余额	年初余额	负债和所有者权益（或股东权益）	行次	期末余额	年初余额
			资产负债表				
							会企01表
编制单位：		xxxx 年	xx 月	xx 日			单位：元
流动资产：				流动负债：			
货币资金	1	公式单元	公式单元	短期借款	32	公式单元	公式单元
交易性金融资产	2	公式单元	公式单元	交易性金融负债	33	公式单元	公式单元
应收票据	3	公式单元	公式单元	应付票据	34	公式单元	公式单元
应收账款	4	公式单元	公式单元	应付账款	35	公式单元	公式单元
预付款项	5	公式单元	公式单元	预收款项	36	公式单元	公式单元
应收利息	6	公式单元	公式单元	应付职工薪酬	37	公式单元	公式单元
应收股利	7	公式单元	公式单元	应交税费	38	公式单元	公式单元
其他应收款	8	公式单元	公式单元	应付利息	39	公式单元	公式单元
存货	9	公式单元	公式单元	应付股利	40	公式单元	公式单元
一年内到期的非流动资产	10			其他应付款	41	公式单元	公式单元
其他流动资产	11			一年内到期的非流动负债	42		
流动资产合计	12	公式单元	公式单元	其他流动负债	43		

图 13-28　格式状态下的资产负债表

(4)调整报表计算公式。

①删除 C13 单元格的计算公式，同时将 C14 单元格的计算公式修改为【QM("1221",月,,,年,,)+QM("1131",月,,,年,,)】，即【其他应收款】项目的期末金额等于【其他应收款】【应收股利】科目的期末余额合计。

②删除 G15 单元格的计算公式，同时将 G16 单元格的计算公式修改为【QM("2241",月,,,年,,)+QM("2232",月,,,年,,)】，即【其他应付款】项目的期末金额等于【其他应付款】【应付股利】科目的期末余额合计。

(5)报表取数。

①单击窗口左下角的【格式】按钮，系统弹出"是否确定全表重算?"提示框，单击【否】按钮，此时报表切换为数据状态，如图 13-29 所示。

资 产	行次	期末余额	上年年末余额	负债和所有者权益（或股东权益）	行次	期末余额	上年年末余额
							会企01表
编制单位：		年 演示数据	月	日			单位：元
流动资产：				流动负债：			
货币资金	1			短期借款	32		
交易性金融资产	2			交易性金融负债	33		
应收票据	3			应付票据	34		
应收账款	4			应付账款	35		
预付款项	5			预收款项	36		
合同资产	6			应付职工薪酬	37		
持有待售资产	7			应交税费	38		
其他应收款	8			合同负债	39		
存货	9			持有待售负债	40		
一年内到期的非流动资产	10			其他应付款	41		
其他流动资产	11			一年内到期的非流动负债	42		
流动资产合计	12			其他流动负债	43		
非流动资产：				流动负债合计	44		

图 13-29　数据状态下的资产负债表

②执行【数据】菜单下的【关键字—录入】命令，打开【录入关键字】对话框，录入关键字【2024 年 1 月 31 日】，如图所示。单击【确认】按钮，系统弹出“是否重算第 1 页?”提示框，单击【是】，结果如图 13-30 所示。

资产负债表

会企01表

编制单位:江西飞祥稀土永磁电机有限公司　　2024 年　1 月　31 日　　单位:元

资　产	行次	期末余额	上年年末余额	负债和所有者权益（或股东权益）	行次	期末余额	上年年末余额
流动资产：				流动负债：			
货币资金	1	9,433,066.24	4,241,711.98	短期借款	37	2,000,000.00	2,000,000.00
交易性金融资产	2	1,980,000.00	1,992,240.00	交易性金融负债	38		
衍生金融资产	3			衍生金融负债	39		
应收票据	4	2,260,994.40	2,260,994.40	应付票据	40	2,881,500.00	2,881,500.00
应收账款	5	10,671,270.25	10,253,559.30	应付账款	41	3,898,500.00	2,758,300.00
应收账款融资	6			预收款项	42		
预付款项	7		678,000.00	合同负债	43		
其他应收款	8	10,000.00	14,000.00	应付职工薪酬	44	484,036.89	478,909.48
其中:应收利息	9			应交税费	45	516,561.93	1,287,236.65
应收股利	10		14,000.00	其他应付款	46	118,094.18	87,745.73
存货	11	12,777,909.10	14,173,700.00	其中:应付利息	47	30,833.33	
合同资产	12			应付股利	48		
持有待售资产	13			持有待售负债	49		
一年内到期的非流动资产	14			一年内到期的非流动负债	50		
其他流动资产	15			其他流动负债	51		
流动资产合计	16	37,133,239.99	33,614,205.68	流动负债合计	52	9,898,693.00	9,493,691.86
非流动资产：				非流动负债：			
债权投资	17			长期借款	53	5,000,000.00	5,000,000.00
其他债权投资	18			应付债券	54		
长期应收款	19			其中:优先股	55		
长期股权投资	20	8,855,281.52	8,855,281.52	永续债	56		
其他权益工具投资	21	1,185,981.82	1,185,981.82	租赁负债	57		
其他非流动金融资产	22			长期应付款	58		
投资性房地产	23			长期应付职工薪酬	59		
固定资产	24	11,149,477.68	10,895,691.20	预计负债	60		
在建工程	25	46,290.12	46,290.12	递延收益	61		
生产性生物资产	26			递延所得税负债	62	2,983.47	2,983.47
油气资产	27			其他非流动负债	63		
使用权资产	28			非流动负债合计	64	5,002,983.47	5,002,983.47
无形资产	29	3,310,248.42	3,315,804.42	负债合计	65	14,901,676.47	14,496,675.33
开发支出	30			所有者权益（或股东权益）：			
商誉	31			实收资本（或股本）	66	34,904,581.20	31,904,581.20
长期待摊费用	32			其他权益工具	67		
递延所得税资产	33	607,920.80	607,920.80	其中:优先股	68		
其他非流动资产	34			永续债	69		
非流动资产合计	35	25,155,200.36	24,906,969.88	资本公积	70	3,315,448.09	3,315,448.09
资产总计	36	62,288,440.35	58,521,175.56	减：库存股	71		
				其他综合收益	72	2,976.00	2,976.00
				专项储备	73		
				盈余公积	74	1,894,328.93	1,894,328.93
				未分配利润	75	7,269,429.66	6,907,166.01
				所有者权益（或股东权益）合计	76	47,386,763.88	44,024,500.23
				负债和所有者权益(或股东权益)总计	77	62,288,440.35	58,521,175.56

图 13-30　重算后的资产负债表

③单击工具栏的“💾”按钮，打开【另存为】对话框，存储位置选择 C 盘根目录，【文件名】栏输入【1 月份资产负债表】，单击【另存为】按钮，完成保存。

二、编制利润表

【实验资料】2024 年 1 月 31 日，利用报表模板生成 1 月份利润表，根据最新会计准则调整报表项目。将利润表重算后保存至 C 盘根目录下，文件名为“1 月份利润表.rep”。

【实验过程】

(1)在【UFO 报表】窗口，单击“ ”按钮，新建一张空白报表。

(2)点击【格式】菜单下的【报表模板】命令，打开【报表模板】对话框，在【您所在的行业】下拉框中选择“2007 年新会计准则科目”，【财务报表】下拉框中选择“利润表”。

(3)按照下文图 13-31 利润表中的报表项目及其列报方法，对报表模板中的项目及公式进行调整。

(4)报表切换至数据状态，录入关键字【2024 年 1 月】，并进行整表重算，结果如图 13-31 所示。

1	利润表			
2				会企02表
3	编制单位:江西飞祥稀土永磁电机有限公司	2024 年	1 月	单位:元
4	项　　目	行数	本期金额	上期金额
5	一、营业收入	1	5,192,600.00	
6	减：营业成本	2	3,749,000.00	
7	税金及附加	3	41,907.91	
8	销售费用	4	79,765.99	
9	管理费用	5	348,729.34	
10	研发费用	6	88,112.18	
11	财务费用	7	29,903.33	
12	其中：利息费用	8	30,833.33	
13	利息收入	9	320.00	
14	加：其他收益	10		
15	投资收益（损失以“-”号填列）	11	-756.00	
16	其中:对联营企业和合营企业的投资收益	12		
17	以摊余成本计量的金融资产终止确认收益（损失以“-”号填列）	13		
18	净敞口套期收益（损失以“-”号填列）	14		
19	公允价值变动收益（损失以“-”号填列）	15	-264,240.00	
20	信用减值损失（损失以“-”号填列）	16	-2,099.05	
21	资产减值损失（损失以“-”号填列）	17	-5,000.00	
22	资产处置收益（损失以“-”号填列）	18		
23	二、营业利润（亏损以“-”号填列）	19	583,086.20	
24	加：营业外收入	20		
25	减：营业外支出	21	100,068.00	
26	三、利润总额（亏损总额以“-”号填列）	22	483,018.20	
27	减：所得税费用	23	120,754.55	
28	四、净利润（净亏损以“-”号填列）	24	362,263.65	

图 13-31　重算后的利润表

(5)单击工具栏的“ ”按钮，打开【另存为】对话框，存储位置选择 C 盘根目录，【文件名】栏输入【1 月份利润表】，单击【另存为】按钮，完成保存。

思考题

1. 报表公式有哪几类？设置时需要注意哪些问题？
2. 简述报表格式设计的主要内容以及创建报表格式的基本步骤。
3. 分别简述格式状态和数据状态的主要功能。
4. 分别列举 5 种账务函数的金额式、数量式和外币式函数。
5. 解释下列取数公式的含义：QC(“1001”，月，“借”，“666”，2024)。

参考文献

[1]陈福军. 会计信息系统实务教程[M]. 3版. 北京：清华大学出版社，2014.
[2]王新玲. 会计信息系统实验教程[M]. 2版. 北京：清华大学出版社，2022.
[3]宋红尔. 会计信息系统[M]. 大连：东北财经大学出版社，2022.
[4]许斌. 会计信息系统[M]. 2版. 北京：科学出版社，2016.
[5]陈福军，刘景忠. 会计电算化[M]. 4版. 大连：东北财经大学出版社，2019.
[6]吕新民. 会计信息系统[M]. 北京：北京大学出版社，2016.
[7]李立志. 会计信息系统[M]. 4版. 北京：首都经济贸易大学出版社，2017.
[8]安洋，郑新娜. 会计信息系统应用教程[M]. 2版. 大连：东北财经大学出版社，2019.
[9]徐亚文，吕慧珍. 会计信息系统[M]. 2版. 北京：高等教育出版社，2022.

图书在版编目(CIP)数据

会计信息系统 / 罗翔，谢林海，常媛主编．--长沙：中南大学出版社，2024.8.

ISBN 978-7-5487-5903-4

Ⅰ．F232

中国国家版本馆 CIP 数据核字第 2024HK0563 号

会计信息系统

KUAIJI XINXI XITONG

罗翔　谢林海　常媛　主编

□出 版 人　林绵优
□策划编辑　沈常阳
□责任编辑　赵苗苗
□责任印制　唐　曦
□出版发行　中南大学出版社
　　　　　　社址：长沙市麓山南路　　邮编：410083
　　　　　　发行科电话：0731-88876770　　传真：0731-88710482
□印　　装　长沙鸿和印务有限公司

□开　　本　787 mm×1092 mm 1/16　□印张 21.5　□字数 532 千字
□版　　次　2024 年 8 月第 1 版　□印次 2024 年 8 月第 1 次印刷
□书　　号　ISBN 978-7-5487-5903-4
□定　　价　52.00 元